이 책을 통해 창세기 1장에 기록된 창조 이야기가 피조물의 물질적 구성보다 그것의 기능에 더 관심을 두었다는 사실, 그리고 창조 이야기가 성전 건축의 이미지로 구성되었다는 사실만 깨달아도 창세기 1장에 대한 여러 불필요한 논쟁이 사라질 것이다. 저자는 천지 창조에 관한 다양한 고대 근동 문헌을 통해 성서 저자가 영향 받았던 "인식론적 환경"을 재구성하여 창세기 1장이 왜 이렇게 쓰일 수밖에 없었는지를 설명한다. 이 주제에 관심 있는 사람이라면 꼭 읽어야 할 책이다.

김구원 개신대학원대학교 구약학 교수

『창세기 1장의 잃어버린 세계』의 저자이기도 한 월튼은, 그동안 고대 근동학과 구약성서의 관계를 복음주의적 관점에서 균형감 있게 설정함으로써 창세기 1장에서 진화론과 창조론의 논쟁을 타결 짓는 결정적인 증거를 찾으려는 창조과학자(특히 젊은 지구론자)들에게 부드러운 경보음을 발해왔다. 『창세기 1장과 고대 근동 우주론』의 논지는 창세기 1장이 우주의 기능과 조직을 부여하는 데 치중하고 있지, 우주의 창조 자체에 주안점을 두고 있지 않다는 것이다. 창세기 1장은 빛의 창조나 기원 자체에 대한 관심보다는 빛의 기능과 역할에 더 큰 관심을 가지고 있다. 저자는 자신의 이런 주장을, 구약성서의 창조 본문인 창세기 1장에 대한 자세한 해석과 고대 근동의 우주론(메소포타미아와 이집트의 창조 설화 본문들)이 전제하는 인지 환경을 자세히 검토함으로써 논증한다. 그는 창세기 1장이 고대 근동의 창조 설화나 창조 신학 문헌들에 직접 의존하고 있다고 말하기는 어렵지만, 이 성서 본문도 그보다 오래된 고대 근동의 고대적 우주관 텍스트들과의 관련성 속에서 가장 잘 이해될 수 있음은 의심할 여지가 없다고 본다. 그러나 월튼은 창세기 1장이 유일하신 창조주 하나님에 대한 이스라엘 고유의 숙성된 이해와 앎이 반영된 아주 독특한 주장을 담고 있다는 점도 동시에 강조한다. 마지막으로 월튼은 유대인 학자 존 레벤슨 등의 학문적 성과를 받아들여 창세기 1장은 고대 이스라엘의 성전 건축 신학의 반영물임을 주장한다. 전체적으로 이 책은 학문적 격조를 유지하면서도 복음주의적 신앙의 기조를 유지하려는 독자들에게 따뜻한 창세기 안내서가 될 것이다.

김회권 숭실대학교 기독교학과 구약학 교수

지난 수십 년 이래로 고대 근동학과 구약학은 불가분의 관련을 맺고 있다. 특별히 우주 창조의 문제에서는 더욱 그렇다. 이스라엘의 우주 창조론을 고대 근동이라는 좀 더 넓은 문화 인지적 맥락에서 살펴야 한다는 주장이 설득력을 얻고 있는 추세다. 이 책은 이런 학계의 흐름을 복음주의적 관점에서 정밀하게 다듬어 반영하려는 노력을 담고 있다. 저자의 핵심 주장은 고대 근동(메소포타미아와 이집트)만의 인지 환경이 있다는 사실을 존중해야 고대 근동 문헌으로서 창세기의 우주 창조론을 제대로 이해할 수 있다는 것이다. 이를 이루기 위해 저자는 메소포타미아와 이집트 문화의 인지 환경이 히브리어 성서의 그것과 얼마나 유사하면서도 유별난지를 자세하게 비교 문헌적으로 설명하고 있다. 이 책은 매우 흥미진진하면서도 도전적인 주장을 담고 있어서 창조론에 대한 독자들의 고정적인 생각을 과감하게 흔들어놓을 것이다.

류호준 백석대학교 신학대학원 구약학 교수

복잡한 이슈를 정리해주는 것, 반대로 단순해 보이는 문제의 복합성을 보게 해주는 것이 좋은 책의 미덕이라면, 월튼의 『창세기 1장과 고대 근동 우주론』은 병행하기 어려운 이 두 과제를 동시에 시도해서 성공한 사례라고 할 수 있다. 성서와 고대 근동의 비교 연구는 늘 동일성 숭배와 이스라엘 돌출론의 두 급류 중간에서 위태한 항해를 계속해왔다. 저자는 창세기를 포함한 고대 근동 문헌의 창조 관련 서술을 비교하기 위한 인지적 환경을 먼저 설정하고, 기능 존재론과 신전 우주론이라는 틀을 사용해 창세기 기사를 꼼꼼히 분석한다. 하나님의 형상, 신전으로서의 우주, 인간의 역할이라는 세 영역으로 집약되는 이스라엘의 혁신적 사고에도 불구하고 고대 근동 문화의 틀에 비추어 이스라엘만의 유일무이한 우주론은 존재하지 않는다는 저자의 결론은 월튼에게 우호적이었던 "복음주의권" 독자들에게 다소 실망스러울 수 있으리라. 그러나 방대한 자료와 치밀한 분석을 바탕으로 한 담백한 해석을 환영하고 이를 바탕으로 자신의 생각을 발전시키기 원하는 독자라면, 이 책을 산 것을 후회하지 않을 것이다.

유선명 백석대학교 신학대학원 구약학 교수

이 책은 창세기 1장을 고대 우주론의 표본으로 삼고, 창세기 본문과 수많은 고대 근동의 자료를 학문적으로 비교 분석한 탁월한 연구서다. 저자는 창세기 1장과 관계된 고대 자료들을 엄청나게 발굴하고 이를 정리하며 그 모두를 철저히 탐구한다. 창세기 1장과 관계된 고대 자료가 이렇게 많다는 사실만으로도 놀랍다. 또한 창세기 1장과 기존의 고대 근동 전승과의 공통점과 미묘한 차이점을 예리하게 구분한다. 고대 전승과 공통된 내용도 이집트에서 기원한 것과 메소포타미아에서 기원한 것을 설득력 있게 구별한다. 이스라엘만의 독특한 내용도 추출하여 성서만의 독특한 세계를 도드라지게 한다. 이 책은 앞으로 창세기 1장을 이해하는 데 반드시 통과해야 할 최고의 안내서가 될 것이다.

차준희 한세대학교 구약학 교수

21세기 과학 시대를 살아가는 그리스도인에게 창세기의 창조 이야기는 큰 도전을 안겨준다. 이 도전을 극복하기 위해서는 먼저 성서가 기록된 시대와 문화권을 이해하려 노력해야 한다. 바로 이 작업을 뛰어넘어 21세기의 실증주의적 세계관을 통해 본문을 읽고 해석할 때 우리는 성서와 과학 사이에서 헤어 나올 수 없는 미로에 빠지게 된다. 월튼은 창조를 기능과 질서라는 중요한 키워드로 풀어내면서 고대 근동 세계관이 성서에 끼친 영향과 아울러 성서가 묘사하는 창조의 독특성을 파헤친다. 창세기 1장의 창조를 고대의 우주관 속에서 이해하고 이를 통해 과학과 균형 잡힌 대화의 기틀을 마련하는 데 큰 도움을 줄 지침서다.

홍국평 연세대학교 신학과 구약학 교수

Genesis 1 as Ancient Cosmology

John H. Walton

Genesis 1 as Ancient Cosmology
Copyright ⓒ 2011 Eisenbrauns Inc.
Korean translation under the contract from Eisenbrauns,
P.O. Box 275, Winona Lake, Indiana, 46590 U.S.A.
Licensed through rMaeng2, Seoul, Republic of Korea.

This Korean Edition ⓒ 2017 by Holy Wave Plus Publishing Company, Seoul, Republic of Korea.

이 한국어판의 저작권은 알맹2 에이전시를 통하여 Eisenbrauns Inc.과 독점 계약한 새물결플러스에 있습니다. 신저작권법에 의해 한국 내에서 보호받는 저작물이므로 무단 전재와 무단 복제를 금합니다.

Genesis 1
as
Ancient
Cosmology

창세기 1장과
고대 근동 우주론

존 H. 월튼 지음 | **강성열** 옮김

차례

　　　　머리말　11
　　　　약어　15

1장　우주론과 비교 연구: 방법론　21
　　　인지 환경 확인하기　30
　　　인지 환경 비교하기　33
　　　비교 연구의 해석학과 인지 환경　40

2장　고대 근동 문헌에 나타나는 창조　47
　　　표에 대한 설명　49

3장　고대 우주론적 인지 환경　57
　　　존재론　59
　　　비존재　61
　　　창조 이전과 이후의 장면 및 존재하게 하는 행위　67
　　　하늘과 땅의 분리　79
　　　구성단위, 인과관계, 목적론　83
　　　우주를 지배하는 원리　96
　　　행위자들의 역할과 지위　123
　　　우주 지리학　162
　　　우주와 신전, 그리고 안식　185
　　　고대 근동의 우주론적 인지 환경 요약　217

4장 창세기 1장 221

창세기 1:1 224

창세기 1:2과 우주 발생 이전의 상황 250

1-3일(창 1:3-13) 271

4-6일(창 1:14-31) 302

7일(창 2:1-3): 창세기의 성전과 안식 313

5장 결론 337

1. 이스라엘이 공유하는 광범위한 인지 환경 340

2. 이집트와만 공유하는 것 342

3. 메소포타미아와만 공유하는 것 343

4. 고대 근동의 주요 내용에 기초하나 이스라엘만의 독특성을 띠는 부분 344

5. 전례 없는 이스라엘의 독특성 345

6. 이스라엘의 사유에는 반영되어 있지 않은 고대 근동의 독특성 346

결론 348

참고 문헌 349

색인 360

머리말

다양한 전공의 학생들에게 창세기 1장을 가르친 첫 20년 동안, 나는 자신이 매우 중요한 어떤 것을 놓치고 있다는 불편한 느낌을 받았다. 내 아내가 과학자로서 훈련을 받았으므로, 우리에게는 창세기 1장과 과학의 접촉점에 관한 대화가 일상적인 일이었다. 고대 근동의 언어와 문헌뿐만 아니라 히브리어와 성서 주해 분야에 대한 모든 훈련과 연구로 인해 나는 균형 잡힌 통찰과 발전을 이루었지만, 우리의 대화는 여전히 너무 많은 부분이 서로 연결되지 못한 채로 남아 있었다.

    이 모든 상황은 1998년 가을에 이르러서야 극적으로 변했다. 나는 히브리어 주해 수업을 맡고 있었고 창세기 1장을 다뤘다. 5절에 이르렀을 때, 학생들에게 다음과 같은 질문을 던졌다. "왜 하나님은 빛을 '빛'이라 칭하지 않으신 것일까요?" 환유는 내가 수년 동안 내 강의에 포함했던 문학적 장치 중 하나였지만(따라서 "빛"은 "빛의 주기"로 이해되었다), 그 문제를 이런 방식으로 표현하는 것은 내게 몇 가지 새로운 연결 고리를 만들어주기 시작했다. 하나님이 이름을 지으신 과정은 창조된 것이 단지 빛이 아니라 낮과 밤이었음을 나타내며, 따라서 5절의 빛을 어떤 물체가 아니라 환유로 이해해야 한다고 설명하면서, 나는 딱딱한 어조로 "따라서 하나님은 첫째 날에 시간을 창조하신 겁니다"라고 결론을 내렸다. 하나의 관찰이라고 보면, 이 진술은 재기 넘치는 것이라기보다는 평범한 것이었지만, 내가 이어서 다음과 같은 논리적인 관찰을 제시했을 때 세계는 그 지축에 맞추어 갑자기 기울어지는 것 같았다. "따라서 우리는 창조를 물체들이 아닌 기능들을 매개로 하여 생각해야 합니다." 남은 수업은 "그 문제와 씨름하는" 것으로 채워졌다. 이 주장의 추이는 무엇이었을까? 이 개념은 창세기 1장의 나머지 전체를 지배했을까? 내가 수년 동안 모아둔 주석적 통찰과 고대 근동에 관해 배웠던 모든 것이 갑작스럽게 제자리에 들어맞기 시작했으며, 매우 짧은 시간 안에 나는 이 책에서 상세하게 제시할 관점을 구축했다. 하이델(Heidel)이 제안했고 (나를 포함해) 수많은 학자가 수십 년 동안 되풀이했던 주장이 더는 참되지 않은 것 같았다. 그 주장이란, 고대 근동의 우주론이 담긴 문헌들과 창세기 1장의 주요 차이 중 하나가, 고대 근동 문헌에서는 신들이 단지 창조세계를 조직하고 배열하는 데 그치는 반면에, 창세기 1장에서는 하나님이 참으로 무엇인가를 만들고 계셨다는 (한마디로 말해 진짜로 창조하셨다는) 견해를 말한다. 이런 주장은 더는 타당한 차이라고 말할 수 없다.

　이를 연구한 결과, 나는 이미 많은 학자들이 내가 세운 많은 가설 "조각들"을 먼저 발견했다는 사실을 알게 되었다. 하지만 그들은 이를 본문에 대한 단일한 관점으로 집약하지 못했다. 이 문제가 안고 있는 모든 측면을 계속 두루 생각해보고 학생과 동료들을 대상으로 대화도 해보고 아내와 의견을 주고받은 결과, 내가 발견한 것들을 다양한 맥락 속에서 표현하기 시작하면서, 내 관점을 한층 효과적으로 정리하고 뒷받침하고 전달할 수 있었다. 이 주제를 놓고 내가 소속된 학교 및 여러 지역에서 폭넓게 강의를 하다 보면, 나는 우리 현대인이 새로운 방식으로 사유하는 일을 시작하기 위해 자신의 문화적 선입견을 버린다는 것이 얼마나 어려운지를 알고서 끊임없이 놀라게 된다. 고대 근동의 사유 형태가 우리에게 직관적인 것은 결코 아니지만, 고대 문헌을 고대인이 썼던 용어를 통해 살피면서 우리 자신의 세계관을 주입하지 않을 때에야 비로소 우리는 그들의 세계관을 정확하게 이해하는 데 다가갈 수 있다. 이런 과제를 수행하기 위해 우리는 꾸준히 발견·분석되어 축적되고 있는 고대 문헌의 도움을 받고자 한다.

비교 연구사의 일부 및 학자들이 고대 문헌 전반과 특히 우주론에 적용했던 비교 방법론의 다양한 방식을 제시하는 도입부에 이어, 나는 이 책의 전반부에서 우주론에 관한 고대인의 사유 방식을 이해하는 데 도움이 될 정보를 제공하는 고대 근동 문헌들에 초점을 맞추고자 한다. 그중에서도 우주론적 존재론에 대한 옛 시각의 매개 변수들을 분별하는 데 도움이 될 문헌에 일차적인 관심을 기울이고자 한다. 쉽게 말해 그 문헌의 저자들이 만물의 기원을 어떻게 여겼는지에 일차적인 관심을 기울이겠다는 뜻이다. 이를 위해 주로 이집트와 수메르 및 아카드 등지의 문헌을 포함해 고대 근동 전역에 걸쳐 있는 문헌을 소개하겠지만, 때로는 우가리트와 히타이트의 문헌 역시 유용할 것이다. 무엇보다도 내 의도는 문헌 자체를 이해할 뿐만 아니라, 기능 존재론(functional ontology)이 고대 근동의 인지 환경을 지배하고 있었음을 구체적으로 보여주는 데 있다. 이 기능 존재론은 고대 우주론 문헌의 핵심이 단순히 우주의 질서였다는 개념이 아니다. 나는 질서와 기능을 부여하는 것이야말로 고대 세계에서 창조 활동의 본질로 이해되었다고 주장하려 한다. 또한 나는 신전과 제대로 기능하는 우주 사이의 긴밀한 관계를 보여주기 위해 고대 신전 이데올로기에 깊은 관심을 기울일 것이다.

이 책의 후반부는 창세기 1:1-2:4에 대한 새로운 분석으로 채워져 있다. 이 부분에서 나는 중요한 히브리어 용어들에 대한 연구를 제공하고자 하며, 이스라엘 문헌 역시 고대 근동의 다른 지역과 마찬가지로 신전

이데올로기에 의해 구축된 기능 존재론과 우주론을 증거한다는 점을 보여주고자 한다. 나는 창세기 1장이 결코 물질의 기원에 관한 설명이 아니며, 고대 세계 다른 지역의 문헌들과 마찬가지로 창세기 1장의 창조 기사도 다양한 기능을 창설함으로써 우주에 질서를 부여하는 데 초점을 맞췄다는 점을 주장하고자 한다. 나아가 나는 창세기 1장의 우주론이 신전 용어들을 통해 우주를 이해해야 한다는 전제에 기초하고 있다고 주장하고자 한다. 이상의 모든 주장을 하는 의도는 다음과 같다. 즉 우리가 창세기 1장을 우리 시대의 세계관에 비추어 읽지 않고 고대 세계의 문서로 읽을 때, 이 본문이 자신의 본래 맥락에서 가지고 있던 에너지를 회복하고 생명을 되찾으리라는 것을 구체적으로 보여주고 싶다. 동시에 내 주장은 오랫동안 논쟁의 대상이었던 주제들과 관련해 창세기 1장에 대한 새로운 시각을 제공할 것이다. 창세기 1장은 차용된 텍스트와는 거리가 멀 뿐만 아니라, 독특한 신학을 제공한다. 당대의 인지 환경을 기반으로 말하고 있을 때조차도 말이다.

그동안 이 연구에 대화로 함께하며 내 생각을 형성하고 발전시키는 데 도움을 주었던 분들께 감사를 드린다. 그중에는 동료와 학생들, 가족 등이 있다. 여러 지역의 청중 역시 포함되는데, 그들이 통찰력 있는 질문을 던졌을 뿐만 아니라 생산적인 방식으로 반응해주었기에 내가 내 생각과 소통 능력을 계속 다듬어갈 수 있었다. 또한 짐 아이젠브라운(Jim Eisenbraun)과 그의 직원들에게도 감사를 드린다. 그들은 어느 정도 신선한 사유를 제공하려는 내 노력을 기꺼이 후원해주었다. 이 책에서 내가 제시한 견해는 진행 중인 작업이기도 하다. 나는 이 책을 읽는 많은 사람이 자극을 받아 더 깊은 사유를 향해 나아가고 내가 시작한 관점을 강화할 수 있는 상관관계를 증진시킬 수 있기를 바란다. 혹시 그 이론이 결국에는 다른 형태나 요소로 전개되더라도 말이다.

약어

일반 약어, 성서 역본, 고대 작품

ASOR	American Schools of Oriental Research
BD	Book of the Dead
CT	Coffin Texts
Ee	*Enuma Elish*
EWO	*Enki and World Order*
JPS	Jewish Publication Society Version
LXX	Septuagint
NIV	New International Version
NJPSV	New Jewish Publication Society Version
NRSV	New Revised Standard Version
NBC	Nies Babylonian Collection of the Yale University Library
PT	Pyramid Texts
REB	Revised English Bible

참고 도서

AEL Lichtheim, M. *Ancient Egyptian Literature*. 3 vols. Berkeley: University of California Press, 1973–80

AnBib Analecta Biblica

ANET	J. B. Pritchard, editor. *Ancient Near Eastern Texts Relating to the Old Testament*. 3rd ed. Princeton: Princeton University Press, 1969
AOAT	Alter Orient und Altes Testament
AoF	*Altorientalische Forschungen*
BAR	*Biblical Archaeology Review*
Bib	*Biblica*
BJRL	*Bulletin of the John Rylands Library*
BMS	King, L. W. *Babylonian Magic and Sorcery*. London: Luzac, 1896
BR	*Bible Review*
BZAW	Beihefte zur Zeitschrift für die alttestamentliche Wissenschaft
CAD	Oppenheim, A. L., et al., editors. *Chicago Assyrian Dictionary of the Oriental Institute of the University of Chicago*. Chicago: University of Chicago Press, 1956–2011
CANE	Sasson, J., editor. *Civilizations of the Ancient Near East*. New York: Scribners, 1995
CAT	Dietrich, M.; Loretz, O.; and Sanmartn, J. *The Cuneiform Alphabetic Texts from Ugarit, Ras Ibn Hani, and Other Places*. 2nd ed. Mnster: Ugarit-Verlag, 1995
CBQMS	Catholic Biblical Quarterly Monograph Series
CHANE	Culture and History of the Ancient Near East
COS	Hallo, W. W., and Younger, K. L., editors. *Context of Scripture*. 3 vols. Leiden: Brill, 1997–2002
CTJ	*Calvin Theological Journal*

DCH	Clines, D. J. A., editor. *Dictionary of Classical Hebrew*. Sheffield: Sheffield Academic Press, 1993
DDD²	Van der Toorn, K.; Becking, B.; and van der Horst, P. W., editors. *Dictionary of Deities and Demons in the Bible*. 2nd ed. Grand Rapids, MI: Eerdmans, 1999
FAT	Forschungen zum alten Testament
HALOT	Koehler, L.; Baumgartner, W.; and Stamm, J. J. *The Hebrew and Aramaic Lexicon of the Old Testament*. Translated and edited under supervision of M. E. J. Richardson. 5 vols. Leiden: Brill, 1994–2000
HAR	*Hebrew Annual Review*
HBT	*Horizons in Biblical Theology*
HSM	Harvard Semitic Monographs
HTR	*Harvard Theological Review*
HUCA	*Hebrew Union College Annual*
IBHS	Waltke, B., and O'Connor, M. *Introduction to Biblical Hebrew Syntax*. Winona Lake, IN: Eisenbrauns, 1990
JANES	*Journal of Ancient Near Eastern Studies*
JAOS	*Journal of the American Oriental Society*
JBL	*Journal of Biblical Literature*
JCS	*Journal of Cuneiform Studies*
JNES	*Journal of Near Eastern Studies*
JNSL	*Journal of Northwest Semitic Languages*
JR	*Journal of Religion*
JSOT	*Journal for the Study of the Old Testament*

JSJSup	*Journal for the Study of Judaism Supplements*
JTS	*Journal of Theological Studies*
KAR	Ebeling, E., editor. *Keilschrifttexte aus Assur religiösen Inhalts*. 2 vols. Wissenschaftliche Veröffentlichungen der deutschen Orientgesellschaft 28, 34. Leipzig: Hinrichs, 1919–23
KTU	Keilalphabetischen Texte aus Ugarit
LCL	Loeb Classical Library
LHBOT	Library of Hebrew Bible / Old Testament
NAC	New American Commentary
NICOT	New International Commentary on the Old Testament
NIDOTTE	VanGemeren, W. A., editor. *New International Dictionary of Old Testament Theology and Exegesis*. 5 vols. Grand Rapids, MI: Zondervan, 1997
NIVAC	New International Version Application Commentary
OBO	Orbis Biblicus Orientalis
OEAE	Redford, Donald B., editor. *Oxford Encyclopedia of Ancient Egypt*. 3 vols. Oxford: Oxford University Press, 2001
OEANE	Meyers, E. M., editor. *Oxford Encyclopedia of the Ancient Near East*. 5 vols. New York: Oxford University Press, 1997
Or	*Orientalia*
OtSt	Oudtestamentische Studiën
RIME	Royal Inscriptions of Mesopotamia, Early Periods
RlA	Ebeling, E., et al., editors. *Reallexikon der Assyriologie*. Berlin: de Gruyter, 1928–
SAA	State Archives of Assyria

SBLDS	Society of Biblical Literature Dissertation Series
SBLMS	Society of Biblical Literature Monograph Series
SBLWAW	Society of Biblical Literature Writings from the Ancient World
ScrHier	Scripta Hierosolymitana
SJOT	Scandinavian Journal of the Old Testament
TCBAI	Transactions of the Casco Bay Assyriological Institute
TDOT	Botterweck, G. J., and Ringgren, H., editors. *Theological Dictionary of the Old Testament*. Grand Rapids, MI: Eerdmans, 1974–2006
TLOT	Jenni, E., editor, and Biddle, M. E., translator. *Theological Lexicon of the Old Testament*. 3 vols. Peabody, MA: Hendrickson, 1997
TynBul	*Tyndale Bulletin*
UBL	Ugaritisch-Biblische Literatur
VAT	Vorderasiatische Abteilung Thontafeln
VT	*Vetus Testamentum*
VTSup	Vetus Testamentum Supplements
WBC	Word Biblical Commentary
WO	*Die Welt des Orients*
WTJ	*Westminster Theological Journal*
ZAW	*Zeitschrift für die alttestamentliche Wissenschaft*

1장

우주론과 비교 연구
:방법론

우주론은 옛날이나 지금이나 항상 인류의 중요한 관심사 중 하나다. 수메르와 이집트의 신화에서 발견되는 가장 초기의 견해로부터 과학과 신앙 사이의 관계에 관한 현대의 논의 및 진화와 지적 설계를 둘러싼 논쟁 등에 이르기까지, 사람들은 만물의 기원에 관해 매우 다양한 이론을 제시해 왔으며, 때로는 어느 한 견해가 다른 견해보다 더 우월한지를 두고 격렬한 논쟁을 벌여왔다.

수천 년 동안 창세기 1장 이야기는 성서적 신앙을 받아들인 자들과 이들을 통해 서구 세계에 속한 자들이 믿는 우주론의 기초 역할을 담당했다.[1] 이런 기초는 자연 너머에 어떤 힘이 존재한다는 초자연 개념을 의문시했던 계몽주의의 영향으로 인해 먼저 철학계의 도전을 받았다. 그 결과 "자연"과 "초자연"을 나누는 이분법이 확립되었고, 사람들은 우주론을 한층 자연주의적인 용어로 바라보기 시작했다. 창세기 1장 위에 세워진 이 기초는 찰스 다윈(Charles Darwin)의 연구로 진화 생물학이 꽃을 피우게 되면서 과학계의 도전을 받았다. 그리고 마지막으로, 고고학자들이 창세기 1장의 문학적인 맥락을 제공했던 고대 신화 이야기들을 발견하면서 신학계의 도전을 받기에 이르렀다.

이런 발전 과정 때문에 창세기 1장을 우주론의 기초로 받아들이던 서구 세계의 확신이 침식당했는데, 심지어 그중에는 성서의 신앙을 받아들인 개개인들도 있었다. 이에 대한 한 가지 반응으로 창세기 1장을 숨겨

---

[1] 물론 창 1장에 대해서는 옛날부터 지금까지 항상 다양한 해석이 있었다.

진 우주론으로 변형시키려는 시도가 있었다. 그들이 보기에 창세기 1장의 우주론은 훈련받은 현대인, 즉 현대의 과학 지식과 창세기 1장의 신비로운 상응관계를 깨달을 수 있는 자에게만 접근 가능한 것이었다. 이처럼 양자의 조화를 꾀하는 접근 방식은 창세기 1장을 현대 우주론으로 읽기를 원한다. 다른 이들은 창세기 1장이 단지 문학적이거나 신학적인 역할만을 수행할 뿐이라고 주장한다. 이들은 창세기 1장을 사실상 우주론에 관한 논의에서 배제한다. 때때로 창세기 1장이 어렴풋하게나마 신학적인 강조점을 포함하고 있을 때조차도 말이다. 마지막으로, 많은 사람이 창세기 1장을 고대 세계로부터 생겨난 문헌들의 맥락 속에서 이해한다. 이들은 창세기 1장을 고대 전승의 공통 줄기로부터 빌려온 또 하나의 신화적 우주론으로 여긴다. 이는 단지 골동품 수집가적인 호기심을 가진 자들에게만 흥미를 줄 뿐이다. 이 책에서 나는 창세기 1장을 고대 우주론의 표본으로 탐구하면서 그 자체로 이해하려고 시도할 것이다.[2]

창세기 1장을 고대 세계의 우주론으로 읽으려면 광범위한 고대 근동의 우주론 문헌 안에서 이해될 수 있는 고대인의 인지 환경(사람들이 자신과 그들의 세계에 관해 생각했던 방식[3])을 염두에 둘 필요가 있다. 하지만 이런 주장은 창세기 1장이 과연 고대 문헌을 (이를테면 어떤 형식이나 기본 틀 또는 무언가를 돋보이게 하는 배경과 같이) 일종의 자료로 사용했느냐는 문제를 미

---

2 어떻게 고대 세계의 우주론이 현대 우주론과 차이를 보이는지를 설명해주는 중요한 학문적 연구 성과가 있다. 이에 대해서는 R. J. Clifford and J. J. Collins, "The Theology of Creation Traditions," in *Creation in the Biblical Traditions* (ed. R. J. Clifford and J. J. Collins; Washington, DC: Catholic Biblical Association, 1992), 1-15. Clifford와 Collins(pp. 9-10)는 양자의 핵심적인 차이를 과정(인격적인 성격), 결말(조직화된 인간 공동체), 보고 방식(드라마), 진리의 기준(그럴듯함) 등으로 규정한다. 하지만 나는 이런 범주들을 뛰어넘어 추가 쟁점들을 고찰하고자 애쓸 것이다.
3 다르게는, 개념적 세계관, 철학적 삶의 자리, 시대정신 같은 용어를 사용할 수도 있을 것이다. 이외에도 분명히 존재할 것이다.

해결 상태로 남겨두고 있다. 이 책은 창세기에서 고대 근동 문헌의 문학적인 흔적을 찾고자 하는 많은 시도가 너무 가볍게 이루어졌고 그 결과도 지나치게 단순했다는 사실을 전제하고 있다. 특정한 본문들 사이의 잠재적인 문학적 관계에 대한 고찰을 포기해서는 안 되겠지만, 동시에 그것들의 전승이 복합적인 과정이라는 사실도 인식할 필요가 있다. 현재 남아 있는 다양한 옛 문헌 사이에서 증명할 수 있는 문학적 상관관계를 발견할 수 있을 것이라고 낙관해서는 안 된다.

문학적 상관관계를 재구성하는 작업은 종종 점들을 연결하는 정교한 게임(단편적 사실들에서 어떤 결론을 도출하는 것—역자 주)으로 변한다. 그렇지만 그 게임은 사람들이 주장하듯 어떤 문학적 연결이 분명하다기보다는 로르샤흐 검사(잉크 얼룩 같은 도형을 해석하게 해서 사람의 성격을 판단하는 검사—역자 주)의 임의성과 더 비슷하다. 우리는 고대 세계의 인지 환경을 재구성하기 위해 모든 문헌을 마음껏 활용하는 데 초점을 맞춰야 한다. 그렇게 재구성된 인지 환경은 각각의 문학작품을 이해하는 배경이 될 것이다. 비교 방법론을 각자의 이데올로기나 신학적·반신학적 의제를 증진시키기 위한 변증으로 사용하기보다는, 주의 깊은 신학자로서 우리는 자신이 다루려는 텍스트를 그것이 속한 인지 환경의 산물로서 이런 인지 환경의 맥락 안에서 해석하지 않으면 안 된다.

수십 년 동안 고대 근동 문헌과 성서에 대한 비교 연구는 델리취(Franz Delitzsch)의 바벨-비벨(Babel-Bibel) 강연의 여파로 생겨난 곤경으로부터 빠져나오려고 애써왔다. 그때 이후로 수십 년 동안 많은 사람의 연구를 통해 방법론이 세련되게 다듬어지면서, 문학적인 정황에 한층 더 분명하게 집중하면서 비교와 대조 둘 다에 더욱 세밀하게 접근하게 되었다. 또한 이런 논의는 슈파이저(Speiser), 핑켈슈타인(Finkelstein), 야콥슨(Jacobsen), 램버트(Lambert) 및 다른 많은 학자의 연구를 통해 기본적인 문학적 비교 작업을 넘어 개념 영역에 이르기까지 확장되기 시작했다.

이처럼 비교 연구가 개념이나 인지의 차원에서 이루어질 때에는, 방법론에 약간의 조정이 필요하다. 상호 의존의 문제를 고찰하기 위해 문학 단편들을 비교할 경우에는, 유사성과 전승의 문제를 고찰하고자 하는 연구자에게 이를 입증할 책임이 주어진다. 만일 이스라엘 문헌이 아카드 문헌을 차용했을 것이라는 의심이 든다면, 이를 주장하기 위해서는 이스라엘 저자들이 아카드 문헌을 알고 있었고 또한 그것에 쉽게 접근할 수 있었음을 보여주는 증거를 결국 제시해야 할 것이다. 각종 문헌의 출현 배경을 형성하는 지리적·연대기적·국가적·민족학적 맥락뿐만 아니라 문학 장르, 구조, 배경 등의 문제 역시 탐구해야 할 것이다.[4] 하지만 우리가 인지 환경을 고려한다면, 시야가 더욱 넓어지면서 문학적 맥락에 대한 요구가 그렇게 절박한 것이 되지 못한다. 비록 그것들을 완전히 무시할 수는 없더라도 말이다. 어떤 특별한 문헌의 한 단편을 노골적으로 빌려오는 행위와, 자기 시대에 속한 문헌의 영향을 직접 받은 더 큰 문화와 공명하는 문학작품을 창조하는 행위 사이에는 큰 차이가 있다. 오늘날의 예를 들어보자. 서구인이 "먹고 마시고 즐기자. 내일이면 죽으리라"는 속담의 배후에 놓인 철학에 관해 말할 때, 그는 자신이 속한 공동체를 관통하는 한 가지 개념과 공명한다. 이 속담을 사용하는 많은 사람은 그것이 그리스 철학자 에피쿠로스(Epicurus)의 저작물에서 차용된 것임을 알지 못할 것이다. 에피쿠로스의 철학은 오랫동안 서구 문화 속으로 서서히 침투해 들어갔다. 현대인의 많은 언급은 이런 침투 과정을 반영하며, 이를 직접 인용하지 않고도 에피쿠로스의 철학을 반영한다.

---

4 이를테면 "On Evaluating Claims of Literary Borrowing," in *The Tablet and the Scroll* (ed. M. Cohen et al.; Bethesda, MD: CDL, 1993), 250-55에서 Tigay가 주장하는 기준을 보라.

오늘날 우리 세계 안에 한층 더 퍼져 있는 두 번째 사례는 뉴턴의 물리학에서 비롯된다. 현대인은 뉴턴을 거의 읽지 않는다. 보통 사람들은 자신이 세계(달리 말해 그들의 인지 환경)에 관해 말하는 방식의 많은 부분이 뉴턴의 물리학과 관련되어 있음을 알지 못한다. 뉴턴 물리학의 기본 전제들이 문화 속에 너무 깊이 침투해 있는 까닭에, 그것이 문화에 대한 보편적인 이해를 형성하기에 이르렀다. 이와 같은 사례에서 유사성을 향한 요구는 상당히 완화될 수 있다. 문화의 흔적은 문학의 흔적처럼 쉽게 규정되지 않으며, 이를 추적하는 작업이 같은 기준을 요구하는 것도 아니다.

반세기에 걸쳐 학자들이 아시리아, 히타이트, 우가리트, 수메르에 대해 꾸준히 연구한 결과, 이제 우리는 고대 근동의 인지 환경이 히브리어 성서의 저자들과 편집자들에게 미친 영향에 관해 우리가 생각하는 방식에 중요한 의미를 더해주는 상황에 이르게 되었다.

이제는 다양한 문헌, 곧 성서 안에 있는 문헌과 고대 근동 문헌의 다양한 차이점과 유사점을 규정하는 데 도움을 주는 범주들을 광범위하게 만들어낼 수 있다. 나는 부정적인 측면, 곧 히브리어 성서가 고대 근동 문헌에서 발견되는 이데올로기를 완전히 무시하면서 매우 다른 견해를 제시하는 측면에서 시작하고자 한다(예컨대 신들의 출생에 관한 일부 개념을 배척하는 경우 말이다). 반대쪽 범주를 향해 조금 시선을 옮겨보면, 히브리어 성서가 적어도 흐릿하게나마 고대 근동의 이념을 잘 알고 있음을 입증해주는 주제들이 발견된다. 예를 들어 다른 나라의 신들을 풍자하거나 조롱하는 경우가 그렇다(이를테면 신들이 낮잠을 잘 수도 있다는 고대 근동의 개념과 접촉이 있었음을 반영하는 언어 같은 것 말이다). 세 번째 범주의 경우, 히브리어 성서는 고대 세계에 널리 퍼져 있던 관점들을 상세하게 알고 있음을 구체적으로 보여주면서도, 주의 깊게 잘 형성된 대안을 선호하기에 이를 거부하고 있다(예컨대 히브리어 성서는 다신교를 잘 알고 있지만 이를 분명하게 거부한다). 이외에 더 추가할 수 있는 또 다른 범주로는, 고대 근동에 널리 퍼져 있는 견해 중 히브리어 성서가 대놓고 거부하지는 않지만 논쟁적인 진술을 통해, 또는 대안이 되는 관점을 제시함으로써 이견을 표현하는 쟁점이 있다(예컨대 창조된 인간의 역할). 다섯 번째 범주는 이스라엘 저자들이 자기에게 맞도록 변형시킨 어떤 개념을 분명하게 알고 있었음을 보여준다(예컨대 인간이 땅의 티끌로부터 만들어졌다는 개념). 여섯 번째 유형은 히브리어 성서가 고대 세계에 널리 퍼져 있던 개념들을 의식적으로 모방했던 영역에서 발견된다(예컨대 신전의 구조와 이데올로기에 관한 묘사). 마지막으로 많은 쟁점 중에서 히브리어 성서가 고대 근동의 인지 환경에서 비롯된 공통의 유산을 무의식중에 반영한다는 생각을 뒷받침하는 증거가 있다(예컨대 신이 신전에 머문다는 개념).

이 책에서 나는 창세기 1장이 이처럼 광범위한 개념상의 범주에 비추어 재평가되어왔고 또 재평가될 수 있는 몇 가지 방식을 언급하고자 한다. 히브리어 성서를 고대 근동 문헌과 비교하던 이전의 연구는 주로 개별 특징(예를 들어 말씀에 의한 창조, 신의 형상으로 창조된 인간 등)에 초점을 맞췄지만, 이내 이는 공공연하게 문학적 차용에 관한 추론으로 발전했다. 이런 연구가 무르익으면서 다양한 문학적 관련성이 점차 분명해지자, 학자들은 대부분 문학적 흔적을 재구성할 수 있다고 충분히 확신하려면 훨씬 더 많은 정보가 필요하다는 점을 깨달았다. 지금은 개별 특징이 2차 문헌에서 폭넓게 다루어지고 있으며, 학자들이 점차 문학적 관련성에 대한 두루뭉술한 주장을 자제한 결과, 그들의 관심이 인지 환경에 대한 연구로 적절하게 전환되었다. 이런 전환은 우주론 문헌과 관련된 심킨스(R. Simkins)의 연구를 통해 구체적으로 입증되는데, 그는 다음과 같은 언급을 통해 바로 이런 강조점으로의 이동을 요청한다.

이렇듯 창조 모델이 공통적이라는 점은 이스라엘인들이 주변의 고대 근동 민족과 비슷한 현실 개념을 공유했음을 암시하는데, 그 현실 개념은 인간의 몸과 땅에 대한 기본적인 경험에 뿌리박은 것이었다. 참으로 이스라엘은 주변 나라들과 비슷한 세계관을 공유했다는 점에서 더 큰 고대 근동의 문화 환경에 속해 있었다. 성서와 다른 고대 근동 문헌의 차이는 단지 그들 사이의 유사성이라는 맥락 안에서만 이해될 수 있다. 이 차이는 각 민족의 문화적 특수성을 반영하지만, 그들의 문화가 광범위하게 다르고 서로 관련성 없는 문화인 것은 아니다.[5]

이전의 연구는 양자의 분명한 차이를 인식했다. 이를테면 고대 근동 문헌의 다신교와 대조를 이루는 성서의 일신론, 성서 본문에는 없는 신들의 출생(theogony), 시가서나 지혜 문학에 약간의 흔적이 있기는 해도 창세기에는 없는 신들의 싸움(theomachy) 등이 그렇다. 최근에는 고대 근동의 인지 환경 중 창세기 1장에 반영된 것으로 보이는 측면을 확인하는 작업이 우주와 신전의 관계 및 이와 관련된 개념, 즉 신의 안식이 지닌 중요성 등에 초점을 맞춘 연구를 통해 이루어졌다.[6]

---

5 R. Simkins, *Creator and Creation* (Peabody, MA: Hendrickson, 1994), 89.
6 J. Levenson, "The Temple and the World," *Journal of Religion* 64(1984): 275-98; J. M. Lundquist, "What is a Temple? A Preliminary Typology," in *The Quest for the Kingdom of God* (ed. H. B. Huffmon, F. A. Spina, and A. R. W. Green; Winona Lake, IN: Eisenbrauns, 1983), 205-20; G. J. Wenham, "Sanctuary Symbolism in the Garden of Eden Story," in *I Studied Inscriptions from before the Flood* (ed. R. S. Hess and D. T. Tsumura; Sources for Biblical and Theological Study 4; Winona Lake, IN: Eisenbrauns, 1994), 399-404; M. Weinfeld, "Sabbath, Temple and the Enthronement of the Lord: The Problem of the Sitz im Leben of Genesis 1:1-2:3," in *Mélanges bibliques et orientaux en l'honneur de M. Henri Cazelles* (ed. A. Caquot and M. Delcor; AOAT 212; Kevelaer: Butzon & Becker / Neukirchen-Vluyn: Neukirchener Verlag, 1981), 501-12. 신전 건축 및 신전 건축과 신들의 안식

인지 환경 확인하기

우리와 동시대에 속하지 않는 문화로부터 어떤 인지 환경을 추론하고 재구성하려면 세 가지 자료만을 사용해야 한다. 이는 각각 우리에게 남겨진 문헌, 고고학이 찾아낸 유물, 고대 세계에 속한 물품과 건축물에서 발견되는 도상(圖像, iconography) 자료다. 다양한 이념을 일정한 맥락 속에 두려는 다른 모든 시도와 마찬가지로, 인지 환경을 비교 및 대조하는 작업은 똑같이 중요한 의미를 지닌다. 이런 과정에서 생겨나는 가장 분명한 위험성 중 하나는 우리가 현대의 인지 환경을 고대에 부과하는 것이다. 이는 우리 자신의 범주가 고대인들의 사고방식과 무관하다는 점을 깨닫는 데 실패하기 때문에 일어난다. 예를 들어 오랫동안 학자들은 「에누마 엘리쉬」(Enuma Elish)를 창조 문헌으로 간주해서는 안 된다고 주장했다. 실제로는 아무것도 마르두크(Marduk)에 의해 "만들어지지" 않았기 때문이다. 이런 주장은 창조 행동에 대한 고대 세계의 이해가 오늘날 우리의 이해와 상응하므로(또는 그 이상이므로), 창조 행동은 오로지 한 가지 방식으로(즉 현대적 방식으로!) 이해될 수 있다는 기본 가정에서 생겨났다. 따라서 우리가 염두에 두어야 할 첫 번째 중요한 지침은 **그들의** 세계를 **우리의** 용어로 이해하려 해서는 안 된다는 점이다.

이런 지침이 적용되는 방식의 한 가지 사례는 우주 지리학(cosmic geography)에 대한 연구에서 찾아볼 수 있다. 특히 고대인의 인지 환경이나 그로부터 비롯되는 문헌을 이해하고자 할 때 우주 지리학에 대한 현대적 개념으로 시작해서는 안 된다. 고대 문헌과 도상 자료를 고대인의

사이의 관계를 다루는 이곳의 설명과 다른 설명에 대한 Victor Hurowitz, *I Have Built You an Exalted House* (JSOTSup 115; Sheffield: JSOT Press, 1992), Appendix 5, 330-31의 논의를 보라.

우주 지리학에 대한 증거로 사용하고자 할 때, 다양성과 광범위한 보편성을 특징으로 하는 인지 환경이 그 모습을 드러낼 수도 있다. 예컨대 우리는 고대인이 물질로 된(또한 종종 견고한 것으로 인식되는) 하늘이 땅 위에 매달려 있다고 믿었음을 보여주는 충분한 증거를 가지고 있다. 이는 다양한 문화적·연대기적·지리적 경계를 넘어 확증되는 보편적 근거에 해당한다. 동시에 그 안에 포함된 물질(의복? 돌?)과 그것을 지탱하는 것(위에 있는 밧줄이나 사슬? 아래에 있는 산? 신들?)에 관한 다양한 표현도 찾아볼 수 있다. 이런 종류의 정보가 모이면, 성서 본문을 참고해 그것이 과연 보편적 근거를 반영하는 증거를 보여주는지 혹은 그렇지 않은지, 우리가 분별할 수 있는 보편적인 다양한 형태의 근거를 반영하는 증거를 보여주는지 혹은 그렇지 않은지를 결정할 수 있다. 이처럼 세부적인 내용은 고대 세계 전체에서 공통으로 발견되는 우주 지리학의 기본 형태뿐만 아니라 그들 사이의 다양한 차이를 드러내는 요점을 이해하기 위해 탐구해야 할 많은 특징 중 하나일 뿐이다. 우리가 마음껏 활용할 수 있는 고대 자료들이 때때로 우주 지리학을 정치 용어(예. 이집트의 도해 중 일부)나 신학 용어(예. 이집트의 도해나 메소포타미아의 아스트롤라베), 또는 지형학 용어(예. 바빌로니아의 세계 지도)나 신화 용어(예. 「에누마 엘리쉬」에서 티아마트를 대하는 방식)로 표현하고 있지만, 결코 현대적인 우주 지리학 개념(이를테면 몇 개의 주요 대륙으로 구성된, 자전하는 둥근 지구가 대기로 둘러싸여 있고, 태양계의 다른 여덟 행성과 어느 정도 떨어진 궤도를 따라 태양이라는 항성 주변을 돌고 있다거나, 태양계가 수십억 개의 별로 이루어진 한 개의 은하에 속하고, 그 은하 자체는 계속 팽창하고 있는 우주의 수십억 은하 중 하나라는 개념)과 약하게나마 관련된 용어로 표현하지는 않고 있음을 발견할 것이다. 그뿐 아니라 우주 지리학은 우주론에 관한 인지 환경의 한 요소일 뿐이다.

    이런 연구 과정에 참여할 때조차 우리는 몇 가지 위험이 있다는 점을 인식하지 않으면 안 된다. 첫째로 불확실하고 애매하거나 고립된 문헌을 근거로 과도한 추론을 하려는 경향을 경계해야 한다. 이런 경향의 한 가지 사례는 산들이 하늘을 지탱하고 있다는 믿음이 고대 세계에 있었다는 지나친 일반화에서 발견된다. 이런 견해가 고대 근동 지역에 있었던 것은 분명하지만, 그것이 보편적이었다고 주장할 수는 없다. 때로는 지나친 외삽(extrapolation)이 이루어졌다는 증거가 고대 세계의 견해를 충분히 이해하지 못한 데서 분명히 나타난다(예컨대 그리스의 혼돈 개념을 고대 근동 세계에 투사하는 행동). 두 번째 위험은 지나친 확대 해석에 있다. 확대 해석은 도상 자료를 다룰 때 쉽게 발생할 수 있다. 지나친 상상을 근거로 신성한 나무의 우주적인 역할을 다루는 일부 학자의 접근 방식에서 볼 수 있듯이 말이다.[7] 세 번째 위험은 단지 멀게만 관련되는 요소들을 긴밀하게 연결함으로써 전혀 존재하지 않는 보편성의 한 유형을 만들어내려는 경향에 있다. 확대 해석을 잘못된 행위로 보는 데는 정당한 이유가 있다. 이를테면 메소포타미아의 태곳적 여신 티아마트와 히브리어 단어 "흑암"(tĕhôm, 창 1:2)을 연결시키는 경우가 그렇다. 네 번째 위험은 문화적 특징을 인지 환경 속에서 발견되는 그것의 더 큰 역할에 주목하기 전에 그 자체의 (문헌적이거나 문화적인) 맥락에서 탐구하지 못하는 태도에 있다. 이런 위험의 한 가지 사례는 창세기 1:2에 나오는 히브리어 "루아흐"(rûaḥ)를 "바람"으로 해석할 것이냐 아니면 "영"으로 해석할 것이냐에 관한 논쟁에서 찾아볼 수 있다. 마지막으로 학자들은 때때로 그들이 고찰하는 주제와 관련해 본문이 침묵하고 있거나 적어도 분명하게 말하고 있지 않을 때조차도 공통된 문화 개념이 존재한다고 성급하게 가정한다. 관련된 한 가지 사례는 신들의 싸움이 창세기 1장의 배경을 이루고 있다

---

7   참조. S. Parpola, "The Assyrian Tree of Life," *JNES* 52 (1993): 161-208.

는 가정에서 발견된다. 그 증거가 창세기 본문에서 전혀 발견되지 않는데도 말이다. 다양한 학자가 비교 연구를 수행하는 데 있어 서로 다른 기준과 전제 조건을 가지고 있다는 사실은, 어떤 학자가 자신이 특정 연구에 엄격한 방법론을 적용하고 있다고 느낄 수도 있는 반면에, 다른 학자는 앞의 학자가 과도한 열정에 사로잡힌 나머지 앞서 논의한 위험성을 보여주는 매우 중요한 사례를 제공하고 있다는 결론을 내릴 수도 있음을 의미한다. 분명히 어떤 독자는 이 책이 다른 사람들에게 경고하는 바로 그 위험의 희생양이라는 결론을 내릴지도 모른다. 그러나 이 점이야말로, 정확히 말해 우리가 비교 연구에 공동으로 계속 참여해야 하는 이유다. 그렇게 되면 많은 사람이 함께 연구함으로써 유익한 연구 결과를 만들어내고, 모든 학자는 아니라 할지라도 많은 학자의 지지를 받는 결론에 도달할 수도 있을 것이다.

인지 환경 비교하기

창세기 1장이 자신의 고대 우주론을 제시하는 방식을 탐구하려면, 먼저 우주론과 관련해 고대 근동 세계 전체에 걸쳐 있는 인지 환경의 기본 요소를 확인할 필요가 있다. 이 단원에서는 당대에 공유된 고대 근동 우주론의 기본 요소들을 소개하고, 다음 단원에 가서 고대 근동 문헌에서 발견되는 증거를 기초로 이를 깊이 탐구하고자 한다. 이어서 이 요소들을 창세기 1장과 관련해 탐구할 것이다.

존재론

창조한다는 것은 창조 행위 이전에는 존재하지 않았던 무언가를 존재하게 하는 것이다. 따라서 만일 우리가 창조에 관한 고대 세계의 개념을 이해하고자 한다면, 먼저 **존재와 관련된 고대 세계의 개념**을 이해해야 한다. 이는 고대인의 우주 존재론(cosmic ontology)을 중심에 두는 것을 의미한다. 현대인, 다시 말해 **우리의** 우주 존재론은 주로 물질에 근거한다. 따라서 창조 행동에 관해 말할 때 우리는 주로 우주 전체에 다양한 형태로 존재하는 물질의 기원을 생각하게 된다. 이런 사고방식이 존재론과 관련해 유일한 선택 사항인 것은 아니다. 나는 그런 관점이 고대 세계의 인지 환경 속에 존재했던 선택 사항이 아니었다고 주장할 것이다.

질서/무질서의 중심성

고대 근동의 우주론이 담긴 문헌을 보면, 우주 안에 질서를 이루는 일과 우주의 다양한 기능을 통제하는 일이 고대인의 사상 세계 안에서 우주의 물질 기원에 관한 어떤 고찰보다도 더 중요했다는 것이 분명하게 드러난다. 이어지는 내용에서는 고대 근동 문헌의 경우에 존재하는 물질계가 어떻게 생겨났는지에 관한 고찰보다는 주로 존재하는 세계의 질서와 기능의 통제에 관심을 두고 있다는 점을 보여주고자 한다.

신을 초월하는 기능들

우주의 형성과 운행을 규정한다고 여겨지던 속성 혹은 요인(수메르의 "메"[ME] 및 그것의 불완전한 아카드어 번역어인 "파르추"[parṣu]를 가리킨다)과 운명들의 토판(이 토판은 우주를 구성하는 모든 부분의 직무를 설명해주는 포고를 포함한다)은 공히 우주에 관한 고대인의 관점을 이해하는 데 도움을 주는 소중한 증거를 제공한다. 이런 증거는 고대인이 자기가 사는 세계에 관해 생각하는 것 가운데 가장 중요한 것들을 드러내 준다. 이집트 문헌에는 지배라는 특징을 묘사하는 전문 용어가 있지는 않지만, 그럼에도 메소포타미아처럼 그곳에서도 같은 개념이 중심을 이루고 있다. 이런 개념에 대한 연구는 규칙과 권위의 문제가 고대인의 사유에 얼마나 널리 퍼져 있었는지를 잘 보여준다. 우주를 왕국으로 보는 모델은 우주를 기계로 묘사하는 현대인의 전형적인 모델보다 고대 세계에 더 적합한 것이었다.

우주에서 신의 위치

대부분의 고대 근동 문헌은 신들이 대체로 우주라는 체계 안에 있다고 간주한다. 우주의 한 부분으로서 말이다. 신들의 세계 안에 있는 질서는 인간이 자기 세계에서 경험하던 것과 본질적으로 같은 질서에 해당한다고 여겨졌다. 동시에 고대 근동 문헌은 신들의 영역을 넘어서는 우주 체계의 다양한 측면이 있음을 암시하고 있다. 그러므로 신들의 통제가 인간의 통제를 초월해 훨씬 더 확장되기는 하지만, 그것이 모든 것을 포괄하지는 않는다. 신들의 통제가 미치지 못하는 우주의 영역이 존재한다는 말이다.

신들의 출생 / 우주의 발생

사람들이 오랫동안 인식해온 고대 근동 우주론의 한 측면은 신들의 출생(theogony)과 우주의 발생(cosmogony)이 서로 관련되어 있다는 점이었다. 우리는 이런 상호 관련성 자체가 앞서 확인한 존재론적 개념들을 반영하고 있다는 데 주목해야 할 것이다. 달리 말해 만일 존재라는 개념이 주로 우주를 구성하는 부분들의 다양한 **기능**을 매개로 이해되었다고 한다면, 신들과 우주의 그런 부분들은 모두 각각의 **기능**을 통해서만 존재한다는 뜻이다. 이를테면 태양이나 태양신은 상대방과 독립된 기능을 가지고 있지 않으며, 서로를 통해서 확인된다.[8] 그것들이 함께 나타내는 기능이 생겨나게 되었을 때, 이들은 둘 다 존재하게 되었으며 동시에 자신의 기능을 수행하기 시작했다. 이렇듯이 신들의 출생은 우주의 발생과 분리되지 않는다. 물질인 대상(태양)의 기능이 신(태양신)의 기능과 겹친다는 사실이야말로 신들의 출생과 우주의 발생이 서로 깊이 얽혀 있는 인지 환경을 만들어낸다.[9]

신들의 싸움

창조가 신들 사이의 충돌, 즉 신들의 싸움을 통해 이뤄졌다는 개념은 아카드 자료에서 가장 분명하게 드러난다. 수메르 자료에서는 신들의 싸움이 거의 나타나지 않으며, 이집트 자료에서는 그것이 별로 중요하게 여겨지지 않는다. 그뿐 아니라 아카드 자료에 나타나는 신들의 싸움이 항상 우주론과 관련된 것도 아니다. 따라서 단순히 신들의 싸움이 분명하게 드러난다는 사실만을 기초로 해서 주어진 어떤 문헌이 창조에 초점을 맞추고 있다고 가정해서는 안 된다. 이 책에서 나는 신들의 싸움이

---

8 특히 F. Rochberg, "'The Stars Their Likenesses': Perspectives on the Relation between Celestial Bodies and Gods in Ancient Mesopotamia," in *What Is a God?* (ed. B. N. Porter; TCABI 2; Winona Lake, IN; Eisenbrauns, 2009), 41-91을 보라.
9 J. Assmann, *The Mind of Egypt* (New York: Metropolitan Museum of Art, 1996), 204은 이집트 신들의 출생과 우주 발생의 결합을 "우주신론"(cosmotheism)이라 칭한다.

어느 정도의 범위까지 고대 근동의 일반적인 인지 환경을 구성하는지를 확인하고자 한다.

우주 지리학

우주 지리학은 우주의 형성에 관한 설명을 제공한다. 그렇지만 앞서 이미 언급했듯이, "형성"이라는 개념이 순전히 물질 관련 용어로만 이해되는 경우는 거의 없다. 어떤 문헌이 우주가 형성되는 과정을 묘사할 때, 비로소 우리는 고대인들이 우주의 기원을 어떻게 생각했는지에 관한 정보를 얻을 수 있다.

신전/안식

최근 몇 년 사이에 확인된 고대 우주론과 관련된 인지 환경의 주요 구성 요소 중 하나는 우주와 신전의 관계다. 이런 관계 때문에, 그리고 고대인이 이 둘 중 하나를 어떻게 생각했는가 하는 것이 다른 하나를 조명해주기 때문에, 우리는 신전 건축과 봉헌을 다루는 문헌들이 우주와 관련된 쟁점에 관한 정보를 제공하고 있음을 알 수 있다. 이 쟁점 중 가장 중요한 것이 바로 신들의 안식 개념이다. 이 개념은 고대 근동의 신들이 신전 안에서 안식을 취하며 신전이 신들의 휴식을 위해 건축됨을 가리킨다. 신전과 우주론을 다루는 문헌에 등장하는 신들의 안식 개념을 연구해보면, 그것이 인지 환경 안에서 차지하는 위치가 우리의 주제와 관련해 점차 중요한 의미를 지니게 된다.

인간의 역할

우주론과 관련된 인지 환경을 구성하는 마지막 주요 요소는 우주 안에 있는 사람들에게 배정된 역할이다. 고대인이 인간의 중심성, 기능/역할, 구성 요소(티끌, 흙, 신들의 피 등)와 신의 형상 등에 관해 어떻게 생각했는지를 탐구하는 일은 모두 그들의 신앙 체계를 이해하는 데 중요하다.

물론 이상의 모든 영역을 탐구할 때, 우리는 더욱 폭넓은 인지 환경을 구성하는 요소의 목록을 작성하면서 성급한 일반화로 기울어지지 않도록 조심스러운 방법론을 적용해야 한다. 고대인의 인지 환경이라는 풍경을 보면 다양성으로 가득 차 있으므로, 그 다양성을 올바로 인식하고 아울러 독특성을 유지하도록 허용해야 한다.[10] 동시에 우리가 확인해야 할 공통 근거가 충분히 있기도 하다. 예를 들어 이집트의 다양한 우주론 문헌을 연구한 후에 다음과 같은 설명을 남긴 앨런(J. Allen)의 주장에 주목하라.

> 후대의 철학자나 과학자와 마찬가지로, 이집트 사상가들 역시 그들이 사용했던 개념을 깊이 생각하고 논했으며, 그것들을 후세에 전달했음이 틀림없다. 전승 자료가 이렇게 연속성을 띤다는 점은 우리가 이미 검토했던 창조 이야기들에 잘 반영되어 있다. 연대와 기원, 표상과 주제 등에 많은 차이가 있기는 하지만, 이 자료들은 한결같이 2,300년에 걸친 역사 내내 놀랍도록 일관성을 유지했던 창조에 관한 이해를 반영하고 있다.[11]

---

10 조심스러운 공시적 분석의 필요성에 대해서는 L. Lesko, "Ancient Egyptian Cosmogonies and Cosmology," in *Religion in Ancient Egypt* (ed. B. Shafer; Ithaca, NY: Cornell University Press, 1991), 122을 보라.

11 J. Allen, *Genesis in Egypt* (New haven, CT: Yale University Press, 1988), 56.

가장 기본적인 차원에서 볼 때, 이런 사실이 메소포타미아 자료의 경우에도 같은 방식으로 적용된다는 것을 알 수 있다. 더 일반적인 용어로 말하자면, 이집트의 전승과 메소포타미아의 전승을 비교할 때도 그렇다는 말이다. 이는 양자의 중요한 차이를 무시하자는 것이 아니라, 오히려 공통 기반이 존재하는 경우에 이를 올바로 인식하는 일이 중요하다는 뜻이다. 그리고 우리는 고대 이스라엘이 이런 공통 기반을 어느 정도까지 공유했는지를 탐구하고자 한다.

증거를 발견하기 전에조차 우리는 다음과 같은 질문을 던지고 싶다. 우리가 히브리어 성서에서 어떤 형태로든 나름의 독특성을 발견할 수 있다고 기대해도 되는 것일까? 레벤슨(J. D. Levenson)은 문화적 순수성이야말로 망상이라고 주장한 바 있다.

첫째, 이스라엘 문화의 독특성을 찾으려는 태도는 헛된 시도에 지나지 않는다. 병행을 이루지 않는 요소의 수가 점점 줄어들고 있다. 그리고 만약 우리가 이스라엘의 가장 가까운 이웃인 에돔, 모압, 암몬 같은 지역에서 나온 상당한 양의 텍스트를 만나게 된다면, 병행하지 않는 요소가 거의 없을 것이라고 의심해볼 수도 있다. 이 말은 여러 제도가 변화되지 않은 채로 이스라엘에 유입되었다는 뜻이 아니다. 오히려 그 반대다. 어떤 변화 없이 문화를 변화시킬 수 있는 것은 전혀 없다.…정말 중요한 사실은 이스라엘이 역사 안에 등장했다는 점이다. 수메르 왕조와는 달리 이스라엘은 하늘로부터 내려온 것이 아니었으며, "대폭발"(big bang)의 직접적인 결과물도 아니었다. 따라서 비평적인 역사가라면 이스라엘 안에 있는 모든 요소에는 원형(原型)이 있거나 적어도 "이교" 문화 중에 친족이 있다고 전제해야 한다.[12]

---

12 Levenson, "Temple and the World," 281.

비록 모든 사항을 "이스라엘적인" 것으로 간주하려는 레벤슨의 포괄적인 주장을 우리가 공유할 수는 없겠지만, 그의 일반적인 강조점은 잘 받아들일 수 있다. 고대 이스라엘의 문헌에서 우리는 고대 근동 문헌과의 차이보다는 유사성을 훨씬 더 많이 발견할 것이다. 그리고 우리가 발견하게 될 차이는 중요하고 독특한 신학적 원리와의 상호작용을 통해 일어난 수정에서 비롯된 파급 효과임이 판명될 것이다.

비교 연구의 해석학과 인지 환경

모든 문헌은 그것이 생겨난 문화와 그것이 접촉하는 다른 문화의 문헌에 의존하기 마련이다. 이 점은 세속적인 사업 문서와 정부 보고서 및 "상급" 문서, 또는 신의 계시로 여겨지기 때문에 거룩하거나 정경으로 간주되는 문헌의 경우에도 똑같이 적용된다. 그렇지만 모든 문헌이 의존적이라고 해서 새로운 이념이나 관점이 나타날 가능성을 배제할 수는 없다. 이 말은 단지 모든 문헌이나 이념이 모종의 이전 형태를 갖고 있음을 인정한다는 뜻일 뿐이다. "새로운" 문헌 안에 "옛"것과 구별되는 무언가가 있다고 하더라도 말이다. 어떤 해석이 정당성을 확보하려면 "새"것이 "옛"것에 지고 있는 빚을 인정해야 하며, 둘 사이의 문헌적 상호 의존 관계를 탐구해야 한다. 미드라쉬(Midrash)를 미쉬나(Mishnah)가 대표하고 공표하는 세계관에 대한 이해로부터 분리시키는 태도는 어리석은 일일 것이다. 기독교 교부들에 대한 연구는 그들이 살면서 저술 활동을 했던 세계에 신약성서가 두루 영향을 미쳤다는 사실을 이해하지 않는다면 흠이 있게 될 것이다. 기독교 역사상 후대에 속한 칼뱅이나 아퀴나스는 이전의 아우구스티누스나 아리스토텔레스를 직접 인용할 필요가 없지만, 그럼에도 그들의 저작은 이 초기 철학자들에 의해 형성된 세계로부터 생겨났다. 신약성서가 종종 구약성서 문헌을 언급하므로 그것이 신약성서의 청중/독자의 눈높이 정도로 이전의 문헌에 친숙했다는 점을 전제한다고 하더라도, 제2성전기 유대교의 세계와 세계관을 형성한 것은 구약성서였으며 신약성서는 여러 다른 방식으로 구약성서의 인지 환경과 영향을 주고받았다고 할 수 있다(때때로 헬레니즘 세계의 영향을 받기도 했다). 따라서 우리는 히브리어 성서에 대한 이해가 히브리어 성서의 해석자들에게 고대 이스라엘이 고대 근동의 문헌이나 사상과 폭넓게 연결되어 있었음을 인식하도록 요청하고 있다는 사실에 놀랄 필요가 없다. 그렇지만 이런 상호 관계는 단순히 특정 시기에 이루어진 문학적 채용의 문제가 아니다. 다시 말해 이스라엘이 그런 관계를 단순히 동시대 문헌들로부터 도출해냈을 것이라고 생각할 수만은 없다는 뜻이다. 양자의 상호 관계는 한층 복합적이다. 왜냐하면 이스라엘의 문헌은 수세기 또는 수천 년 동안 그것에 자양분을 공급한 광범위한 문화의 옛 물줄기를 반영하기 때문이다. 따라서 이 문제는 이스라엘이 과연 다른 문화의 이념을 빌려오거나 채용했느냐의 문제가 아니다. 그 물줄기가 포괄적이고 지속적이었으므로, 우리가 고찰하는 개념 중 일부는 "고유의" 사고방식이 되었다. 이 개념들은 오랫동안 고대 세계의 개념 틀을 구성했고, 이스라엘의 인지 환경이 형성된 맥락(들)에 매우 일찍부터 뿌리내리고 있었다. 수십 년 전에 슈미트(H. H. Schmid)는 같은 개념을 폰 라트(G. von Rad)가 제안한 모델과 대조를 이루는 방식으로 다음과 같이 표현했다.

어디를 바라보든 우리는 포괄적인 세계 질서에 관한 견해와 폭넓은 의미에서의 창조 신앙, 즉 여러 측면에서 이스라엘이 주변 나라들과 공유했던 창조 신앙이 구약적인 사유와 신앙의 지배적인 배경을 이루고 있음을 다양한 방식으로, 분명하게 찾아볼 수 있다.…이스라엘은 고대 근동 세계의 사유 세계와 창조 신앙에 충분히 참여했으며, 이런 지평 안에서 자신의 특수한 역사 경험과 하나님 경험을 이해했다. 실제로 그들은 그렇게 이해할 수밖에 없었을 것이다. 기대하는 대로, 이스라엘의 역사 경험에는 약간의 변형이 필요했지만, 공통의 사고방식을 상대적으로 독립적인 그들 자신만의 방식으로 표현했던 고대 근동의 다른 문화도 상황은 마찬가지였다. 간단히 말해 폰 라트의 관점이 논리적으로 우리를 설득해 믿게 하는 것과는 대조적으로, 학자들은 이스라엘이 자신의 신앙으로부터 삶과 경험에 관해 어떤 특별한 영역을 창조하지 않았다는 점을 보여주었다. 오히려 처음부터 이스라엘의 경험은 이미 주어진 고대 근동의 공통 사고방식—특히 창조 사상—을 배경으로, 거기에 활발하게 참여함으로써 이뤄졌다.[13]

한 문화가 다른 문화와 다양한 이념을 공유한다는 것은 어떤 이념의 (시간적인) 우선성이나 (가치나 속성의) 우월성을 암시하지 않으며, 어느 한 체계가 더 오래되었으므로 "원시적"이거나 더 최근의 것이므로 "이차적"인 것임을 뜻하지도 않는다. 셰익스피어가 성서에 진 빚이나 그의 문학작품이 (자신이 속한) 엘리자베스 여왕 시대를 반영하는 수많은 방식 중 어떤 것도 이런 종류의 성격을 규정하게 하지 않는다.

저자와 청중은 의사소통을 통해 만난다. 의사소통은 언어와 문화 및 세계관 등의 맥락에 기초하며, 오늘날 우리가 경제학, 사회학, 철학, 심리학 등으로 부르는 여러 학문 분야에 영향을 주는 다양한 이념과 관점을 사용한다. 인간 존재의 어떤 측면도 맥락을 피하지는 못한다. 인식되지

---

13 H. H. Schmid, "Creation, Righteousness, and Salvation: 'Creation Theology' as the Broad Horizon of Biblical Theology," in *Creation in the Old Testament* (ed. B. W. Anderson; Philadelphia: Fortress, 1984), 102-17; p. 111에서 인용함.

못한 미묘한 것들부터 가장 눈에 띄는 특질에 이르기까지 인간은 맥락 속에서 살아가며, 맥락 속에서 배우고, 맥락 속에서만 소통할 수 있다. 따라서 해석 작업은 맥락을 주의 깊게 살피지 않으면 안 된다. 히브리어 성서의 경우, 맥락을 살피는 것은 우리가 본문을 하나님의 말씀으로 생각하든, 아니면 사람의 말인 북서 셈어 문헌으로 생각하든 관계없이 필수 사항에 해당한다.

잠시 이런 양극단을 각각 고찰해보기로 하자. 성서 본문을 가장 좁은 의미에서 하나님의 말씀으로 간주하는 개인은 그것을 인지 환경과 문화적 맥락으로부터 독립시키려는 강한 경향을 보이며, 성서 밖의 문헌이나 문화적 영향에 의존하는 태도로 인해 본문의 순전함이 훼손되고 본문의 권위가 위태로워진다고 믿는다. 이 시각은 성서 문헌의 인간적인 기원을 암시하는 모든 해석을 가리켜 아무리 좋게 보아도 성서의 가치를 희석시킨다고 간주하며, 거룩한 문서의 신성함을 직접 공격한다고 간주할 가능성이 높다. 교육받지 못했거나 전문 지식이 없는 평신도들이 두려움에 사로잡힌 나머지 이런 시각에 집착할 수도 있다는 점은 충분히 이해할 만하다. 그러나 우리는 학문적으로 훈련받은 사람들이라면 이런 종류의 반계몽주의보다 더 나은 것을 보여줄 것으로 기대한다.

히브리어 성서의 본문을 단지 얇은 포장지로 재포장된 북서 셈어 문헌으로 생각하려는 경향을 가진 자들은 문화적 공유와 교환이라는 미묘한 부분을 한층 조심스럽게 고찰해야 한다. 각각의 문화는 독특한 관점을 가지고 있다. 그것이 다양한 종류의 의존성을 아울러 보여준다고 하더라도 말이다. 오늘날 전 세계에 걸친 서구 문화의 영향을 관찰해보면 이를 금방 알 수 있다. 서구 문화는 때로는 긍정적이며, 때로는 부정적인 영향을 미친다. 서구의 이상을 선호한 나머지 의도적으로 자신의 문화적 전통을 약화시키는 데 열중하는 문화조차도 그것이 만나는 모든 이념이나 관습에 무조건 순응하지는 않는다.

고대 이스라엘인들도 분명히 다르지 않았다. 그들이 주장한 하나님의 활동을 크게 신뢰하지 않으려는 학자조차도 하나님이 다양한 맥락 속에서 다양한 방식으로 활동**하셨다고** 주장하는 **이스라엘의** 믿음 자체가 일련의 독특성을 규정한다고 받아들인다.[14] 우리가 유물을 발굴하고 발굴된 문헌에 대한 연구를 통해 고대 세계를 더 많이 발견하면 할수록, 고대 이스라엘의 독특성이 점점 더 줄어든다는 것은 사실이다. (아마도 독특성의 범주가 달라진다는 표현이 더 적절할 것이다.) 예를 들어 오경의 율법은 고대 근동의 법률 문서와 비교할 때 더는 독특하다고 간주되지 못하지만, 그럼에도 그것은 독특한 법 이론을 대변한다고 인식되어야 한다.

다양한 발견이 이뤄지고 이해가 증진될 때마다 우리는 각 문화의 독특성이 새로운 방식으로 이해될 것이라고 기대해야 한다. (이 점은 모든 문화에 똑같이 적용된다. 고대 이스라엘만 독특하다고 생각하기란 어렵다.) 그러나 몇몇 독특성은 항상 유지될 것이다. 그것들은 절대 없어지지 않을 것이다. 모든 해석자는 각각의 문화가 독특한 방식으로 주변 민족과 공유하는 문화 요소를 변형시키기도 하고 그것들을 개작하기도 한다는 사실에 아마도 동의할 것이다. 이스라엘이 주변 문화로부터 비롯된 이념이나 소재를 개작할 때는 자신의 하나님 야웨와의 상호작용에 관한 믿음이 이를 이끌었다. 그리고 현대 해석자들은 히브리어 성서의 관점에 동의하는 길을 선택할 수도 있고 그렇지 않을 수도 있다. 하나님의 역할에 대한 현대 해석

---

14 이는 P. Machinist의 다음 질문과 비슷하다. "이스라엘은 자신의 경전인 성서 안에서 자기에게 독특하게 관련된 문제를 어떻게 인식하고 답했을까?" 이에 대해서는 "The Question of Distinctiveness in Ancient Israel: An Essay," in *Ah, Assyria!* (ed. M. Cogan and I. Eph'al; ScrHier 33; Jerusalem: Magnes, 1991), 196-212(p. 202에서 인용함)을 보라.

자들의 판단이 어떠하든 간에, 이스라엘인의 자기 정체성은 하나님이 오직 한 분뿐이시며 하나님이 그들의 조상을 선택하셔서 자신과 더불어 (언약에 의해 규정된) 독특한 관계를 맺게 하셨다는 믿음에 기초했다(따라서 우리는 이곳에서 시간 틀에 관해 구차하게 변명할 필요가 없다).[15] 다른 시대의 다른 문화들 역시 일부는 일신론의 형태를 띨 수도 있겠지만, 이는 이스라엘의 일신론과 결코 같지 않았다. 아마도 언젠가는 자신의 신이 자기를 택했고 자기와 더불어 언약을 맺음으로써 특별한 후원자가 되었다고 믿었던 또 다른 고대 문화가 있었음을 보여주는 증거가 발견될지도 모른다. 그러나 설령 이런 경우가 실존한다고 입증되더라도, 그리고 언젠가는 발견될 다른 언약 백성과 이스라엘 둘 다에게 똑같이 공정한 태도를 취한다고 해도, 각 집단의 독특성을 공정하게 평가해야 할 것이다.

나는 이제까지 주요 범주의 양쪽 끝을 다뤘지만, 양극단 중 어느 하나를 선택해야 한다고 주장할 의도는 없다. 한쪽은 히브리어 성서가 모든 점에서 완전히 독특하다는 견해고, 다른 한쪽은 반대로 히브리어 성서가 전혀 독특하지 않다는 견해다. 이 양극단은 뚜렷하게 인위적인 모습을 보이지만, 학자들은 해석학적 강조점을 분명하게 밝히기 위해 둘 중 하나를 선택해왔다. 대부분의 개인은 자신이 양극단 사이의 어느 한 지점에 있다고 보며, 이 양극단 사이의 다양한 위치 변화는 얼마든지 가능한 일이다. 일단 우리가 고대의 인지 환경이 **존재했다는** 점과 그것이 어느 시점엔가 히브리어 성서에 반영되었다는 점을 인정한다면, 이런 현실을 인정하고 그것을 이해하려고 노력하는 것은 우리의 책임이 아닐 수 없다. 다른 한편으로, 일단 우리가 아무리 사소한 것일지라도 독특한 요소가 **존재한다는** 점을 인정한다면, 이를 인지하고 그것이 히브리어 성서 이해에 미치는

---

15 Machinist, "Question of Distinctiveness," 205.

영향을 평가하는 것 역시 우리의 책임이다.

바로 이 지점에서 우리는 흔히 차용이나 수용을 주장하고 있다는 비난을 훨씬 넘어선다. 우리 모두는 "근본주의적"이라는 판단이나 "진보적"이라는 판단 모두를 넘어서야 한다. 성서를 사도와 예언자들을 통해 계시된 하나님의 거룩한 말씀으로 간주하든지, 아니면 어느 한 민족이 고대 근동의 공통 주제와 수사적 표현을 채용한 것으로 간주하든지(다시 양극단의 관점을 인용한다면 말이다), 또는 이 양극단의 사이에 있든지, 우리는 자신의 해석학을 예리하게 다듬어야 한다. 우리는 고대 근동의 방대한 문헌과 그것이 히브리어 성서에 보존된 이스라엘 문헌에 대한 통찰을 제공해줄 가능성을 더는 무시할 수 없다. 아울러 우리는 고대 이스라엘의 문화를 경시한 나머지, 그것이 독특한 문화적 시각을 기초로 나름대로 자기 정체성을 주장한 독특한 문화였을 가능성을 배제하는 태도를 취해서도 안 된다. 이 책의 목표는 공통의 문화적 환경에서 비롯된 공통성을 추구하면서, 아울러 자기 나름의 우주론을 형성한 이스라엘만의 "특징"을 이해하고자 애쓰는 길을 따르는 데 있다.

2장

고대 근동 문헌에 나타나는 창조

이 장에서 나는 고대 근동 문헌의 다양한 자료층에 나타나는 창조의 단편들을 요약해 보여주는 두 개의 표를 제시하고자 한다. 아래의 설명은 그 표들에 제시된 분석에 관한 정보를 제공한다.

표에 대한 설명

공통 요소를 집중적으로 보여주는 항목뿐만 아니라 비어 있는 열과 행을 통해서도 몇 가지 중요한 관찰을 제시해볼 수 있다.

"특징"을 다루는 도표(표 2.1.)에서 수메르 작품인 「새와 물고기」의 칸들은 비어 있다. 아카드 작품인 「벌레와 치통」,「두 마리의 곤충」,「능수버들과 종려나무」,「위대한 점성술 논설」 등의 칸도 비어 있다. 그렇지만 이상의 작품은 첫 번째 도표에 모두 포함되어 있다. 그것들이 두 번째 도표(표 2.2., "구성 요소")에 사용된 정보를 포함하기 때문이다. 특징 도표에 이 작품들에 대한 정보가 없는 것은 그것들이 속한 문학 장르 때문이다. 마지막 것을 제외한 모든 작품이 지혜 논쟁의 범주에 속해 있기 때문이다. 우주의 발생을 다루는 이 작품들의 도입부는 특히 논쟁에 관여하게 될 무리에 초점을 맞추는 경향이 있다.

특징 도표의 비어 있는 행 가운데 세 가지 항목에 주목할 만하다. 우리가 살펴본 모든 수메르 자료에는 신들의 싸움이 없다. 이집트 자료에서는 단지 한 가지 자료만 잠시 언급될 뿐이다.「에누마 엘리쉬」는 단지 아

	이집트 자료						수메르 자료								
원자료	헤르모폴리스: pBremner-Rhind BM 10188	헤르모폴리스: CT 주문 76-80	헬리오폴리스: CT 335/「사자(死者)의 서(書)」 17	테베: 라이덴 파피루스 I 350	「멤피스 신학」	「메리카레의 교훈」	「훌루프 나무」	「함양과 밀」	「에-엥구라 찬가」	「낫의 노래」	「엔키와 세계 질서」	「엔키와 닌마흐」	「에리두 창세기」	NBC 11108	KAR 4
창조 이전의 상태	●	●	●	●			●			●				●	
하늘과 땅의 분리		●	[●]				●		●		(●)			[●]	●
우주의 발생과 신들의 출생이 뒤섞임	●	●	●		●			●			●				
신들의 싸움						●									
창조 행위인 이름 짓기					●		●	[●]			●				
창조 행위인 분리	●		●												
인간의 창조		●	●			●	●			●		●	●		●
신전과의 관련성					●	●				●	●			●	
안식					●										

표 2.1. 고대 우주론 이야기에 나타나는 특징의 요약
(●) = 암시되어 있는 경우; [●] = 아직 일어나지 않은 사건으로 언급된 경우

원자료	「아트라하시스」	「에누마 엘리쉬」	「눈누의 신들의 출생」	「블레와 치종」	「두 마리의 군충」	「누수벌들과 종려나무」	「위대한 점성술 논설」	VAT 17019	셀레우코스 왕조 창립 기도문
창조 이전의 상태		●							●
하늘과 땅의 분리		(●)							●
우주의 발생과 신들의 출생이 뒤섞임		●	●						●
신들의 싸움	●	●	●						
창조 행위인 이름 짓기		●							●
창조 행위인 분리									
인간의 창조	●	●						●	●
신전과의 관련성		●							●
안식		●							

2장 고대 근동 문헌에 나타나는 창조

원자료	이집트 자료						수메르 자료									
	헤르모폴리스: pBremner-Rhind BM 10188	헤르모폴리스: CT 주문 76-80	헬리오폴리스: CT 335/「사자(死者)의 서(書)」, 17	테베: 라이덴 파피루스 I 350	「멤피스 신학」	「메리카레의 교훈」	「훌루프 나무」	「앙앙과 밀」	「새와 물고기」	「에-엔구라 찬가」	「괭이의 노래」	「엔키와 세계 질서」	「엔키와 닌마흐」	「에리두 창세기」	NBC 11108	KAR 4
신들		●	●	●	●								●		[●]	
하늘과 땅	[●]		●	●	●		●		●	●	●			●	[●]	●
창공		●													[●]	
물들								●	●		●					
마른 땅	[●]	●														
식물과 풍요						●	●	●	●		●					●
새와 물고기			●			●		●	●		●					
짐승			●			●	●	●	●		●	[●]		●		
사회 또는 문명					●	●	●	[●]	●	●	●	●	●		[●]	●
천체			●	●												

표 2.2. 고대 우주론 이야기에 나타나는 요소의 요약
(●) = 암시되어 있는 경우; [●] = 아직 일어나지 않은 사건으로 언급된 경우

원자료	「아트라하시스」	「에누마 엘리쉬」	「뜬눈의 신들의 출생」	「벌레와 치통」	「두 마리의 근충」	「늪수발들과 종려나무」	「위대한 점성술 논설」	VAT 17019	셀레우코스 왕조 창립 기도문
아카드 자료									
신들		●	●						●
하늘과 땅		●		●	●		●		●
창공		●	●						
물들	●	●		●	●				●
마른 땅	●						●		●
식물과 풍요			●						●
새와 물고기									
짐승			●	●					●
사회 또는 문명							●		●
천체							●	●	

카드의 후기 자료들을 대표할 뿐이다. "창조 행위인 분리"라는 개념이 수메르 및 아카드 자료에는 나타나지 않지만, 이집트 자료에는 분명하게 나타난다. 나는 "창조 행위인 분리"를 하늘과 땅의 원래적 분리와 구분하고자 한다. 사실은 이 개념이 훨씬 더 널리 퍼져 있었다(이후의 설명을 보라). 이집트 밖에서는 창조의 다양한 차원으로서 이뤄지는 창조 행위인 분리 개념이 나타나지 않는다. 창조와 관련된 신들의 안식이라는 요소의 경우 수메르 자료에는 나타나지 않으며, 이집트 및 아카드 자료에는 각각 한 번밖에 나오지 않는다.

이집트 자료에서 가장 자주 나타나는 특징은 우주가 생겨나기 전의 상태에 대한 언급 및 신들의 출생에 대한 관심이다. 수메르 문헌에는 하늘과 땅의 분리가 두드러지게 나타나며, 인간 창조는 수메르 자료와 아카드 자료에서 가장 흔하게 발견된다. 이집트인이 신들의 기원에 더 많은 관심을 기울이는 반면, 메소포타미아는 인간의 기원에 더 많은 관심을 기울인다는 사실은 주목할 만한 가치가 있다.

"요소"를 다루는 표(표 2.2.)에는 비어 있는 행이 없다. 이 표의 항목을 대강 훑어보면 이집트 자료는 물들의 기원을 언급하지 않는다. 부연하면, 물들의 기원에 관한 범주는 (창조된 것이 아니라) 태초에 존재했다고 여겨지는 맨 처음 물들을 포함하지 않는다. 이집트 자료에는 단지 창공의 창조(??)에 관해 한 차례의 언급이 있을 뿐이며(비록 슈[Shu] 신이 이집트 자료에서 중요한 의미를 지니므로 도처에서 언급되고 있기는 하지만 말이다), 식물에 관해서는 한 차례의 언급만이 있을 뿐이다. 표 2.2.의 이집트 자료에는 신들의 기원 및 하늘과 땅의 기원이 전반적으로 나타나지만, 그 외의 항목은 간헐적으로만 나타난다는 데 주목하라.

수메르 자료에서는 마른 땅의 출현, 천체와 창공의 창조를 다루는 행이 비어 있다. 열간 불균형 상태는 아마도 이 자료들의 많은 내용이 지혜 문헌의 도입부에 우주의 발생에 관한 내용을 소개하거나(따라서 자료의 초점이 한층 협소해진다), 당연히 지상계나 지하계에서 활동하는 신인 엔키와 관련된 신화를 다루기 때문일 것이다. 아카드 자료에서는 오직 새와 물고기의 창조를 다루는 행만 비어 있지만, 이는 순전히 「에누마 엘리쉬」가 이 내용을 다루지 않기 때문이라고 할 수 있다.

이집트 자료가 가장 크게 관심을 기울이는 특별한 구성 요소들은 첫 두 행에서 발견된다. 이 두 행은 신들의 기원 및 하늘과 땅의 기원을 다룬다. 수메르 자료에서는 하늘과 땅, 풍요(엔키의 영향이다), 그리고 사회 또는 문명의 차원 등이 세 개의 주요 범주로 나타나는데, 이는 사회나 문명의 요소 역시 "자연"계와 마찬가지로 창조의 대상임을 분명하게 보여준다. 아카드 자료에서는 이런 범주의 배분이 상당히 균일하게 나타난다.

이 표가 보여주지 않는 한 가지 항목에 대해 언급해야 할 듯하다. 우주의 발생을 다루는 이 모든 작품 중 「메리카레의 교훈」만이 인간이 신의 형상으로 만들어졌다고 설명한다. 이에 대해서는 3장에서 좀 더 세부적으로 다룰 것이다.

3장

고대 우주론적
인지 환경

다음에 이어지는 장들에서 나는 고대 우주론적 인지 환경을 분명하게 보여주는 고대 근동의 자료를 제시하되, 이를 1장에서 제시한 범주에 맞춰 체계적으로 언급하고자 한다. 내 의도는 자료에 나타나는 보편성과 다양성을 둘 다 강조하는 것이다. 그렇게 된다면, 이 장에서 분석된 내용은 책의 후반부에 등장하는 창세기 1장 연구의 기본 틀이 될 것이다.

존재론

존재론이라는 철학 개념은 (예컨대 악, 믿음, 우주 등과 같은) 다른 많은 개념에도 적용될 수 있지만, 여기서는 특히 **우주 존재론**을 다루고자 한다. 고대인들의 우주 존재론을 이해하려면 우주의 기원에 관한 그들의 생각을 먼저 논의해야 한다. 존재론이야말로 다양한 기원의 어떤 측면이 관심의 대상이고 궁극적으로 중요한지를 결정하기 때문이다.

계몽주의 이후의 서구 세계에서는 우주 존재론의 기본 틀이 순전히 물질적인 것이었다. 우주가 감각 기관을 통해 감지할 수 있는 물질적인 속성을 보이기 때문에 존재한다고 인식되었다는 말이다. 따라서 우주의 기능은 그것의 물질적인 속성에서 비롯하는 것으로 이해되며, 그 기원은 물질적인 용어로 묘사된다. 물질 존재론의 차원으로 보면, 어떤 것이 물질의 속성을 부여받거나 이를 획득할 때 창조된다고 여겨진다. 물질 존재론은 실재하는 것들의 물리적 특성을 특히 분자, 원자, 세포, 쿼크 등(구성 요소를 말한다)을 포함하는 가장 작은 것으로부터 시작해 행성, 태양계, 은하계 등을 포함하는 가장 큰 덩어리에 이르기까지 그 구성단위를 매개로 연구하고 이해하는 데 큰 관심을 기울인다. 물질 존재론에서는 물질의 기원이 궁극적으로 중요하며 핵심 관심사이기도 하다.[1]

그렇지만 우리는 고대 세계의 우주 존재론이 물질을 기초로 했다고 생각할 이유가 하나도 없다. 고대 우주 존재론의 물질적 양상을 배제할 수는 없지만, 이를 연구의 출발점으로 삼아서는 안 된다는 점도 확실하다. 고대인들이 그들 자신의 존재론을 어떻게 형성했는지를 고려하려면 고대 문헌 자체를 살피는 데서 시작하는 것이 좋다.[2] 만일 그들의 존재론이 물질적인 것이 아니었다면, 그들은 물질의 기원에 거의 관심을 보이지

---

1 탈근대 사유에서는 상황이 점차 변하고 있을지도 모른다는 데 주목하라. F. B. Burnham ("Maker of Heaven and Earth: A Perspective of Contemporary Science," *HBT* 12[1990]: 3-16)은 다음과 같이 자신이 "관계 존재론"이라 칭하는 것으로 옮겨가는 상황을 분명하게 밝힌 바 있다.

　고전적인 뉴턴 과학은 원자론적이고 환원주의적이었다. 뉴턴 과학은 모든 실재의 기본 소재를 분리와 측정 및 예견이 가능한 기초적인 개별 소립자로 환원시켰다. 탈근대 시대의 과학에 따르면, 실재하는 모든 것은 분리된 입자나 자유로운 물질 요소로 나뉠 수 없다. 어떤 것도 자신의 환경으로부터 분리될 수 없다. 도리어 실재하는 모든 것은 사건과 관계들로 이루어져 있다. 물질이 아니라 관계가 근간이라는 이야기다(p. 5).

　이 견해는 고대 문헌으로부터 드러나는 것으로 내가 믿는 고대 존재론에 훨씬 근접하지만, 우리는 근대 혹은 탈근대 존재론(우리 자신의 존재론)을 고대 문헌에 부과해서는 안 된다는 점을 항상 기억해야 한다. 그렇지만 Burnham의 언급은 물질 존재론이 유일한 선택이 아니라는 점을 분명하게 강조하고 있다.

2 존재론 자체는 고대 근동의 사유에 관한 논의에서 직접적인 관심을 거의 끌지 못했다. 메소포타미아의 한 예를 보려면 T. Jacobsen, "The Graven Image," in *Ancient Israelite Religion* (ed. P. Miller, P. Hanson, and S. D. McBride; Philadelphia: Fortress, 1987), 18-20을 보라. *Jacobsen*은 메소포타미아 지역에 살던 옛 거주민들의 존재론이 유형적 양상과 무형적 양상을 둘 다 포함했다고 주장한다. 이집트에 대해서는 E. Hornung, *Conceptions of God in Ancient Egypt* (Ithaca, NY: Cornell Univ. Press, 1982), 172-85를 보라.

않았을 것이다. 그들의 존재론은 당연히 기원에 대한 그들의 다양한 설명에 그 핵심이 반영되어 있을 것이다.

나는 다음과 같은 세 가지 질문을 통해 고대인들이 무언가가 존재하기 위해서는 어떤 것이 요구된다고 믿었는지를 확립하고자 한다. (1) 그들은 비존재를 구성하는 것이 무엇이라고 생각했을까? (2) 그들은 도대체 어떤 행동이 무언가를 존재하게 만든다고 설명했을까? 그리고 그런 행동이 일어나기 "전"과 "후"의 상황은 어떠했을까? (3) 고대인들은 자기가 감각 기관을 통해 인지했던 현존하는 우주(다시 말해 그들이 우주의 구성 단위로 여기던 것들)를 어떻게 묘사했을까? 이 세 가지 질문과 다른 연구를 기초로, 나는 고대 세계의 우주 존재론이 **기능 존재론**(functional ontology)이었다고 주장하고자 한다. 모든 것이 질서 잡힌 우주 안에서 어떤 기능을 배정받고 역할을 부여받음으로써 존재한다는 점에서 그렇다.

비존재

이집트 문헌은 존재하지 않는 것과는 달리 존재한다고 여겨지는 것의 다양한 범주를 분명한 용어를 써서 직접적으로 언급한다.[3] 우선 호르눙(E. Hornung)은 이집트 문헌이 비존재로 분류하는 것에는 물질의 부재 상황이 포함되어 있다는 데 주목함으로써, 고대 이집트인의 사유에 물질적인 존재 개념이 있음을 긍정하는 것 같다. 그렇지만 그는 곧바로 관찰을 통해 "이름이 없는 것은 존재하지 않는다"라고 덧붙이는데, 이는 물질의 속

---

3 특히 "존재하다"(to be)라는 동사를 부정하는 표현들(*tm wnn, nn wn, jwtj/jwtt*)이 그렇다. 이에 대해서는 Hornung, *Conceptions*, 173-74을 보라.

3장 고대 우주론적 인지 환경　61

성이 그 구별의 기준이 아님을 암시한다.⁴ 사실 그는 나중에 "모든 장면에서 우리는 비존재를 마주할 것이다. 특히 존재하지 않는 전설적인 동물들을 포함하는 광야의 경우가 그러하다"라고 인정한다.⁵ 그는 존재와 비존재가 함께 우리가 떠올릴 수 있는 모든 것의 총체를 구성한다고 주장한다.⁶ 존재와 비존재 사이의 이런 구별을 염두에 둔다면, 이집트인에게 창조란 (대다수 현대인이 가장 쉽게 "창조"를 규정하는 것으로 생각하게 마련인) 비존재를 존재로 바꾸는 것을 포함하지 않는다는 점을 알 수 있다.⁷ 그 대신 비존재가 경계 너머로, 또는 존재하는 것과 더불어 여전히 남아 있기는 하지만 한계선 너머로 밀려날 때, 존재를 위한 공간이 창조된다.⁸

> 태고의 홍수, 태고의 어두움, 지루함, 부정의 상태와 같이 창조 이전의 상태를 구성하는 요소들이 창조 세계와 대비해 두 가지 방식으로 나타난다. 그것들은 마지막 한계선 내지는 모든 경계선 너머에 있는 영역을 가리키며, 인간이 한정된 존재의 세계 밖으로 나설 때 마주하는 것이기도 하다. 또한 이는 질서 잡힌 창조세계 안에서 우리 가운데 존재하는 것이기도 하다.⁹

---

4 Hornung, *Conceptions*, 175. 사실 Hornung이 뜻하는 바는 물질(무엇이든 물질적인 것을 가리킴)의 완전한 부재가 아니라 분화된 물질 형태들의 부재 상황인 것 같다. 그의 모든 언급이 태초의 통일성에는 물질적 양상이 있었음을 보여주기 때문이다(비록 그 물질적 양상이 무관계성을 뜻하기는 하지만 말이다).
5 Hornung, *Conceptions*, 180.
6 Hornung, *Conceptions*, 176. 이를 물질과 비물질에 관한 현대의 논쟁과 비교해 생각한다면 흥미로운 연구가 될 것이다.
7 Hornung, *Conceptions*, 177; S. Morenz, *Egyptian Religion* (Ithaca, NY: Cornell University Press, 1973), 171-72.
8 Morenz, *Egyptian Religion*, 168.
9 Hornung, *Conceptions*, 177.

따라서 살아 있는 것은 다양한 방식으로 비존재를 만날 수 있다.[10] 람세스 2세와 같은 파라오가 "반역했던 이방의 땅을 존재하지 않게 만들었다"라고 말할 때, 이는 파라오가 그들을 전멸시켰거나 잊히게 만들었다는 뜻이 아니라, 존재의 영역에서 경계 밖으로 내쫓아 비존재의 영역으로 추방했다는 뜻이다.[11] 호르눙은 자신의 견해를 이렇게 요약하여 마무리한다. "[이집트인에게] 비존재는 소진되지 않으면서도, 실현되지 않은 근원적인 것이었다."[12]

호르눙이 우주 발생 이전의 상태가 비존재라는 특징을 보인다고 여겼다면,[13] 아스만(J. Assmann)은 "이집트의 '무'(nothingness) 개념이 우주 밖이나 우주 발생 이전의 영역에 속하는 개념이 아니라 '우주 안에' 속하는 개념"이라고 설명한다.[14] 호르눙의 평가는 레이던 파피루스 I 350(Papyrus Leiden I 350)에 있는 한 진술에 의해 뒷받침된다. "당신은 무와 함께 진화하기 시작했다. 맨 처음에는 세상도 없었고 당신도 없었다."[15] 비존재에 관한 호르눙의 결론은 우리의 연구에 중요한 의미를 갖는 두드러진 특징을 잘 드러내고 있다.

이집트인에게 "비존재"란 일반적으로 불완전하며 미분화되고 비논리적이며

---

10 Hornung, *Conceptions*, 179; Assmann, *Mind of Egypt*, 205-6.
11 Hornung, *Conceptions*, 180. 이집트에서는 죽음과 지하계가 존재의 영역에 속한다.
12 Hornung, *Conceptions*, 182.
13 Hornung, *Conceptions*, 176.
14 Assmann, *Mind of Egypt*, 206. 그는 두 종류의 혼돈 개념을 밝힌다. 하나는 우주 밖이거나 우주 발생 이전의 혼돈으로, 주로 통일성을 보여주는 태고의 물들을 가리킨다. 다른 하나는 우주 안에 있는 혼돈으로, "무, 파멸, 균질성"을 특징으로 한다. Hornung이 비존재라고 부르는 것은 후자일 것이다.
15 *COS* 1.16 80장에 있는 J. Allen의 번역을 따랐다. Allen은 각주에서 아문(Amun)이 "존재하지 않은 상태로" 진화를 시작했다고 이 본문이 말해준다는 설명을 덧붙인다.

무제한적인 것을 뜻했다고 말할 수 있다. 아니면 긍정적인 방식으로, 그것이 가능하고 절대적이며 명확한 것 전체를 뜻했다고 말할 수도 있다. 비존재와 비교해볼 때 존재는 분명하게 규정되는 것이며, 경계선과 차별에 의해 명확하게 표현되는 것을 의미한다.[16]

호르눙과는 다른 용어를 선택하기는 하지만, 앨런 역시 두 영역의 반립성에 대해 설명하면서 같은 생각의 흐름을 따르고 있다.

땅과 하늘 및 두아트(Duat; 고대 이집트 신화에서 죽은 자들의 영역을 가리킴-역자 주)의 생물권 밖에 있는 것은 "무"가 아니라 세계를 규정하는 모든 반립 요소로 이루어진 우주를 가리킨다. 그것은 무한하지만, 세상의 경계가 정해지는 곳이다. 형태가 없고 무질서하지만, 그곳에서 세계가 형성되고 질서가 잡힌다. 생기가 없지만, 그곳에서 세계가 활성화된다. 완전히 균일한 물질(물)로 되어 있지만, 그곳에서는 세계가 물질적으로 다양하다.[17]

비존재에 관한 이집트인의 이런 견해는 고대 세계 전역에 걸쳐 발견되는 양상이 아니며, 따라서 이집트 인지 환경의 독특한 요소다. 그러나 이처럼 비생산적이고 단조롭고 비기능적인 우주 발생 이전 상태의 불완전성은, 다른 고대 문화들이 남긴 문헌을 평가해보면 금방 알 수 있듯이, 훨씬 광범위하고도 다양한 형태로 발견된다. 우주 발생 이전의 무와 우주 내부에 있는 무 사이의 연속성이나 불연속성에 대한 호르눙의 해석을 받아들이든 혹은 아스만의 해석을 받아들이든 관계없이, 둘 다 공히 무/비

---

16 Hornung, *Conceptions*, 183.
17 Allen, *Genesis in Egypt*, 57.

존재에 대한 이집트인의 견해가 그들의 존재론이 비물질적이었다는 사실을 가리킨다고 결론 내린다. 우리가 고대 근동 전역에 걸쳐 공통으로 발견된다고 보여주고자 하는 것이 바로 이 믿음이다.

한편 메소포타미아에 대해 클리포드(R. J. Clifford)는 다음과 같이 말한다. "바빌로니아인의 우주 발생론은 비존재를 무와 같은 추상적 개념으로 표현하지 않고, 도리어 본질적인 제도들이 아직 존재하지 않았던 시기로 표현한다."[18] 과거에는 우주 발생 이전의 상태를 종종 "혼돈"(Chaos)으로 불렀으며, 이 용어는 종종 이 상태를 악으로 의인화하거나 그렇게 규정짓는 것이었다.[19] 고대 그리스-로마 세계를 보면, 헤시오도스가 쓴 「신통기」(神統記, Theogony)와 베르길리우스의 「아이네이스」(Aeneid)에서 혼돈은 땅과 하늘 및 바다가 모두 합쳐져 있던 원시 상태로 의인화되어 있다.[20] 더 일반적으로 말하면, **혼돈**은 **질서 있는 전체**를 가리키는 우주의 반대 개념을 뜻한다.[21] 고대 근동에서 특히 분명하게 드러나는 것이 바로 이 후자의 병치 개념이다. 이집트 철학자들은 창조 이전의 상태를 창조된 상태와 반대되는 것으로 인식했다. 우주 발생 이전의 상태에 관한 메

---

18 Richard J. Clifford, *Creation Accounts in the Ancient Near East and the Bible* (CBQMS 26; Washington DC: Catholic Biblical Association, 1994), 64.
19 이를 보여주는 사례는 다음의 목록에서 폭넓게 발견된다. H. Gunkel, *Creation and Chaos in the Primeval Era and the Eschaton: Religio-Historical Study of Genesis 1 and Revelation 12* (Grand Rapids, MI: Eerdmans, 2006); B. W. Anderson, *Creation versus Chaos* (New York: Association Press, 1967); S. Niditch, *Chaos to Cosmos: Studies in Biblical Patterns of Creation* (Scholars Press Studies in the Humanities 6; Chico, CA: Scholars Press, 1985). 이상은 제목에 **혼돈**이라는 단어를 포함하는 책 몇 권만을 소개한 것이다.
20 *Aeneid* 4.707; *Theogony* 2.116-53. 이 개념은 영지주의자들에 의해 채택되고 한층 세련되게 다듬어졌다. 이에 대해서는 Hornung, *Conceptions*, 177 n. 127을 보라.
21 G. E. R. Lloyd, "Greek Cosmologies," in *Ancient Cosmologies* (ed. C. Blacker and M. Loewe; London: Allen and Unwin, 1975), 200.

메소포타미아인의 견해에서 혼돈은 신들의 충돌을 다룬 신화들에서 단지 부수적으로 의인화될 뿐이며, 이를 통해 창조된 질서가 위기 상태에 있다고 간주한다. 우주론이 나타나는 이런 문헌에서는 위협을 가하는 피조물[22]들이 전복되어야 하고 질서가 재확립되어야 한다. "충돌 신화는 분리와 분화에 초점을 맞춘 이 주요 창조 은유의 이차적인 발전이며 의인화다."[23]

혼돈이라는 용어가 창조 이전의 상태를 가리키는 호칭으로 적절한지 아닌지는 당연히 그것이 어떻게 규정되고 사용되느냐에 달려 있다. 취할 수 있는 한 가지 선택은 혼돈을 질서와 기능성의 대립 개념으로 규정하는 것이다. 다시 말해 그것은 비생산적인 것을 일컫는다. 이런 개념 규정에 따르면, 혼돈은 크게 벌어진 틈새도 아니고, 질서에 대한 의인화된 원수도 아니다.[24] 고대 근동에서 창조는 우주에 질서와 조화를 가져오는 행위를 수반한다. 이 주제에 대한 현대의 논의에서 (때때로) 위협을 가하는 이 무질서는 종종 **혼돈**으로 불린다. 이 조심스러운 개념 규정이 유지되는 한, 우리도 이 용어를 계속 사용할 수 있다. 그러나 혼돈이 가진 다양한 의미를 피하고 그 대신에 **우주 발생 이전의 상태**(precosmic condition, 그리스어 **코스모스**는 질서를 뜻한다)라는 표현을 우리의 용어로 사용하는 편이 더 낫다. **혼돈**의 다양한 용례에 대한 오해를 피하기 위해서라도 말이다.[25] 따라서 고대 근동 지역에서 우주 발생 이전의 상태는 추상

---

22 여기서 우리가 말하는 피조물들은 「에누마 엘리쉬」에 나오는 티아마트와 그녀의 동료들, 그리고 「안주 이야기」(Tale of Anzu)에 나오는 안주(Anzu)를 가리킨다.
23 Simkins, *Creator and Creation*, 78.
24 이 모든 것은 R. S. Watson, *Chaos Uncreated: A Reassessment of the Theme of "Chaos" in the Hebrew Bible* (Berlin: de Gruyter, 2005)에서 철저하게 분류되고 논의된 바 있다.
25 나는 **혼돈**이라는 용어보다는 **우주 발생 이전의 상태** 또는 **창조 이전**이라는 표현을 선

개념도 아니며 의인화된 대적도 아니다. 창조 이전 상태의 주요 요소인 원시 바다(primordial Sea)는 수메르에서 남무(Nammu)로 의인화되며,[26] 이집트에서는 눈(Nun)으로 의인화된다.

창조 이전과 이후의 장면 및 존재하게 하는 행위

앞서 주목한 대로, 호르눙은 존재의 영역에 질서를 부여하는 일로 고대 이집트의 창조 우주론을 설명했다.[27] 이 경우 질서를 부여하는 일은 다수의 상이한 과정을 통해 이루어진다. 일부 과정은 신의 지시로 이루어지고(출산, 형성, 또는 신체 유출물 사용), 문법상 일종의 중간태로 표현된 다른 과정들은 "진화"나 "발전"의 방식으로 이루어진다.[28] 이상의 모든 사례를 통해 이집트 문헌에서 기원은 하나에서 다수로, 통일성에서 다양성으로 옮겨가는 과정이다.[29] 아툼(Atum) 신은 태초의 단일 존재(monad)로 개념화된다. 다시 말해 그는 우주의 모든 가능태를 구현하는 단일체이며, 만물

호한다. 이 책에서 내가 혼돈을 대문자(Chaos)로 쓰지 않는 한, 나는 이 낱말을 단지 비전문적이고 비의인화된 의미로만 사용하려고 한다.

26 이는 일반적인 진술이며 그 자체로 환원주의다. 수메르의 사유에 나오는 다양한 원시 물질에 대한 추가 논의와 거기에 대한 철저한 분석은 J. Westenholz, "Heaven and Earth: Asexual Monad and Bisexual Dyad," in *Gazing on the Deep: Ancient Near Eastern and Other Studies in Honor of Tzvi Abusch* (ed. J. Stackert et al.; Bethesda, MD: CDL, 2010), 293-326을 보라.

27 Hornung, *Conceptions*, 184.

28 이를 칭하는 이집트 용어는 *hpr*이다. *COS* 1.2; 1.5; 1:9; 1:10; 1:14; 1:15; 1:16의 번역과 Allen, *Genesis in Egypt*, 74-95에 빈번하게 나오는 원문 관련 각주 및 p. 29의 주석을 보라.

29 Assmann, *Mind of Egypt*, 206.

이 그에게서 분리되고 그로 말미암아 창조된다.[30] 이집트인들은 물질의 영원성 같은 추상 개념에도, 물질의 기원 자체에도 관심이 없었다. 도리어 우주 발생 이전의 상태로부터 현재의 다양하게 분화된 요소로 바뀐 물질의 **연속성**이야말로 그들에게는 가장 중요한 관심사였다.[31] 창조는 태초의 통일성에서 그들이 경험한 세계의 다양성으로 옮겨가는 과정을 포함했다.

> 세계는 창조자의 자기 성취요, 그가 자연계의 다양한 요소로 발전해가는 것을 의미한다. 존재하는 모든 것은 창조자 자신의 발전(*ḫprw*)에 해당한다. "그는 자신의 분신들을 창조했다."[32]

그렇지만 이 모든 것 중에서도 이런 창조 활동이 먼저 주로 신들에게 초점을 맞췄고, 그들이 대표하는 우주의 구성 요소에는 단지 간접적으로만 초점을 맞췄을 뿐임을 인정해야 한다. 달리 말해 이집트 문헌이 우주의 발생보다는 신들의 출생이라는 측면의 범주에 훨씬 더 많은 관심을 기울이고 있다는 뜻이다. 비록 이 둘이 필연적으로 연결되어 있기는 하지만 말이다. 그 둘이 분리될 수 **없다**는 사실은 고대 이집트의 존재론에 관해 많은 것을 알게 해준다. 관 문서(Coffin Text, 이하 CT) 261은 이 목적론과 그 기초가 되는 기능 존재론을 창조자의 다음과 같은 주장을 통해 표현하고 있다.

> 나는 아홉 신들(Ennead)에게 생명을 주는 자다.

---

30 Allen, *Genesis in Egypt*, 57-58: "창조는 단일 존재가 다수의 존재로 바뀌는 과정을 일컫는다."
31 Allen, *Genesis in Egypt*, 14.
32 Allen, *Genesis in Egypt*, 33; CT 335=BD 17에서 인용함.

나는 자신이 원하는 대로 행하는 자며 신들의 아버지다.

높은 곳에 서 있으며

만물을 낳은 자가 명한 대로

신에게 직무를 행하게 하는 자다.[33]

이집트 문헌의 창조 개념이 인과적 측면보다는 발전적 측면을 더 많이 드러내긴 하지만,[34] 타동사가 많이 나타난다. 창조에 대해 언급하는 이집트 용어는 "만들다"(*írí*), "낳다"(*msi*), "형성하다, 모양 짓다"(*ḳmȝ*) 등을 포함한다.[35] 이집트 문헌을 조사해보면, 어떤 신이 주체가 되는 우주론 맥락 안에서는 이 동사들의 목적어가 순전히 물질적인 것이기보다는 주로 다양한 기능을 가리킨다는 것을 알 수 있다. 이집트 문헌은 창조의 전개를 가능케 했던 수단이나 장치보다는 창조의 전개 과정에 더 많은 관심을 기울이고 있다.[36] 무엇보다 먼저 창조는 물질적인 것의 대량생산이 아니라 신들의 목적을 반영하는 목적론적인 양상으로 여겨졌다.[37] "실재에 대한 이집트인의 이해에 따르면, 인간이 이 세상에서 만날 수도 있는 모든 요소와 힘은 비인격적인 물질과 에너지가 아니라 살아 있는 존재의 형태와 의지다."[38]

---

33 Allen, *Genesis in Egypt*, 37. 이는 사실상 주술 언어에 해당한다. 다시 말해 창조주인 신이 사용하는 주술인데, 그는 입에서 나온 말로 창조 세계에 속한 모든 것의 발전을 가능케 하는 자다. 따라서 이는 흥미롭게도 잠 8장에 있는 지혜여인(Dame Wisdom)과 병행을 이룬다.

34 Allen, *Genesis in Egypt*, 36.

35 이 용어들에 대한 논의는 J. Bergman, "*Bara*': Egypt," *TDOT* 2:242-44을 보라.

36 Allen, *Genesis in Egypt*, 36.

37 Allen, *Genesis in Egypt*, 36; CT 714에 주목하라. "내가 나 자신을 세운 것은 내가 원하는 바를 따른 것이며, 내 마음을 따른 것이다."

38 Allen, *Genesis in Egypt*, 62.

이 점은 이집트 문헌에서 발견되는 창조의 "전후"(前後) 묘사에 의해 추가로 입증된다. 우주 발생 이전의 상태는, 이를 **비존재**로 칭할 수 있는가 하는 점과는 관계없이, 존재하지 않는 것으로 언급되는 구성 요소와 존재하는 구성 요소 모두에 의해 규정될 수 있다. 존재하지 않는 구성 요소는 (아직 분리되지 않은) 공간 세계, 주거 지역, 삶과 죽음, 출산, 시간, 충돌, 다양성 등이다.[39] 제한 없는 물들과 완전한 어둠[40]은 긍정적인 묘사를 보여주는 특징이다. 구성 요소를 "존재하는 것"에 포함시키는 이런 사례는 많다. 심지어 이 요소들이 처음에는 아직 존재하지 않은 채로 있었는데도 그렇다. 비록 우주 발생 이전의 상태가 "비존재"로 칭해지지 않았음에도 말이다. 존재하는 실재들은 초기의 하나인 상태로부터 분리되지 않은 탓에, 또는 아직 이름이 주어지지 않은 탓에 아직 나타나지 않은 채로 있었다.[41] 앞서 설명한 대로, 아툼은 태초의 단일 존재로 개념화되었다. 그는 우주의 모든 가능태를 구현하는 단일체이며, 만물이 그에게서 비롯되고 그로 말미암아 창조되는 근원이었다. 그 외에 다른 모든 것은 구분됨으로써 존재하게 되었다. 따라서 창조 "이후"의 그림은 거대한 다양성 중 하나일 수밖에 없다.[42]

---

39 Hornung, *Conceptions*, 174-76.
40 Hornung, *Conceptions*, 177; CT 80; *COS* 1.8; 땅이 시간의 끝으로 되돌아갈 것이라는 점 역시 그런 상태로서 예견되기도 한다. 「사자의 서」 175장에 따르면, "나는 내가 만든 모든 것을 파괴할 것이요, 이 땅은 태초에 그랬던 것과 마찬가지로 눈(Nun)으로, 홍수의 물들로 돌아갈 것이다."
41 베를린 파피루스 3055, 16:3-4 및 그것이 인용된 Morenz, *Egyptian Religion*, 165을 보라.
42 Hornung, *Conceptions*, 171; Moernz, *Egyptian Religion*, 173. 이와 관련된 문헌으로는 피라미드 문서 1208c (Morenz, 173); 관 문서 4 36(주문 286) (Morenz, 173); 헬리오폴리스(Morenz, 173); 레이던 비문 5.12(Morenz, 173); "마아트의 주인 프타는…하늘을 들어 올렸고 존재하는 것들을 창조했다"(Morenz, 173); 「멤피스 신학」, 14행: 아홉 신을 통해 창조한 프타는 "만물의 정체성을 선포한" 자로 간주된다.

창조 "이전"의 그림은 어떤 이름도 어떤 다양성도 언급하지 않으며, 생명이 존재할 공간도 전혀 가지고 있지 않다. 헬리오폴리스 관 문서 80은 슈(Shu)가 설명하는 창조 이전의 원시 상태를 "장소"가 없는 상태로 묘사한다.[43]

> 나는 서 있거나 앉아 있을 만한 장소를 발견하지 못했다.
> 내가 존재할 헬리오폴리스의 기초가 세워지기 전에
> 내가 앉을 나무가 한데 묶이기 전에
> 누트(Nut)를 만들어 그녀로 하여금 내 머리 위에 드리워지게 하고
> 게브(Geb)가 그녀와 결혼할 수 있게 되기 전에.[44]

이상의 모든 문헌과 마찬가지로 이 문서도 물질의 기원을 다루지 않으며, 오히려 일상 세계 안에 있는 각종 기원과 생명 사이의 연속을 반영하고 있다.[45]

아카드어에서 "창조하다"를 뜻하는 주요 동사로는 "바누"(*banû*)와 "바샤무"(*bašāmu*)가 있다.[46] 전자는 일반적으로 "짓다, 세우다, 형성하다, 만들다, 생산하다" 등을 포함하는 광범위한 의미로 사용되며, 때로는 "창조하다"로 번역되기도 한다. 어떤 신이 우주론 맥락에서 주어로 나오는

---

43 Allen, *Genesis in Egypt*, 25.
44 CT 80 48-51.
45 Allen, *Genesis in Egypt*, 25.
46 여기에 추가될 만한 동사에 관한 논의는 Clifford, *Creation Accounts*, 71-72; H. Ringgren, "*Bara*': Mesopotamia," *TDOT* 2:244; *CAD* B 88-89을 보라. "바누"에 대해서는 *CAD* B 88-89을 보라. "바샤무"에 대해서는 *CAD* B 137-38을 보라. 인간의 창조를 칭하는 수메르어 동사들은 G. Pettinato, *Das altorientalische Menschenbild und die sumerischen und akkadischen Schöpfungsmythen* (Heidelberg: Carl Winter, 1971), 48-57을 보라. 아카드어 동사들은 이 책 pp. 57-60에 인용되어 있다.

경우, 그 문장의 목적어는 다음과 같은 것이 나타난다.

- 인류 전체나 개별 인간
- 하늘["아누가 하늘을 창조하고, 하늘이 땅을 창조하고, 땅은 강들을 창조하던 때" 등을 보라]
- 직무(여대사제, 왕권)
- 산
- 다양한 추상적 특징(예. 특징, 전쟁, 주술, 정의 등을 잉태하는 태[여성의 신체가 아님]
- 우주적 특징(예. 악한 바람)과 우주적 성격을 부여받은 물질(예. 보리, 아마 섬유)
- 다양한 기능을 수행하도록 창조된 물품(악한 자들을 멸하도록 창조된 별들)
- 계획이나 상황

두 번째 동사 "바샤무"는 한층 좁은 의미로 사용된다. 그 목적어로는 다음과 같은 것이 있다.

- 그들을 위한 건물이나 계획(주로 성소)
- 그림(예. 비석에 새겨진 부조)
- 경작 가능한 땅(예. 울타리를 세움으로써)
- 자궁 안에 있는 사람들
- 전략
- 무기(신들을 위한 주술적인 것)
- 신상

- 우주의 구성 요소(별자리, 궁창[*burumu*])

수메르 자료와 아카드 자료가 창조 활동에 대해 언급하는 경우에, 우리는 창조 활동 전후의 상황을 모두 관찰할 수 있으며, 어떤 종류의 동사들이 사용되고 있는지도 확인할 수 있다. 이는 창조 활동의 핵심이 무엇인지를 결정하는 데 도움을 준다. 수메르 문헌부터 먼저 시작해보자.

NBC 11108

땅은 어둠 가운데 있었고 아래 세계는 [보이지] 않았다.

물들은 (땅의) 입구를 통해 흐르지 않았다.

아무것도 생산되지 않았으며, 광대한 땅 위에는 밭고랑도 만들어지지 않은 상태였다.

엔릴(Enlil)의 대제사장은 존재하지 않았으며

정결 의례도 아직 행해지지 않았다.

하늘의 신[전 창]기(?)는 아직 몸치장을 하지 않았고 [찬가를?] 선포하지 않았다.

하늘과 땅은 서로 결합되어 통일체를 (이뤘지만), [결혼하지는] 않았다.

하늘은 다간[Dagan=하늘 처소]에서 자신의 빛나는 얼굴을 보여주었다.

그것은 운행하는 동안 들판에 미치지 못했다.

엔릴의 지상 통치는 아직 이뤄지지 않았고

에안나(E'anna)의 순[전한 여]인은(?) 아직 [제물]을 [받]지 않았다(?)

위[대한 신들]인 아눈나(Annuna)는 아직 활동하지 않은 채 있었다.

하늘의 신들, 지[상]의 신들은 아직 그곳에 없었다.[47]

---

47 Clifford, *Creation Accounts*, 28을 보라. 이것은 J. van Dijk, "Existe-t-il un 'Poème

이 문헌에 등장하는 창조 "이전"의 그림은 어둠, 물, 분리되지 않은 하늘과 땅(긍정적인 측면), 생산의 부재, 신들의 부재, 제의 수행의 부재(부정적인 측면) 등으로 구성되어 있다. 그 후에 다양한 형태로 이뤄지는 창조 활동은 이런 풍경을 변화시킨다. 우리는 「엔키와 닌후르사그」에서 또 다른 시각을 엿볼 수 있는데, 이 작품에서는 제의 체계가 아니라 사회 체계가 아직 존재하지 않는 것으로 나타난다.[48]

「길가메시, 엔키두, 그리고 지하 세계」(또는 「훌루푸 나무」)
필요한 것들이 아직 뚜렷하게 존재하지 않던 옛날에,
필요한 것들이 처음으로 적절하게 보살핌을 받던 옛날에,
처음으로 땅의 성소에서 떡을 맛보던 때에,
땅의 화덕이 일하도록 만들어지던 때에,
하늘들이 땅으로부터 분리되었을 때에,
땅이 하늘들로부터 한계가 정해졌을 때에,
인류의 명성이 확립되었을 때에,
안(An)이 친히 하늘들을 취했을 때에,
엔릴이 친히 땅을 취했을 때에,
지하 세계가 에레쉬키갈라(Ereškigala)에게 선물로 주어졌을 때에.[49]

클리포드는 이 설명이 창조 세계의 조직화에 초점을 맞추고 있다고

---

de la Création Sumérienne," in *Kramer Anniversary Volume: Cuneiform Studies in Honor of Samuel Noah Kramer* (ed. B. Eichler et al.; AOAT 25; Kevelaer: Butzon & Bercker, 1976), 125-33을 영어로 옮긴 것이다.

48 Clifford, *Creation Accounts*, 36.
49 수메르 문헌의 번역을 담은 전자 문서로는 http://etcsl.orinst.ox.ac.uk lines 4-13을 보라. "필요한 것들"은 수메르어로 ni 2-du7이다("적합한 것 또는 적절한 것").

지적한다.⁵⁰ 처음 두 행은 다양한 기원을 소개하며, 이어지는 행들은 이것이 가리키는 구체적인 내용이 무엇인지를 상세히 설명해준다. 이 작품에 언급된 영역들은 제의의 수행과 우주의 분리, 인간의 이름 짓기, 주요 신들의 사법권 등을 포함한다.

「에누마 엘리쉬」와 같은 중요한 문헌에서도 비슷한 내용을 관찰할 수 있다. 창조 이전의 첫 상황이 신들의 출생과 관련된 용어를 통해 간략하게 설명된다. 창조 이전의 상황은 이름과 신 및 운명의 부재 상황에 관한 용어로 묘사된다.

> I 1-2: 높은 곳에서 어떤 이름도 하늘에서 주어지지 않았을 때, 그리고 아래에서는 지하 세계가…라는 이름으로 불렸을 때,
>
> I 7-9: 어떤 신도 아직 생겨나지 않았고 어떤 이름으로도 불리지 않았던 때, 어떤 운명도 결정되지 않았을 때, 신들이 형성되었다.
>
> I 10: 라흐무(Laḫmu)와 라하무(Laḫamu)가 생겨났고, 그들의 이름으로 불려졌다.
>
> I 16: 그 후에 아누는 자기 형상을 따라 누딤무드(Nudimmud)를 낳았다.⁵¹

이 작품의 후반부에 가면, 마르두크가 티아마트의 세력을 물리친 후에 한층 확대된 창조 이야기가 나타나는데, 이 이야기는 그가 했던 일을 상세히 보여준다. 발췌된 다음 내용을 잘 살펴보라. 이 인용문은 관련된 용어를 강조하기 위해 선택했다.

---

50 Clifford, *Creation Accounts*, 24-25.
51 *COS* 1.111.

IV 138-44

그는 그녀의 절반으로 하늘을 세우고 이를 덮개로 만들었다.

그는 은신처를 펼쳤고 파수꾼들을 임명했다.

그리고 그는 그들에게 그녀의 물들이 도망치지 못하게 지키라고 명했다.

그는 하늘을 건넜고 하늘의 궁창을 자세히 살펴보았다.

그는 아프수의 상대자를 만들었고 누딤무드의 거처도 만들었다.

주께서는 아프수의 구조를 측량했다.

그는 에샤라(Esharra)를 닮은 위대한 성소를 세웠다.

V

1: 위대한 신들을 위한 자리(들)를 만들었다.

2: 별자리(에) 별들을 굳게 세웠다. 그들의 모습대로.

3: 해(year)를 정했다.

4: 세 개의 별 각각에 맞춰 열두 달을 세웠다.

5: 해(year)의 날들을 만들었다.

12: 달이 드러나게 했고 (그에게) 밤을 맡겼다.

54: 그는 지하의 샘들을 열었고 홍수가 나게 했다.

55: 그는 그녀의 눈으로부터 유프라테스와 티그리스가 나타나게 했다.

61: 그는 그녀의 가랑이를 하늘의 버팀대로 삼았다.

62: 그는 그녀의 절반을 덮개로 펼쳐서 지하 세계를 세웠다.[52]

그다음에 마르두크는 계속해서 자신의 특권을 맡으며(V 65), 왕좌를 취한다(V 78-104). 이에 다른 신들은 다음과 같이 선포한다. "당신의 손이

---

52 COS 1.111.

창조한 모든 것 위에 당신 말고 누가 권세를 가지고 있겠습니까?"(V 133-34) 이런 방식을 통해, 이전의 모든 이야기가 창조 행동에 속한 것이었음이 분명하게 드러난다.

주요 창조 행동은 이름을 짓고 분리하고 신전을 건축하는 것으로 나타난다. 이집트 문헌과 수메르 문헌에서는 분리하는 일이 중요한 위치를 차지하지만, 「에누마 엘리쉬」에서는 포스터(B. Foster)가 설명하듯이 이름 짓는 것이 중요한 행동으로 여겨지는 듯하다.

> 이 시[「에누마 엘리쉬」]는 이름 짓기로 시작하고 끝을 맺는다. 이 시는 확실히 이름 짓는 행동을 창조 행동이자 동시에 이미 존재하는 어떤 것에 대한 설명으로 간주한다. 시인이 보기에 이름은, 올바로 이해된다면, 창조된 것의 의미를 드러낸다. 우리는 이름의 의미와 그 음운(音韻)을 분석해 이름 지어진 것에 대해 이해할 수 있다. 이 시인에게 이름은 정보를 제공받은 자들이 읽어야 할 본문이나 다름없으며, 이름도 마찬가지로 자기가 나타내는 대상과 친밀하면서도 계시적인 관계를 갖게 된다. 마치 이 텍스트가 자기가 진술하는 사건들과 그렇게 하듯이 말이다.[53]

이상의 모든 설명은 고대 세계에서 우주의 창조가 근본적으로 물질을 존재하게 만드는 과정이 아니라 기능과 역할, 질서, 사법권, 조직화, 안정성 등을 확립시킨 과정으로 여겨졌음을 암시한다. 이는 고대 세계에서 창조가 다양한 기능의 결정에 의해 규정되었음을 분명하게 밝혀주며, 그 다음에는 고대인들의 존재론이 무언가의 물질적 상태가 아니라 기능적

---

53 B. Foster, *Before the Muses* (3rd ed.; Bethesda, MD: CDL, 2005), 437-38. 이름 짓는 행위와 창조의 관계는 J.-J. Glassner, "The Use of Knowledge in Ancient Mesopotamia," in *CANE*, 3.1818에서도 확인된다.

상태에 초점을 맞췄다는 점을 구체적으로 보여준다.[54]

셀레우코스 시대(기원전 3-2세기경)에 속한 메소포타미아 문헌의 마지막 사례는 다음과 같은 제목을 가진 작품이다.

「우주의 발생과 에리두(Eridu)의 건축」
온 땅이 바다였다.
바다 한가운데 있는 샘은 단지 수로일 뿐이었다.
그때 에리두가 만들어졌고, 에사길(Esagil)이 건축되었다.
에사길은 루갈두쿠가(Lugaldukuga)가 아프수의 중심부에 세운 것이다.
바빌론이 만들어졌으며, 에사길이 완성되었다.[55]

이 문헌에서 태초의 상태는 다시 한 번 우리에게 친숙한, 경계선 없는 물들로 묘사된다. 그러나 이 문헌이 언급하는 창조 행위는 도시와 신전의 건축을 의미한다. 이 특징은 이전의 일부 작품, 특히 「에누마 엘리쉬」에 이미 반영되어 있었다. 이 작품에서는 도시와 신전의 건축이 창조 행위의 한 부분(이자 창조 행위의 정점)이었다. 그러나 이 문헌에서는 그것이 다수의 다른 창조 행위(인간 창조, 동물 창조, 티그리스와 유프라테스 등)의 첫 번째에 해당하는 것으로 나타난다.

---

54 Allen, *Genesis in Egypt*, 45-46과 59-63을 맹목적으로 읽다 보면, Allen이 달리 생각하고 있다는 결론에 도달할 가능성도 있다. 「멤피스 신학」의 내용에 따라 프타(Ptah)가 창조했던 것에 관해 논의하는 내내 Allen이 반복해서 "실체"와 "물질적인 실재"라는 표현을 사용하기 때문이다. 그렇지만 그의 책을 더욱 주의 깊게 읽어보면, "물질"(material)이라는 단어를 통해 그가 의도하는 것은 우리가 "물체"(matter)를 통해 의도하는 것을 가리키지 않고, 오히려 "세계의 힘과 요소"를 가리킨다(p. 45). Allen이 애쓰는 구분은 프타의 인식(즉 세계에 대한 그의 생각)과 그로부터 생겨난 현실(그가 "물질"이라는 단어를 통해 의도하는 것) 사이의 대조에 있다(p. 47).

55 Clifford, *Creation Accounts*, 63.

하늘과 땅의 분리

종종 우주 발생 이전의 상태로부터 창조와 관련된 행동으로 옮겨가는 일은 하늘과 땅의 분리로 이해된다. 이집트에서는 하늘과 땅의 분리가 그렇게 자주 주요 사건으로 언급되지 않고, 하나가 다수로 변하는 것과 관련된 많은 단계 중 하나로 언급될 뿐이다. 메소포타미아의 창조 이야기는 하늘과 땅의 분리와 관련된 구체적 절차에 대해 아무런 진술도 하지 않은 채 단순히 하늘과 땅의 분리만을 언급한다.[56] 다른 한편으로 이집트의 창조 이야기는 하늘과 땅의 분리 자체보다는 이를 분리시키는 자, 즉 하늘의 신 슈(Shu)에 더 많은 관심을 기울이고 있다. 관 문서는 이 과정을 다음과 같이 묘사한다.

> 나[슈]는 슈를 들어 올리는 데 지쳤으므로
> 내 딸 누트를 내 위에 올려둠으로써
> 그녀를 지극히 광대하신 내 아버지 아툼에게 바치고자 했다.
> 나는 게브를 내 발 아래 두었다.[57]

알렌은 하늘과 땅의 분리를 첫 번째 창조 행동이자 나머지 창조 활동을 위해 필요한 전제 조건으로 규정한다.
하지만 슈의 역할은 창조 세계에 있어서나 세계 창조의 과정에 있어

---

56 관련된 포괄적인 논의는 J. Westenholz, "Heaven and Earth: Asexual Monad and Bisexual Dyad," in *Gazing on the Deep: Ancient Near Eastern and Other Studies in Honor of Tzvi Abusch* (ed. J. Stackert et al.; Bethesda, MD: CDL, 2010), 293-326, 특히 304-7을 보라.
57 CT 76 10-13; Allen, *Genesis in Egypt*, 18의 번역을 따랐다.

서나 똑같이 중요한 의미를 지닌다. 창조 이전에는 만물이 태초의 단일 존재인 아툼 안에서 구별되지 않은 채로 있었다. 이런 통일성 안에서 이루어진 공간(슈)의 창조는 필연적으로 동시에 위와 아래의 구분을 가져왔다. 그 공간 위쪽의 하늘 천장과 아래에 있는 땅 사이의 구분 말이다. 그 공간이 둘 사이를 분리시킨 셈이다.[58]

이집트인에게 우주는 하늘 위의 무한정한 대양(눈)으로 이루어져 있었으며 땅 아래의 물들과 나란히 놓여 있었다.[59] 하늘 위의 물과 땅 아래의 물은 공기의 신 슈에 의해 분리되었다.

이 과정은 「사자의 서」 17장에서 다시 언급된다.

> 눈(Nun) 안에 혼자 있었을 때 나는 아툼이다. 나는 그가 만든 것을 다스리기 시작했을 때 그의 영광 중에 모습을 드러내는 레(Re)다. 그는 누구인가? "레가 자신이 만든 것을 다스리기 시작했을 때"라는 말은 레가 왕권을 가지고 나타나기 시작할 때를 의미한다. 그는 헤르모폴리스의 언덕 위에 있던 슈가 들려 올리기 전에 존재한 자로서 이 왕권을 행사했다.[60]

히타이트 문헌에서는 하늘과 땅이 구리 절단기로 나뉘었다고 말한다.

> 그들이 나 위에 하늘과 땅을 세웠을 때, 나는 아무것도 알지 못했다. 그리고 그들이 구리 절단기로 하늘과 땅을 나눴을 때, 나는 그것조차도 알지 못했다.[61]

---

58 Allen, *Genesis in Egypt*, 20-21.
59 Allen, *Genesis in Egypt*, 4.
60 Lesko, "Ancient Egyptian Cosmogonies and Cosmology," 113.
61 H. Hoffner, "Song of Ullikummi," in Hittite Myths (SBLWAW 2; Atlanta: Society

수메르 문헌은 하늘과 땅의 분리에 대해 가장 자주 언급하면서도 종종 지나가는 말로 잠깐만 언급하곤 한다.

「괭이의 노래」

그[엔릴]는 서둘러 땅으로부터 하늘을 분리시켰을 뿐만 아니라, 서둘러 하늘로부터 땅을 분리시켰지만, 사람들이 "육체가 나오는 곳"(우주의 한 지역을 부르는 이름)에서 자랄 수 있도록 먼저 두르-안-키(Dur-an-ki)에 있는 세계의 축을 정지시켰다.[62]

「훌루푸 나무」

「길가메시, 엔키두, 그리고 지하 세계」라는 작품 한 단락에 해당하는 「훌루푸 나무」에서는 안(An)이 하늘을 옮기고 엔릴이 땅을 옮김으로써 하늘과 땅의 분리가 이루어진다. 앞서 NBC 11108에서 이미 번역된 바와 같이, 미래에 있을 하늘과 땅의 분리는 아직 이뤄지지 않은 것으로 언급된다. 서로 다른 두 자료는 하늘과 땅의 분리를 간략하게만 언급한다.

「산의 동굴에 있던 루갈반다(Lugalbanda)」

옛날에 하늘이 땅으로부터 분리되었을 때, 옛날에 적절한 것이…옛 수확기 이후에…보리를 먹던(?) 때, 경계가 결정되고 접경 지역이 결정되었을 때, 경계석이 놓이고 이름이 기록되었을 때.[63]

---

of Biblical Literature, 1990), 59, §61. 여기서 말하는 자로 나오는 우벨루리(Ubelluri)는 지하계에 있는 자기 자리에서 우주를 떠받치던 신으로서, 그의 역할은 그리스 신화에서 신들을 배반한 벌로 하늘을 짊어지게 된 아틀라스의 그것과 유사하다.
62 http://etcsl.orinst.ox.ac.uk 5.5.4.
63 http://etcsl.orinst.ox.ac.uk 1.8.2.1

「은과 구리」

(구리가 말한다.) "…하늘들이 땅으로부터 분리되었고, 마실 물이 전혀 없었다."[64]

아카드 자료에서는 하늘과 땅의 분리라는 주제가 공통으로 나타나는 경우가 적은 편이다.[65] 「에누마 엘리쉬」에서는 그것이 뚜렷하게 언급되지 않지만, 아마도 하늘과 땅의 이름이 아직 불리지 않았음을 암시하는 처음 두 행에 암시되었을 것이다. 이는 하늘과 땅이 아직 분리되지 않았음을 뜻할 수도 있다. 12번째 행은 안샤르(Anshar)와 키샤르(Kishar)가 만들어지고 이름 지어졌다고 말하는데, 이들은 오늘날 하늘과 땅 전체를 나타낸다고 알려져 있다.[66]

마지막으로 KAR 4에서 수메르어 판본은 이렇게 시작한다. "하늘이 땅으로부터 분리되었을 때―이제까지는 그것들이 굳게 결합되어 있었다.…"[67] 이 문서가 수메르어 판본과 아카드어 판본으로 모두 보존되어 있으므로, 이는 하늘과 땅의 분리를 분명하게 언급하는 유일한 아카드 문서일 수도 있다. 불행히도 아카드어 판본의 제1행은 보존되어 있지 않다.

지금까지의 개관을 통해 우리는 우주 발생 이전의 상태에 이어 종종

---

64 http://etcsl.orinst.ox.ac.uk 5.3.6.
65 사실 CAD에 있는 "네수"(nesû), "자주"(zâzu,), "샤무"(šamû), "부루무"(burūmû), "카카루"(qaqqaru), "에르체투"(erṣetu) 등은 하늘과 땅의 분리를 가리키는 단어가 아니라는 점이 드러났다(티아마트의 몸을 쪼갬으로써 물들을 나누는 것과는 구별된다).
66 Foster, Before the Muses, 439 n.4를 보라.
67 Clifford, Creation Accounts, 49. 이처럼 빈약하게 보존되어 있는 행을 중심으로 하는 상세한 논쟁에 대해서는 다음을 보라. G. Pettinato, Das altorientalische Menschenbild und die sumerischen und akkadischen Schöpfungsmythen (Heidelberg: Carl Winter, 1971), 79 n.1. 그렇지만 이 문서에서 땅으로부터 하늘의 분리는 논란의 대상이 되지 않는다.

하늘과 땅의 분리를 뜻하는 창조의 첫 번째 단계가 시작되고 있음을 알수 있다. 이 첫 번째 단계 이후에 창조와 관련된 다양한 동사가 사용되어 창조의 다음 단계들을 묘사해준다. 그리고 우리는 창조의 기본 구성단위들 안에서 이 동사들 각각에 대응되는 요소를 찾아볼 수 있다.

구성단위, 인과관계, 목적론

고대 문헌이 드러내는 바를 근거로, 이 단원에서 나는 고대인이 우주를 구성하는 요소에 관해 생각할 때 (우주 지리학에 관한 여러 진술에 표현된 것처럼) 물질보다는 기능에 초점을 맞췄음을 구체적으로 보여주고자 한다. 고대인들이 인과관계를 숙고할 때, 그들의 사고는 물체가 자연법칙에 따라 움직이는 세계를 반영한 것이 아니라 신들의 활동이 대상을 움직이는 세계를 반영했다.[68] 물질세계의 특성과 인과관계에 대한 고대인의 시각은 우주론이 담긴 문헌을 읽는 모든 사람에게 분명하게 드러나는 사실, 곧 그들이 우주의 기원과 운행을 목적론적인 시각에서 보고 있다는 사실을 확고하게 뒷받침한다.[69] 목적과 의도성이야말로 신들의 활동이 지닌 특징이었다. 그들이 가진 목적이 항상 분명하게 드러나는 것은 아니었고,

---

68 W. G. Lambert, *RIA* 6:218-19에 나타나는 다음 언급에 주목하라. "고대 메소포타미아에서는 우주 발생 자체에는 비교적 관심이 적은 편이었다. 우주의 물질세계가 생겨나 지금의 형태를 가지게 된 과정을 상세하게 다루는 문헌이 거의 없다. 그들은 신들의 계보에 훨씬 더 관심을 기울였으며, 이런 신들의 계보는 우주의 발생과 관련된 경우가 많았다.

69 내가 사용하는 **목적론**(teleology)이라는 단어는 최종 원인들을 다루는 우주론의 한 분야를 가리킨다. 특히 목적론적인 확신은 만물의 기원이 일정한 의도와 목적을 따라 이뤄졌다는 믿음을 반영한다. 물론 이 의도나 목적이 반드시 시간의 종말을 위한 마지막 목표를 포함하는 것은 아니다. 실제로 그럴 수도 있겠지만 말이다.

가장 중요한 계획이 인간에게 뚜렷하게 보이는 것도 아니었지만, 신들은 자기 나름의 이유를 가지고 있었고 그 이유에 맞춰 행동했다. 유한한 인간이 특별한 목표를 분별할 수 없을 때조차도, 우주는 처음부터 끝까지 신들이 가진 목적에 의해 운행되었다.

> [프타의] 마음과 혀가 모든 수족(手足)을 지배한다. 이는 그가 (모든 신과 모든 인간, 모든 짐승, 살아 있는 모든 기는 것의) 모든 몸과 모든 입에서 탁월하게 드러나는 자이며, 자신이 원하는 모든 것을 계획하고 다스리는 자임을 보여준다.[70]

온 세계가 신들의 활동에 의해 다스림을 받는다는 사실은 고대 세계의 인지 환경을 구성하는 필수 요소지만, 철저하게 무(無)목적론적 경향을 보이는 현대의 지배적인 범주와는 반대되는 것이기도 하다. 현대의 무목적론은 다양한 기원과 인과관계를 인간과 관계없는 용어로 간주한다. 이를테면 그것들이 자연법칙의 테두리 안에서 이뤄지는 임의적인 반응들의 단순한 결과이므로, 경험 세계의 틀 안에서만 분별할 수 있다는 설명이 그렇다.

「멤피스 신학」에서는 창조의 중요한 구성 요소가 기능과 관련된 용어로 나열되는데, 이를테면 남성적인 삶의 원리나 여성적인 삶의 원리, 사랑받는 것, 미움받는 것, 온화한 자에게 주어지는 생명, 행악자에게 주어지는 죽음, 건축과 기술, 일하는 손, 걷는 발, 손발의 움직임 등과 같은 것이 제시된다. 창조된 세계에 관한 「멤피스 신학」의 설명은 이집트인들이 이해했던 창조의 가장 중요한 측면을 선별해 보여준다.

---

70 *Memphite Theology*, column 54; *COS* 1.15를 보라.

한편 후대의 민용(民用) 문자로 기록된 인싱어 파피루스(Papyrus Insinger)는 리히트하임(M. Lichtheim)이 프톨레마이오스 시대에 속한 것으로 추정하는 자료로서, 개별적인 잠언으로 이루어진 일련의 가르침을 포함한다. 24번째 가르침은 신의 역할을 인식하는 지혜와 관련되어 있으며, 신을 무시하는 것이 얼마나 어리석은지를 설명하고 있다. 31번째 열의 끝부분은 다음과 같은 몇몇 수사학적인 질문을 통해 신이 창조한 것들의 목록을 소개하고 있다.

해와 달은 하늘에서 어떻게 오가는가?
물과 불, 그리고 바람은 어디로 가며 어디에서 오는가?
부적과 주문은 누구를 통해 효력을 발하게 되는가?
신의 감추어진 일을 그는 날마다 지상에 알린다.
그는 모든 피조물이 있는 곳인 빛과 어둠을 창조했다.
그는 땅을 창조했고, 수백만 명을 낳았으며, (그들을) 삼키고 다시 낳았다.
그는 분부하시는 주님의 명령을 통해 날과 달과 해를 창조했다.
그는 시리우스(Sothis)의 뜨고 짐을 통해 여름과 겨울을 창조했다.
그는 살아 있는 자들이 있기 전에 들판의 불가사의한 음식물을 창조했다.
그는 하늘에 있는 별자리를 창조함으로써 지상에 있는 자들이 그것을 배우게 했다.
그는 그 안에 온 땅이 원하는 담수를 창조했다.
그는 비록 알(egg)에 접촉하지 않았지만, 그 안에 호흡을 창조했다.
그는 모든 자궁이 정액을 받아들이게 함으로써 출산 능력을 창조했다.
그는 같은 정액으로부터 근육과 뼈를 창조했다.
그는 지면의 떨림을 통해 온 땅에서 오고가는 행동을 창조했다.
그는 피곤함을 끝내는 잠을 창조했으며, 음식을 찾도록 잠에서 깨기를 창조했다.

그는 질병을 끝내는 치료법을 창조했으며, 고통을 끝내는 포도주를 창조했다.

그는 앞길을 모르는 자에게 길을 보여주기 위해 꿈을 창조했다.

그는 불경건한 자에게 고통을 안겨주기 위해 그의 앞에 삶과 죽음을 창조했다.

그는 신실한 자들을 위해 부를 창조했으며, 거짓된 자들을 위해 가난을 창조했다.

그는 어리석은 자를 위해 일을 창조했으며, 평범한 이들을 위해 음식을 창조했다.

그는 그들이 계속 생존할 수 있도록 세대의 연속을 창조했다.[71]

이런 사례들은 시대를 막론하고 이집트에서는 실제 세계를 구성하는 요소가 실재에 대한 물질적 견해가 아니라 기능적 견해를 전달한다는 점을 구체적으로 보여주는데, 그런 인과관계는 물질세계 자체가 아니라 신들에게서 나온다는 것을 알 수 있다.

메소포타미아의 상황도 다르지 않다. 이후에 원형적인 기능(수메르의 메[ME])에 대한 충분한 논의를 진행하겠지만, 지금으로서는 이것이 우주의 기초 단위라는 사실을 주목하면 충분하다.

「엔키와 세계 질서」

당신은 날들(days)을 세시고 달들(months)을 그들의 집들에 채우셔서 해들(years)을 완성하시고, 완성된 해들을 신들의 회의에 회부하셔서 날들이 합법적으로 조정되도록 하십니다. 아버지 엔키(Enki)여, 당신은 회중의 왕이십니다. 만물을 번성케 하고 풍요를 굳게 세우기 위해 당신은 단지 당신

---

71 M. Lichtheim, *AEL*, 3:210-11.

의 입을 여시기만 하면 됩니다. 당신의 가지들은…그들의 열매로 푸르고…신들을 공경하라.…그 숲은 마치 양털로 만든 옷과도 같습니다. 좋은 양과 어린 양이…를 공경하며…준비된 들판이…할 때…이/…을 비축할 것입니다.…양 우리와 소 울타리에서 생산된 기름과 우유가 있습니다. 목자는 아름다운 전원곡을 부르고, 소를 치는 이는 우유통을 열심히 휘저으며 하루를 보낼 것입니다. 그들이 생산한 것은 신들의 위대한 식사에 바쳐져 늦은 점심을 영화롭게 할 것입니다.

내 명령에 따라 양 우리가 세워졌고 소를 위한 울타리가 둘러졌다. 내가 하늘로 가까이 다가가면, 풍부한 비가 하늘에서 내린다. 내가 땅으로 가까이 다가가면, 잉어 떼가 차고 넘친다. 내가 푸른 초장으로 가까이 다가가면, 내 말에 따라 곡식이 비축된다. 나는 내 집, 곧 성소를 순전한 곳에 세웠으며, 거기에 좋은 이름을 붙여주었다. 나는…에 나의 아프수(Abzu), 곧 성소를 지었으며…그것을 위해 선한 운명을 선포했다.[72]

이 문서는 계속하여 신들과 신전 및 우주에 다양한 기능을 부여하는 엔키의 역할을 묘사한다. 그 기능은 주로 시간, 날씨, 풍요 등의 범주에 속한다. 문화와 사회의 여러 측면 역시 언급되고 있기는 하지만 말이다. 이 문서에서 우리는 (수메르의 "메"로 대변되는) 우주의 본질적인 구성단위와 완전히 신의 영역에 속하는 인과 관계의 자리를 확인할 수 있다.

「이난나와 엔키」
인간 사회와 문화의 여러 측면은 「이난나와 엔키」라는 작품에서 한

---

72 http://etcsl.orinst.ox.ac.uk 17-31과 89-95.

층 더 분명하게 드러난다. 이 작품은 80여 개에 달하는 '메'의 목록을 보존하고 있다. 이를 포괄적인 목록으로 간주해서는 안 된다(이 목록은 아마도 특히 이난나[Inanna]와 그녀의 성읍 우루크[Uruk]와 관련된 항목만을 나열하고 있을 것이다). 그렇지만 이 이야기의 저자들이 우주의 기초 단위로 여겼던 종류의 항목에 대한 이해를 제공하고 있다는 점에서, 이는 충분히 대표성을 가지고 있는 셈이다.

영웅주의, 권력, 사악함, 의로움, 도시 약탈, 탄식, 즐거움, 속임수, 반역의 땅, 친절, 이동, 정착, 목공 기술, 구리 세공 기술, 필사 기술, 금속 세공 기술, 가죽 세공 기술, 축융(縮絨) 기술, 건축 기술, 갈대 세공 기술, 지혜, 세심함, 거룩한 정결 의례, 목자의 오두막, 불타는 목탄 더미 쌓기, 양 우리, 존경, 경외, 경건한 침묵, 고통스러운 이빨 자국(?), 점화(點火), 소화(消火), 고된 일, 한데 모인 가족, 후손, 분쟁, 승리, 상담, 위로, 재판, 의사 결정, 엔(*en*) 제사장의 직무, 라가르(*lagar*) 제사장의 직무, 신, 크고 좋은 왕관, 왕좌, 고귀한 홀, 지팡이와 갈고리, 귀한 옷, 목자의 직무, 왕권, 에기르-지드(*egir-zid*) 여사제의 직무, 닌-디기르(*nin-diĝir*) 여사제의 직무, 이쉬브(*išib*) 제사장의 직무, 루-마(*lu-maḫ*) 제사장의 직무, 구둑(*gudug*) 제사장의 직무, 항구성, 지하 세계로 내려감, 지하 세계에서 올라옴, 쿠르-가라(*kur-ĝara*) 제사장, 칼과 곤봉, 제의 직분 사그-우르사그(*saĝ-ursaĝ*), 검은 옷, 채색옷, 표준, 화살통, 성관계, 입맞춤, 매춘, 솔직한 말, 거짓된 말, 과장된 말, 제의 창기, 거룩한 여인숙, 거룩한 니긴-가르(*niĝin-ĝar*) 성소, 하늘을 위한 신전 전속 창녀, 큰소리 나는 악기들, 노래 기술, 덕망 있는 노년.[73]

---

[73] http://etcsl.orinst.ox.ac.uk Segment D lines 1-24; Segment F 16-34에서 가져옴.

이런 항목이 적힌 명단을 통해 우리는 "메"들이 우주의 운행과 문화 활동을 모두 포함할 뿐만 아니라 두 종류의 활동이 모두 창조된 세계가 기능하는 방법을 똑같이 규정하고 있다는 것을 분명히 알 수 있다. 마찬가지로 이 명단이 나오는 문맥은 이런 기능을 수행하는 역할이 신들의 영역에 속한다는 것을 뚜렷하게 보여준다.

「에누마 엘리쉬」

고대인들이 사고했던 내용 중 무엇이 우주의 기본 단위를 구성했고, 우주의 발생에 관한 이야기에 포함된 여느 묘사든 가장 중요하게 여겼던 요소가 무엇이었는지를 보여주려면 한 가지 사례를 추가할 필요가 있다. 「에누마 엘리쉬」다섯 번째 토판에 의하면, 마르두크가 "우주를 창조한다." 비록 그의 활동이 우주를 "재조직"하는 것으로 간단하게 설명되겠지만 말이다. 그러나 이 두 차원을 구별한다는 것은 쉬운 일이 아니다. 여러 기능이 포함되는 경우, 창조와 재조직이 상당 부분 겹치기 때문이다.

이 토판은 마르두크가 별과 별자리 및 달의 위상 변화와 관련해 천상의 영역을 조직화하는 내용으로 시작한다(1-24행). 25-45행은 고대 문헌을 번역해 모아놓은 오늘날의 주요 모음집에 반영되어 있지 않은 경우가 많다. 비록 훼손된 형태이긴 해도 이 부분의 기본적인 내용은 식별 가능하다.[74] 38-40행에 따르면, 마르두크는 밤과 낮을 만들며, 이를 조정해 똑같은 시간의 빛과 어두움이 한 해 동안 존재하게 한다.[75] 46행에서 그는 밤과 낮의 파수꾼들을 세워두었다. 이상의 모든 창조 활동은 명백히 시간을 조직하는 것과 관련되어 있다.

---

74 Foster, *Before the Muses*, 464; Horowitz, *Mesopotamian Cosmic Geography* (MC 8; Winona Lake, IN: Eisenbrauns, 1998), 117-18을 보라.
75 이런 해석에 대해서는 Horowitz, *Mesopotamian Cosmic Geography*, 117을 보라.

비록 훼손된 몇몇 부분이 우리의 이해를 방해하기는 하지만 47-52행은 한층 읽기 쉽다.[76] 이 부분은 구름과 바람, 비, 안개의 창조를 다루고 있으며, 마르두크가 이를 다스릴 자로 자신을 임명하는 모습이 나타난다. 한마디로 날씨와 관련된 기능이 창조된 것은 바로 이 부분이다.

마지막으로 53-58행에서는 티아마트의 물들이 농업의 기초를 마련하는 데 사용된다. 흙을 쌓아올리거나 티그리스와 유프라테스 강물을 방출하는 일, 그리고 흐르는 물을 관리하기 위해 구덩이를 파는 일 등도 이 부분에 포함되어 있다.

바로 이어 고대 세계의 우주 지리학과 관련된 세 영역을 굳게 세우는 일이 언급되며(59-68행), 마르두크의 즉위 및 그의 신전과 바빌론의 건축으로 내용이 옮겨감으로써 장대한 정점에 이른다. 이처럼 창조 문서라는 것이 궁극적으로는 우주를 다스리는 신과 그의 신전의 기원에 관해 말해준다는 점은 전혀 놀랍지 않다. 이후에 우리는 우주의 기원과 신전의 기원이 복잡하게 엉켜 있음을 보게 될 것이다.

이보다 오래된 수메르의 논쟁 문서인 「겨울과 여름의 논쟁」에서는 엔릴이 「에누마 엘리쉬」의 마르두크와 마찬가지로 창조를 통해 동일한 세 가지 기능 영역에 관여하고 있다(마르두크가 시간과 날씨와 농업의 기초를 세웠다면, 엔릴은 낮과 밤[시간], 풍요[농업의 기초], 하늘의 수문[날씨의 기초]에 관여한다).

안(An)은 득의양양한 모습으로 그의 머리를 들어 올리며, 좋은 날을 만들어냈다. 그는…을 위한 계획을 세우고 사람들을 널리 분산시켰다. 엔릴은 거

---

76 48행 마지막의 훼손된 부분이 특히 우리를 괴롭힌다. 그 깨진 부분에서 목적어가 사라지고 없기 때문이다. "마르두크는…을 창조했다(*banu*)."

대한 황소처럼 자신의 발을 땅 위에 두었다. 온 땅의 왕이신 엔릴은 풍요를 가져다주는 좋은 날을 늘리는 일과 경축 행사 중에…밤을 빛나게 하는 일, 아마포가 자라게 하는 일, 보리가 풍성하게 하는 일, 봄철 홍수를 방파제 앞에 묶어두는 일…을 해서 풍요로운 그들의 날을 늘리는(?) 일, 여름에게 하늘의 수문을 닫게 하는 일, 겨울에게 방파제 앞에서 풍부한 물을 확보하게 하는 일 등에 관심을 기울였다.[77]

이집트의 경우와 마찬가지로, 메소포타미아 자료에서 해당 문헌들이 우주의 구성 요소에 관해 말할 때, 그 요소를 구성하는 단위로서 주로 물질적인 양상을 다루기보다는 압도적으로 기능적 양상에 대해 언급한다. 물질적인 대상이 언급될 때조차도 관심의 초점은 그것의 기능에 있지, 그 구조나 본질에 있지 않다. 마찬가지로 인과관계 역시 물질계의 자연 과정으로 여겨지지 않았다. 도리어 인과관계는 항상 신의 특권에 해당한다.

존재론에 관한 요약과 결론

우리는 앞 장에서 우주 발생 이전의 세계가 물질이 없는 세계가 아니라 기능, 질서, 다양성, 정체성이 없는 세계로 이해되었다는 점을 살핀 바 있다. 창조 전후의 상태에 관한 묘사는 창조 이전에서 이후로의 전이를 담당했던 창조 행위를 보여주면서 기능과 질서의 기원에 초점을 맞추고 있다. 그 과정에서 사용되는 동사들은 같은 의미 영역 안에서 작동한다. 우주와 문화는 서로 관련되어 있으며, 그 둘을 구성하는 요소는 물체가 아

---

77 http://etcsl.orinst.ox.ac.uk 5.3.3, 1–11행.

니라 기능으로 나열되어 있다. 인과관계는 전적으로 신들의 영역에 속하며, 물질적이고 물리적인 자연계를 초월하고 또 사실상 그런 자연계를 무시하는 목적론적 시각을 보이는 것이 특징이다. 고대인들의 인지 환경 속에 있는 실재와 존재는 물질과 물체가 아니라 두드러지게 우주를 구성하고 있는 기능과 질서로 이해될 수 있다.[78] 창조 행위는 이름 짓기, 분리, 신전 건축을 포함했다. 이 점은 엘리아데(M. Eliade)가 고대 세계에 널리 퍼져 있던 시각에 관해 주목한 바와 일치한다. 엘리아데에 따르면, 고대인의 "존재론적 갈증"이란 삶에 의미를 주는 실재에 관한 견해를 추구하는 행동을 말한다.[79] 현대의 물질 존재론은 삶의 의미에 관해 어떤 안전한 이해도 제공하지 않는다. 오히려 고대 근동의 기능 존재론이야말로 세계가 운영되는 방식 안에서 그들이 경험하던 실재에 의미를 부여했다.

고대 인지 환경에서는 누가 혹은 무엇이 무언가에 그것의 물리적 형태를 제공했는지보다는, 누가 기능을 다스리느냐를 결정하는 데 더 중요한 의미를 두었다. 따라서 우리는 **고대 세계에서 무언가가 기능을 부여받았을 때 그것이 창조되었다**는 결론을 내릴 수 있다. 앨런은 이집트의 사유

---

78 H. Renckens는 *Israel's Concept of the Beginning* (New York: Herder and Herder, 1964), 82-85에서 이스라엘이 결코 창조의 문제를 물질의 기원에 대한 관심으로 간주한 적이 없었음을 주목했을 때 이미 이런 방향을 예견했다. 그는 "우리가 일반적으로 받아들이고 있는 창조 개념, 즉 창조를 '무로부터 무엇인가를 생겨나게 하는 것'으로 보는 개념은 존재와 비존재 개념을 전제한다는 점을 기억하지 않으면 안 된다. 존재와 비존재 개념은 성서의 개념이 아니며, 적어도 사물을 바라보는 훨씬 광범위하고 한층 구체적인 방식에 속한 개념일 뿐이다"라고 말한다(p. 85). 물질이 아닌 질서에 대한 관심은 R. Coote and D. Ord, *In the Beginning: Creation and the Priestly History* (Minneapolis: Fortress, 1991), 4에서도 관찰된다.
79 M. Eliade, *Cosmos and History: The Myth of the Eternal Return* (New York: Harper, 1954). 물론 Eliade의 작업이 중요한 의미를 가졌던 것 못지않게, 철학과 인간학도 더욱 발전했다. 우리는 이것이 실재에 관한 신화적인 견해를 대표한다는 Eliade의 판단을 계속 유지할 필요가 없다. 이는 단지 실재에 관한 기능적 견해일 뿐이다.

를 일컬어 "이집트의 이야기들은 물리적이기보다는 **형이상학적인** 측면이 더 강하다"라고 요약함으로써, 고대 세계의 이런 공통 시각을 잘 포착하고 있다.[80] 마찬가지로 아스만은 고대 세계의 존재론을 결정짓는 요소로 공간이나 물질보다는 시간을 더 강조한다.

> 이집트인들의 "드라마인 우주"라는 개념을 고찰해보면, 그들은 실재를 주로 공간적이고 물질적인 것으로 이해하지 않았다. 오히려 그들은 실재를 시간적이고 행위적이며 살아 있는 과정으로 여겼다. 이는 태양의 운행 과정을 통해 가장 인상적인 방식으로 대변되었다. 따라서 태양의 운행 경로에 초점을 맞추는 우주론적 사유와 개념은 주로 시간적인 용어를 써서 표현되었다. 이집트인은 우주의 전체성이라는 우선되는 범주의 영향으로 "공간" 개념을 가지고 있지는 않았으나, "시간" 개념은 가지고 있었다.[81]

물론 고대인이 물질 존재론을 가지고 있지 않았다는 개념은 그들이 자기 주변의 물질세계에 관심이 없었다거나 그것을 모르고 있었다는 뜻이 아니다. 달리 말해 그들이 매일 경험하던 실제 세계에 관심을 기울이기보다는 세계에 관한 신화적인 견해를 보인 것처럼 여겨지지 않는다는 뜻이다. 하지만 요점은, 그들에게 있어 "실제" 세계란 신들의 임재와 활동이 있는 세계였다는 점이다. 그들의 우주론적 존재론은 물질의 물리적 구성이나 물리적 기원이 아니라 질서 있는 실제 세계의 다양한 기능 수행이 중요했음을 반영하고 있다. "하드웨어"는 중요하지 않다. 중요한 것은

---

80 Allen, *Genesis in Egypt*, 56. V. A. Tobin, "Myths: Creation Myths," *OEAE* 2:469도 보라.
81 J. Assmann, *The Search for God in Ancient Egypt* (Ithaca, NY: Cornell University Press, 2001), 74.

"소프트웨어"다. 이 점은 고대 이집트에 관한 토빈(V. Tobin)의 요약 진술에 반영되어 있는데, 이는 고대 세계의 다른 지역에도 똑같이 적용된다.

> 창조된 우주에 관해 신화와 의례를 통해 숙고했던 이집트인은 자기 주변의 세계가 단순히 여러 물질의 결합이 아니라는 사실을 알고 있었을 것이다. 그들이 보기에 우주는 살아 있는 신들이 주관하는 경이로운 체계였다. 땅과 하늘 및 나일 등은 모두 뚜렷한 생명력과 인격을 가진 실재였고, 그들의 생명을 본래적인 창조의 능력으로부터 가져왔다. 그 능력이 어떤 이름을 가졌든 관계없이 말이다. 이 살아 있는 존재들은 멤피스 전승에서처럼 명확한 체계 안에 배열되고 정리되었는데, 그 체계는 일정한 목적을 가지고 고안된 것이었고, 당연히 헬리오폴리스 체계가 강조한 것처럼 재생 과정을 통해 자연스럽게 산출된 것이었다. 이집트의 창조 신화는 만물 안에 질서와 연속성이 있다는 사실을 강조했으며, 따라서 사람들에게 자연 질서와 사회 질서 및 정치 질서가 견고하고 안정적으로 유지될 것이라는 낙관적인 확신을 심어주었다.[82]

물질 존재론의 시각으로 보면, 세계는 물체로 가득 차 있다. 우리 현대인에게 암소나 나무는 단지 그 물질적인 가치(암소의 경우에는 우유와 고기, 나무의 경우에는 목재나 그늘 또는 나무 자체의 아름다움) 때문에 활용되는 것일 수도 있다. 그러나 암소나 나무가 종교적 의미를 지니는 문화권에서는 그것들을 단지 물질적 구성 요소를 매개로 기능하거나 필요한 물질을 제공하는 사물로 여기지 않는다. 우유나 그늘이 그것의 기능이기는 해도, 암소와 나무는 때때로 물질적 기능의 활용을 배제한 채 신

---

82 Tobin, "Myths: Creation Myths," 471.

성한 기능을 한다고 간주된다. 그것들은 (신이 스며들어 있는 것으로) 의인화되거나 적어도 신성하게 여겨졌다. 물질로 된 대상의 의인화나 신성화는 고대 근동 지역의 공통 현상이었다. 이스라엘의 신학은 주변 세계의 신성화로부터 거리를 두었다. 예언자 이사야는 우상을 만드는 데 사용되던 나무는 나무일 뿐, 신상 제조 과정을 통해 나무에 부여된 신성한 지위를 얻을 수 없다고 주장한다. 이스라엘이 그들 주변의 세계를 비신성화하기는 했지만, 그렇다고 해서 세계의 물질이 객관화되었음을 뜻하는 것은 아니다. 세계 안에 있는 것이 무엇이든 간에 그것이 수행하는 기능은, 신에 의해 그 기능을 배정받은 결과로 생겨난다. 물질계에 속하는 것의 물리적 속성은 그런 기능을 결정하기보다는 촉진하려고 고안되었다.[83] 비신성화를 향한 이스라엘의 움직임은 물질 존재론을 향한 첫 걸음일 수도 있지만, 기능적인 시각이야말로 계속해서 이스라엘이 세계를 이해하는 방식을 지배했다.

우리는 오늘날의 물질 존재론에 속해 있기에 우주를 하나의 기계로 생각하려는 경향이 있다. 종종 이를 가동하는 사람이 전혀 없는(이 말은 현대의 시각이 탈목적론적임을 의미한다) 기계 말이다. (성서를 포함해) 고대 세계에 관해 생각할 때 우리는, 고대인들이 어떤 점에서도 세계를 기계로 인식하지 않았다고 보기보다는, 단순히 세계를 특별한 누군가가 가동하는 하나의 기계로 생각했다고 상상하는 것이 지극히 자연스럽다.[84] 고대의

---

83 만일 어떤 아이가 여과기를 장난감 기사의 투구로 사용한다면, 그 아이가 말하는 것이나 그러하리라 상상하는 것이 바로 그 기능이 될 것이다. 물리적 특징은 이런 기능을 촉진시키는 편리함을 뜻하지만, 그 아이는 여과기가 무엇인지를 알지 못하며, 이를 여과기로 객관화하지도 않는다.

84 F. Wiggermann, "Mythological Foundations of Nature," in *Natural Phenomena: Their Meaning, Depiction and Description in the Ancient Near East* (ed. D. J. W. Meijer; Amsterdam: Royal Netherlands Academy of Arts and

기능 존재론에서는 우주가 기계라기보다 일종의 기업(business)과 같다.[85] 이 은유에서 사업체는 단지 사람, 즉 회사의 종업원과 고객 양쪽과 맺는 관계를 통해 움직인다.

그러므로 나는 마찬가지 방식으로 우주와 문화의 기능들이 모두 사람과 관련되어 있다고 본다. (그리고 이 기능들이 세계를 사람과 더불어 공유하는 한, 때때로 신들과도 관련된다.) 클리포드 역시 비슷한 결론을 이끌어낸다. 고대 세계의 우주론에 대한 이야기들이 물질 우주의 출현보다는 어떤 특별한 집단의 출현에 관심을 기울이고 있다는 데 주목함으로써 말이다.[86] 따라서 그 이야기들은 세계가 어떻게 사람이 살아가기에 적절한 곳이 되었는지를 보여준다. "하나님이 보시기에 좋았더라."

우주를 지배하는 원리

메소포타미아: 수메르의 "메"와 운명을 선포하는 일

앞 장에서 드러난 바와 같이, 현대의 물질 존재론에서는 우주의 기초 단위가 물질적인 것들(원자, 분자, 세포 등)로 나타나는 반면에, 고대 세계의 기능 존재론에서는 우주의 기초 단위가 기능적인 과정들로 나타난다. 현

Sciences, 1992), 279의 다음과 같은 진술에 주목하라. "만일 자연이 자유의지가 없는 기계로 규정된다면, 메소포타미아인들의 사유 안에는 자연이 존재하지 않는 셈이다."

85 J. Stek, "What Says the Scripture," in *Portraits of Creation* (ed. H. J. van Till; Grand Rapids, MI: Eerdmans, 1990), 203-65; 255에서 그는 기계와 왕국의 현격한 차이를 언급한다.

86 R. Clifford, "The Hebrew Scriptures and the Theology of Creation," *JTS* 46 (1985): 507-23.

대인의 탐구를 보증하는 고대 근동의 인지 환경의 그다음 측면은 고대인이 우주의 기본적인 실재로 간주하던 것인데, 이는 우주를 현재 존재하는 바로 그 상태로 있게 한 비인격적인 우주적 원리다. 수메르인들은 이를 "메"(ME)라고 불렀다. 우리는 이런 실재들의 기원과 그 운행 과정 및 이 실재와 신들의 관계까지도 탐구할 것이다. 이는 이미 고대 세계의 기능 존재론의 기초 단위로 앞서 소개된 바 있다. 이제 우리는 수메르 용어 "메"에 의해 규정되는 것에 관심을 기울이고자 한다.

근본적으로 기능을 강조하는 고대인의 시각에서 볼 때 주변 세계에 관한 그들의 사유 속에 있는 가장 중요한 생각은 아카드어의 "파르추"(parṣu), "우추르투"(uṣurtu), "쉼투"(šimtu) 등의 용어와 수메르어의 "메"(ME), "기슈르"(GIŠḪUR), "남타르"(NAMTAR) 등의 용어로 이루어진 개념 범주에 구체적으로 표현되어 있다. 이 용어들에 표현되어 있는 의미론적 개념은 기능적 우주의 핵심에 놓여 있으며, 우주와 신전 둘 다를 확립하고 작동하도록 하는 데 중요한 역할을 한다. 물론 인간 사회도 그 범주에 포함된다.

아카드 용어와 수메르 용어의 가장 적합한 의미와 번역에 관해서는 상당한 논쟁이 지금도 계속되고 있다. 혼란이 계속되고 있는 것은, 대부분의 현대 학자가 "메"를 아카드어 "파르추"로 번역한 것 자체가 잘못되었다고 결론 내렸기 때문이다.[87] "메"에 대해 학자들이 주장하는 일부 번역에는 "기능", "칙령", "법령", "명령", "규칙", "속성", "신성한 힘", "문명의 기

---

[87] 예컨대 Glassner, "Akkadian had no equivalent for the Sumerian ME," *CANE* 3.1820에 따르면, "가장 보편적인 아카드어 용례에서 '파르추'는 제의 의례나 의식을 가리킨다." 그리고 "이는 특히 의례나 의식을 다루는 제의 수행에 관한 동사들과 강하게 연결되어 있다"라는 주장도 마찬가지다. "파르추"에 관한 Joshua Walton의 미간행 연구(Harvard University, 2010)를 보라. 소수의 사례에서만 "파르추"는 단순히 "메"의 아카드어 번역으로 사용된다. 「에누마 엘리쉬」와 「안주」의 경우에서 보듯이 말이다.

술", "문화적 표준" 등이 있다. 약간만 언급해도 이렇다. "쉼투"가 포함되면 상황은 한층 더 복잡해진다. 다음과 같이 빈스베르겐(W. van Binsbergen)과 비거만(F. Wiggermann)이 제안한 설명은 우리가 논의하고자 하는 내용의 출발점으로 충분하다.

"남타르"(쉼투)가 엔릴이 내린 정치적 결정을 암시한다면, "메"(파르추)는 비인격적이면서 무시간적인 질서, 곧 우주와 그 구성 요소가 종속되어 있는 비의지적 평형 상태를 뜻한다. "메"는 옛 종교 중심지인 에리두에 있으며, 그곳에서 신 엔키/에아의 보호를 받는다. 메는 창조되는 것들이 아니라 단순히 우주의 일부로서 존재한다. 이는 전통적인 규칙이며, 인간과 사물의 세계를 조직화하는 불변하는 방식이다. "메"는 사용되지 않을 수도 있고 잊힐 수도 있지만, 결코 파괴되지는 않는다. 그것들이 한데 모여 자연법칙, 즉 사람이나 신의 방해로 더럽혀지지 않는 행동을 위한 지침을 구성한다.[88]

리빙스턴(A. Livingstone)은 "메"가 "추상적 개념인 '원형'을 의미한다"

---

88 W. van Binsbergen and F. Wiggermann, "Magic in History: A Theoretical Perspective, and Its Application to Ancient Mesopotamia," in *Mesopotamian Magic* (ed. T. Abusch and K. van der Toorn; Groningen: Styx, 1999), 21. 여담이지만 나는 "지붕 위의 바이올린"(*Fiddler on the Roof*)에 나오는 "전통" 개념과 아카드의 지배적인 특징 사이에 약간의 유사성이 있음을 지적하고 싶다(Binsbergen and Wiggermann은 "Magic in History," 20에서 "메"를 "전통"으로 번역하기까지 한다). 아나테브카(Anatevka) 마을에서는 불확실한 안정성과 질서가 단지 사람들의 삶을 지배하는 전통과 그들이 그 결과로 받아들이는 역할에 의해서만 유지되고 있다. 역할과 전통을 방해하는 어떤 것도 대변동과 혼란을 가져오는 위협 세력이 된다. 오늘날의 어법으로 하면, 우리는 **직물**(fabric)이라는 용어를 하나의 은유로 사용할 수도 있다. 이를 "삶의 직물"이나 "문명의 직물" 또는 "우주의 직물" 등에 적용함으로써 말이다.

라고 주장하는데, 이는 알스터(B. Alster)에게서 비롯한다.[89] 알스터는 "메"의 범위에 네 가지 항목을 포함시킨다.[90]

- 원형 또는 문화적 표준
- 앞서 언급된 원형의 가시적인 표현
- 원형의 현실화와 관련된 과정
- 원형을 현실화시킬 수 있는 능력을 상징하는 모든 것

반스티파우트(H. Vanstiphout)는 "제1원리" 또는 "핵심 본질"이라는 번역을 선호하여 다음과 같은 설명을 제공한다.

"메"는 존재하는 모든 것의 영원하고 불변하는 제1원리이거나 핵심 본질이다. 이는 존재하는 모든 것의 청사진이기도 하다. 그 모든 것이 어떻게 존재해야 하는지를 메가 규정하고 있다는 점에서 그렇다.[91]

그의 분석에 따르면 "메"가 신들을 규정할 뿐, 그 반대가 아니다. 임시적인 것은 신들일 뿐, "메"가 아니다. 그는 "메"와 관련해 다음과 같은 결론을 내린다. "이는 세상 만물과 온갖 절차, 행동, 상호 관계의…추상적이면서도 진정한 핵심 본질을 가리킨다.…"메"가 없는 것은 어떤 것도 존

---

89 A. Livingstone, *Mystical and Mythological Explanatory Works of Assyrian and Babylonian Scholars* (Winona Lake, IN: Eisenbrauns, 2007), 58.
90 B. Alster, "On the Interpretation of 'Inanna and Enki,'" *ZA* 64 (975): 33-34 n. 33.
91 H. Vanstiphout, "Die Geschöpfe des Prometheus, Or How and Why Did the Sumerians Create Their Gods?" in *What Is a God?* (ed. B. N. Porter; TCBAI 2; Winona Lake, IN: Eisenbrauns, 2009), 15-40, p. 35을 인용함.

재하지 못한다. 그리고 어떤 종류든 간에 존재하는 "사물"의 목적은 자신의 "메", 곧 이상적이고 도달 불가능한 자기 형태와 가능한 한 가깝게 조화를 이루려는 데 있다."[92] 이런 개념들을 종합하려는 시도로, 나는 때때로 수메르의 "메"를 "원형적인 핵심 본질"(archetypal quintessence)이라는 용어로 번역했다. 그렇지만 이 표현이 다른 모든 표현과 마찬가지로 논쟁의 여지가 있고 여전히 부담스러운 것이기도 하므로, 나는 수메르어 용어 자체를 사용하기로 마음을 바꿨다.

세 번째 용어 짝인 "기슈르"/ "우추르투"는 논쟁의 여지가 더 적은 주제지만, 역시 중요한 역할을 한다. 이는 종종 "의도"나 "계획"(예. 건축 계획)으로 번역되며, "메"로부터 흘러나와 칙령으로 구체화되는 행동을 가리킨다. 아마도 고대 문헌에 나오는 이 용어들과 그 용례를 이해하는 가장 좋은 방법은 그것들을 확대된 은유에 통합시키는 데 있을 것이다. 로젠가르텐(Y. Rosengarten)은 바로 그런 작업을 시도하기 위해 "메"를 우주를 지배하는 일종의 "처방전"과 같이 이해해야 한다고 주장한다.[93] "메" 자체는 의약품 사전에 있는 의약품 관련 설명과도 같다. 신들은 의약품을 처방하는 의사다. 왕들은 의약품을 공급하는 약사며, 따라서 의례는 의약품의 사용과 복용을 위한 가르침에 해당할 것이다. 로젠가르텐의 주장이 유용하기는 하지만, 나 역시 이를 보충하는 은유, 곧 우주를 사업체와 비교하는 은유를 제시하고 싶다(이미 이전 단락에서 간략하게 주장한 바 있다).[94]

---

92 Vanstiphout, "Die Geschöpfe des Prometheus," 34.
93 Y. Rosengarten, *Sumer et le Sacré* (Paris: Boccard, 1977), 5.
94 L. Handy 역시 우가리트 만신전의 신들 무리 안에 있는 다양한 신의 역할을 논의할 때 회사의 유형을 사용한다. *Among the Host of Heaven* (Winona Lake, IN: Eisenbrauns, 1994)을 보라.

이 은유에 따르면, "메"는 사업체나 공장과도 같으며, 아마도 그것의 사명 선언문(mission statement)일 것이다. "메"의 실천과 적용은 사업체의 다양한 관리 수준을 가늠하게 해줄 것이다. "기슈르"는 회사의 정관과 사업체의 비전 선언문(vision statement)에 해당할 것이다. "남"은 직무기술서(job description)에 해당할 것이요, 「운명의 토판」(엔릴이나 엔키 같은 우주의 주인이 소유한 것으로 알려진 토판—편집자 주)은 회사의 조직표에 상응할 것이다. 주요 신(아누, 엔릴, 엔키)은 회사의 임원 내지는 이사회에 해당하며, 이들보다 지위가 더 낮은 신들은 부임원의 역할을 수행했을 것이다. 왕은 부서 감독자와 같으며, 제사장은 지배인과 비슷하고, 어떤 의미에서는 조합 지도자와도 같았을 것이다. 각 신전과 도시는 회사의 여러 부서 내지는 아마도 가맹점과 대략 일치할 것이다. 그리고 인간은 종업원에 해당할 텐데, 그들의 의례 행위는 출근부에 도장을 찍고 시간을 내어 회사가 돌아가도록 돕는 일과 비슷할 것이다. 그들의 삶 속에 맡겨진 유일한 몫은 해고되거나 은퇴할 때까지 몸을 아끼지 않고 열심히 일함으로써, 자기 노력에 대한 보상이 거의 없을지라도 회사와 임원을 섬기기 위해 피와 땀과 눈물을 바치는 것이었다. 이 은유를 「에누마 엘리쉬」에 적용한다면, 이 작품 도입부에서 말하는 신들의 출생은 회사의 설립(탄생)에 해당한다. 이 이야기는 회사도 종업원도, 직무도 없던 때로부터 시작한다. 이 문서의 후반부에 나오는 마르두크의 조직화 작업은 그가 자신의 관리하에 회사를 설립하는 행위에 상응한다. 우리가 이 문헌에 나오는 이런 용어 쌍들을 각각 검토한다면, 그것들이 기능하는 다양한 차원에서 이를 해당 은유와 연결시킬 수 있을 것이다.

수메르의 "메"[95]

"메"는 이해하기 가장 어려우면서도 가장 중요한 개념이다. 때때로 "메"는 상당히 애매하지만, 매우 구체적이기도 하다. 그뿐 아니라 이는 우주의 운행과 관련된 다양한 측면이 점차 상세하게 드러나게 되면서 다양한 차원에 작용하게 된다. 따라서 이는 신들의 감독하에 무엇보다도 우주적인 차원에서 기능하게 된다. 그다음으로, 더 낮은 차원에서는 신전과 도시에 "메"가 주어진다. 왕과 백성이 그러하듯이 말이다. 적절한 "메"(예. "신성한 힘")에 대한 지배권은 특정 신에게 다양한 계획을 공식화하고 각종 운명을 선포할 수 있는 권한을 부여한다. 찬송시 문헌에서 발췌한 다음 자료에서 구체적으로 드러나는 것처럼 말이다.[96]

> 「우르-니누르타를 위해 이난나에게 바치는 쉬르-남갈라(?)」(*Ur-Ninurta A*): 그녀는 자신이 손을 잡은 왕들에게 운명이 결정되고 선하고 신성한 힘이 위대한 신들에게 주어지는…안으로 겸손히 들어가게 했다. 그곳은 안

---

[95] 제어 속성에 관한 중요한 논의는 Rosengarten, *Sumer et le Sacré*; G. Farber-Flugge, *Der Mythos "Inanna und Enki" unter besonderer Berücksichtigung der Liste der me* (Studia Pohl 10; Rome: Pontifical Biblical Institute, 1973)를 보라. 이 문제에 관한 더 간결한 논의와 요약은 J. Klein, "The Sumerian *me* as a Concrete Object," *AoF* 24(1997): 211-18을 보라. Klein은 명사 "메"와 동사 "존재하다"의 상관관계에 대해 회의적인 견해를 보이는 것 같다. 이 둘의 관계는 Farber-Flugge가 자신의 책 *Der Mythos "Inanna und Enki"*에서 처음으로 주장했지만, 그녀는 자신의 *RlA* 논문(*RlA* 7: 611a)에서는 이를 조금은 덜 긍정적으로 다시 고찰했다. 마찬가지로 Klein도 이 추상 명사가 때때로 "도표나 깃발 또는 기장 등에 새겨지거나 그려진 것으로, 근원적인 추상 개념을 대표하는 2차원적 상징이나 형상"에 적용된다고 주장한다("The Sumerian *me*," 212).

[96] 예컨대 「엔키와 세계 질서」에서 엔키가 통제와 관련된 속성이 자신의 손에 주어졌고 (65행) 이것이 다른 어떤 것보다도 그에게 각종 운명을 선포할 수 있게 했다(76행)고 상세하게 말하고 있음에 주목하라.

(An)과 엔릴의 거룩한 처소이며 경외심과 두려움으로 가득한 에-쿠르(E-kur)다.[97]

「이쉬메-다간을 위한 엔키 찬양시」(Išme-Dagan X): 신들의 주이신 그는 현명한 결정을 내리신다. 그는 남쪽으로부터 산지에 이르기까지 그들 가운데 가장 탁월하신 분이며, 아누나(Anuna) 신들이 그에게 나아올 때 자기 손에 지팡이를 들고 그들의 운명을 결정하시는 분이며, 모든 신성한 힘을 소유하고 있으며 홀로 뛰어나신 분이다.[98]

「난나에게 바치는 아다브」(Nanna H): 당신의 아버지이신 거룩한 안(An)께서 당신에게 다른 신들이 열망할 수 없는 신성한 힘을 주셨습니다. 엔릴께서 그 힘이 당신에게 운명으로 주어지도록 선포하셨습니다.[99]

「이쉬메-다간을 위해 난나에게 바치는 찬양시」(Išme-Dagan M): 당신은 주인이신 누남니르에 의해 신성한 힘으로부터 신성한 힘을 받으셨습니다. 그는 당신에게 최고신의 역할, 곧 운명을 결정할 수 있는 능력을 선물로 주셨습니다.[100]

수메르 "메"의 우주적 차원을 이해하는 데 있어 가장 중요한 신화는 「엔키와 세계 질서」(이하 EWO)다.[101] 「엔키와 세계 질서」에 따르면, 엔키

---

97 http://etcsl.orinst.ox.ac.uk 2.5.6.1, line 11.
98 http://etcsl.orinst.ox.ac.uk 2.5.4.24, lines 1-3.
99 http://etcsl.orinst.ox.ac.uk 4.13.08, A. 6-7.
100 http://etcsl.orinst.ox.ac.uk 2.5.4.13, 1B.D. 2-3.
101 EWO의 최근 비평본은 구할 수가 없다. 이와 관련된 중요한 연구에 대해서는 다음을 보라. R. E. Averbeck, "Myth, Ritual and Order in 'Enki and the World Order,'"

는 통치의 속성("힘들")을 관리하고 있으므로 칭송을 받는다.

> 위대한 힘, 순수한 힘을 타고 다니시는 주님은 위대한 힘과 무수한 힘을 통제하시는 분이며, 하늘과 땅 전체를 통틀어 가장 뛰어나신 분이십니다. 거룩한 곳이며 가장 존귀한 장소인 에리두에서 최고의 힘을 부여받으신 그는 하늘과 땅의 주이신 엔키이십니다. 그를 찬양합시다![102]

지하 세계의 신선한 물들(그의 집은 아프수[Abzu]에 있다)을 관장하는 엔키 신이 가진 풍요하게 만드는 힘은 잘 알려져 있다. 그러나 그가 가진 통치의 속성("메")은 이보다 훨씬 더 확장된다. 예컨대 그는 자신의 시간 경영에 대해 칭송을 받기도 한다.

> 날들을 셈하며 달들을 그들이 살 집에 둠으로써 해들을 완성하고 완성된 해들의 운명을 결정하는 모임에 그들을 회부하십니다. 또한 그는 날들을 조직화하기 위한 결정을 내리십니다. 아버지 엔키여, 당신은 소집된 무리의 왕이십니다.[103]

"메"들이 본질상 기능적이라는 데는 의심의 여지가 없다. 이보다 더 중요한 문제는 이것이 어떻게 우주 및 우주의 창조와 관련되느냐다. 일

JAOS 123 (2003): 757-71; H. L. J. Vanstiphout, "Why Did Enki Organize the World?" in *Sumerian Gods and Their Representations* (ed. I. L. Finkel and M. J. Geller; Groningen: Styx, 1997), 117-34; S. N. Kramer and J. Maier, *Myths of Enki, the Crafty God* (New York: Oxford, 1989), 38-56. 이 작품의 음역과 번역은 온라인으로 http://etcsl.orinst.ox.ac.uk에서 찾아볼 수 있다.

102 http://etcsl.orinst.ox.ac.uk, lines 135-39.
103 http://etcsl.orinst.ox.ac.uk, lines 17-20.

반적인 관련성에 대해서는 「니브루로 귀환한 니누르타」(*The Return of Ninurta to Nibru*)에서 확인할 수 있다. 이 작품에서 우주의 주요 지역은 각각 연결되어 있는 "메"와 비교된다.

> 굉장한 힘을 가진 모든 땅의 주권자, 위대한 힘을 가진 엔릴의 전사, 사나운 전사이신 당신은 하늘과도 같은 신성한 힘을 취하셨고, 엔릴의 아들이신 당신은 땅과도 같은 신성한 힘을 취하셨습니다. 당신은 하늘처럼 무거운 산들의 신성한 힘을 취하셨으며, 땅처럼 거대한 에리두의 신성한 힘을 취하셨습니다.[104]

"메"들과 우주의 관계를 결정하는 한 가지 방법은 우주적인 "메"의 목록을 검토하는 것이다. 「이난나와 엔키 신화」는 통치 속성(중간에 원문의 여러 부분이 훼손되었지만 그중 80개가 보존되어 있는데, 이것들은 이 책 87-9쪽에서 나열한 바 있다)으로 간주되던 것들의 포괄적인 목록을 포함하고 있지만, 이 "메"들은 사회 및 문화와 관련되며, 어떤 것도 더 큰 우주 영역을 대표하지는 않는다.[105] 우리가 흔히 자연계라고 부르는 것과 직접 관련된 "메"의 목록이 보존되어 있지는 않지만, "메"들과 운명의 선포 사이의 관계가 잘 확립되어 있으므로 우리가 원하는 정보를 얻을 수 있다. 적절한 "메"를 소유하는 것은 그와 관련된 운명을 선포하는 일의 기초가 되므로, 우주 안에 있는 운명의 목록은 우주적 영역의 "메"에 관해 우리에게 간접적인 정보를 제공한다.

이렇듯 엔키는 "메"들을 지배하므로 일부 속성을 하급 신에게 위임

---

104 http://etcsl.orinst.ox.ac.uk, 1.6.1, lines 7-12.
105 이런 설명은 적절하다. 왜냐하면 이 특별한 목록은 이난나의 특권 영역과 그녀의 도시 우루크(Uruk)가 대표하는 지역에 관련되기 때문이다.

할 수 있다. 「엔키와 세계 질서」에서는, 우주적 속성을 띠는 열두 개의 "메"가 다음과 같이 열두 신에게 이전된다.[106]

"메"	신
쌍둥이 두 강	엔빌룰루(Enbilulu)
습지	?
바다	난쉐(Nanše)
비	이쉬쿠르(Iškur)
농업 구조물	엔킴두(Enkimdu)
초목의 성장	안샨(Anšan)
점토 작업	쿨라(Kulla)
건축술	무쉬다마(Mušdama)
평지 동물의 삶	샤칸(Šakan)
유목	두무지(Dumuzi)
경계 설정과 재판	우투(Utu)
직물 짜기	웃투(Uttu)

「수메르와 우림의 몰락에 대한 탄식」(*Lament over the Fall of Sumer and Urim*)에서 또 다른 목록을 찾아볼 수 있다.

> 안(An)께서 하늘의 신성한 힘과 인간을 정의롭게 다루려는 신성한 계획을 바꾸시지 않기를 원하나이다. 안께서 사람들을 올바르게 인도하기 위한

---

106 이 목록은 Vanstiphout, "Why Did Enki Organize the World?," 117-18의 260-386행에서 가져왔다.

결정과 판단을 바꾸시지 않기를 원하나이다.

땅의 길들로 여행하는 일에 관하여,
> 안이 이를 바꾸시지 않기를 원하나이다. 안과 엔릴이 이를 바꾸시지 않기를 원하며, 안이 이를 바꾸시지 않기를 원하나이다. 엔키와 닌마흐가 이를 바꾸시지 않기를 원하며, 안이 이를 바꾸시지 않기를 원하나이다.

티그리스와 유프라테스가 다시 물을 가져다주어야 하는 일에 관하여,
> 안이 이를 바꾸시지 않기를 원하나이다.

하늘에는 비가 있고 땅에는 얼룩덜룩한 보리가 있어야 하는 일에 관하여,
> 안이 이를 바꾸시지 않기를 원하나이다.

물로 덮인 수로가 있고 곡식으로 덮인 들판이 있어야 하는 일에 관하여,
> 안이 이를 바꾸시지 않기를 원하나이다.

늪지가 물고기와 가금류를 먹이는 일에 관하여,
> 안이 이를 바꾸시지 않기를 원하나이다.

오래된 갈대와 새로운 갈대가 갈대밭에서 자라야 하는 일에 관하여,
> 안이 이를 바꾸시지 않기를 원하나이다. 안과 엔릴이 이를 바꾸시지 않기를 원하나이다. 엔키와 닌마흐가 이를 바꾸시지 않기를 원하나이다.[107]

세 번째 목록은 「니누르타의 공적들」(*Exploits of Ninurta*)에서 찾아볼 수 있다.

닌마흐(위대한 여인) 여신이여, 당신이 산들로 나아왔기 때문에, 당신이 나를 위해 반역의 땅으로 들어왔기 때문에, 내가 전쟁의 두려움에 사로잡혀

---

107 http://etcsl.orinst.ox.ac.uk, 2.2.3, lines 493-504.

있을 때 당신이 나를 멀리하지 않았기 때문에, 나 영웅이 쌓아올린 그 이름 더미를 산(후르삭)이 되게 하고, 당신은 그 여인(닌)이 되어라. 이제 니누르타가 운명을 선포하노라. 이제부터 사람들은 닌후르삭에 관해 말하리라. 그렇게 될지어다.

그것의 목초지로 하여금 너를 위해 풀을 생산하게 하라.
그것의 경사지로 하여금 너를 위해 꿀과 포도주를 생산하게 하라.
그것의 언덕으로 하여금 너를 위해 백향목과 삼나무와 로뎀나무 등을 키우게 하라.
그것으로 하여금 너를 위해 익은 과일을 동산처럼 풍성하게 만들게 하라.
그 산으로 하여금 너에게 성스러운 향기를 충분히 공급하게 하라.
그것으로 하여금 너를 위해 금과 은을 캐게 하고, 너를 위해…을 하게 하라.
그것으로 하여금 너를 위해 구리와 주석을 제련하게 하고, 네게 공물을 바치게 하라.
그 산[후르삭]들로 하여금 너를 위해 야생 동물을 낳게 하라.
그 산으로 하여금 너를 위해 네 발 짐승을 많이 만들어내게 하라.

너는 무서운 광채를 입은 자, 오 여왕이여, 안(An)과 동등한 자가 되어라. 자랑을 싫어하는 위대한 여신, 훌륭한 여인, 처녀인 닌후르삭, 닌투르,…그녀가 내게 나아오는구나. 여인이여, 나는 너에게 위대한 힘을 주노라. 네가 높임 받기를 원하노라.[108]

여기서 닌후르삭의 운명이 선포되며(운명이 이름을 주는 것과 관련되어

---

108 http://etcsl.orinst.ox.ac.uk, 1.6.2, lines 390-410.

있다는 데 주목하라), 이 운명은 그녀에게 "메"(힘)를 주는 것과 동일시된다. 이곳에 나열된 메의 목록은 사실상 우주적인 것이다.

가능한 네 번째 목록은 다소 불확실하기에, 나는 그것을 시험 삼아 제시하고자 한다. 수메르 문헌을 읽을 때, 우리는 많은 경우에 어떤 특정 신이 50가지 "메"를 지배한다고 언급되고 있음을 주목하게 된다.

「니니시나와 신들」(Ninisina F): 이것은 위대한 산이신 엔릴이…을 그녀의 운명으로 결정한 것을 가리킨다.…위대한 신성한 힘, 곧 50가지 신성한 힘으로 인해 완전하신 분이시다.[109]

「이쉬메-다간을 위해 니누르타에게 바치는 아다브(?)」(Išme-Dagan O): 오 위대한 영웅, 하늘과 땅에서 가장 강한 분이시여! 에-쿠르(E-Kur)에 있는 50가지의 신성한 힘을 완전히 지배하는 니누르타시여![110]

「니사바에게 바치는 찬미」(Nisaba A): 50가지의 위대하고 신성한 힘을 완전하게 부여받은 나의 여인이시여, 에-쿠르에서 가장 강력한 분이시여![111]

「산의 동굴에 있는 루갈반다」: 그들은 난나와 같고, 우투와 같으며, 하늘과 땅에서…50가지 신성한 힘을 가진 이난나와 같습니다.[112]

「닌기르수의 신전 건축」(Gudea, cylinders A and B): 그의 위대한 사랑으

---

109 http://etcsl.orinst.ox.ac.uk, 4.22.6, lines B.6.
110 http://etcsl.orinst.ox.ac.uk, 2.5.4.15, lines A.1-2.
111 http://etcsl.orinst.ox.ac.uk, 4.16.1, lines 5.
112 http://etcsl.orinst.ox.ac.uk, 1.8.2.1, lines A.490.

로 인해, 나를 낳으신 아버지께서는 나를 "왕, 엔릴의 홍수, 그의 강렬한 응시가 산들로부터 들린 적이 없는 자, 닌기르수, 엔릴의 전사"로 부르셨으며, 나에게 50가지 힘을 부여하셨다.[113]

50이라는 숫자는 수메르 문헌에서 드물게 나타난다는 점뿐만 아니라 그것이 「에누마 엘리쉬」에서는 중요한 위치를 차지하고 있다는 점 때문에 특히 흥미롭다. 「에누마 엘리쉬」를 보면, 마르두크에게 50가지 이름이 주어지는데(6-7토판), 그가 운명을 선포하는 자가 될 것이라는 이전의 약속이 분명히 성취되는 것이다. 4-5토판에서는 승리를 거둔 마르두크가 우주를 위해 운명을 선포하며(이로써 그가 "메"를 지배하고 있음을 분명하게 보여준다), 6-7토판에서는 모인 신들이 마르두크의 이름을 부름으로써 그의 운명을 선포하며, 이렇게 하여 그에게 50가지의 "메"를 전해준다.[114] 만일 운명, 곧 "메"와 이름 사이의 이런 상호 관련성이 유지될 수 있다면, 마르두크의 이름들은 우리에게 유용한 "메"들의 목록을 포함한다고 볼 수 있다.[115]

「에누마 엘리쉬」에 따르면, 마르두크의 이름들이 가진 지위에 관계없이 우주적인 "메"의 특성은 우주의 기능적인 차원에 속하며 창조와 긴밀하게 연관된다고 규정된다. 반스티파우트는 "왜 엔키는 세계를 조직화

---

113 http://etcsl.orinst.ox.ac.uk, 2.1.7, lines 253.
114 마르두크의 이름들은 의미론 및 철자법과 관련된 필사 해석학을 기초로 마르두크의 속성과 본성에 대한 복합적인 주해적 분석을 보여준다. J. Bottéro, "Les Noms de Marduk, l'écriture et la logique en Mésopatamie ancienne," in *Essays on the Ancient Near East in Memory of Jacob Joel Finkelstein* (ed. M. deJ. Ellis; Hamden, CT: Archon, 1977), 5-28을 보라.
115 Bottéro("Noms de Marduk")는 그 이름들을 신들이 마르두크를 위해 선포한 운명과 연결시키기까지 한다.

해야 할 필요가 있었을까?"라는 질문을 던짐으로써, 창조의 물질적 측면보다는 조직적 측면을 크게 강조한다. 그는 자신의 질문에 답하면서, 이를 통해 "메"의 핵심 특성에 이르는 중요한 관찰을 제시한다. 그에 따르면, "메"는 우주의 하부 구조를 다룬다.

> "메"는 물질적인 대상 자체에 있기보다는(어쨌든 대상 자체는 존재하므로), 가능태를 실현할 수 있는 그것의 가능성에 있다. 물질적 대상 자체는 이미 존재하고 있던 것이다. 정작 필요한 것은 그것이 효율적으로 사용되도록 도와주는 체계였다.[116]

반스티파우트의 관찰은 고대 근동 지역이 물질 우주론에 거의 관심을 갖지 않고 도리어 기능 우주론에 깊은 관심을 보였다는 사실을 다시 한 번 지적해준다. 기능 우주론이야말로 "메"가 중심 역할을 수행하는 배경에 해당하기 때문이다.

설계(기슈르[GIŠHUR])

수메르 문헌의 열두 개 이상 되는 맥락에서 "메는 우주의 설계나 계획과 유사하게 사용되는데, 이는 양자가 긴밀한 상호 관계임을 입증하는 병행 관계라고 할 수 있다. 몇 가지 사례를 소개하는 것으로 충분할 것이다.[117]

---

116 Vanstiphout, "Why did Enki Organize the World?" 122.
117 추가 사례는 http://etcsl.orinst.ox.ac.uk에 있는 다음 작품을 보라. 「입비-수엔을 위해 수엔에게 바치는 아다브」(Ibbi-Suen C) 2,4,5,3, A.22; 「수메르와 우림을 위한 탄식」 2.2.3, line G.448; 「이쉬메-다간을 위한 찬송」(Išme-Dagan A + V) 2.5.4.01, lines A.33-34; 「이쉬메-다간을 위해 엔키에게 바치는 찬송」(Išme-Dagan X) 2.5.4.24, lines 5-6; 「신-잇딘남과 이쉬쿠르」(Sîn-iddinam E) 2.6.6.5, lines 73; 「니누르타의 에리두

「우르-니누르타를 위해 엔키에게 바치는 티기(tigi)」(Ur-Ninurta B): 존귀하신 주여, 당신은 하늘과 땅에서 탁월하신 분입니다. 당신은 당신의 이름을 빛나게 하셨습니다. 엔키여, 당신은 그곳에 있는 모든 신성한 힘을 한데 모아 아프수에 저장하셨습니다. 당신은 신성한 힘을 찬미할 만한 것으로 만드셨으며, 모든 다른 신성한 힘보다도 당신이 당신의 마음속에 택하신 당신의 거룩한 처소, 곧 존귀한 성소인 아프수를 탁월하게 만드셨습니다.[118]

「니누르타와 바다거북」: 그의 명령에 당신의 무기가 나를 사악하게 쳤습니다. 내가 신성한 힘을 내 손에서 내보내자, 이 신성한 힘이 아프수로 돌아갔습니다. 내가 신성한 계획을 내 손에서 내보내자, 이 신성한 계획이 아프수로 돌아갔습니다. 이 운명의 토판이 아프수로 돌아갔습니다. 나는 신성한 힘을 빼앗겼습니다.[119]

「니브루와 이쉬메-다간에게 바치는 찬미」(Išme-Dagan W): 당신은 남부 지역과 산지의 기둥(?)이시요, 온 백성의 정신적 지주십니다. 당신의 신성한 힘은 다른 어떤 신성한 힘과도 견줄 수 없는, 최고의 신성한 힘입니다. 당신의 계획은 아프수에 뿌리박은 것 같으며, 크고 두려운 광채로 가득합니다. 사랑스러운 땅 자체가 그러하듯이, 누구도 당신의 탁월함을 깨닫지 못합니다. 당신의 탁월한 운명은 어떤 찬미로도 다 담아낼 수 없습니다. 당신은 누구도 도달할 수 없는 높은 산입니다. 당신은 너무도 탁월하고 뛰어나셔서

크 여행: 니누르타에게 바치는 쉬르-기다」(Ninurta B) 4.27.02, lines A.24-25; 「이쉬메-다간을 위해 엔릴에게 바치는 아다브」(Išme-Dagan H) 2.5.4.08, lines A.18; 「함무라비를 위해 마르두크에게(?) 드리는 기도」(Hammu-rābi B) 2.8.2.2, line3.
118 http://etcsl.orinst.ox.ac.uk, 2.5.6.2, line C.25-28.
119 http://etcsl.orinst.ox.ac.uk, 1.6.3, line B.3.

하늘에까지 닿는 분입니다.[120]

마지막 두 발췌문은 "메"와 설계 및 운명 사이에 있는 세 가지 방식의 상호 관련성을 구체적으로 보여준다. 이제는 기능과 관련된 세 번째 요소를 살펴보자.

운명(NAM)

사업체 은유(101쪽을 보라)와 관련해, 회사의 직무기술서(운명)는 해당 회사의 특성과 사명 선언문이 성취되는 방식을 반영한다. 신의 선포와 운명, 특히 운명의 토판 등에 대해서는 앞에서 어느 정도 논의한 바 있다. 왜냐하면 이들이 많은 측면에서 "메"와 서로 얽혀 있기 때문이다. 그렇지만 운명은 우주론 문헌과 창조 활동에서 훨씬 중요한 역할을 수행한다는 점에서 "메"와는 다르다.

우주의 발생에 관한 이야기들은 운명이나 특성이 창조의 날에 고정되어 있었다는 점을 전제하고 있다.…처음 때는 권위로 가득 차 있는 순간을 일컫는다. 그때야 비로소 신적인 의도가 가장 새롭고 뚜렷하게 드러나기 때문이다.[121]

이제 우리는 운명에 관해 언급하는 일부 문헌을 간단하게 살펴보고 선포/운명이 가진 특별한 역할에 주목하고자 한다.

---

120 http://etcsl.orinst.ox.ac.uk, 2.5.4.23, lines A.20-37.
121 Clifford, *Creation Accounts*, 72.

「에-엔구라 찬가」

(안[An]에 의해) 생겨난 모든 것의 운명이 정해졌을 때

안이 풍성한 해(year)를 가능하게 했을 때

사람들이 지표면을 초목처럼 헤치고 나아갔을 때

그때에 아프수의 주이며 왕이신 엔키,

운명을 결정하는 주이신 엔키가

은과 청금석으로 자기 집을 건축하셨습니다.[122]

「엔키와 닌마흐」

하늘과 땅이 창조되던 그날들에

하늘과 땅이 창조되던 그 밤들에

운명이 결정되던 그 해들에

아눈나 신들이 태어났을 때,

여신들이 결혼하게 되었을 때,

여신들이 하늘과 땅에 배정되었을 때.[123]

이 작품은 창조와 운명 선포 사이의 병행 관계를 우주의 발생(1-2행) 및 신들의 출생(4-6행)과의 관련성 속에서 살피고 있다.

「에누마 엘리쉬」(Dalley)

아래의 요약 진술은 운명의 특징을 묘사하는 일부 단락을 분명하게 보여준다.

---

122 Clifford, *Creation Accounts*, 29-30.
123 http://etcsl.orinst.ox.ac.uk.

I 8: 운명이 아직 선포되지 않았던 창조 "이전"의 그림 일부

I 148-62: 킹구(Qingu)는 티아마트에게서 운명의 토판을 받으며, 이로써 신들의 모임에서 권세와 통치권을 행사한다. "당신에 관해 말하면, 당신의 명령은 변하지 않으며 당신의 말은 영원할 것입니다." (158행)

II 61-62: 에아(Ea)는 자신의 아버지 안샤르(Anshar)를 운명을 결정하는 자로, 그리고 창조하고 파괴할 수 있는 힘을 가진 자로 찬미한다.

II 159-63: 마르두크는 그들이 자신을 최고신으로 인정하기 위해 필요한 조건을 다음과 같이 진술한다. 신들의 모임은 그들 위에 군림하는 그의 운명을 선포해야 하며, 이로써 그는 운명을 선포할 수 있는 권세를 갖게 될 것이다. "내가 창조하는 것은 어떤 것도 절대 변하지 않을 것이다! 내 입술의 선포는 결코 번복되지 않고, 변하지도 않을 것이다!"[124]

IV 19-29: 이 단락에서 마르두크의 운명은 운명을 명하는 자로 설정된다. 따라서 다음과 같이 언급된다. "파괴나 창조를 명하라. 그러면 그렇게 될 것이다." "창조"의 행위로 별자리가 파괴되고 이어서 다시 창조된다.

이상의 구절에서 운명을 선포하는 행동은 본질상 기능적이면서 동시에 창조와 통치의 행동이기도 하다. 운명에 대한 지배권과 신들의 세계 통치권 및 그로부터 비롯되어 신들이 인간에 대한 통치를 행사하는 일

---

[124] 162-163행; S. Dalley, *Myths from Mesopotamia* (Oxford: Oxford University Press, 1991), 244; 참조. IV 1-15.

은 우주 제어실로 지정된 신전에서 이루어진다. 운명을 부여받은 신들이 "메"를 집행하는 것처럼, 왕은 자신을 위해 선포된 "메"를 집행한다.[125]

운명의 토판은 그 소유자에게 우주 전체에 걸쳐 일정한 역할을 배정할 수 있는 권한을 부여한다.[126] "운명"(destiny)은 "숙명"(fate)과 동일하지 않지만, 전통적으로 숙명과 관련되어 있는 일부 요소를 포함한다. 그다음에 이어지는 단락들과 토판 3.1은 기능적 우주의 영역을 가로지르는 세 가지 용어(아카드어 "파르추", "우추르투", "쉼투"; 수메르어의 "메", "기슈르", "남타르")의 상호 관련된 역할을 요약하고 있다.

하늘과 땅. 우주를 구성하는 "메"는 안과 엔릴 및 엔키에게 위임되는데,[127] 이들은 "메"를 집행하는 자들로 여겨진다. 그러나 이 신들조차도 "메"에 묶여 있다. 그렇지만 그들은 "메"를 집행해 계층상 하위에 있는 신들에게 운명을 선포하는데, 이를 통해 한정된 방식으로 이루어지는 통치권이 다른 계층으로 위임된다. 이 작품들은 하늘과 땅의 "메"의 기원에 관한 정보를 거의 주지 않는다. *KAR* 4[128]는 관개 시설의 구축을 준비하기 위한 우주의 조직화에 관해 설명하는데, 이때 "설계"라는 용어를 사용한다.[129] 또 다른 작품에서 난나는 "하늘과 땅에 대한 통치권을 행사하는"[130] 자로 묘사된다. 로젠가르텐은 "완수하다"나 "활성화하다"가 이곳에 사용

---

125 림-신(Rim-Sin)에 대해 이렇게 언급된다. *COS* 2.102C를 보라.
126 W. G. Lambert, "Destiny and Divine Intervention in Babylon and Israel," *OtSt* 17 (1972): 65-72; A. R. George, "Sennacherib and the Tablet of Destinies," *Iraq* 48 (1986): 133-46; J. Lawson, *The Concept of Fate in Ancient Mesopotamia of the First Millenium* (Wiesbaden: Harrassowitz, 1994).
127 조상신 중 하나의 이름인 엔메샤라("모든 '메'의 주") 역시 주목하라.
128 Clifford, *Creation Accounts*, 49. "땅의 기초가 놓이고 제자리를 잡게 되었을 때; 신들이 우주의 설계를 확립시킨 후에."
129 Lambert, "Destiny and Divine Intervention," 67.
130 E. Sollberger and J-M. Kupper, *Inscriptions Royales Sumériennes et Akkadiennes* (Paris: Cerf, 1971), 194 IV B 13a.

되는 동사의 더 나은 번역이라고 주장한다.[131] 따라서 우리는 기능적인 우주를 가장 적절하게 묘사하는 "메" 즉 시간, 날씨, 풍요와 같은 것이 흔히 신들에 의해 조직되고 위임되는 것으로 묘사되고, 따라서 일반적으로 설계와 운명의 맥락에서 나타나고 있다는 결론을 내릴 수도 있을 것이다. 수메르 문헌과 아카드 문헌 중 소우주의 차원에서 이루어지는 "메"의 **확립**에 대해 가장 근접하게 언급하는 작품은 「에누마 엘리쉬」의 다섯 번째 토판이다. 이 작품에 따르면, 마르두크가 천체를 조직할 때, 천체의 각 기능은 우주적 신들의 "메"와 뒤섞여 있었다.[132] 계속해서 마르두크는 시간, 날씨, 풍요 등과 관련된 기능을 확립시킨다.

신들. 신들은 일반적으로 운명의 토판(이 토판은 운명의 선포들[=쉬마티]을 포함하고 있음)을 통해 운명과 연결되는데, 이 토판은 이를 소유한 자에게 신들과 관련된 "메"를 어느 정도 지배할 수 있는 권한을 부여한다.[133] 따라서 토판을 소유한 자는 운명을 선포할 수 있게 된다. 안주(I 82, 109)가 운명의 토판을 훔칠 때, "메"는 "나두"(*nadu*)의 상태, 즉 "기능하지 않는" 상태로 묘사된다.[134] 「안주」 II 46에서 에아는 운명을 선포하는 왕(*šar*

---

131 Rosengarten, *Sumer et le Sacré*, 17 ("완성하다", "끝내다", "완수하다").
132 이 문맥(*Enuma Elish* V 67)에 나오는 명사 "파르치"(*parṣi*)는 일관성 있게 "의례들" 또는 비슷한 무언가로 번역된다(다음의 자료와 비교하라. *CAD* P 196b; Horowitz, *Mesopotamian Cosmic Geography*, 119; 'the ceremonial,' *CAD* B 138b; 'cult,' Dalley, *Myths from Mesopotamia*, 257). 이 문맥에 있는 모든 것이 우주의 조직에 관련되는데도 불구하고 말이다. Foster는 이런 일치를 조심스럽게 거부하거나 이를 "특권들"로 번역함으로써 적어도 약간의 모호성을 유지한다. Foster, *Before the Muses*, 465(참조. COS 1.111)을 보라.
133 하늘에 있는 끈/밧줄은 우주를 하나로 묶어준다. 최고신은 우주의 끈을 붙들고 있다고 여겨지며, 신전은 우주의 끈 역할을 수행한다. 밧줄을 붙드는 행동은 (가슴에 권력의 상징물로 착용하고 있는) 운명의 토판을 소유하는 것에 비견된다. A. R. George, "Sennacherib and the Table of Destinies," 138-39을 보라.
134 COS, 'suspended'(보류된); *CAD* N/1 78, 'disregarded'(무시된); *CAD* N/1 66-68, 형용사(집과 땅에는 사람이 살지 않고 들판은 경작되지 않은 채로 있는); N/1 68-

šimati)으로 불린다. 비록 토판을 소유하는 이가 안주이더라도 말이다. 따라서 토판의 권위를 넘어서는 무언가가 있음이 분명하다. 토판은 신들에게 "메"와 운명 선포권을 부여하는 권위의 상징이다. 「에누마 엘리쉬」 I 8은 신들의 운명이 선포되기 이전의 한 시기에 대해 언급한다. 이렇듯 운명은 신성한 속성과 힘을 가리킬 뿐만 아니라, 신들의 통치권이 미치는 영역과 그 통치권과 관련된 활동을 지칭하기도 한다.

신전/도시. 우주의 차원과 신들의 차원 사이에 어느 정도의 연속성이 존재하는 것과 마찬가지로, 신들과 그들의 신전 및 도시 사이에도 연속성이 존재한다. 신전의 "메"와 신전의 운명 선포는 그것이 봉헌될 때 확정된다. 따라서 이를테면 우투(Utu)는 에바바르(Ebabbar) 신전의 운명을 확정지었으며, 그곳을 "메"로 채웠다.[135] 수호신과 신전의 연장선상에 있는 도시는 신전의 운명과 "메"를 공유한다. 「이난나와 엔키」[136]에서 "메"는 종종 문화적인 규범 또는 문명의 기술로 다뤄졌다(그리고 그렇게 번역되었다). 더욱 최근에는 그런 규범이나 기술이 이난나의 특별한 "메"로 이해되었는데, 그녀의 도시는 그녀의 "메"를 공경하고 반영하기도 했다.[137]

난쉐(Nanše)에게 바치는 찬미는 니긴(Niĝin)이라는 도시의 "메"에 대해 언급하는데, 이 "메"를 기초로 도시와 그곳에 있는 신전의 운명을 선포한다.

분명한 힘을 가진 한 도시가 있다. 니긴은 분명한 힘을 가진 도시다. 그 거룩한 도시는 분명한 힘을 가진 도시다. 물에서 솟아오른 산은 분명한 힘을 가

104, 동사.
135 Sollberger and Kupper, *Inscriptions Royales Sumériennes et Akkadiennes*, 190, IV B 9b.
136 *COS* 1.161, 522-26.
137 예컨대 Farber-Flugge, "*Inanna und Enki*."

진 도시다. 그곳의 빛은 안전한 신전 위로 솟아오른다. 그곳의 운명은 결정되어 있다.[138]

왕. 신전과 왕을 연결하는 것이 바로 도시다. 신전의 "메"와 운명의 선포는 해마다 확정되는 것이 아니라 신전을 봉헌할 때 확정된다. 그러나 왕과 그의 백성의 운명 선포는 바빌로니아의 아키투(Akitu) 신년 축제 때 실행되는 연례행사 때 확정된다. 이 **아키투** 축제는 마르두크의 우주적 왕권을 확립하고 신전을 건축하는 일을, 그의 대관식을 유지하고 재현하려는 의례와 관련지어 기억하게 한다.[139]

인류. 인간의 차원을 고찰할 경우, "메"는 운명의 선포보다 덜 두드러지게 나타난다. 인류의 일반적인 운명은 죽음이다.[140] 그렇지만 개인의 차원에서 볼 때, 인간은 자기의 기도를 통해 자기를 위해 선포되는 것들에 대해 관심을 보인다. 그들은 점술을 통해 어떤 운명이 선포될지를 알 수 있으며, 남부르비(namburbi) 의식을 통해 선포된 운명의 부정적인 효과를 피하려고 노력할 수도 있다.

이 단락에서 우리는 메소포타미아를 지배했던 원리가 정적인 데 가까운 것("메")과 동적인 데 가까운 것(설계, 운명)을 모두 대표한다는 점을 살핀 바 있다. 이 요소들은 상이한 방식으로 창조와 관련되면서도, 함께

---

138 http://etcsl.orinst.ox.ac.uk; *COS* 1,162도 보라.
139 **아키투** 축제가 진행되는 동안 운명의 결정이 무엇을 수반하는지에 관해서는 남아 있는 자료가 하나도 없으며(J. Bidmead, *The Akitu Festival* [Piscataway, NJ: Gorgias, 2002], 92), 운명 선포가 실제로 무엇을 가리키는지에 관한 문서도 전혀 없다(ibid., p. 92 n. 164). **아키투** 축제의 어느 날이 첫 번째 운명 선포가 이루어지던 때로 여겨졌는지도 확실치 않다. 그러나 이 작품은 주로 마르두크의 운명 선포권에 초점을 맞추고 있다. 운명 선포의 두 번째 행동은 11번째 날에 이루어졌으며, 왕과 백성에 초점을 맞췄다.
140 *CAD* Š/3 16-18을 보라.

우주의 기능적인 통치를 구성한다. 고대 세계의 기능 존재론은 실재의 경계를 정하는 수단으로 물질적 측면과 비물질적 측면이라는 짝보다 정적인 측면과 동적인 측면이라는 짝을 더 선호한다. 이런 선호도를 염두에 둔다면, 우리는 어떤 사물의 "메"들이 상대적으로 정적이라는 결론을 내릴 수도 있을 것이다. 그것이 정기적으로 재고되거나 다시 언급되는 일 없이 결정된다는 의미에서 말이다. "메"는 "고정된 규칙"이므로 변하지 않으며, 재확립이 불필요하다. 대조적으로 운명의 선포는 훨씬 더 동적이며 주기적으로 재확립된다. 또한 운명의 선포는 잠정적이다. 동시에 "메"는 완성되거나 실행되어야 하며, 활성화되어야 한다.[141] 사람들이 "메"를 실행할 때, 이는 의례 수행의 맥락 속에 있게 된다. 이런 의미에서 "메"는 실행되거나 관리될 필요가 있는데, 사람들은 적절한 의례를 행함으로써 그 작업을 수행한다. 그렇게 할 때 림-신(Rim-Sin)은 "에리두의 힘과 법령을 완전하게" 한다.[142]

메소포타미아의 경우에는 신들이 "메"를 창조하지 않았다는 결론을 내리는 것이 논리적이다. 만일 신들이 창조했다면, 그들은 "메"에 의해 제약을 받을 수도 있기 때문이다. 그럼에도 바로 이 "메"가 우주와 문화의 다양한 기능을 지배했다. 질서 있는 우주의 다양한 기능은 이런 인지 환경에서 무엇보다도 가장 먼저 "메"에 의해 규정되었다. 제약을 받지 않은 물들이 창조 활동의 출발점을 대변했던 것과 마찬가지로, "메"는 질서 있게 창조된 우주의 특수한 기초를 대표했다. "메"는 물들이 그러했던 것처럼 창조 활동 이전에는 존재하지 않았고, 신들에 의해 만들어지지도 않았다. "메"는 실제로 활용되기 위해 채굴되어야 하는 금이나 철과도 같았

---

141 수메르어 슈-두(*šu-du*)와 아카드어 슈크룰루(*šklulu*)는 이처럼 다양하게 번역된다.
142 Rosengarten, *Sumer et le Sacré*, 21-22.

다.¹⁴³ 로젠가르텐은 분명히 "메"의 창고인 "메"의 산을 안(An)의 거주지인 하늘의 산과 동일시한다.¹⁴⁴

이집트: 테프누트와 슈, 그리고 마아트

이집트에서는 메소포타미아에서처럼 지배적인 원리가 주요 문헌에 그렇게 두드러지게 나타나지 않지만, "영원한 동일함"(Eternal Sameness)과 "영원한 순환"(Eternal Recurrence)의 역설에는 어느 정도 반영되어 있다. "질서"(마아트[ma'at], 테프누트와 관련되어 있음)로 대표되는 전자는 불변하며 정적인 우주적 측면에 반영되어 있다(이를테면 땅 위의 하늘, 나일 강의 흐름, 밤을 잇는 낮 등과 같은 것). 그리고 후자는 "생명"(슈와 관련되어 있음)으로 대표되는데, 일출과 일몰, 나일 강의 홍수와 수량 감소, 출생과 죽음 등에 반영되어 있다.¹⁴⁵ 메소포타미아에서처럼 정적인 것과 동적인 것으로 이루어진 대립 쌍이 작동한다. 질서가 정적이면서도 영원히 동일하다는 점은 메소포타미아의 "메"와 비슷하다. 동적이면서 영원한 순환은 운명의 선

---

143 천상의 산이 신전들의 기원임을 암시하는 신전의 이름 중 일부에 주목하라. 이를테면 에.쿠르-메.시킬("순전한 '메'들의 집, 산")이나 투쿨티니누르타 1세가 카르-투쿨티니누르타에 건축한 아슈르 신전이 그렇다. 이에 대해서는 A. George, *House Most High: The Temples of Ancient Mesopotamia* (MC 5; Winona Lake, IN: Eisenbrauns, 1993), 117, ##686, 687을 보라. 이름 속 "메"들에 대해 언급하는 다른 신전들은 ##746-60, 774-77, 788-92, 1193 등에서도 찾아볼 수 있다. 수메르의 경우에는 *Enmerkar and the Lord of Aratta*, lines 213과 531이 "위대한 '메'들의 산인 쿨라브"(쿠르.메.갈.갈.라)에 대해 언급하는 것을 보라. H. Vanstiphout, *Epics of Sumerian Kings* (SBLWAW 20; Atlanta: Society of Biblical Literature, 2003).

144 Rosengarten, *Sumer et le Sacré*, 56: "오 우투여, '메'를 소유하신 주님, 당신은 '메의 산' 위에서 살고 계십니다." 카시트인의 인장에 새겨진 한 전설에 이 내용이 담겨 있다.

145 CT 80; Allen, *Genesis in Egypt*, 25-36; CT 1130; Assmann, *Search for God*, 178에 있는 설명도 보라.

포와 부분적으로 겹친다. 그럼에도 우리가 주목해야 할 중요한 차이도 있다. 이집트에서는 우주의 이런 측면이 아툼(Atum)의 시작부터 존재하게 되었다. 신으로서 테프누트는 신들의 영역 밖에서는 존재하지 않으며, 신들에게서 분리되어 있지도 않다. 이는 메소포타미아의 "메"가 작용하는 방식과는 다르다. 마찬가지로 신적 존재인 슈 역시 신들이 추구하거나 집행하는 원리가 아니다. 이 신들은 창조의 다양한 측면일 뿐 지배적인 창조 원리가 아니다. 그렇지만 이집트가 메소포타미아 문명과 공유하는 이분법(정적인 것과 동적인 것의 대비)적 특징이야말로 그것이 두 지역에서 취하는 다양한 형태보다 더 중요한 의미를 갖는다.

만일 우리가 지배 원리에 대한 이집트의 인지 환경을 고찰하고자 한다면, 그 가장 유력한 후보는 마아트(maat)다. 그러나 마아트는 통치와 기능을 확립하는 메커니즘이라기보다는 신과 왕들의 통치 **목표**에 더 가깝다. 마아트는 질서로서 무질서인 이스페트(Isfet)와 대립각을 이루며, 둘 중 하나는 다른 것을 드러내 보일 수 있다. 이 모든 이집트의 개념이 이들과 짝을 이룬다고 추정되는 메소포타미아의 개념과 크게 다르기는 하지만, 그럼에도 두 지역에서 비롯된 모든 용어는 고대 근동의 인지 환경에서 질서와 기능이라는 개념이 중심을 이루고 있음을 드러낸다. 정적인 것과 동적인 것 사이에서 균형을 이루고 있는 우주를 배경으로 해서 말이다.

몇몇 문헌은 신들이 부여받은 기능을 한층 구체적으로 다루고 있다. 예컨대 투탕카멘(Tutankhamun)의 성소에서 발견된 한 문헌과 19왕조의 일부 무덤에서 발굴된 결과에 따르면 레(Re)는 토트(Thoth)에게 몇 가지 기능을 부여한다. 이름이 밝혀진 기능 중에는 신들 사이에서 그가 해야 할 (서기관) 역할뿐만 아니라 그의 우주론적 기능 역시 포함되어 있다. 그 결과 그는 레가 지하 세계를 통과하는 밤중에 레의 "자리를 대신하는 자"로 임명된다. 그뿐 아니라 이것은 "토트의 달이 어떻게 존재하게 되었는지를" 설명해준다.[146] 이렇듯 이집트에서도 어떤 한 가지 기능이 부여될 때 무언가가 "존재하는 일"이 이루어진다는 사실이 분명하게 드러난다.

결론

고대 세계의 인지 환경에서, 우주는 "메"를 집행하면서 운명을 선포하여 "메"를 우주 전체로 내보내는 신들의 다스림을 받았다. "메"는 신들에 의해 창조된 것이 아니라, 우주나 신들 자신과 더불어 존재했다. "메"는 지배 원리로서 존재를 규정한다. "메"야말로 세계가 어떻게 기능하는지를 결정하기 때문이다. 이런 "메"들이 존재하게 되고 조직되고 위임되고 집행되는 것이 창조의 특징이다. 만약 "메"라는 지배 원리가 기능적인 우주에 속하며, 그 지배 원리가 존재와 창조를 규정한다면, 이는 고대 세계의 인지 환경 안에 있는 존재론과 우주론이 근본적으로 그 본질상 기능적임을 확증하는 셈이다.

행위자들의 역할과 지위

우주 안에서의 신성한 자리

고대 메소포타미아 세계의 인지 환경에서는 (아울러 이집트를 떠올려보면) 신들이 우주 밖이 아니라 우주 안에 있었다고 말할 수 있다.[147] 이런 진술

---

146 *ANET*, 8: "토트에게 부여된 몇 가지 기능." 「사자의 서」(아니의 파피루스) 175장에서 아툼이 오시리스에게 일정한 역할을 부여하는 내용도 보라.
147 내가 여기서 말하는 것은 한때 유행했던 "신화인가 역사인가"에 대한 논쟁이 아니며,

차원	일차 문헌	설명
우주	「에누마 엘리쉬」 V(Ee V, 별들의 길, 달, 강수, 물이 근원; 모든 것이 Ee V에서 "마르둑"으로 묘사되며 "우주르투"와 병행을 이룸)a KAR 4("우주르투")	Ee V 39–46(시간) Ee V 47–52(날씨) Ee V 53–58(농업)
신들의 속성/직무 (문화적 규범과 연결됨)	「안주 이야기」(운명들의 토판) 「에누마 엘리쉬」 I, III(운명들의 토판) Ee VI 96(마르둑의 운명) 「엔키와 세계 질서」 「이난나와 엔키」	"메"가 "쉼투"를 제어함(?) Ee VII 141 「안주」 I 73–75 94개 항목이 이난나의 속성 및 그녀가 제어하는 문화적 규범과 연결되고 도시로 확대됨
신전/도시	구데아 A ix 신전이 소유한 메(ME) 구데아 B vi 15 구데아 B vi 7–10 구데아 B xiii 6 「엔키와 세계 질서」(우르의 성소)	봉헌식 때 선포됨 신전 안의 "쉼투" 보좌 닌기르수가 자신의 "메"의 결과로서 신전 담당자들의 역할을 지정함 수엔(Suen)이 자신의 "메"를 탁월하게 만듦 도시로 확장됨
왕	아카투 신해림과 운명들의 토판 왕의 대리자들의 문헌들	
인간	「엔키와 닌마흐」	남테르: 사회 안에서 무언가를 위한 기능을 부여함b
개인	"슈일라" 기도문들c BMS 19 rev. 21.	점술을 통해 알게 된 결과를 "남부르비"를 통해 피함
무생물	샤마쉬에게 바치는 찬미e	
의례	예. 함무라비 서문 ii.64	집f

a. Horowitz, *Mesopotamian Cosmic Geography*, 117-19.
b. Lambert, "Destiny and Divine Intervention," 66.
c. Lawson, *Concept of Fate*, BMS 19 rev. 21.
d. Lawson, *Concept of Fate*, 92.
e. P. A. Schollmeyer, *Sumerisch-babylonisch Hymnen und Gebete an Šamaš* (Paderborn: Schoningh, 1912), #13, 71-72.
f. Lawson, *Concept of Fate*, 59-60.

표 3.1. "파르추"(ME)의 계층 질서 / "쉼투"(NAM) 복합체. 각 차원은 위아래 차원과 연결되어 있다.

은 틀림없이 이집트보다는 메소포타미아의 증거를 기초로 더 잘 옹호될 수 있을 것이다. 비록 이집트에서 가장 주목할 만한 가능성 있는 예외가 단지 처음 "창조" 과정 가운데 나타나기는 하지만 말이다. 그 과정은 "수백만으로 불어난" 태초의 신의 인격 안에서 일어난다. 그렇지만 이 신은, 호르눙의 지적에 따르면, 오로지 그가 불어나게 된 "수백만"을 통해서만 만날 수 있을 뿐이며, 이런 형성 과정 전체는 우주 밖이 아니라 우주 안에서 일어난다.

> 이집트인에게 그들의 신들이 존재한다는 사실은, 신들이 모든 존재의 특징을 이루는 한계와 다양성에 예속되어 있음을 의미한다. 태초의 미분화된 신은 자신의 창조 활동을 통해 자신을 분화시킴으로써 "자신을 수백만으로 불어나게 만들었다." 인류는 창조되고 죽으며, 변화하는 신들의 다양성을 통해서만 태초의 신을 경험할 수 있다.[148]

우리가 고대 세계의 존재론이 기능적이었다는 결론을 받아들인다면, 신들이 우주의 구성 요소 안에서 어느 정도까지 분명하게 드러나게 되었는가 하는 문제는 그들의 존재가 어느 정도까지 이런 구성 요소와 연결되었는가 하는 문제와 같다는 결론 역시 논리적이다. 신들의 역할은 제 구실을 하는 우주를 유지하는 것이었으며, 이 역할은 그들에게 생명을

거기에 대해서는 관심도 없다. 그 논쟁과 관련해 두 명만 언급해보면, Y. Kaufmann과 B. Anderson의 저작에서 두드러지게 나타났다. 그 접근 방식의 요약과 그에 대한 비판으로는 Simkins, *Creator and Creation*, 82-88을 보라. P. Machinist, "The Question of Distinctiveness in Ancient Israel: An Essay," in *Ah, Assyria!* (ed. M. Cogan and I. Eph'al; ScrHier 33; Jerusalem: Magnes, 1991), 196-212(특히 p. 200)도 보라.

148 Hornung, *Conceptions*, 185.

부여했고 그들의 존재를 규정했다.

이집트 종교에서는 신들의 의지가 우주의 운행 과정을 유지하는 것과 연결되어 있었다. 신들의 운명은 매일같이 반복되는 우주의 운행 과정이라는 드라마에서 영원토록 자신의 역할을 수행하는 데 있었다. 이런 과정은 의례를 통해 재현되었는데, 이는 인간 세계의 질서를 우주의 질서에 적응시키려는 의도였을 뿐만 아니라, 무엇보다도 우주의 운행 과정 자체가 질서 있게 정상적으로 잘 진행되게 하려는 의도였다.[149]

이처럼 신과 우주 사이의 본질적인 상호 관계는 필연적으로 우주의 발생과 신들의 출생 사이의 긴밀한 관련성을 향해 나아가게 한다.

신들의 우주적 차원은 흙, 공기, 물 등과 같이 우주적 요소의 순전한 물질성이나 해와 달과 같은 천체에 국한되지 않았으며, 오히려 행동, 특성, 태도 및 속성의 특수한 복합체를 가리켰다. 이는 "행동을 통해 드러나는" 우주적 현상으로 해석되었을 뿐만 아니라 인간 역시 참여했던 가치였다. 말하자면 누트(Nut)는 하늘이라기보다는 하늘이 행하는 일을 뜻했다.[150]

아스만은 다신교를 묘사하기 위해 "우주신론"(cosmotheism)이라는 용어를 사용했는데, 이는 "우주를 서로 다른 여러 신의 집단적인 현현으로 간주하여 숭배"한다는 의미였다.[151] 그는 다음과 같이 설명한다.

---

149 Assmann, *Mind of Egypt*, 205.
150 Assmann, *Search for God*, 81.
151 Assmann, *Mind of Egypt*, 204.

신들에게는 이름과 족보 및 신화를 통해 드러난 다양한 범위의 역할이 있었다. 그들에게는 우주와 초목 및 문화 등의 영역에 미치는 다양한 능력을 포함하는 일종의 "포트폴리오"가 있었다. 마지막으로 신들은 자신의 지상 통치를 실현할 제의 장소들을 가지고 있었다.[152]

이로써 우리는 우주적 역할과 정치적 역할 사이의 상호작용을 볼 수 있다. 심지어 헬리오폴리스의 우주론 전승에 나오는 초기의 아홉 신 중에서도 우주론적 차원과 정치적 차원의 통합을 확인할 수 있다.[153] 이 두 차원은 우주가 어떻게 내부 질서를 갖추게 되었는지를 설명해준다.

앞서 우리가 이집트와 관련해 관찰한 거의 모든 것은 메소포타미아의 수메르 문헌에도 똑같이 적용된다. 우주적인 신들은 우주 밖의 독립적인 존재를 통해 우주를 다스리지 않는다. 우주는 신들이 존재하게 된 결과로 제 기능을 수행한다. 우주의 일상 기능은 우주적인 신들의 삶에 관한 이야기를 전하는 데 있다. 그들은 우주의 구성 요소 안에 분명하게 나타날 뿐만 아니라, 우주야말로 바로 그들 자신의 정체성에 해당한다. 신화는 내러티브라는 맥락을 통해 이 신들의 실체를 발전시켰지만, 이 실체는 그들의 우주적 정체성에 기초를 두고 있다. 그들이 행하는 어떤 것이 우주를 운행하는 것은 아니다. 도리어 우주는 그들이 누구이며 어떤 존재인가에 따른 결과다. 그들의 다양한 능력을 드러내는 포트폴리오는 바로 이런 우주적 정체성에서 비롯한다. 우주적 신들은 우주의 정적 측면과 관

---

152 Assmann, *Mind of Egypt*, 205.
153 Tobin, "Myths: Creation Myths," *OEAE* 2:469. 이는 대립적인 원리의 짝을 대표하는 헤르모폴리스의 여덟 신과 대조를 이루지만, 만물의 창조자인 프타가 자신의 창조 활동을 통해 우주론적 차원과 정치적 차원을 결합시키고 있다고 보는 「멤피스 신학」과 일치한다.

련되어 있다. 엔키와 같은 일부 신은 우주의 정적 측면과 동적 측면 모두와 관련된 역할을 한다. 그러나 우주와 우주적 신들 사이의 관계는 밀접하게 뒤섞여 있다.

하지만 기원전 이천 년 즈음에 어떤 변화가 일어났다. 특히 「에누마 엘리쉬」로 대변되는 메소포타미아 문헌과, 조금 덜 나타나기는 하지만 이집트 신왕국 문헌과 우가리트 문헌에 새로운 통치 패러다임이 출현했던 것이다. 이 새로운 패러다임에서는 지배적 신들이 태고의 우주적 신들과 동일시되지 않는다. 도리어 지배적 신에게는 우주적 신보다 더 높은 지위가 부여된다. 따라서 태고의 우주적 신들과 우주는 다양한 역할을 중재하며 갈등을 해결하는 지배적 신들의 감독을 받게 된다. 핸디(L. Handy)는 시리아-팔레스타인 신화에서 이런 지배 기능을 탐구했는데, 엘의 역할에 신들의 감독자로 일함으로써 우주를 운행하는 일이 포함된다는 사실을 발견했다. 이 경우 신들의 개별 포트폴리오는 우주의 구성 요소와 동일시되었다.

> 신들 사이에서 적절한 질서를 지키는 일이야말로 엘의 주요 직무였던 것 같다. 이 의무를 통해 엘은 우주의 조성자였다. 우주가 적절하게 제 기능을 수행하고 모든 신이 신성한 계획 가운데 적절하게 자기 자리를 채우는지를 살피는 일이야말로 그가 해야 할 일이었다. 엘은 우주를 경영함으로써 그 일을 수행한 것이 아니었다. 도리어 그는 사람이든 신이든 그 일을 위해 예정된 자들로 하여금 정확하게 제 기능을 수행하도록 했다.[154]

계속해서 핸디는 실제로 우주를 운행하는 업무를 수행하는 신들을

---

154 Handy, *Among the Host of Heaven*, 87.

"활동적인 신들"로 규정한다.

> 활동적인 신들은 실제로 우주를 소유한 신들의 권위 아래 일함으로써 우주가 평온하게 운행할 수 있게 하는 방식으로 행동하리라 기대되었다. 만신전의 이런 차원에 속한 신들은 제각기 자신의 통제 능력을 발휘할 특별한 권위 영역을 가지고 있었다.[155]

우주와 신들이 기능하는 방식을 묘사하는 패러다임(우주의 발생/신들의 출생 모델 대 정치적/관료적 모델)이 경쟁적으로 존재한다는 점을 인식한다면, 우리는 관심을 「에누마 엘리쉬」로 다시 돌리게 된다. 이 신화에서 우리는 사실상 패러다임의 전환을 확인할 수도 있을 것이다. 첫 번째 토판은 신들의 출생 이야기를 통해 태고의 우주적 신들이 우주를 움직였다는 고대 근동의 관점(우주 발생/신들의 출생 모델)을 간략히 보여준다. 수메르 문헌을 통해 잘 알려졌다시피, 비록 이 작품이 계속해서 그로부터 생겨나는 우주의 발생을 다루고 있기는 하지만 말이다. 그렇지만 마르두크의 신분 상승은 비우주적 신[156]이 우주적 기능의 중재자이며 감독자로서 우주적 신들을 다스리는 자리에 오르게 되었음을 나타내는 새로운 패러다임(정치적/관료적 모델)을 반영하고 있다(핸디가 우가리트 문헌에서 관찰했던 것처럼 말이다).[157] 「에누마 엘리쉬」에서는 이런 변화가 (지배 패러다임의 기반인) 신들의 출생이 신들의 싸움으로 귀결된 후에 이루어진다.[158] 신들의

---

155 Handy, *Among the Host of Heaven*, 97.
156 신분 상승 중에 마르두크는 우주적 힘을 부여받는다. 폭풍우의 신으로 규정하는 그의 47번째 이름 앗두(ADDU)를 참조하라.
157 물론 엘의 경우에는 우가리트 문헌이 그를 이런 지위에 오르게 된 자로 묘사하지 않는다. 도리어 그는 현재 남아 있는 문헌에서 항상 이미 이를 획득한 자로 나타난다.
158 우가리트 문헌은 확실히 신들의 싸움을 크게 다루지만 우주의 발생이라 불릴 만한

싸움에 나타나는 충돌을 해소함으로써 비우주적 최고신이 격상되며 아울러 그의 역할에 정당성이 부여된다. 이 점에서 볼 때, 신들의 싸움은 패러다임 전환을 보여주는 신화 메커니즘으로 여겨질 수도 있다.[159] 신들의 싸움은 우주의 발생/신들의 출생 모델로부터 정치적/관료적 모델로 패러다임이 전환될 때 우주 발생론 내러티브의 구성 요소로만 나타날 뿐이다(이 부분은 다음 단원에서 상세하게 논의할 것이다). 그 결과 마르두크와 같은 신들은 오직 우주의 역동적인 측면에만 관련되는데, 이는 흔히 지배와 관련된 기능과의 연관성 속에서 이해된다.

비슷한 패러다임 전환이 이집트의「멤피스 신학」에서도 발견된다. 이 신화는 통치권이 본래 우주적 신도 아니고 태고의 신도 아닌 프타[160]에게로 옮겨가는 것을 상세히 이야기하고 있다. 이런 통치권의 이전은 지배권이 마르두크에게 옮겨가는 모습을 보여주는「에누마 엘리쉬」와 병행을 이룬다. 그렇지만「멤피스 신학」은 신들의 싸움을 패러다임 전환을 가능케 하는 메커니즘으로 인식하기보다는, 단순히 프타를 신들의 출생의 시작 부분에 놓고 있다. 따라서 이 경우에는 우주의 발생/신들의 출생 모

내용은 거의 담고 있지 않으므로, 초기의 패러다임(또는 초기 패러다임의 결여)이 어떠한지를 단정할 수 없으며, 우가리트어로 우리에게 남겨진 문헌 안에서 신들의 출생과 우주의 발생을 서로 연결할 수도 없다.

159 이와 관련하여 한 가지 흥미로운 점은 수메르와 이집트의 자료에는 혼돈과의 싸움(Chaoskampf)이나 신들의 싸움(theomachy)이 거의 암시되어 있지 않다는 것이다. 이집트에서는 아툼/레가 무질서의 세력을 대표하는 아포피스(Apophis)와 매일같이 싸우지만(예. CT 160; *COS* 1.21), 이는 단지 무질서를 의인화한 것일 뿐, 신들이 서로 편을 들어 (만신전의 신들이 벌이는 행동에 의해 해소되는) 전쟁을 벌이는 사례라고 말할 수 없다.

160 프타는「멤피스 신학」에서 태고의 역할을 부여받으며, 태초의 언덕을 대표하는 타-테넨(Ta-tenen)과 동일시되어 우주적 역할을 부여받는다. 이런 발전 과정은 신왕국 시대에 이루어졌던 것으로 보인다. 프타와 그의 역할에 관한 충분한 요약은 J. van Dijk, *OEAE* 3:74-76을 보라. 이와 비슷한 프타의 역할은 22왕조에 속한 베를린의 프타 찬미가에서 발견된다(Allen, *Genesis in Egypt*, 39-40).

델이 또 다른 (정치적/관료적) 모델로 대체되지 않는다. 오히려 신들의 출생 모델에서는 신이 대체된다. 프타가 아툼과 아홉 신을 만든 자로 묘사되기 때문이다. 우주에 대한 그의 통치는 일찍이 관 문서에 의해 구체적으로 입증되고 있다.

> 나는 초목을 자라게 하는 자,
>   나일 계곡의 제방을 푸르게 하는 자,
>   고지(高地)의 주, 와디를 푸르게 하는 자다.
> 그는 누비아인과 아시아인 및 리비아인의 통치자시다.
>   아홉 개의 활이 내게 모였고
>   그 경계의 주인이신 태양은 완전함을 나에게 허락하셨다.
> 나는 그의 남쪽 벽이며, 신들의 주권자다.
> 나는 하늘의 왕,
>   카(ka)들을 배분하는 자, 두 개의 땅을 다스리는 자,
>   카(ka)들을 배분하는 자요, 바(ba)들과 현현들 및 카(ka)들과 시작을 주는 자다.
> 나는 카(ka)들을 배분하는 자요, 그들은 내 행동에 따라 사는 자다.
>   나 자신이 원한다면 나는 그들을 살게 할 수 있다.
> 그들 중에는 내게 말할 수 있는 자가 없다.
>   내 독특한 정체성을 만든 자를 제외하고는 말이다.
> 왜냐하면 나는 그의 입 속에 있는 선포요,
>   그의 배 속에 있는 지각이기 때문이다.[161]

---

161 CT 647; Allen, *Genesis in Egypt*, 39을 보라.

알렌은 이 문서의 저자가 프타를 이처럼 일찍이 새로운 역할로 격상시켜 "프타의 기능을 이집트 왕권의 정확한 우주적 대응물로 인식했다"라고 설명하는데,[162] 이는 「에누마 엘리쉬」에서 마르두크가 수행했던 역할과 매우 비슷하다. 프타와 마르두크의 역할에는 많은 차이점이 존재하고 그들의 포트폴리오와 역사가 복잡하기는 하지만, 두 신이 패러다임 전환에 관여하고 있음은 분명한 사실이다. 이 패러다임 전환을 통해 우주의 통치가, 전에는 우주의 발생/신들의 출생 체계에 관여하지 않았으므로 태고의 신도 아니고 우주적 신도 아닌 한 신에게 위임된다는 사실이 그렇다.

이렇게 패러다임 전환의 결과로 바뀐 인지 환경에 따르면, 우주에는 창조자이자 왕인 신이 있다. 그렇다 하더라도 새로운 힘을 얻게 된 마르두크는 우주의 발생/신들의 출생 모델 안으로 편입되지 않았는데도 우주의 바깥에 있지 않고 여전히 우주 안에 있음이 분명하다. 이 점은 「에누마 엘리쉬」 토판 7에서 마르두크에게 주어진 일부 이름(과 그에 수반되는 설명)에서 분명하게 드러난다.

VII 6: 아누와 엔릴 및 에아가 선포한 운명을 집행하는 자

VII 11: 주술을 만들어내는 자(마법의 창조자는 아님)

VII 70-77: 티아마트를 창조하지는 않았지만 그녀를 물리치고 다양한 기능을 세우는 데 그녀의 시신을 사용하는 자

VII 106: 모든 명령을 책임지는 자

"궁창을 창조하고 지하 세계를 만들어낸"(VII 134-35) 자로 불리기는

---

162 Allen, *Genesis in Egypt*, 41.

하지만, 마르두크는 우주 안에 있으며 "메"에 종속된 채로 있다. 그는 집행권을 가진 지위로 격상되었지만, 여전히 협력 체제에 속해 있다. 신들의 역할은 아래와 같이 요약될 수 있다.

- 그들은 우주의 발생/신들의 출생 모델에 있는 우주의 구성 요소와 동일시된다.
- 그들은 정치적/관료적 모델에 따라 "회사" 안에서 실무를 집행한다.
- 그들은 (그들이 선포하는 운명을 통해) 운용 가능한 재판권을 행사한다.

이런 역할과 모델은 모두 물질의 기원이 아닌 다양한 기능과 관련되어 있으며, 그 기능은 모두 체제 안에서 작동하지, 밖으로부터 체제 위에 작용하지는 않는다. 어떤 신이든 그의 권위와 재판권은 그와 우주의 구성 요소의 관계, 혹은 다른 신과의 관계에 의해 제약을 받는다.

신들의 싸움

고대 근동의 인지 환경에서 신들은 다양한 상황 아래, 그리고 다양한 차원에서 충돌[163]에 참여하게 된다. (1) 그들은 개인 혹은 집단 차원에서 자기들끼리 서로 싸운다. (2) 그들은 모종의 위협을 대표하는 실체나 비실체와 싸운다. (3) 그들은 인간과 충돌하는 관계로 들어선다. 나는 이상의

---

163 이런 논의의 상당 부분이 문자 그대로 정기간행물의 논문에 포함되어 있었던 반면에, 이 책은 출판을 기다리고 있었다. 내가 쓴 "Creation in Genesis 1:1-2:3 and the Ancient Near East: Order out of Disorder after *Chaoskampf*," *CTJ* 43 (2008): 48-63을 보라.

세 가지 잠재적인 시나리오를 모두 **신들의 싸움**(theomachy)이라는 용어로 칭하고자 한다. 그렇지만 우리는 신들의 대적과 그들 사이의 충돌에서 무엇이 중요한지를 결정하는 일을 먼저 숙고하지 않으면 안 된다. 신들의 싸움이 고대 근동의 인지 환경 안에서 어떤 역할을 수행하는지, 그리고 그 싸움이 특별한 문화나 문헌 안에서 우주의 발생과 어떤 관계를 가지는지를 결정하기 전에 말이다. 과거에는 혼돈과의 충돌(Chaoskampf) 같은 용어를 광범위하고 다양한 충돌에 너무 쉽게 적용함으로써, 그리고 신들의 싸움, 혼돈과의 충돌, 우주의 발생 등이 당연히 서로 연결되어 있다는 근원적인 가정(예컨대 만일 이 셋 중 어느 하나가 존재한다면 다른 두 가지도 존재한다는 가정)을 내세움으로써 많은 혼란을 초래했다.[164] 이 책에서 나는 "혼돈과의 충돌"이라는 용어를 단지 대우주적(macrocosmic) 무질서[165]를 가리킬 때만 사용하고자 한다.

따라서 처음부터 신들의 싸움이라는 범주를 한층 세심하게 분류하는 것이 유용할 것이다.

---

[164] 이런 상호 관련성은 Gunkel이 소개했고, "혼돈과의 다툼" 주제가 발견될 때는 우주의 발생도 당연히 전제되어 있다고 추론하는 경향을 가진 다른 학자들에 의해 확증되었다. 참조. J. Day, *God's Conflict with Dragon and the Sea* (Cambridge: Cambridge University Press, 1985); L. R. Fisher, "Creation at Ugarit and in the Old Testament," *VT* 15 (1965): 313-24; R. Clifford, "Cosmogonies in the Urarit Texts and in the Bible," *Or* 53 (1984): 183-201.

[165] 나는 **대우주**(macrocosmos)라는 용어를 우리가 "자연"계라고 부를 법한 것을 가리키는 하위 범주로 사용하고자 한다. 나는 **자연계**(natural world)라는 용어의 사용을 반대한다. 이 용어는 고대의 우주적 환경과 관련해 완전히 낯선 개념을 반영하기 때문이다. **대우주**라는 용어는 우주 지리학에 포함된 요소의 작용과 인간 사회(고대인들은 인간 사회 역시 우주적이라고 생각했을 것이다)와 관련된 요소의 작용을 구별한다.

신들의 싸움에 속하는 범주

- 자신에게 배정된 역할 때문에 하급 신들 사이에서 발생한 계층 반란과 불만
- 대우주 차원에서 발생하는 질서와 무질서의 대립(혼돈과의 충돌)이 적어도 세 가지 다른 형태로 나타남
- 초기의 질서 확립
- 혼돈의 괴물로부터 오는 한 번의 위협에 대한 반응
- 계절이나 날을 기초로 이루어지는 질서의 갱신
- 경쟁자를 포함해 신들 사이에서 일어나는 통치권 다툼
- "젊은" 신들이 "늙은" 신들에게서 통치권을 빼앗는 세대 간 쿠데타

자기의 역할에 불만을 느낀 하급 신들의 계층 반란. 이 유형에 속하는 신들의 싸움은 고대 근동 지역에서 오로지 메소포타미아에서만 나타나며, 관련 문헌으로는 아카드의 주요 서사시 중 「아트라하시스」와 「에누마 엘리쉬」가 가장 널리 알려져 있다. 수메르 문헌에서는 이 유형이 훨씬 드물게 나타나며, 「엔키와 닌마흐」에만 간략하게 언급되어 있을 뿐이다. 이 작품에서는 불만족이 불평의 형태로 나타나며, 엔키는 갈등이 표면화되기 전에 반응을 보인다. 「아트라하시스」에서는 갈등이 신들의 실제 반란으로 터져 나온다. 「에누마 엘리쉬」에서는 마르두크의 대적자요 주모자인 킹구와 그를 옹호하는 티아마트(와 그녀의 무리)가 전쟁에서 패한다. 이 세 가지 상황은 모두 신들의 일을 대신하도록 인간을 창조하는 것으로 귀결된다. 이렇듯 「에누마 엘리쉬」는 새로운 범주의 대적자, 곧 우주적 피조물인 티아마트를 포함하고 있으며, 따라서 신들의 싸움을 대우주 차원으로 확장시킨다. 이 세 가지 상황에서 중요한 것은 신들의 역할이

다. 그러나 「에누마 엘리쉬」에서는 단순히 표준 작업량과 관련된 신들의 역할이 인간에게 부과되는 것으로 끝나지 않는다. 신들 가운데 누가 책임자인가 하는 문제가 중요하다. 이 지점에서 운명의 토판에 담겨 있는 중심 역할이 문제가 되는 것이다. 계층 반란이 중노동과 관련되어 있다면, 운명의 토판과 관련된 문제는 전적으로 다른 범주에 속한다. 따라서 나는 신들의 싸움에 있는 계층 반란 유형이 그 자체로는 우주의 발생과 무관하며, 이 작품의 중심을 이루는 유일한 혼돈은 신들의 사회적 지위와 관련해 그들 사이에 일어난 혼돈이라는 결론을 내리고자 한다. 그러므로 계층 반란은 참으로 신들의 싸움을 수반하지만, 혼돈과의 충돌에는 포함되지 않아야 한다.

대우주 차원에서 발생하는 질서와 무질서의 대립(혼돈과의 충돌). 고대의 인지 환경에서는 무질서가 다양한 활동 전선을 위협했다. 신과 사람의 협력 과제는 무질서를 향한 경향이나 질서 있는 세계를 향한 무질서의 침투에 대항해 그것과 싸우는 데 있었다. 과거의 어느 한 시점에 질서가 먼저 확립되었지만, 이는 전쟁의 종료를 뜻하는 것이 결코 아니었다. 계속 반복되는 위협이 이따금 찾아오는 공격의 형태로, 그리고 일상 속에서 계절마다 혹은 날마다 주기를 따라 닥쳐오곤 했다. "혼돈"이라는 용어를 이런 여러 상황에 적용하는 일이 과연 타당한지 의문을 가지는 것은 정당하지만, 우리는 신들의 싸움이라는 이 범주를 묘사하는 데 이 용어를 사용할 수 있다. 다만 그것이 대우주의 무질서를 대표하는 요소와 관련된다는 중요한 단서를 단 채로 말이다. 물론 그 요소들이 의인화되었는지는 관계없다. 이렇게 단서를 정립한 후에야 비로소 혼돈과의 충돌에 속하는 세 가지 하위 범주를 논의할 수 있다. 그리고 우리는 이 세 가지 모든 하위 범주가 공통으로 대우주의 무질서를 대적자로 간주하는 특징이 있음을 알 수 있다. 혼돈과의 충돌을 다른 범주와 구분해주는 요소는 바로 이 대적자 개념이다.

혼돈과의 충돌에 속하는 첫 번째 하위 범주로는 먼저 대우주의 질서가 확립되었다고 묘사하는 문헌들이 있다. 이 하위 범주가 발견되는 고전적인 문학 작품은 「에누마 엘리쉬」다. 하지만 우리는 이 작품이 앞의 특징을 보이는 거의 유일한 고대 문헌이나 다름없다는 사실을 인식해야 한다.[166] 혼돈과의 충돌에 속하는 하위 범주는 「에누마 엘리쉬」에서 신들의 싸움을 구성하는 세 가지 유형 중 두 번째에 속한다. 이 작품에서 의인화된 바다인 티아마트는 원수로 나타나며, 우주의 발생은 신들 사이의 충돌에서 비롯된다. 내가 고대 문헌에서 찾을 수 있었던 유일한 다른 사례는 이집트의 「메리카레의 교훈」에 나오는 다음과 같은 한 줄짜리 문장이다. "그[레]가 하늘과 땅을 만드시되, 그들을 위해 만드셨으며, 물의 괴물을 굴복시키셨다."[167] 이 하위 범주의 공통 근거는 대적자가 바다를 대표한다는 점과 대우주의 질서가 충돌의 결과로 확립되었다는 점이다.

그렇다고 하더라도 우리는 한 가지 중요한 단서를 확인하지 않으면 안 된다. 밀라드(Allan Millard)가 지적한 대로, 「에누마 엘리쉬」에서 혼돈과의 충돌로 발생한 우주는 최초로 발생한 우주가 아니다.[168] 처음 세 토판은 이미 존재하던 세계를 분명하게 증언하고 있다. 우주의 발생은 마르

---

166 D. Tsumura, *Creation and Destruction: A Reappraisal of the* Chaoskampf *Theory in the Old Testament* (Winona Lake, IN: Eisenbrauns, 2005), 190.
167 *COS* 1.35, line 131. 하지만 Lesko의 번역("그는 물들의 탐욕을 격퇴했다")을 선호한다면, 이 사례 역시 포기되어야 할 것이다. L. H. Lesko, "Ancient Egyptian Cosmogonies and Cosmology," in *Religion in Ancient Egypt* (ed. B. E. Shafer; Ithaca, NY: Cornell University Press, 1991), 103을 보라. Lesko가 대안으로 제시한 이 번역은 본래 "괴물"(*snk*, 이 작품의 모든 필사본에 나타난다)로 번역된 단어를 *skn*(탐욕)의 음위 전환(metathesis) 형태로 보는 Posener의 주장을 반영한 것이다. 이에 대해서는 J. Hoffmeier, "Some Thoughts on Genesis 1 and 2 and Egyptian Cosmology," *JANES* 15 (1983): 39-49, 특히 p. 48 n. 90을 보라.
168 Millard와 개인적인 교류를 통해 확인한 내용이다.

두크의 지배 아래 이루어진 우주의 재개편 작업으로 묘사된다. 그러므로 우리는 「에누마 엘리쉬」에서 대우주의 질서 및 우주의 발생과 관련된 혼돈과의 충돌 개념을 발견하지만, 그것이 최초의 우주 발생에 관한 개념인 것은 아니다. 이는 고대 문헌에서 최초의 우주 발생과 관련된 혼돈과의 충돌의 다른 사례를 전혀 허용하지 않는다.

두 번째 하위 범주에서 발견되는 차이점은, 신들 사이에 이미 확립되어 있는 질서를 위협하는 대적자가 나타난 후에 그가 간접적으로나마 대우주의 확립된 질서를 위협한다는 데 있다.[169] 이를 뒷받침하는 사례에는 잘 알려져 있지 않은 아카드의 두 이야기(네르갈/라부,[170] 티쉬팍/사자-뱀[171])가 포함되며, 더 잘 알려진 아카드의 「니누르타와 안주」[172] 이야기도 여기에 포함된다. 우주적 질서가 대적인 짐승에 의해 위협받는다고 할지라도, 그들에 대한 최종 승리가 우주의 발생으로 귀결되는 것은 아니다. 따라서 우리는 우주의 발생 없는 혼돈과의 충돌 사례를 발견한 셈이다.[173]

세 번째 하위 범주에서는 대적자가 규칙적인 우주의 순환 구조 안에 있는 질서를 위협하는데, 이는 흔히 계절상의 풍요에 대한 위협이나 날마

---

169 「에누마 엘리쉬」에 있는 티아마트의 위협 역시 확실히 이 범주로 고찰할 수 있다. 차이가 있다면, 이곳에 인용한 사례에서는 우주의 발생이 그 결과로 생겨나지 않는다는 점이다.

170 Foster, *Before the Muses*, 579-80; 다음의 논의를 보라. T. Lewis, "CT 13.33-34 and Ezekiel 32; Lion-Dragon Myths," *JAOS* 116 (1996): 28-47.

171 Foster, *Before the Muses*, 581-82.

172 Foster, *Before the Muses*, 555-78. 니누르타의 다른 군소 전쟁 이야기도 이곳에 포함시킬 수 있을 것이다. 이를테면 「니누르타와 아작」 같은 작품이 그렇다. P. Machinist는 「안주」와 「에누마 엘리쉬」, 「에라와 이슘의 시」의 줄거리 사이에 있는 유사성에 관심을 기울인 바 있다. P. Machinist, "Order and Disorder: Some Mesopotamian Reflections," in *Genesis and Regeneration* (ed. S. Shaked; Jerusalem: Israel Academy of Sciences and Humanities, 2005), 31-61을 보라.

173 N. Forsyth, *The Old Enemy: Satan and the Combat Myth* (Princeton: Princeton University Press, 1987), 45을 보라.

다 나타나던 태양 빛의 실종에 대한 전망과 관련되어 있다. 전자는 레반트(Levant, 동부 지중해 연안을 가리킴-역주) 지역에 알려져 있으며(일루양카 또는 바알을 위협하는 모트), 후자는 이집트 지역에 알려져 있다(아포피스의 위협). 이집트 문헌 거의 대부분에서 아포피스는 비존재에 속하며 시작이나 끝이 없는 대상으로 취급된다.[174] 사람들은 그가 맨 처음에 창조신에게 패했다는 결론을 내릴 수도 있겠지만,[175] 이는 이집트 신화에서는 중요한 요소가 아닌 것으로 보인다. 아포피스는 우주의 발생 이야기보다는 매일 반복되는 창조 이야기에서 한층 중요한 역할을 한다. 아포피스(그 자신은 신이 아님)는 계속해서 신들과 충돌한다. 따라서 그는 비존재에서 비롯되는 위협을 대표하며, 세트(Seth; 이후의 설명을 보라)는 신들의 영역 안에서 계속해서 일어나는 정치적 무질서의 위협, 따라서 존재하는 것들 안에 있는 위협을 대표한다. 「에누마 엘리쉬」의 상황과는 달리 이런 위협 중 어느 것도 우주의 발생으로 귀결되지 않는다.

경쟁자를 포함해 신들 사이에 일어나는 통치권 다툼. 신들의 싸움에 관한 이 범주에서는, 어느 신이 책임자인가를 해결하는 문제가 중요하다. 이 경우 대적은 현재의 질서에 도전하는 개별 신을 가리키며, 핵심은 신적 영역에 대한 통치권이다. 다시금 「에누마 엘리쉬」가 그와 관련된 사례를 제공한다(킹구와 마르두크 사이의 논쟁 부분을 말한다). 그리고 고대 근동의 모든 문학에 나타나는 문화로부터 비롯된 사례들도 있다. 예컨대 이집트에서는 그런 도전 관계가 세트와 호루스 사이에서 비롯되며, 시리아-팔레스타인에서는 얌과 바알이 서로 대적으로 나타난다. 히타이트의 「쿠마

174　후대 문헌에서 아포피스는 "내뱉어졌다고" 언급된다. 따라서 그는 시작이 있는 셈이긴 하다(Hornung, *Conceptions of God*, 158-59).
175　호르눙은 아포피스와 밀접하게 연결된 *msw-bdšt*가 태고의 언덕에서 파괴되기 때문에 이런 추론이 가능할 것이라고 말한다(*Conceptions of God*, 159 n. 59).

르비 사이클」에서도 다양한 상호 대적이 나온다. 이 모든 경우를 보면, 대적은 우주 자체 안에서보다는 관료 체제 안에서 자리를 잡고 있다. 그들의 충돌이 항상 실제 전쟁을 포함하는 것은 아니며, 패배한 대적이 반드시 파멸당하는 것도 아니다. 예컨대 호루스는 세트에게 승리를 거두고 왕권을 획득하지만, 그 후로 둘은 화해하고 세트는 계속해서 상(upper)이집트를 다스린다. 세트는 유용한 존재가 되는데, (태양신의 뱃머리에 타고 있는) 아포피스를 물리치도록 신들에 의해 고용되기 때문이다.[176] 이런 사례들은 우주적 투쟁보다는 정치적 투쟁을 대표한다. 따라서 아스만은 이를 묘사하기 위해 "우주의 발생"(cosmogony)보다는 "통치의 발생"(cratogony)이라는 용어를 사용한다.[177] 세트가 헬리오폴리스의 아홉 신 중 하나임은 사실이다. 그러나 이 맥락에서조차 그는 왕권에 대한 위협으로 작용하며, 마침내 신왕국 시대에 이르러는 호루스에 의해 아홉 신 가운데서 제거된다. 우가리트 문헌의 경우, 혼돈과의 충돌로 여겨졌던 것이 이제는 우주론보다 정치적인 힘과 관련된 것으로 폭넓게 인식되고 있으며, 앞서 제시한 분류 체계에 따른다면 확실히 이쪽 범주에 훨씬 더 쉽게 들어맞는다.[178]

"젊은" 신들이 "늙은" 신들에게서 통치권을 빼앗는 세대 간 쿠데타.

---

176 H. Te Velde, "Seth," in *OEAE* 3:269-71.
177 Assmann, *Search for God*, 121.
178 N. Wyatt, *Myths of Power: A Study of Royal Myth and Ideology in Ugarit and Biblical Tradition* (UBL 13; Münster: Ugarit-Verlag, 1996); 같은 저자, "Arms and the King: The Earliest Allusions to the *Chaoskampf* Motif and Their Implication for the Interpretation of the Ugaritic and Biblical Traditions," in "Und Mose schrieb dieses Lied auf…"; *Studien zum Alten Testament und zum Alten Orient. Festschrift für O. Loretz* (AOAT 250; Münster: Ugarit-Verlag, 1998), 833-82. "혼돈과의 투쟁"에 관한 조심스러운 평가에 대해서는 다음을 보라. Tsumura, *Creation and Destruction*, 143-97; R. S. Watson, *Chaos Uncreated: The Reassessment of the Theme of "Chaos" in the Hebrew Bible* (BZAW 231; Berlin: de Gruyter, 2005).

「둔누의 신들의 출생」에서는 새 세대의 신들이 이전 세대의 신들을 밀어내고자 할 때 신들 사이에 충돌이 발생한다. 이는 젊은 세대가 연합해 늙은 통치 엘리트에 맞서 싸우는 경우를 가리키지 않는다. 도리어 그것은 개별 신이 근친상간이나 부친 살해, 모친 살해 등과 같은 "가족 범죄"를 포함하는 정복 행위에 관여함을 의미한다.

신들의 싸움에 관한 결론

우리는 그동안 고대 근동 문헌에서 신들의 싸움이 발생한 다양한 형태를 확실하게 분류했다. 그래서 이제 고대 근동 세계에서 발견되는 인지 환경과 관련된 특징을 확인할 수 있는 더 나은 위치에 있다고 볼 수 있다.

- 신들의 싸움은 고대 근동 전역에 걸쳐 규칙적으로 나타나는 특징이다. 그러나 신들의 싸움이 우주의 발생으로 귀결되는 경우는 거의 없다.
- 신들의 대적 혹은 반대자는 결코 비의인화된 형태로 대우주적 혼돈/비기능성을 대표하는 존재가 아니다. 다시 말해 그 대적은 항상 창조 세계의 일부를 의인화된 형태로 대표한다는 뜻이다.
- 앞서 논의한 네 범주 중 세 범주의 경우, 우주의 질서가 아니라 신들 사이의 통치권과 역할이 주요 관심사다.
- 맨 처음 우주의 발생은 오늘날 알려진 고대 근동의 어떤 문헌에서도 신들의 싸움으로 인한 결과로 여겨지지 않는다.

이처럼 부정적인 결과들은 고대 근동의 인지 환경의 표준 구성 요소가 **아닌** 것이 무엇인지를 우선적으로 규정하는 데 유용하다. 가나안 문헌이나 이집트 문헌 중 어느 것도 신들의 반역을 입증해주지 않는다. 우리가 마주하는 것은 어떤 한 신이 다른 신에게 도전하는 내용뿐이다. 그렇지만 신들의 충돌이 우주의 발생과 관련된다고 결론지을 만한 근거를 가진 문헌은 전혀 없다. 우리가 살핀 「에누마 엘리쉬」는 신들의 싸움에 담긴 세 가지 범주의 사례를 제공하고 있다. 첫째, 불만스러운 신들의 계급 간 충돌은 인간 창조를 통해 해결된다. 둘째, 티아마트의 반역으로 대변되는 대우주적 혼돈은 우주의 발생을 통해 해결된다. 셋째, (운명의 토판을 킹구가 소유하는 상황이 나타내는) 통치권을 둘러싼 충돌은 마르두크의 권좌 등극을 통해 해결된다. 이 점에서 「에누마 엘리쉬」를 전형적인 작품이라기보다는 특이한 작품으로 간주해야 할 것이다. 고대 근동의 우주 발생이 신들의 싸움을 특징으로 한다고 추정할 만한 근거는 전혀 없다.

인간의 역할

인류의 기원에 관해 설명하거나 언급하는 열두 개 이하의 문헌이 수메르와 아카드 및 이집트 등지에 흩어져 있다.[179] 대부분의 작품은 간결하며(몇 행 정도), 가장 긴 발췌문(「엔키와 닌마흐」와 「아트라하시스」)은 수십 행에 이른다. 이제 소개하려는 것들은 인간의 기원에 관한 옛이야기를 담은 간략한 목록이다.

---

179 이 단원에서 나는 주로 논의를 창 1장의 주요 관심사인 인류 문제와 관련된 쟁점으로 한정하고자 한다. 창 2장과 관련된 인지 환경을 다루는 충분한 논의로는 내 책 *Ancient Near Eastern Thought and the Old Testament* (Grand Rapids, MI: Baker, 2007), 203-15을 보라.

수메르

「괭이의 노래」. 엔릴이 괭이와 벽돌 주형(鑄型)으로 작업한 결과, 사람들이 땅에서부터 솟아나온다. 한 인간의 모델이 만들어진 후에 많은 사람이 대량으로 생산되며, 인간은 자기의 일을 시작한다. 그들을 구성하는 소재에 관해서는 아무런 언급도 없지만, 벽돌 주형에 관한 언급을 비춰볼 때 진흙을 그 근원으로 추정할 수 있다. 하지만 이 이야기는 사람들이 한 일보다 괭이가 한 모든 일에 더 많은 관심을 기울인다.[180]

「에-엔구라 찬송시」. 이 신전 찬미가는 「괭이의 노래」를 떠오르게 하는 짤막한 언급을 통해 인간이 단지 "식물처럼 지표면을 뚫고 나왔다"라고 언급할 뿐이다.[181]

「엔키와 닌마흐」. 신들이 자기들의 힘든 삶에 대해 불평하자, 엔키가 마침내 일어나 그들에게 응답한다. 인간 창조를 제안했던 남무의 격려와 출산을 담당했던 여신들(닌마흐도 그중 하나였다)의 도움을 받아, 엔키는 진흙으로 인간을 창조한다. 창조의 과정에는 몇 단계가 포함되어 있다. 맨 먼저 남무가 그 계획을 제안하고, 진흙의 "중심부"를 아프수의 꼭대기에서 뒤섞는다. 이어서 출산 담당 여신들이 진흙 조각을 잘라내어 인간을 만드는데, 인간에게는 신들의 일이 그들의 운명으로 주어진다. 이 작품은 엔키와 닌마흐가 술에 취한 채로 논쟁을 벌이면서 (자기에게 필요한 기능이 갖춰져 있는지를 확인해야 할 정도로 결함을 가진) 인간의 원형을 창조하는 것으로 끝난다.[182]

---

180 COS 1.157. 이 작품은 「곡괭이 찬가」로 불리기도 한다. Clifford, *Creation Accounts*, 31을 보라.
181 Clifford, *Creation Accounts*, 29-30.
182 COS 1.159.

***KAR* 4.** 수메르어 판본과 아카드어 판본 모두가 남아 있는 이 작품은 고대 근동 문헌의 다른 곳에서는 찾아볼 수 없는 일부 상세한 정보를 제공한다. 여기서 인간은 신들(신들은 이 이야기에서 반역자로 나타나지 않는다)의 일을 대신하기 위해 살해당한 일부 신의 피로부터 창조된다. 신들이 하던 그 일은 관개 업무(신 대신에 일하는 것을 가리킴)뿐만 아니라 신전 건축과 유지 및 의례 거행(신을 섬기는 일을 가리킴) 등의 업무도 포함한다. 수메르의 다른 일부 작품과 마찬가지로 인간은 일단 원형이 고안된 후에 땅으로부터 솟아나오는 존재로 언급된다.[183]

아카드

「아트라하시스」. 이 서사시는 고대 문헌 중 가장 상세한 인간 창조 이야기를 담고 있다. 그 주제는 첫 번째 열의 중간쯤에서 시작하며, 150행 이상을 차지하고 있다. 그중 일부는 훼손되었다. 인간의 창조라는 주제는 어머니 여신 마미(Mami=벨레트-일리[Belet-ili]와 닌투[Nintu])의 특성을 통해 시작되는데, 우리가 다른 작품을 통해 알고 있는 많은 요소(이를테면 인간은 신들의 지루한 작업을 대신하기 위해 창조되었다는 개념)를 포함하고 있다. 이 서사시의 창조 부분에서 가장 중요한 특징은, 반역의 주모자였던 신의 피와 다른 신들이 내뱉은 침이 섞인 진흙이 결합되어 인간이 창조된다는 점이다.[184] 마미는 엔키의 도움으로 인간 일곱 쌍을 창조하며(유감

---

183 Clifford, *Creation Accounts*, 50-51; Foster, *Before the Muses*, 491-93은 수메르어 판본과 아카드어 판본을 한 개의 단일한 번역으로 결합하고 있다.

184 *COS* 1.130. 이와 관련된 다양하고 상세한 설명은 T. Abusch, "Ghost and God: Some Observations on a Babylonian Understanding of Human Nature," in *Self, Soul and Body in Religious Experience* (ed. A. Baumgarten, J. Assmann, and G. Stroumsa; Leiden: Brill, 1998), 363-83; B. Batto, "Creation Theology

스럽게도 훼손된 부분 때문에 상세한 내용을 알기 어렵지만), 그들은 성장하여 생육하기 시작한다.[185]

「에누마 엘리쉬」. 여섯 번째 토판에서 마르두크는 인간을 피와 뼈로 구성된 존재로 구상한 뒤, 그들의 이름을 지어주고 신들의 무거운 짐을 덜어주는 과제를 맡긴다. 에아는 마르두크의 구상을 실천에 옮기며, 그 과정에서 킹구의 피를 사용한다. 그렇지만 진흙에 대한 언급은 없다. 인간 창조에 관한 설명 전체는 35행이 조금 넘는 분량을 차지한다.[186]

이집트[187]

관 문서(Spell 80; CT 2.43). 이 주문에는 인간의 목구멍으로 불어넣은 호흡(다른 피조물도 마찬가지였다)에 대한 간략한 언급만이 있을 뿐이다.[188]

CT Spell 1130. 이 주문은 사회 내 몇몇 기능에 대한 언급을 포함

---

in Genesis," in *Creation in the Biblical Traditions* (ed. R. J. Clifford and J. J. Collins; Washington, DC: Catholic Biblical Association, 1992)를 보라. 「아트라하시스」에서는 살과 피가 사용되는 반면에, 「에누마 엘리쉬」와 *KAR* 4에서는 단지 피만 언급된다. 「아트라하시스」에서만 일반 재료와 신들의 재료가 결합되어 사용되고 있을 뿐이다. *KAR* 4에는 죽임 당한 두 신이 반역자라는 암시가 전혀 없다. 「엔키와 닌마흐」의 두 언어 판본은 그곳에서 모종의 혼합 작업이 이루어졌을 수도 있음을 암시한다. 이에 대해서는 Lambert, "The Relationship of Sumerian and Babylonian Myth as Seen in Accounts of Creation," in *La Circulation des biens, des personnes et des idées dans le Proche-Orient ancien* (ed. D. Charpin and F. Joannès; Paris: Editions Recherche sur la Civilisations, 1992), 129-35을 보라.

185 이 작품의 번역과 설명은 Foster, *Before the Muses*, 236-37을 보라. 아시리아어 판본은 창조된 인간의 수를 분명하게 기록하고 있다.
186 *COS* 1.111.
187 Allen, *Genesis in Egypt*; E. Wasilewska, *Creation Stories of the Middle East* (London: Kingsley, 2000); Hoffmeier, "Thoughts on Genesis 1 and 2."
188 *COS* 1.8.

하지만, 인간의 기원에 관해서는 단지 어원에 관한 언어유희를 제공할 뿐이다. 인간은 창조신의 눈에 있는 눈물에서 연유했다는 설명이 그것이다.[189]

「메리카레의 교훈」. 지혜 문학에 속하는 이 작품은 인간의 기원과 역할에 관해 가장 중요하고도 포괄적인 설명을 포함하고 있다.[190]

> 인간에게 신의 가축을 제공하라. 왜냐하면 신이 인간이 좋아하도록 하늘과 땅을 만들었기 때문이다. 그는 물들의 탐욕을 격퇴했으며, 그들이 코로 숨을 쉴 수 있도록 바람을 만들었다. [왜냐하면] 그들은 자신의 형상으로, 자신의 살에서 나온 자들이기 때문이다. 그는 그들이 좋아하도록 하늘에 빛을 비췄고, 초목과 몸집 작은 가축 및 물고기 등을 만들어 그들에게 키우게 했다. 그는 자신의 대적을 죽였으며, 자기 자녀를 파멸시켰다. 그들이 반역을 꾀했기 때문이다. 그는 그들이 좋아하도록 햇빛을 만들었고 그들을 살펴보기 위해 세상을 항해했다. 그는 그들의 뒤에 성소를 세웠고, 그들이 울 때 귀 기울여 들었다. 그는 그들이 알에서 나올 때부터 그들을 통치자로 세웠고, 약한 자의 등에서 [무거운 짐을] 벗기게 했다. 그는 그들을 위해 마법을 만들었고, 이를 장차 닥칠 수 있는 일에 맞서는 무기가 되게 했다.[191]

이 문헌에는 우주 안에서의 인간의 위치 및 인간과 신들의 관계가 언급되어 있다. 우주의 다른 요소(하늘과 땅, 태양, 햇빛)는 인간을 위해 일하는 것으로 묘사된다. 인간은 신에 의해 식량과 리더십 및 마법 등을 제

---

189 *COS* 1.17; 1.9도 보라. 인간 생명의 이런 기원은 80번째 주문에서도 간략하게 언급된다.
190 *COS* 1.35.
191 Lesko, "Ancient Egyptian Cosmogonies and Cosmology," 103의 번역을 가져옴.

공받는다. 신은 반역을 다스리며 반역자로부터 인간을 지켜준다. 이 작품은 그 신이 인간의 울음소리를 들을 수 있도록 그가 거할 성소를 마련했다고 추가로 언급한다.

다양한 작품이 도공의 물레에서 크눔에 의해 인간이 만들어졌다고 설명한다. 어떤 학자들은 이런 설명이 피라미드 문서만큼이나 오래되었다고 말하지만, 이런 설명은 관 문서와 그림을 통해 한층 분명하게 모습을 드러내게 되었다.[192]

이집트나 수메르 문헌 중 어느 것도 인간의 기원을 신들의 충돌에 관한 맥락에서 말하지 않는다. 비록 수메르 작품 중 둘(「엔릴과 닌마흐」, KAR 4)은 인간이 신들의 노역을 떠맡아야 한다고 구체적으로 밝히기는 하지만 말이다.[193] 이 작품들은 인간 창조의 과정과 그 과정에서 사용된 재료 및 인간에게 배정된 역할이나 기능에 대해 전형적인 방식으로 언급한다. 이집트 문헌에는 이전에 신들이 행하던 노역을 인간이 취했다는 언급이 전혀 나타나지 않는다. 인간은 보살핌을 받는 가축이나 다름없으며, 혹사당하는 노예가 아니다. 마찬가지로 이집트 문헌에는 인간 창조를 가능케 한 사전 계획이나 상황에 대한 암시도 전혀 언급되지 않는다.

이 사례들로부터 확인할 수 있듯이, 인간의 기원에 관해서는 이집트 작품과 메소포타미아 작품 사이에 공통점이 거의 없다. 예외가 있다면, 양쪽 문화권의 특정 작품에서 진흙이 인간을 구성하는 근본 요소로 언급되고 있다는 점이다. 인간 창조에 사용된 재료의 다양성은 각각의 작품이

---

192 Hoffmeier, "Thoughts on Genesis 1 and 2," 47. P. O'Rourke, "Khnum," *OEAE* 2:231; Morenz, *Egyptian Religion*, 183-84; Simkins, *Creator and Creation*, 70; 같은 구성 요소(진흙과 밀짚)에 대한 「아메네모페」(*Amenemope*) 25:13-14의 언급도 보라.

193 훼손된 「엔릴과 닌마흐」 부분의 내용은, 일단 인간이 창조되자 신들이 자기가 사용하던 연장을 부쉈다고 암시하지만, 이 부분을 정확하게 해석하기란 어려운 일이다.

강조하길 원하고 또 그에 대한 설명을 제공하는 원형 요소에 차이가 있다는 점을 반영하고 있다. 따라서 인지 환경의 맥락에서 보는 두 문화권의 공통점은, 인간이 그들에게 배정된 원형적 역할을 설명해줄 요소로부터 창조되었다고 판에 박은 듯이 묘사하고 있다는 점이다.

인간에게 부여된 다양한 기능

이 단원에서는 인간이 우주 안에서 수행할 수 있는 서로 다른 모든 기능을 언급하는 데 관심을 두지 않는다. 다만 인간이 창조될 때 성취해야 한다고 여겨졌던 기능과 창조 때에 그들에게 주어진 역할에 특별한 관심을 기울이려고 한다. 고대 근동의 문헌이 말하는 인간의 역할과 기능에는 세 가지 중요한 측면이 있다. 이에 따르면, 인간은 다음과 같은 일을 하도록 창조되었다.

- 신들의 고된 일을 대신하기
- 의례를 수행하고 신전의 신들에게 양식을 공급함으로써 그들을 섬기기
- 신의 형상으로 머물러 있기

이 역할 중 첫 번째는 앞서 다룬 바 있으며, 단지 수메르 및 아카드 자료에서만 입증될 뿐이다. 두 번째 역시 이전에 메소포타미아 문헌을 다루면서 운명 선포의 맥락에서 구체적으로 설명한 바 있는데,[194] 이집트

---

194 예. *KAR* 4.

문헌 전반에 걸쳐 확인할 수 있다.[195] 이 두 역할은 서로 합쳐져서 내가 "위대한 공생"이라 부르는 것을 형성한다. 메소포타미아에서 종교의 기초는 인간이 신들에게 필요한 식량(희생제물)과 거처(신전) 및 의복 등을 마련해주고 그들에게 일반적으로 예배와 사생활을 제공함으로써 이 신들이 우주를 운행할 수 있도록 창조되었다는 데 있다. 이 공존 관계의 또 다른 측면은 신들이 예배자들을 보호해주고 그들에게 필요한 물품을 공급함으로써 그 삶을 지켜줄 것이라는 데 있다. 그리하여 인간은 이런 협력 관계 속에서 (의례를 수행해) 신들의 우주 운행을 돕는 역할을 통해 자신의 존엄성을 발견한다.

이제 하나님의 형상 개념을 한층 상세하게 다루는 일이 우리에게 남아 있다.

하나님의 형상. 특정한 일부 사람 또는 모든 사람이 하나님의 형상을 가지고 있다는 개념은 창조 문헌에 국한되지 않는다.[196] 아래의 간략한 개관을 통해 나는 (신의 형상 또는 다른 맥락에서 본) 형상이 고대 근동에서 어떻게 이해되었는지를 이해하는 데 도움을 주는 현존 자료를 검토하려 한다.

메소포타미아: 신의 형상("찰무"[ṣalmu])[197]인 왕. 바라니(Z. Bahrani)

---

195 Assmann, *Search for God*, 3-6을 보라. Assmann은 왕을, 사람들을 재판해 신을 대표하는 자이자 신을 만족시켜 사람들을 대표하는 자로 묘사하는 레(Re) 찬가를 인용한다. 174-77(관 문서 1130)쪽에서 언급되는 추가 문헌을 보라.

196 이에 대한 가장 포괄적인 분석은 E. Curtis, *Man as the Image of God in Genesis in Light of Ancient Near East Parallels*, 펜실베이니아 대학교에서 J. Tigay가 지도했던 박사학위 논문(1984)을 보라. 다른 중요한 연구로는 W. R. Garr, *In His Own Image and Likeness* (CHANE 15; Leiden: Brill, 2003); Z. Bahrani, *The Graven Image: Representation in Bablonia and Assyria* (Philadelphia: University of Pennsylvania, 2003)을 보라.

197 아카드어 "찰무"는 창 1장이 사용하는 용어 중 하나인 히브리어 "첼렘"과 어원이 같다. Bahrani(*The Graven Image*)는 이를 123-48쪽에서 광범위하게 다루고 있으며,

는 한 인격의 모방이나 재현이 아닌 "찰무"가 "그 자체로 한 실재가 될 가능성을 가지고" 있다고 주장한 바 있다.[198] "찰무" 개념은 재현을 통한 대체물 역할을 수행한다.[199] 아시리아 왕들은 때때로 신의 형상으로 간주되었는데, 이런 현상은 중왕국 시대에서 시작하여 신왕국 시대에 절정에 이르렀다. 아래 내용은 현존하는 문헌 중 유일하게 남아 있는 사례다.

- 「**투쿨티-니누르타 서사시**」. 이 서사시는 전쟁터에서 보이는 아시리아 왕의 두려운 모습을 아다드(Adad)나 니누르타와 같은 신과 비교하면서 이렇게 말한다. "그가 백성에게 세심한 주의를 기울이는 모습을 보면, 오직 그만이 엔릴의 영원한 형상이시다."[200] 여기서 형상은 신의 아들과 관련된 맥락에서 나타난다. 이는 왕이 신의 아들이라는 개념과 같다. 그러므로 수사적인 "생물학적" 연결 고리야말로 왕이 신의 형상이라는 개념의 전제 조건임이 분명하게 드러난다. 이 연결 고리는 현직 왕의 지명된 후계자인 왕세자가 때때로 왕의 공인된 대행자나 대리인 역할을 수행할 수 있었다는 사실에 의해 뒷받침될 것이다.

- 「**아다드-슈무-우추르가 에사르하돈에게 보내는 편지**」. 뛰어난 신하 중 한 명이 왕에게 보낸 이 편지에서 왕은 자비심이 많은 자로 치켜세워지는데, 자비심은 그가 바로 벨(Bel)의 형상임을 나타내는 특징이다.[201]

205쪽에서 자신의 결론을 적절하게 요약하고 있다.
198 Bahrani, *The Graven Image*, 123.
199 Bahrani, *The Graven Image*, 133.
200 Foster, *Before the Muses*, 301.
201 S. Parpola, *Letters From Assyrian and Babylonian Scholars* (SAA 10; Helsinki: State Archives of Assyria, 1993), #228, lines 18-19. 같은 학자의 또 다른

- **「아쉬레두가 에사르하돈에게 보내는 편지」**. 이 편지는 정의로 진노하며, 적절하게 징계하고, 자비로 징계를 완화시킨다는 점에서 왕을 마르두크에 비교한다.[202]
- **「비트 메세리 주문」**. 공적 제의의 집전자인 **아쉬푸** 제사장은 마르두크의 형상을 가진 자로 묘사된다.

이상의 사례는 왕이 신과 긴밀하게 연결되어 있다는 사실 때문에, 그리고 신의 일부 성품이 왕에게 구현되어 있다는 사실 때문에 그가 신의 형상으로 간주됨을 보여준다.

신아시리아 시대의 왕실 직함, 내러티브가 적힌 비문, 점성술을 통한 예언, 번지르르한 아첨이 담긴 편지 등은 왕이 유일하게 신들의 영역에 근접해 있다는 주제를 강조하면서 신과도 같은 그의 권능을 찬미한다. 왕은 태어나기 전부터 왕으로 부름 받았으며, 여신에 의해 양육되었고, 일식이나 월식과 같은 천체 현상을 통해 긴급한 개인적 위험 등을 경고받았으며, 여신의 낙관적이면서도 모성애가 담긴 예언에 의해 구원받았다. 왕은 신들과 마찬가지로 "멜람무"(*melammu*, 두려움을 불러일으키고 대적을 파멸에 빠뜨리는 빛나는 광채)에 둘러싸인 채로 전쟁터로 진군했다.…그리고 왕은 신과 같은 지혜를 구현했으며, 신들의 형상 자체로 규정될 수도 있었다. 왕은 국가 만신전의 구성원이 아니었지만, 다른 어떤 인간보다도 육체적으로든 존재상으로든 신들과 가까운 곳에 머물렀다.[203]

편지(#196, lines rev. 4-5)에서는 에사르하돈이 샤마쉬와 비교된다.
202 H. Hunger, *Astrological Reports to Assyrian Kings* (SAA 8; Helsinki: State Archives of Assyria, 1992), #333, lines rev. 2.
203 S. Hollaway, *Aššur Is King! Aššur Is King!* (Leiden: Brill, 2002), 181-82.

이렇듯 왕 안에 있는 신의 형상은 왕이 신을 위해 일하고 있음을 분명하게 보여준다.

메소포타미아: 자신의 형상을 세우는 왕

메소포타미아와 이집트에서 왕들은 자기 나라 영토 바깥에서도 자기의 현존을 드러내기 위해 (그리고 그 영토가 자신의 통제 안에 있음을 밝히기 위해) 다양한 종류의 기념물(조상[彫像], 부조[浮彫], 입석[立石])을 세운다. 호르눙에 따르면, 이집트에서는 그것들이 파라오의 임재와 보호를 확립하는 액막이 구실을 한다.[204] 메소포타미아에서는 주로 해당 지역에 대한 왕의 통치권과 연결되어 있는 것으로 보인다.[205] 왕이 신전에 자신의 형상을 세우는 것 역시 자신의 임재를 드러내려는 의도였다. 때로는 신들과 더불어 신성한 영광을 얻기 위해 정복한 지역에 그렇게 하는 경우도 있었다.[206] 아니면 왕 자신의 조상(彫像)을 설치하는 일은 자기의 신을 향한 헌신으로 인식되기도 했다. 신전에 세워져 봉헌된 신상들은 종종 과거의 정복에 대한 감사의 표현이었으며 계속적인 보호와 승리를 간구하는 것이기도 했다.

왕은 자신의 조상을 멀리 떨어진 곳이나 정복한 지역에 세웠을 뿐만 아니라, 신아시리아 시대에는 왕의 조상(dṣalam šarri)이 제의나 법정을 배경으로 다양하게 사용되기도 했다.[207] 이런 관행은 왕의 특권 자체를 과시하기보다는 왕의 임재와 통치권을 드러내려는 의도였다. 그리고 이

---

204 Curtis, *Man as the Image of God*, 118.
205 Holloway, *Aššur Is King*, 401; M. Cogan, *Imperialism and Religion: Assyria, Judah and Israel in the Eighth and Seventh Centuries B.C.E.* (SBLMS 19; Missoula, MT: Scholars Press, 1974), 58-60.
206 Holloway, *Aššur Is King*, 178-93.
207 Holloway, *Aššur Is King*, 186-87.

런 관행은 조상의 역할이 그 조상이 나타내는 자를 위해 기능하도록 하려는 데 있었음을 구체적으로 보여준다.

메소포타미아: 신의 형상(신의 형상은 어떤 역할을 수행하는가?)

신의 형상이 신에게서 비롯된 계시를 (점술을 통해) 중재하기도 했고 신에게 드려지는 예배를 중재하기도 했지만, 이는 주로 신의 임재를 중재하는 역할을 했다.[208] 이런 중재의 역할은 신상에 신의 본체를 주입하여 그것을 "살아 있는" 형상으로 만드는 의례 과정을 통해 성취된다.[209] 신상은 중

---

208 Bahrani(*The Graven Image*, 144)가 형상을 "임재 양식"으로 묘사하고 있다는 데 주목하라.
209 최근 몇 년 동안에 학자들은 신상의 이데올로기에 관해 많은 논쟁을 벌여왔다. 다음에 소개하는 것은 가장 중요한 출판물 중에 속한다. A. Berlejung, "Washing the Mouth: The Consecration of Divine Images in Mesopotamia," in *The Image and the Book* (ed. K. van der Toorn; Leuven: Peeters, 1997), 45-72; E. M. Curtis, "Images in Mesopotamia and the Bible: A Comparative Study," in *The Bible in Light of the Cuneiform Literature, Scripture in Context III* (ed. W. W. Hallo, B. W. Jones, and G. L. Mattingly; Lewiston, NY: Edwin Mellen, 1990), 31-56; M. B. Dick, *Born in Heaven, Made on Earth* (Winona Lake, IN: Eisenbrauns, 1999); W. W. Hallo, "Cult Statue and Divine Image: A Preliminary Study," in *Scripture in Context II: More Essays on the Comparative Method* (ed. W. W. Hallo, J. C. Moyer, and L. G. Perdue; Winona Lake, IN: Eisenbrauns, 1983), 1-18; V. Hurowitz, "Picturing Imageless Deities: Iconography in the Ancient Near East," *BAR* 23/3 (1997): 46-48, 51; T. Mettinger, *No Graven Image?* (Stockholm: Almqvist & Wiksell, 1995); J. J. M. Roberts, "Divine Freedom and Cultic Manipulation in Israel and Mesopotamia," in *Unity and Diversity* (ed. H. Goedicke and J. J. M. Roberts; Baltimore: Johns Hopkins University Press, 1975), 181-90; J. M. Sasson, "On the Use of Images in Israel and the Ancient Near East: A Response to Karel van der Toorn," in *Sacred Time, Sacred Place: Archaeology and the Religion of Israel* (ed. B. M. Gittlen; Winona Lake, IN: Eisenbrauns, 2002), 63-70.

재자로서 신의 역할을 수행했으며, 신들을 위해 일했다.

이집트: 신의 형상을 가진 인간

이집트에서 신의 형상이 모든 인간에게 귀속될 경우, 이는 (「메리카레의 교훈」에서처럼) 인간이 차지하고 있는 어떤 지위를 가리키거나 그들이 소유하고 있는 특성을 가리킨다.

- 「메리카레의 교훈」: "그것은 그의 형상들(snn)이며, 그의 몸에서 나온 자들이다." 이는 신의 형상을 가진 모든 인간에 관해 가장 잘 알려져 있고 또 가장 오래된 사례에 해당한다.
- 「아니의 교훈」: 탄원하는 자에게 귀를 기울인다는 점에서 볼 때, 지혜로운 자들뿐만 아니라 모든 인간은 신의 모양(snw)으로 되어 있다.[210]
- 신의 행동이나 성품을 모방할 수 있는 자는 어떤 면에서는 그 신의 모양(mjtj)을 가진 자다.[211]

이집트: 신의 형상인 왕

이집트 문헌에서는 **형상**을 칭하는 서로 다른 용어가 많이 사용되는데, 고

---

[210] Hornung, *Conceptions of God*, 138. *COS* 1.46: "인간은 신을 닮되, 그가 가는 길을 닮는다. 만일 신이 인간의 답변에 귀를 기울인다면 말이다." 이 단락의 번역과 해석에 관해서는 상당한 논란이 있다. J. R. Middleton, *The Liberating Image* (Grand Rapids, MI: Brazos, 2005), 100-1의 논의를 보라.

[211] 이 용어는 잠정적으로 신의 자리를 차지한 자들에게 적용할 수도 있다. 예컨대 의례를 집전할 때가 그렇다. Curtis, *Man as the Image of God*, 94-95을 보라.

대 근동의 다른 문헌에서보다 훨씬 더 많이 나온다. 따라서 여기서는 **형상** 개념에 적용되는 몇 개의 일반적인 범주만을 제시하고자 한다.[212] 보통은 (다양한 용어를 통해) 왕이 신의 형상을 가진 자로 언급되지만, 무엇보다도 기원전 이천 년대 중반부 및 이후 신왕국 시대에 이르기까지는 이런 언어가 왕을 칭하는 일반적인 방법은 아니었다.[213]

*bntj*라는 용어는 초기 이집트 문헌에서 무덤에 묻힌 사람들의 형상이나 신전에 안치된 왕들의 조상(彫像), 축제 기간에 공적인 행렬을 따라서 운반되던 신의 형상 등을 가리키는 데 사용되었다. 그러나 17왕조에 이르러 이 용어는 왕에게 사용되었는데, 이를 통해 왕은 신의 형상이며 가시적 현현으로 여겨지게 되었다. *šsp*, *sšmw*, *twt* 등과 같은 다른 용어들은 주로 왕을 태양신과 관련짓는 신왕국 시대 별칭의 일부로 사용되었다. 이런 용어 다수는 이전에 신상을 가리키는 데 사용되었다. 「메리카레의 교훈」에서 모든 인간을 가리키는 데 사용된 용어 *snn*는 투트모세 3세나 하트셉수트 같은 파라오를 가리키는 데도 똑같이 사용되며, 그리스-로마 시대에는 훨씬 더 일반적으로 다른 통치자들을 가리키는 데 사용된다.[214] 신의 살아 있는 형상인 파라오는 자기 나라를 통치함으로써 신의 뜻을 집행하는 도구의 역할을 수행했다. 왜냐하면 왕은 신의 현존으로 가득한 자로 여겨졌기 때문이다.

---

212 Curtis, *Man as the Image of God*, 87-96에 잘 요약되어 있다. Curtis가 쓴 책의 이 단원은 E. Hornung, "Der Mensch als 'Bild Gottes' in Ägypten," in *Die Gottebenbildlichkeit des Menschen* (Munich: Schriften des deutschen Instituts für wissenschaftliche Pädagogik, 1967), 123-56에 의존하고 있다. Hornung은 여덟 개의 용어를 인용하는데, 본서의 이 부분은 Curtis의 논의를 요약한 것이다.
213 완전하지는 않지만 포괄적인 목록은 Curtis, *Man as the Image of God*, 226-28 n. 62; Middleton, *The Liberating Image*, 108-9을 보라.
214 Curtis는 왕실에 속하지 않은 개인이 신의 형상을 가진 것으로 언급되는 몇 가지 다른 사례를 제시한다. Curtis, *Man as the Image of God*, 92을 보라.

이집트: 신의 형상(신적인 형상은 어떤 역할을 수행하는가?)

신의 형상은 신의 본체(*ba*)를 담지하며 신의 임재를 구현한다고 여겨졌다. 왕이 신의 형상으로 여겨진 것과 마찬가지로, 형상은 신을 위한 역할을 수행한다고 간주되었다.

> 그러므로 이집트와 메소포타미아에서 똑같이 신의 형상은 신이 자신을 분명하게 드러내었고 실제로 그 조상(彫像) 안에 임재한다고 여겨졌다는 사실에 가장 중요한 의미가 있다. 동시에 신의 조상에는 신을 재현하는 의미가 있기도 했다. 그렇지만 그 형상은 신의 외양을 묘사하기보다는 그의 본성과 기능에 관한 무언가를 묘사하려는 의도를 지니고 있었다.[215]

신의 형상과 왕의 긴밀한 상호 관련성은, 어떤 형상이 자연스럽게 해당 신이 자신의 형상을 통하여 다스리고 있다는 사실을 의미한다고 암시한다. 다시 말해 고대 근동의 "신의 형상" 개념은 왕권 이데올로기를 대변하는 것으로 널리 알려져 있었다는 뜻이다. 커티스(E. Curtis)가 간명하게 표현한 바와 같이, "왕은 신의 형상으로서 지상에서 신의 일을 수행했다. 왕에게 구현된 것은 신의 기능적인 임재였다."[216] 우리는 본 장의 앞부분에서 기원전 이천 년대 중반에 신성에 관한 이해에 상당한 변화가 있었음에 주목한 바 있다. 태고에는 존재하지 않았던 신들이 고대의 우주적 신들보다 더 높은 지위로 격상되었다는 사실이 그렇다. "신의 형상" 개념이 왕권 이데올로기 안으로 유입된 일은 대부분 우리가 우주의 발생/신들의 출

---

215 Curtis, *Man as the Image of God*, 113.
216 Curtis, *Man as the Image of God*, 150.

생 모델로 칭하던 것으로부터 통치권이 옮겨가는 상황을 따른다. 신들이 주로 우주적 신들이었을 때는 "신의 형상" 이데올로기가 그렇게 실질적이지 않았을 것이다. 우주의 발생/신들의 출생 모델로 볼 때, 신의 역할은 왕이 쉽게 대표할 수 있는 어떤 것이 아니었다. 달리 말하면, 신의 역할을 주로 통치자로 생각했을 때(정치적/관료적 모델) 왕을 신의 형상으로 인식하는 일이 가장 쉽게 이해되었다는 뜻이다.[217] 지배자인 신들이 무엇보다도 우주의 정적인 측면 대신에 우주의 역동적 측면과 관련되어 있을 때에는, 신의 형상을 지닌 왕이 우주 안에서 역동적 통치에 관여하고 있었다.

그렇다면 신의 형상을 모든 인간에게 귀속시키는 문헌들은 어떤 의미를 갖는 것일까? 지배의 기능이 인류 전체에게로 확대되어 이른바 "민주화 과정"을 겪었다는 주장으로 나아가는 것은 쉬운 일이 아니다. 만일 모든 인간이 통치자라면, 그들을 통치할 누군가는 존재하지 않을 것이다. 그뿐 아니라 「메리카레의 교훈」은 신의 형상이라는 수사학이 왕에게 적용되기 수세기 전에 기록되었으므로, 후자가 전자로부터 발전된 것이라고 보는 데는 무리가 있다.[218] 무엇이든 이전에 독재나 비민주적 과정을 거치지 않았다면, 민주화될 수 없다는 의미다. 「메리카레의 교훈」에서 신의 형상이 모든 인간에게 적용되는 경우, 이는 인간이 신 자신의 몸에서 생겨났다는 전제에 기초했다. 이것은 신의 아들 됨 및 왕권과 관련된 수

---

217 우리는 삼단논법이나 발전 모델을 공식화할 때 환원주의적인 태도나 지나치게 단순한 태도를 취하지 않도록 주의를 기울일 필요가 있다. 엔릴은 확실히 지배하는 신으로 간주되었고, 그의 보호 아래 통치권을 행사하던 신들은 작은 엔릴로 간주되었다. 내가 강조하고자 하는 것은 왕권 이데올로기가 지닌 신의 형상이라는 측면이 초기에는 나타날 수 없었으리라는 것이 아니라, 다만 신들 사이의 최고 통치권이 우주적 연관성을 거의 또는 전혀 갖지 못한 신들에게로 옮겨간 후에야 비로소 충분히 작동했다는 것이다.

218 Middleton, *The Liberating Image*, 100.

사에 등장하는 신의 형상 개념의 상호 관련성과 약간 비슷하다. 이 수사의 목적은 무엇보다도 신의 형상을 소유한 자의 역할이나 지위를 왕권 이데올로기의 맥락 안에서 확립하는 데 있으며(그러나 「메리카레의 교훈」에서는 그렇지 않음), 바로 이어서 그 사람으로 하여금 신적 기능과 특권을 떠맡도록 하는 데 있다.

신의 형상은 대규모로 제작된 조상(彫像) 안에도, 왕 또는 의례 전문가 안에도, 혹은 인간 자체 안에도 있을 수 있었다. 인간 전체 또는 특정한 인간이 신의 형상을 가진 자로 간주되거나 신의 형상으로 여겨졌지만, 인간의 창조를 다루는 고대 근동의 문헌들이 창조 행위와 신의 형상을 서로 관련시키는 일은 흔하지 않았다. 여기서 벗어나는 유일한 예외는 아마도 「메리카레의 교훈」일 것이다(물론 논란의 여지가 없는 분명한 진술은 여전히 아니지만 말이다). 고대 근동의 모든 문헌 중 오직 이 작품에서만 원형인 인류 전체가 신의 형상으로 묘사되고 있다.

간단히 결론을 말하자면, 우리가 규정한 모든 범주에 잘 들어맞는 신의 형상 개념은, 신의 형상을 가진 사람이야말로 신의 임재를 담지한 자이며 이 신을 대표해 그의 역할이나 기능을 수행한다는 데 있다.

인간의 역할에 관한 요약 및 결론

인간의 역할은 독립적인 주제가 아니다. 고대 근동의 인지 환경에서는 신의 역할과 관련해서만 이를 제대로 이해할 수 있다. 인간이 창조된 환경, 만들어진 재료(예컨대 몸의 성분), 기능 및 인간의 전파 과정 같은 것이든 무엇이든 간에 우주 안에서 인간의 역할에 관해 언급된 모든 이데올로기는 신과 관련된다.

인간에 관한 개념은 두 가지 역할에 초점을 맞추고 있다.

1. 우주 안에서 위치나 지위와 관련된 인간의 역할
2. 우주 안에서 기능과 관련된 인간의 역할

첫 번째 역할에서 인간에게 배정된 위치나 지위는 종종 창조 세계 안에서 사용된 물질적 구성 요소를 통해 언급된다. 그러므로 우주 안에서 원형적 인간의 위치는 물질적 용어로 표현된다. 신의 눈물이나 신의 피, 진흙 또는 티끌 등이 그렇다. 한층 폭넓은 용어를 사용하기는 하지만, 「메리카레의 교훈」 역시 인간의 위치에 대해 언급한다. 인간의 창조를 다루는 이집트 문헌은 대부분 우주 안에서 인간의 위치와 관련된 이 첫 번째 역할에 초점을 맞추고 있다.

두 번째 범주, 곧 우주 안에서 인간의 기능은 메소포타미아 문헌에 분명하게 드러난다. 그 문헌들에 따르면, 인간은 신들을 **위한** 기능을 수행하려는 목적으로 창조되며, 그 과정에서 이전에는 신들이 자기를 위해 해야 했던 비천한 업무를 수행함으로써 신들의 자리를 대신한다. 선택된 개개인이 신들**의** 기능—이 경우에는 무엇보다도 통치권—을 수행하게 된 것이 나중에는 고대 근동 전역에서 왕권 이데올로기의 한 부분이 되었다. 다양한 기능이 수많은 문헌에 분명하게 드러나는데, 다음과 같은 범주로 요약할 수 있겠다.

- 신들을 **대신하는** 기능(비천한 노동. 메소포타미아에서만 나타남)
- 신들을 **섬기는** 기능(의례 수행, 신전에 양식 공급. 메소포타미아와 이집트 및 창 2:15)
- 신들을 **위한** 기능(인간 이외의 피조물이나 다른 인간에 대한 통치. 메소포타미아와 이집트 및 창 1장에 있는 형상의 역할)

따라서 일반적인 고대 근동의 인지 환경에서는 현재 우리에게 남아 있는 모든 문헌의 관심사가 원형적 묘사를 통해 인간의 역할을 규명하는 데 있다고 결론 내릴 수 있다. (앞서 몇 가지 표본 범주를 통해 그 원형적 묘사 방식을 나눈 바 있다.) 창조가 인간을 위한 것이었다고 보는 「메리카레의 교훈」의 주장은 이런 일반적인 시각과의 가장 급격한 결별로서 주목할 만하다.[219] 비록 이 문헌이 다른 문헌과 마찬가지로 인간의 지위를 다루기는 하지만, 그럼에도 이는 인간의 위치에 관해 독특한 시각을 제공한다. 그렇게 현저하게 급진적이지는 않지만 「아트라하시스」 역시 일반적인 이해와의 또 다른 결별을 드러내고 있다. 죽임 당한 신의 피가 인간의 본질과 역할을 규정함에 있어 일정한 역할을 수행하고 있다는 점이 그렇다. 이런 예외 사례가 있기는 하지만, 인간에 대한 가장 보편적인 관심은 단순히 인간의 생물학적 실존에만 초점을 맞추지 않고 도리어 (생물계이건 무생물계이건 관계없이) 우주 안에서의 인간의 역할과 기능에 초점을 맞추고 있다.[220]

결론: 고대 근동의 인지 환경과 그것이 우주 내 존재의 지위 및 역할과 맺는 관련성

아래 목록은 본 장에서 도달한 결론을 잘 요약하고 있다.

- 신들은 우주 바깥에 있는 것이 아니라 우주 안에 있다.
- 신들은 주로 우주의 발생/신들의 출생 모델과 정치적/관료적 모

---

219 Assmann, *Search for God*, 173.
220 Van der Toorn, *Family Religion in Babylonia, Syria and Israel*, 96; 참조. Clifford, *Creation Accounts*, 8-9.

델에 따른 우주의 기능과 관련해 우주의 기원에 개입한다.
- 우주의 기원에 관한 우주의 발생/신들의 출생 모델은 기원전 이천 년 즈음에 정치적/관료적 모델에 자리를 내어준다.
- 신들의 싸움은 우주의 발생에 부수적으로 따르며, 단지 특이한 방식으로만 나타난다.
- 인간의 기원에 관한 이야기들은 우주 안에서 인간의 역할에 초점을 맞춘다. 그 역할이 지위에 관한 것이든 기능에 관한 것이든 관계없이 말이다.
- 인간의 창조에서 언급되는 재료에는 물질적인 의미가 있는 것이 아니라 원형적인 의미가 있다.
- 마찬가지로 신의 형상은 역할과 관련이 있으며 주로 정치적/관료적 모델의 왕권 이데올로기에서 발견되는데, 이는 왕이 신적 기능을 담당했음을 확증해준다.
- 사람들과 신들은 우주의 질서와 그 순조로운 운행을 확실하게 유지하기 위해 함께 일한다(위대한 공생).

이상의 관찰은 다음과 같은 앨런의 판단을 확증하는 효과를 지닌다. "[고대 이집트인은] 주로 물질적인 현실 너머에 있는 것에 관심을 가졌다."[221] 앨런은 신들이 우주의 기능을 수행하고 있다는 설명을 통해 인지 환경의 공통분모를 제공함으로써 이를 한층 더 상세하게 설명해준다.[222]

이집트의 문서들은 현실에 대한 객관적 견해보다는 주관적 견해를

---

221 Allen, *Genesis in Egypt*, 56.
222 이는 오늘날의 비목적론적이고 물질적이며 경험적인 시각과 대조를 이루는 목적론적이고 초월적인 시각을 가리킨다.

반영한다. 다양한 개념이 기계적 힘이나 물질적 요소로 표현되지 않고 도리어 인간과 관련된 용어로 표현된다. 지각 있는 존재(신들)의 의지와 개성 같은 것으로 말이다. 아울러 이집트 자료는 과학적이거나 철학적인 사유 자체를 기록하지 않았다. 그 모든 자료는 어떤 실질적인 목적에 이바지하고 있다. 그 목적이란 신을 예배하는 것일 수도 있고, 죽은 자들을 위해 성공적인 사후 세계를 확보하려는 시도일 수도 있다.[223]

우주 지리학

우주 지리학(cosmic geography)은 인간이 자기 주변 세계의 형태와 구조를 어떻게 생각하는지에 적용하는 용어를 일컫는다.[224] 현대 우주 지리학에서 지난 수백 년 동안 발전한 과학을 적용해보면, 우리는 우리가 대양이라 부르는 거대한 물줄기에 둘러싸인, 우리가 대륙이라 부르는 광대한 땅을 특징으로 하는 구체(球體) 위에 살고 있다는 것을 안다. 우리는 이 구체가 수많은 별 중 하나일 뿐인 태양의 주위를 공전하는 행성들로 구성된 체계에 속해 있다고 믿는다. 또한 우리 행성은 자전하고 있으며, 또 다른 더 작은 구체인 달은 우리 행성 주위를 공전하고 있다. 우리 태양계는 많은 별과 행성으로 이루어진 한 은하에 속해 있으며, 그 은하는 다른 많은 은하와 함께 우주를 구성하고 있다. 별들은 매우 멀리 떨어져 있으며, 어떤 별은 다른 은하의 구성 요소이기도 하다. 이런 우주 지리학이 매우 초보적이고 기본적인 것으로 보인다는 사실은 그것이 우리의 자기 이

---

223 Allen, *Genesis in Egypt*, 56.
224 본 장의 많은 내용은 내가 쓴 다음 책의 동일 주제를 다루는 장에서 가져온 것이다. *Ancient Near Eastern Thought and the Old Testament*.

해에 얼마나 깊게 뿌리박은 것인지를 잘 보여준다. 시간과 공간을 초월해 모든 인간은 누구나 우주 지리학을 가지고 있으며, 그것이 무엇인지를 알고 있다. 비록 그것이 "제2의 천성"이긴 하지만 말이다. 누구도 그것에 관해 생각할 필요가 없다.

어떤 한 문화권의 우주 지리학이 자기 세계관을 형성하는 데 중요한 역할을 수행하고, 그 문화권의 사람들이 관찰하고 경험하는 것을 설명하는 데 도움을 주는 배경을 제공한다는 점은 분명하다. 이를 구체적으로 뒷받침하기 위해 서구의 이런 현대 우주 지리학의 몇 가지 의미에 주목할 필요가 있다.

- 우주의 광대함에 비추어볼 때 땅과 그곳 주민들은 상대적으로 덜 중요하다.
- 날씨와 시간에 관한 우리의 이해는 물리적 맥락에 대한 이런 이해에 기초하고 있다.
- 인간은 물리적이고 물질적인 배경 속에서 살고 있다.
- 우주와 우리가 살고 있는 행성의 배경은 일관성과 예측 가능성을 가지고 움직이며, 우리는 물질계에 속한 것들과 그것들의 움직임을 지배하는 법칙을 추론해내어 신뢰할 수 있다.

이런 우주 지리학은 수세기에 걸친 관찰과 실험 및 추론에 의해 형성되었다. 우리는 그것이 "참되다"는 것을 충분히 확신한다. 올바른 원리를 기초로 우리의 시각을 약간 조정하는 작업이 필요하기는 하겠지만 말이다. 우리가 **과학**이라고 부르는 것이 기초가 되어 우리가 공유하는 우주 지리학을 계속 형성해가고 있다.

고대 세계의 사람들 역시 그들 자신의 우주 지리학을 가지고 있었다. 이는 그들의 사유 안에 깊이 결합되어 있어서 마치 그 세계관의 근간과 같았으며, 그들의 우주론에 널리 퍼져 있었고, 삶의 모든 측면에 영향을 미쳤으며, 그들의 생각 속에 "참된" 것처럼 자리 잡고 있었다. 그런데 이는 우리의 우주 지리학과는 현저하게 다른 것이었다. 만일 우리가 가나안, 바빌로니아, 이집트, 또는 이스라엘과 같은 고대 세계의 우주론적 인지 환경을 이해하고자 열망한다면, 그들의 우주 지리학을 이해하는 일은 필수다.[225] 고대 우주론이 담긴 이야기들은 당연히 고대인이 이해했던 우주에 관한 언어로써 다양한 기원을 설명하고 있으며, 그들의 우주 지리학은 그 한 가지 구성 요소다. 고대 근동의 문화 간에 다소 차이가 있기는 하지만, 어떤 요소는 그들 모두의 공통 특징을 형성한다.

삼층으로 된 우주

대체 무엇이 땅 위에 걸쳐 있는 창공(sky)을 지탱해주고 하늘(heaven)의 물들을 붙들어 매고 있는 것일까? 대체 무엇이 바다로 하여금 땅을 덮치

---

[225] 가장 중요한 참고 자료로는 W. Horowitz, *Mesopotamian Cosmic Geography* (MC 8; Winona Lake, IN: Eisenbrauns, 1998); B. Janowski and B. Ego, *Das biblische Weltbild und seine altorientalischen Kontexte* (FAT 32; Tübingen: Mohr Siebeck, 2001); O. Keel, *The Symbolism of the Biblical World: Ancient Near Eastern Iconography and the Book of Psalms* (New York: Seabury, 1978; repr., Winona Lake, IN: Eisenbrauns, 1997); L. Stadelmann, *The Hebrew Conception of the World* (AnBib 39; Rome: Pontifical Biblical Institute, 1970); P. Seely, "The Firmament and the Water Above," *WTJ* 54 (1992): 31-46; idem, "The Geographical Meaning of 'Earth' and 'Seas' in Genesis 1:10," *WTJ* 59 (1997): 231-55; I. Cornelius, "The Visual Representation of the World in the Ancient Near East and the Hebrew Bible," *JNSL* 20 (1994): 193-218; J. E. Wright, "Biblical versus Israelite Images of the heavenly Realm," *JSOT* 93 (2001): 59-75; C. Blacker and M. Loewe, *Ancient Cosmologies* (London: Allen and Unwin, 1975); Tsumura, *Creation and Destruction*을 보라.

지 못하게 막는 것일까? 대체 무엇이 땅으로 하여금 우주의 물들 속으로 가라앉지 않게 막는 것일까? 이상의 질문은 고대 세계 사람들이 물었던 것들이며, 그들이 도달한 답변은 그들의 우주 지리학에 구체적으로 표현되어 있다. 이집트, 메소포타미아, 가나안, 히타이트, 이스라엘인들은 모두 우주가 몇 개의 층으로 이루어져 있다고 생각했다. 땅은 중간에, 하늘은 위에, 지하 세계는 아래에 있다고 생각했다.[226] 일반적으로 고대인들은 한 개의 원반 모양의 대륙이 있다고 믿었다. 또한 이 대륙의 가장자리에는 높은 산들이 있었는데, 그 산들이 창공을 떠받치고 있다고 믿었다. 그들은 창공이 수증기나 공기가 아니라 단단한 무언가라고 생각했다(어떤 이들은 창공을 장막으로 생각했고, 다른 이들은 그것이 한층 견고한 덮개와 같다고 생각했다). 신들이 사는 하늘은 창공 위에 있었고, 지하 세계는 땅 아래에 있었다. 메소포타미아의 일부 문헌에 따르면, 고대인들은 하늘이 겹쳐진 세 원반으로 이루어져 있고, 각 원반을 구성하는 포장 재료가 다양한 물질로 이루어져 있다고 생각했다.[227] 이런 관찰의 결과로, 그들은 대략 해와 달이 동일한 평면을 동일한 방식으로 움직이고 있다는 결론을 내릴 수밖에 없었다. 해는 낮에 창공을 따라 계속 이동하고, 밤에는 지하 세계로 이동해 땅 아래를 가로지른 뒤에 이튿날 자신이 떠오르는 자리로 다시 돌아온다. 별들은 창공에 새겨져 있으며, 정해진 위치를 따라 움직이면서 자기에게 부여된 행로를 따라간다고 여겨졌다. 우주적 물들(cosmic

---

[226] 오늘날 일부 학자는, 고대인에게는 지하 세계가 땅의 또 다른 부분에 해당하며 따라서 우주에는 두 개의 층만 있을 뿐이라고 주장한다. 이런 두 가지 형태의 설명에 대한 논의로는 Keel, *Symbolism of the Biblical World*, 26-47을 보라. 우주가 두 층인지 아니면 세 층인지를 결정하는 일은 본 장의 논의에 별다른 도움이 되지 않는다. 따라서 나는 각각의 견해가 말하는 주장을 여기서 거론하지는 않을 것이다.

[227] 상세한 내용은 Horowitz, *Mesopotamian Cosmic Geography*를 보라. 몇몇 인용문을 포함해 간략한 설명으로는 Cornelius, "Visual Representation," 198을 보라.

waters)은 이런 우주 주변 전체를 흐르고 있었고, 창공에 의해 가로막혀 있었으며, 땅은 그 위에 떠 있었다. 비록 땅이 기둥들 위에 견고하게 세워져 있다고 여겨지기는 했지만 말이다. 물들로부터 생겨나는 비나 눈은 창공에 의해 가로막혀 있다가 창공에 있는 통로들을 통해 땅에 내렸다.

고대 세계 전체는 우주의 구조를 이와 비슷한 방식으로 이해했으며, 이런 견해는 코페르니쿠스의 혁명적인 주장과 계몽주의의 대두 이전까지 오랫동안 일반 대중의 생각을 지배했다.[228] 이와 같은 고대인의 인식은 과학적 연구에서 비롯되지 않았으며(물론 현대의 과학 기술이 고대인에게 유효한 것은 아니었다), 다만 물질계에 대한 그들의 생각을 표현하는 것이었다.

그렇지만 앞서 간략하게 정리한 물리적 묘사에 덧붙여, 고대인의 우주 지리학이 주로 형이상학적인 것이었고 단지 부수적으로만 물리적이고 물질적인 것이었음을 이해하는 것이 중요하다. 우주 지리학에서는 신들의 역할과 자기 현시가 가장 중요했다는 사실이 그것이다. 이를테면 메소포타미아의 사유에서는 신들이 붙들고 있는 굵은 줄이 하늘과 땅을 연결했고 창공에 떠 있는 태양을 지탱해주었다.[229] 이집트에서는 태양신이 낮에 자신의 배를 타고 하늘을 가로질러 항해했고, 밤에는 지하 세계를 항해했다. 아울러 창공의 별들은 창공의 여신이 지닌 아치 형태의 몸을 가로질러 가는 모습으로 그려졌으며, 대기의 신이 그 여신을 지탱하는 것으로 그려졌다. 또 다른 이집트 문헌에서는 하늘 황소가 네 신에 의해 떠받들어졌고, 그 네 신은 각각 하늘 황소의 다리를 하나씩 지탱하고 있었

228　Seely, "Geographical Meaning."
229　Horowitz, *Mesopotamian Cosmic Geography*, 120, 265; W. G. Lambert, "The Cosmology of Sumer and Babylon," in *Ancient Cosmologies* (ed. C. Blacker and M. Loewe; London: Allen and Unwin, 1975), 62; 「에누마 엘리쉬」 V 59-68을 보라.

다. 그녀(하늘 황소)는 날마다 태양을 낳았으며, 태양은 그녀의 복부를 가로질러 여행했고, 밤이면 그녀에게 삼켜졌다.[230] 우리가 자연 현상으로 여겨 묘사하는 것들의 배후에 있는 신적인 힘을 묘사할 때는, 이집트 예술이 메소포타미아 예술보다 더 분명하다.[231]

구조와 기능의 대립

이전 장들에서는 이미 고대 세계의 존재론이 물질적 실체보다는 그 기능과 역할에 더 연결되어 있었음을 살핀 바 있다. 따라서 우주의 물리적 구조에 관한 호기심을 뚜렷하게 간과했던 고대인들의 태도는 단순히 그들이 자기의 물리적 세계를 탐구할 수 없어서 생겨난 결과가 아니었다. 그들의 사유에서는 우주의 물리적 측면이 우주의 존재나 그 중요성을 규정하지 않았다. 물리적인 실재는 단순히 신들이 자신의 목적을 성취하기 위해 사용한 도구에 지나지 않았다. 고대인에게는 신들의 목적이 가장 큰 관심사였다.

이집트의 문헌과 도상(圖像) 자료는 이런 개념을 분명하게 표현하고 있다. 신들은 우주의 물리적 요소를 대표하는 자로 묘사된다. 다시 말해 옛 우주 지리학을 구성하는 요소는 무생물이 아니라 신들이라는 말이다. 비록 쿠두루(*kudurru*, 경계석을 의미한다)나 샤마쉬 명판(名板)들이 똑같이 신들과 물리적인 실재의 상호 의존 관계를 분명하게 묘사하기는 하지만, 메소포타미아의 도상 자료는 이 점에 있어 일관성이 부족한 편이다. 메소포타미아의 문헌이 하늘의 구조와 같은 쟁점을 논하면서 세 층이 서로

---

230 Lesko, "Ancient Egyptian Cosmogonies and Cosmology," 118.
231 Cornelius, "Visual Representation," 196-97.

다른 종류의 돌로 포장되어 있는 상황을 언급할 때조차도(이는 명백하게 물질에 관한 진술이다), 그 주요 관심사는 신들이 제각기 차지하고 있는 각각의 층에 맞추어져 있다.

하늘들의 구조

하늘들은 무엇보다 신들이 사는 장소를 일컫는다. 메소포타미아의 문헌에서는 아다파가 아누를 만나기 위해 하늘로 올라간다. 위대한 신들의 하늘 신전은 하늘에 자리하고 있었다. 하늘에 관한 묘사에는 약간의 변화가 있다. 하늘의 층을 때로는 하나로, 때로는 셋으로, 때로는 일곱으로 묘사했다.[232] 이런 변화는 대개 각 층을 다양한 신의 거주지로 묘사하려는 것이었으며, 이를 통해 각 층은 전체 신 가운데 어떤 신이 가진 계층적 지위를 규정하는 역할을 했다.[233] 메소포타미아 문헌은 하늘 안의 간격들[234]과 하늘의 형태에 관한 다양한 이론을 반영한다. 레반트 지역에서 신들은 산들의 꼭대기에 산다고 묘사되지만, 이는 메소포타미아의 묘사와 대립하지 않는다. 산들은 하늘과 만나는 지점으로 여겨졌고, 따라서 하늘은 산들의 꼭대기에 있다고 여겨졌기 때문이다.

 샤마쉬 명판은 우리에게 특별한 정보를 제공한다. 육체로는 신전 안에 있지만 자신이 샤마쉬의 하늘 보좌 앞에 있다고 믿었던 예배자들의 모습을 보여주기 때문이다.[235] 아프수의 우주적인 물들은 샤마쉬의 발아

---

232 랍비 문헌 역시 마찬가지다(*Midr. Deuteronomy Rabbah*). 참조. Stadelmann, *Hebrew Conception of the World*, 41.
233 Horowitz, *Mesopotamian Cosmic Geography*, 244-52.
234 Horowitz, *Mesopotamian Cosmic Geography*, 177-88.
235 때때로 "태양신 토판"으로 언급되는 이 명판은 신바빌로니아 시대의 왕실 비문으로, 나부-아플라-잇디나(888-855)의 통치 시기로 추정되는 에밥바르(Ebabbar) 신전의

래 있으며, 별들은 그런 모습의 밑바닥을 가로질러 창공에 그 모습을 드러낸다.²³⁶ 카시트의 왕 멜리쉬팍(Melishipak, 때로는 멜리쉬슈로 불림)이 세운 바빌로니아의 쿠두루 위에는 중요한 천체 신들의 상징이 위쪽 명부에 묘사되어 있는데, 이는 하늘 영역을 나타낸다.²³⁷

창공

하늘과 땅의 경계를 우리는 **창공**(sky)이라 부른다.²³⁸ 창공의 주요 기능은 상층부의 물들을 붙들어 매는 데 있다. 때때로 산들은 창공과 만나는 지점으로, 아마도 창공을 지탱하는 곳으로 여겨졌을 것이다. 다른 맥락(예. 「에누마 엘리쉬」)에서는 창공을 지탱하는 무언가에 대한 언급이 전혀 없다. 메소포타미아 문헌은 창공을 청색(메소포타미아어의 삭길뭇-돌=청색/청금석/청옥) 포장도로로 묘사할 뿐만 아니라,²³⁹ 때때로 창공이 일종의 외

루부쉬투(*lubuštu*) 의식과 관련되어 있다.
236 C. Woods, "The Sun-God Tablet of Nabu-apla-iddina Revisited," *JCS* 56 (2004): 23-103.
237 이와 관련된 사진과 설명 및 논의는 P. O. Harper, J. Aruz, and S. Tallon, *The Royal City of Susa* (New York: Metropolitan Museum of Art, 1992), 178-80을 보라(Harper의 논문이다). 아울러 T. Ornan, *The Triumph of Symbol* (OBO 213; Fribourg: Academic Press/ Göttingen: Vandenhoeck & Ruprecht, 2005), 46의 추가 논의도 보라.
238 이 용어는 정확하게 규정하기 어렵다. 창공은 물들의 경계를 가리키기보다는, 하늘과 땅이 분리될 때 이 둘 사이에 창조된 공간을 종종 가리키기 때문이다. 둘 사이의 공간은 (이를테면 엔릴 같은) 신들에 의해 다스림을 받으며, (이를테면 슈 같은) 신으로 의인화된다. 한편 메소포타미아 문헌에서는 이 경계가 결코 의인화되지 않는다. 「에누마 엘리쉬」에서 티아마트의 시신이 이를 의인화하는 역할을 한다고 주장하지 않는 한 그렇다. 이집트에서는 누트가 그 경계를 나타낸다.
239 Horowitz, *Mesopotamian Cosmic Geography*, 263; 참조. 출 24:10.

피(外皮)라고 암시한다.[240] 이집트의 도상 자료에서는 누트가 창공을 나타 낸다. 피라미드 문서 1040c에서는 산들이 창공을 지탱하는데, 이는 창공을 단단한 것으로 간주할 경우에만 이해되는 언급이다.[241]

"궁창들"을 뜻하는 이집트어 "비아"(*bia*)는 "경이로운 것들"이나 "놀라운 것들"을 뜻하는 "비아우"(*biau*)나 "철"을 뜻하는 "비아트"(*biat*)와 관련되어 있는 것이 분명하다. 확실히 이집트인은 자기가 의례를 위해 사용했던 경이로운 운철과 창공의 덮개를 만드는 데 사용된 것으로 여겨진 재료를 서로 연결시키고자 했다. 이 개념은 빛나는 덮개 아래서 동쪽에서부터 서쪽으로 움직이는 태양의 영광이 반사되는 모습과 일치하는 것으로 보인다. 또한 아마도 그것은 태양이 이 덮개 **위에서** 서쪽에서부터 동쪽으로 움직이는 현상과도 일치할 것이다. 후자의 경우, 태양의 영광은 별들을 통해 어렴풋이 느껴질 것이며, 운석이 떨어질 때에는 그 덮개 안에 구멍이 생길 것이다.[242]

호프마이어(J. Hoffmeier)는 기둥이나 디딤대들이 땅 위의 창공을 지탱하고 있다는 주장이야말로 이집트의 우주론을 지배했던 견해였다고 강조한다.[243]

---

240 *Ee* IV 139-40; 참조. Horowitz, *Mesopotamian Cosmic Geography*, 262은 *CAD* Š/1 22a의 지지를 받으나 *CAD* M/1 342a와는 반대된다.
241 Seely, "Geographical Meaning," 233; PT 299a도 보라. 만일 언어유희를 진지하게 받아들인다면, 이집트인들은 하늘이 운철(隕鐵)로 만들어졌다고 믿었을 수도 있다. 왜냐하면 그 조각들이 때때로 땅에 떨어졌기 때문이다. 이에 대해서는 Lesko, "Cosmogonies and Cosmology," 117을 보라.
242 Lesko, "Cosmogonies and Cosmology," 117.
243 Hoffmeier, "Thoughts on Genesis 1 and 2," 45-46. 그는 PT §§348, 360, 1456, 1510, 1559; CT 1 2641; BD 450, 14 등을 예로 든다.

날씨와 위에 있는 물들

(창공이 붙들어 매고 있는) 위에 있는 물들은 메소포타미아의 샤마쉬 명판에서 도상학적으로 묘사될 수도 있겠지만, 다수의 이집트 그림, 특히 석관(石棺)에 새겨진 그림에 한층 확실하게 묘사되어 있다.[244] 메소포타미아에서 마르두크는 호위병들에게 하늘의 물들이 땅으로 넘치지 못하도록 막으라고 명한다.[245] 이 물들은 티아마트의 몸에 남은 것으로, 티아마트의 몸은 그녀가 마르두크에게 패한 후에 위의 물들과 아래의 물들로 나뉘었다. 이집트 문헌은 하늘의 대양을 *kdbhdw-Hdr*, 곧 "호루스의 서늘한(또는 위쪽) 물들"로 칭한다.[246] 태양신의 배는 이 하늘의 대양을 가로질러 한쪽 지평선으로부터 다른 쪽 지평선으로 항해한다.

하늘의 물들이라는 개념은 비나 눈에 대한 경험에서 자연스럽게 추론된 것이 분명하다.[247] 만약 창공에서 물방울이 떨어진다면, 그곳 위쪽에도 물방울이 있음이 틀림없다. 이처럼 창공을 날씨와 뚜렷하게 연결시키는 태도는 창세기 1장을 논의할 때 추가로 중요한 의미를 가지게 될 것이다. 메소포타미아의 비유 표현은 비가 오는 "하늘의 가슴들"을 언급한다.[248] 우가리트 문헌은 구름이 비를 내리기 위한 두레박 역할을 수행한다고 묘사한다.[249] 이집트와 메소포타미아의 사유에 따르면, 창공의 둥근

---

244 Keel, *Symbolism*, 35-47.
245 「에누마 엘리쉬」 IV 139-40; Horowitz, *Mesopotamian Cosmic Geography*, 262을 보라.
246 Keel, *Symbolism*, 37.
247 Horowitz, *Mesopotamian Cosmic Geography*, 262.
248 Horowitz, *Mesopotamian Cosmic Geography*, 262-63.
249 Stadelmann, *Hebrew Conception of the World*, 132.

천장을 통한 출입이 똑같이 여러 문을 통해 이루어졌다.[250] 이슬을 포함해 모든 비나 눈은 위에서 내리므로, 물방울의 모든 근원은 창공에 의해 조절된다.

천체

해와 달, 별, 행성[251]은 모두 같은 범주에 속하며 대기권이라는 동일 지역을 차지한다고 여겨졌다. 그것들을 창공 아래에서 볼 수 있었기 때문이다. 메소포타미아에서는 별들이 창공의 아래에 새겨져 있다고 생각되었으며, 그것들은 36개 구간으로 나뉜 하늘을 가로지르는 이동 경로(세 개의 행로: 아누의 길, 엔릴의 길, 에아의 길)를 배정받았다.[252] 별자리들이 확인되었고, 12궁 별자리를 포함해 별자리의 이름이 지어졌다. 12궁이라는 개념 자체가 비록 후대에 발전된 것이기는 했지만 말이다.[253]

이집트와 메소포타미아 및 레반트 지역에서는, 태양이 서쪽으로 질 때 다시 떠오르기 위해 지하 세계로 들어선 후에 서쪽에서 동쪽으로 이동한다고 이해되었다. 샤마쉬(바벨론의 태양신)는 지하 세계를 가로질러 항해했으며, 그곳의 거주민에게 음식과 빛을 나누어주었다. 밤 시간에 관한 이집트의 사유는 더 큰 정신적 외상을 포함했다. 라(Ra)가 별들을 노 젓는 자로 대동한 채 자신의 배를 타고 항해할 때 다양한 귀신으로부터 위협을 받았다는 점이 그렇다.

---

250 Horowitz(*Mesopotamian Cosmic Geography*, 266)는 참고 문헌을 요약해 제공한다(266 n. 33).
251 그들이 인식했던 행성은 수성, 화성, 목성, 토성 등이었다.
252 Horowitz, *Mesopotamian Cosmic Geography*, 256.
253 Stadelmann, *Hebrew Conception of the World*, 87.

달의 경우 가장 중요한 것은 달의 주기였는데, 이는 달력을 제정하기 위해서였다. 모든 고대 문화는 태음력에 기초한 달력에 따라 움직였으며, 이는 태양년이나 항성년의 계산법에 따라 주기적으로 조정되었다. 행성과 별은 그 움직임이 추적되었고, 온갖 징조의 근원이 되기는 했지만, 고대의 우주 지리학에서 큰 관심사는 아니었다.[254]

땅의 구조

고대인이 자기 주변의 세계를 어떻게 생각했는지를 전해주는 다이어그램과 문서가 메소포타미아(바벨론의 세계 지도)와 이집트(이집트의 석관)에 똑같이 보존되어 있다.[255] 이런 자료들은 모든 고대 근동 문화가 땅을 편평한 원반 모양으로 간주했음을 확증해준다.[256] 이집트의 석관들은 정치적이고 신학적이며 우주적인 개념들을 일정한 양식에 맞춰 정리했다. 다른 한편으로 바벨론의 세계 지도는 정치적이고 우주적이며 지형학적인 개념들을 양식화했다.[257] 이 두 자료가 공통으로 표현하는 개념은 다음과 같이 요약할 수 있다.

정치적 개념. 두 자료는 공히 그들 자신의 지역을 땅의 중심으로 간주한다. 이집트의 석관을 보면, 두아트(Duat, 죽은 자들의 세계)가 여러 동심원 고리의 중심에 자리하고 있으며, 표준적인 이집트의 41개 주(州)에

---

254 Hunger, *Astrological Reports to Assyrian Kings*.
255 특히 흥미로운 것은 프톨레마이오스 시대의 사카라 공동묘지에서 나온 웨페르네쉐프의 석관 뚜껑 상층부에 돌로 새겨진 것이다. 관련 논의는 Keel, *Symbolism*, 37-39; Cornelius, "Visual Representation," 196-98, fig. 2를 보라.
256 이집트: Keel, *Symbolism*, 37; 메소포타미아: Horowitz, *Mesopotamian Cosmic Geography*, 334; 이스라엘: Seely, "Geographical Meaning," 238과 사 40:22을 보라.
257 Horowitz, *Mesopotamian Cosmic Geography*, 20-42.

의해 둘러싸여 있다. 한 고리 바깥으로 움직이면, 그다음 고리는 외국 땅을 가리킨다. 메소포타미아 세계 지도에서는 바빌론이 중심에 있고, 몇 개의 다른 지역(수사, 아시리아, 우라르투, 합반, 비트 야킨)이 그 주변을 둘러싸고 있다. 다섯 군데의 삼각형 지역은 나구(*nagu*), 즉 바다의 섬들을 가리킨다.[258]

우주적 개념. 두 자료는 모두 우주적 물들이 원반 형태로, 원반 형태의 거대한 한 대륙을 둘러싸고 있다고 이해한다. 이집트 석관들이 다른 영역(하늘과 지하 세계)의 모습을 포함하고 있는 반면에, 메소포타미아 세계 지도는 단지 지상의 특징만을 보여줄 뿐이다.

지형학적 개념. 이집트 석관에는 지형학적 정보가 전혀 없지만, 메소포타미아의 세계 지도는 상층부의 산과 유프라테스, 운하, 늪지대 등을 보여주는데, 그것의 위치가 정밀하지는 않아도 비교적 바르게 표시되어 있다.[259]

신. 이집트 석관은 다수의 특징을 포함하고 있다. 대표적인 신으로는 아누비스, 눈, 누트, 라 등이 있지만, 그들은 한결같이 지상적 특징보다는 우주적 특징과 관련되어 있다. 세계 지도에는 종교적 특징이 전혀 나타나지 않는다.

우주의 중간층에 관해 추론하는 데 가장 크게 도움을 줄 만한 정보는 「에타나 서사시」에서 오는데, 이 서사시의 영웅은 독수리 등을 타고 하늘로 올려진다. 이 문학작품은 땅과 바다를 서로 다른 고도에서 바라보

---

258 비록 그곳들이 여전히 우리가 대륙이라 부르는 곳일 수도 있지만, 이상의 모든 지역은 수로 여행을 통해서만 도달할 수 있는 곳이다. Horowitz, *Mesopotamian Cosmic Geography*, 30-33의 논의를 보라.
259 정리된 내용에 대해서는 Horowitz, *Mesopotamian Cosmic Geography*, 29을 보라.

는 대로 묘사하려고 노력한다.[260] 호로비츠(W. Horowitz)는 이 작품에 사용되는 두 비유적 표현을 다음과 같이 요약한다.

> 첫째, 바다는 땅을 둘러싸는 것으로 묘사된다. 우주적 대양 마라투(*marratu*)가 세계 지도의 중심 대륙을 둘러싸는 것처럼 말이다. 둘째, 저자는 땅과 바다를 농사 관련 용어(정원사의 수로, 정원, 동물 우리, 관개 수로, 여물통)로 묘사한다. 예컨대 각각 10, 15, 20킬로미터 높이에서 볼 때 줄어든 크기로 보이는 땅의 모습을 따라서 묘사한다.[261]

이상의 비유적 표현은 바다가 땅처럼 광활하고 넓다고 이해되지 않았음을 암시한다. 왜냐하면 바다는 한 구획의 땅을 둘러싼 경계 수로 내지는 동물 우리를 둘러싼 울타리에 비교되었기 때문이다. 아카드 문헌은 지상의 땅 표면을 지름 오천 킬로미터 정도의 원반으로 여기는데, 그것이 북쪽으로는 티그리스와 유프라테스 강의 발원지인 터키 남부의 산악 지대까지 미치며, 남쪽으로는 이란 남동부 지역(수사 바로 너머 지역)에까지 펼쳐져 있다고 추정한다. 동쪽의 경우, 그것은 자그로스 산맥과 이란 평원에까지 펼쳐져 있었지만, 서쪽 경계 지역에 대해서는 불분명하게 나타난다. 세계 지도를 만든 이들은 지중해를 분명히 알고 있었고, 그것을 중요한 서쪽 경계로 간주했다.[262]

당시에 알려진 세계의 가장자리에 있던 산들은 창공과 만나고, 아마도 창공을 떠받치고 있으며, 지하 세계에 그 뿌리를 둔다고 여겨졌을 것

---

260 Horowitz, *Mesopotamian Cosmic Geography*, 43-66.
261 Horowitz, *Mesopotamian Cosmic Geography*, 60-61.
262 이런 정보의 많은 부분은 "사르곤 지리학"으로부터 비롯되었다. Horowitz, *Mesopotamian Cosmic Geography*, 67-95을 보라.

이다. 어떤 경우에는 산이 우주적 물들의 경계로 여겨지기도 했다.[263] 이런 시각 중 일부를 반영하는 한 가지 사례를 시미리아(Simirria) 산에 관한 묘사에서 찾아볼 수 있는데, 사르곤 2세의 비문 중 하나에는 그것이 다음과 같이 기록되어 있다.

> 창의 날선 면과도 같이 위로 솟아오른 거대한 산봉우리여, 산맥의 꼭대기에는 벨레트-일리의 거처가 있는 시미리아 산이 그 머리를 쳐든다. 위로는 그 봉우리가 하늘에 기대고 있으며, 아래로는 그 뿌리가 지하 세계에까지 미친다.[264]

창공을 떠받치고 있는 것에 관한 다른 의견을 찾아볼 수 있기도 하지만, 이집트인들 역시 때때로 산이 창공을 떠받치고 있다고 생각하기도 했다.

> 땅 위로는 광활한 창공이 있었다. 창공은 대기에 의해 땅으로부터 분리되었으며, 땅의 네 모퉁이에서 네 개의 버팀목에 의해 떠받혀 거대하고 편평한 접시처럼 높이 솟아 있었다. 어떤 묘사에 의하면 이 버팀목들은 기둥이나 갈래진 가지로 묘사되는데, 이는 아마도 천막의 각 모퉁이를 지탱하는 데 쓰인다고 여겨졌을 것이다. 다른 사례에서는 그것들이 네 개의 거대한 산들

---

263 Horowitz, *Mesopotamian Cosmic Geography*, 331-32을 보라. 참조. F. Wiggermann, "Mythological Foundations of Nature," in *Natural Phenomena: Their Meaning, Depiction and Description in the Ancient Near East* (ed. D. J. W. Meijer; Amsterdam: Royal Netherlands Academy of Arts and Sciences, 1992), 286.

264 번역은 Horowitz, *Mesopotamian Cosmic Geography*, 98에서 인용했다. 「길가메시」 IX에 있는 마슈(Mašu) 산에 관한 묘사도 보라.

로 묘사된다.[265]

당시 사람들이 인식했던 세계의 가장자리에서 중심부로 시선을 옮겨보면, 몇 개의 상이한 비유적 표현을 만나게 되기도 한다. 사회정치적인 시각으로 볼 경우, 앞서 언급했듯이 모든 지역의 사람에게 그들 자신과 자기의 땅이나 수도가 중심부에 자리한다고 보는 시각은 흔한 것이었다.[266] 우주적 용어로 표현하자면, 땅의 중심부는 종종 세계 나무 또는 우주적 산으로 인식되었다.[267] 우가리트 문헌에서는 후자가 더 많이 발견되는데, 이는 아마도 시리아가 산악 지대이기 때문일 것이다. 이집트나 메소포타미아에서는 중심부 산이라는 개념이 약한 편이다. 이 두 문명이 평지와 강을 낀 분지에 중심을 두고 있었기 때문이다.[268] 메소포타미아와 이집트에서 우주의 중심은 신전에 자리하고 있었다.[269] 이집트에서는 때때로 신전이 태고의 언덕을 포함했는데, 이는 맨 처음에 우주적 물들로부

---

265 J. M. Plumley, "The Cosmology of Ancient Egypt," in *Ancient Cosmologies* (ed. C. Blacker and M. Loewe; London: Allen and Unwin, 1975), 20-21; Hoffmeier, "Thoughts on Genesis 1 and 2," 39-49.

266 예루살렘을 세계의 중심으로 봤던 이스라엘을 보여주는 겔 5:5; 38:12을 보라. 참조. D. Bodi, *The Book of Ezekiel and the Poem of Erra* (OBO 104; Freiburg: Universitätsverlag / Göttingen: Vandenhoeck & Ruprecht, 1991), 219-30; Stadelmann, *Hebrew Conception of the World*, 147; Clifford, *Creation Accounts*, 135, 183.

267 수메르 신화 "루갈반다와 안주"에서는 이 두 가지 비유적 표현이 결합되어 있다. 이에 대해서는 H. Vanstiphout, *Epics of Sumerian Kings* (SBLWAW 20; Atlanta: Society of Biblical Literature, 2003). 136-39; R. S. Falkowitz, "Notes on 'Lugalbanda and Enmerkar,'" in *Studies in Literature from the Ancient Near East* (ed. J. M. Sasson; New Haven, CT: American Oriental Society, 1984), 105을 보라. Wiggermann("Mythological Foundations," 285-86)은 수메르 자료에 있는 "거룩한 언덕"(du_6-*kù*)에 대해 논의한 바 있다.

268 Clifford, *Creation Accounts*, 9-10.

269 Clifford, *Creation Accounts*, 25.

터 솟아났다.[270]

고대 세계에서 널리 알려진 또 다른 개념은 거대한 나무가 세계의 중심에 서 있다는 인식이었다. 때때로 이는 "세계 나무" 또는 "생명나무"로 불렸다.[271] 우주적 나무가 우주의 중심에 있다는 개념은 고대 근동 세계에서 공통으로 발견되는 주제다. 나무의 뿌리는 지하의 거대한 대양에 의해 영양분을 공급받으며, 그 꼭대기는 구름과 합쳐짐으로써 하늘과 땅 및 지하 세계를 한데 묶는 역할을 했다. 「에라와 이슘의 시」에 의하면, 마르두크는 메수(mesu) 나무에 관해 말하는데, 이 나무의 뿌리는 대양을 가로질러 아래로는 지하 세계까지 이르렀고 그 꼭대기는 하늘 위에 있었다.

> 신들의 육체인 메수-숲은 어디에 있는가?
> 이는 세상을 다스리는 왕의 고유한 기장(記章)이요,
> 순전한 수목이요, 키 큰 젊은이이며, 주가 되신다.
> 그 뿌리가 거대한 대양으로 내려가되
> 백 마일의 물길을 가로질러 아랄루(Arallu)의 밑바닥에 이른다.
> 틀어 올린 그의 머리는 아누의 하늘에서 쉼을 얻는가?[272]

---

270 Clifford, *Creation Accounts*, 27-29. Keel, *Symbolism*, 113도 보라.
271 몇몇 학문적인 연구는 신적인 질서를 상징함과 아울러 왕을 대표하는 나무에 더 많은 관심을 기울인다. 이에 대해서는 S. Parpola, "The Assyrian Tree of Life," *JNES* 52 (1993): 161-208; P. Lapinkivi, *The Sumerian Sacred Marriage in Light of Comparative Evidence* (SAAS 15; Helsinki: Neo-Assyrian Text Corpus Project, 2004), 111-18; M. Henze, *The Madness of Nebuchadnezzar: The Ancient Near Eastern Origins and Early History of Interpretation of Daniel 4* (JSJSup 61; Leiden: Brill, 1999), 75-90을 보라. 이런 개념들을 공유하는 성서 본문은 단 4장과 겔 31장이다.
272 *Erra and Ishum* (Dalley, *Myths From Mesopotamia*, 291).

수메르의 「루갈반다와 엔메르카르」 서사시에서는 "독수리-나무"가 비슷한 역할을 한다. 아시리아의 작품에서도 신성한 나무라는 주제가 널리 알려져 있다. 일부 학자는 이를 생명나무로 불렀으며, 또 다른 이들은 세계 나무와 관련시키기도 했다. 이 나무 곁에는 종종 동물이나 사람 또는 신적인 존재가 서 있다. 이 나무의 꼭대기 위쪽 한가운데에는 흔히 날개 달린 원반이 놓여 있다. 왕은 이 나무의 의인화로 묘사된다. 어떤 이들은 이 나무가 신적 세계 질서를 대표한다고 생각하지만, 고대 근동 문헌에서는 여기에 관한 논의가 발견되지 않는다.[273]

마지막으로, 땅은 기둥들이 떠받치고 있지만 지하 세계까지 뻗어 있는 산의 뿌리에 의해 지탱된다고 여겨졌다. 이런 비유적 표현은 땅이 지하의 물들 위에 떠 있다는 개념과 합쳐지지 않으면 안 된다.

바다

고대인의 사유에 알려져 있던 세 가지 종류의 물—땅을 둘러싼 우주적 바다,[274] 땅 아래에 있는 물, 땅 위에 있는 물—은 분리된 개체가 아니었다.[275] 담수와 염수가 존재한다는 사실은 알려져 있었지만, 이런 구분이 물줄기들을 구별하는 작업을 필요로 하는 것은 아니었다(결국에는 담수를

---

273 Parpola, "The Assyrian Tree of Life."
274 Seely, "Geographical Meaning," 243. 이집트인들은 때때로 지중해를 "셴베르"(*shenwer*), 즉 "거대한 포위자"로 칭했다(Lesko, "Cosmogonies and Cosmology," 117).
275 Seely, "Geographical Meaning," 253; Horowitz, *Mesopotamian Cosmic Geography*, 325ff; Tsumura, *Earth and the Waters*, 61. 메소포타미아 문헌에서 아다드는 위아래에 있는 물의 흐름과 관련된 신으로 여겨졌다. 이에 대해서는 Weinfeld, "Gen. 7:11," 244-45을 보라.

대표하는 강이 염수를 대표하는 바다로 흘러들었다). 바다를 제자리에 묶어두는 데 필요한 수단을 표현하기 위해 자물쇠, 빗장, 창살, 그물과 같은 은유가 사용되었다. 이 모든 특별한 통제 수단은 궁극적으로 경계선을 정하는 한 신이나 여러 신에 의해 확립되고 유지되었다.[276]

이집트인들은 우주를 "어둡고 움직임이 없는 물로 된 무한한 대양이며, 그 안에서 생명의 세계가 공기와 빛으로 된 구체로 떠다니고 있다고 여겼다. 그들이 남긴 문헌은 이 대양을 창공 위에 존재하는 것으로 묘사한다."[277]

고대 근동의 홍수 전승에 의하면, 땅을 뒤덮은 물들은 다양한 발원지에서 유래했다.

「아트라하시스」

안주가 자신의 발톱으로 창공을 찢어버리자 홍수($abubu$)[278]가 터져 나왔다.[279]

급류($radu$)[280]와 폭풍우($mehru$)[281] 및 홍수($abubu$) 등이 엄습했다.[282]

---

276 Horowitz, *Mesopotamian Cosmic Geography*, 326-27.
277 Allen, *Genesis in Egypt*, 4.
278 여기서는 "아부부"($abubu$)가 창공으로부터 오는 것인 반면에, 다른 문헌에서는 그것이 땅의 한복판으로부터 솟아오른다. 이에 대해서는 *CAD* A/1 80을 보라.
279 Dalley, *Myths From Mesopotamia*, 31,「아트라하시스」III iii 7-11.
280 폭풍우나 호우를 칭하는 표준적인 낱말은 "라두"($radu$)다. 이에 대해서는 *CAD* R 60-61을 보라.
281 "메흐루"($mehru$)라는 용어는 물보다는 일반적으로 바람, 티끌, 불 등과 관련되어 있다. 이에 대해서는 *CAD* M/2 4-6을 보라.
282 Dalley, *Myths From Mesopotamia*, 33;「아트라하시스」III iv 25.

「길가메시」

에라칼은 정박용 기둥들을 뽑아버렸고, 니누르타는 앞으로 나아가서 둑이 흘러넘치게 했다.[283]

홍수(*abubu*)와 폭풍우(*meḫru*)가 땅을 덮쳤다.[284]

이상의 모든 문헌에서 온갖 종류의 우주적 물들과 모든 발원지로부터 나온 우주적 물들이 홍수에 관여하고 있다. 창조 행동은 우주적 물들의 경계선을 설정하는 행동을 포함했다. 홍수 때는 그런 제약이 제거됨으로써 파멸을 초래했다.

지하 세계의 구조

이 범주에서 우리는 이집트와 다른 고대 세계 사이의 가장 주목할 만한 차이를 발견한다. 따라서 우리는 다양한 지리적 영역을 각각 논의하고자 한다. 이집트에서는 죽은 자들의 자리인 두아트(Duat)가 지하에 있었고, 서쪽 지평선을 통해 출입이 이루어졌다. 두아트에는 수많은 신이 거주하고 있었다. 그중 가장 대표적인 신이 바로 아누비스와 오시리스다. 누트의 책은 이렇게 말한다. "창공이 없고 땅이 없는 모든 공간, 그곳이 바로 두아트다."[285] 모든 인간은 죽음을 마주할 때 이 지하 세계를 건너야 했다. 그 궁극적 목표는 태양신과 함께 갈대의 들판이나 봉헌의 들판으로 여행하는 것이었다.

죽은 자들의 여행은 서쪽에서 시작되었다. 그때 각 개인은 태양이 질

---

283 「길가메시」 XI 102-3; Dalley, *Myths From Mesopotamia*, 112.
284 「길가메시」 XI 129; Dalley, *Myths From Mesopotamia*, 113.
285 *COS* 1.1.

무렵에 태양신과 함께 지하 세계에 들어섰다. 신왕국 시대의 「암두아트」(Amduat)라는 책은 지하 세계를 "거대한 도시"로 칭하며, 거기로 들어가는 문을 "모든 것을 삼키는 것"으로 부른다.[286] 지하 세계는 태양신의 배를 타고 건너기에 가장 먼저 만나는 곳이다. 이어서 사막 지대를 만난다. 그곳은 장애물로 가득하며 인간이라면 반드시 통과해야 하는 다양한 문과 어두움, 화염 호수와 뱀들을 포함한다. 지하 세계의 중간 지점은 태고의 물들로 가득한 물웅덩이가 있는 것이 특징이다. 태양신과 함께 탄 배는 항해하면서 거대한 혼돈의 뱀, 아포피스의 위협을 받는다.

고대 세계의 다른 지역은 지하 세계에 관해 이집트의 시각과 일치하지 않는 생각을 공유했다. 대략 개관하자면, 고대 근동의 다른 지역들은 지하 세계에 대해 상당히 비슷하게 생각했다. 메소포타미아에서 지하 세계를 가리키는 데 사용되는 용어로는, 사람들이 관여할 때 사용되는 "쿠르"(KUR)와 악한 영에 관한 논의가 이루어질 때 사용하는 "아랄리"(ARALI)가 있었다.[287] 카시트 시대의 바빌로니아 경계석 "쿠두루"는 지하 세계를 어떤 도시로 묘사한다. 이 도시에는 지하 세계 신들의 궁전이 있었다. 다른 모든 도시와 마찬가지로 이 도시 역시 사회정치적 계층 구조가 있었다.[288] 「이슈타르의 몰락」이나 「길가메시」와 같은 신화는 죽은 자들이 반드시 통과해야 하는 일곱 문에 관한 정보를 제공하며, 그곳 거주민의 처우에 대해 설명한다. 지하 세계로의 출입은 무덤을 통해서 이루어졌는데, 이는 왜 적절한 매장이 그토록 중요한 의미를 가지고 있었는지

---

286 E. Hornung, *The Ancient Egyptian Books of the Afterlife* (Ithaca, NY: Cornell University Press, 1999), 34.
287 D. Katz, *The Image of the Netherworld in the Sumerian Sources* (Bethesda, MD: CDL, 2003), 58-59.
288 Katz, *Image of the Netherworld*, 113-96.

를 잘 설명해준다.

우주 지리학의 결론

현대의 우주 지리학은 일반적인 네 가지 관심사를 다음과 같이 설명한다.

1. 우주는 어떻게 배열되어 있는가?(예. 은하 안에서 태양계의 위치, 지구 표면의 대륙들)
2. 우주는 어떻게 움직이는가?(예. 물리학: 중력과 다른 힘, 운동 법칙들)
3. 우주는 어떻게 생겨났는가?(예. 다양한 이론: "빅뱅", 대륙 이동)
4. 우주는 어떻게 만들어졌는가?(예. 대기권의 기체들, 지구의 중심부, 암흑 물질)

고대의 우주 지리학은 몇 가지 방식에서 이것과 겹치는 모습을 보이지만, 당연히 매우 다른 결론을 수반한다.

1. 우주는 어떻게 배열되어 있는가?(예. 땅을 둘러싼 우주적 물들, 창공과 땅 사이 공간에 있는 해와 달과 별)
2. 우주는 어떻게 움직이는가?(예. 물들을 떠받치는 창공, 땅을 지탱하는 기둥)
3. 우주는 어떻게 생겨났는가?(이 주제는 거의 다루지 않는다. 하지만 하늘과 땅의 분리나 물로부터 마른 땅이 드러나는 것 등이 자주 표현되는 요소다)
4. 우주는 어떻게 만들어졌는가?(이에 관해서도 거의 논의가 없다. 예외: 하늘 여러 층의 포장도로를 구성하는 돌. 그렇지만 이는 그 돌의 물질적 구성 성분보다는 색깔에 더 많은 관심을 두는 모습을 보인다)

5. 통치권, 즉 누가 책임자인가 하는 문제에 대한 고대인의 관심은 우주의 구성 성분에 대한 현대인의 관심에 상응한다. 책임지는 무리에 대한 관심이 현대의 우주 지리학에는 없지만, 고대의 우주 지리학에서는 최고의 관심사에 해당한다.

오늘날에는 기능이야말로 건축 디자인의 가장 중요한 강조점으로 이해된다. 그러나 기능에 대한 우리의 관심은 기계학과 관련되지만, 고대 세계에서는 누가 통치권을 유지하느냐가 주된 관심의 대상이었다. 앞서 제시한 사례를 되풀이하면, 어떤 기계가 어떻게 작동하는지를 확인하는 일과 어떤 회사가 어떻게 활동하는지를 확인하는 일 사이에는 차이가 있다. 누군가의 사무실이 꼭대기 층에 있다고 말하는 것은, 건물의 물리적 구조에 대해 생각하기보다는 그 사람의 회사 내 지위에 관해 진술하는 것을 의미한다.

요약해보자. 우주 지리학은 우주의 물리적 배열, 건축학적 디자인, 우주의 다양한 구성 요소에 대한 통치권 등에 관심을 둔다. 고대 근동 우주 지리학의 기본적인 디자인은 단지 시간과 문화를 가로질러 사소한 변화만을 보여줄 뿐이다. 그리고 통치권에 대한 관심이야말로 공통분모에 해당한다. 유일한 변화가 있다면, 어느 신이 어떤 구성 요소와 관련되는가에 관한 것이다. 우주적 건축물의 **기원**에 관한 설명은 땅으로부터 하늘이 분리되는 것(하늘이나 땅의 생산이 아니다)과 우주적 물들로부터 땅이 생겨나는 것에 관해 말하고 있다. 이런 사건들은 마르두크가 티아마트의 몸을 쪼갠 것과 더불어 기능적 우주의 확립에 관심을 기울이고 있다.

우주와 신전, 그리고 안식

고대 세계에서 발견되는 신전의 우주적 역할

고대 세계 전역에서 신전은 우주라는 그림의 중요한 부분을 구성했다. 신전은 우주의 중심에 있다고 여겨졌으며, 우주를 통제하는 자리였고, 우주의 작은 모델 곧 소우주로 간주되었다. 피셔(L. Fisher)는 바알 신전에 대한 간단한 설명에서 이와 관련된 많은 쟁점을 다음과 같이 정리한다.

> 바알 신전은 세계의 축소판이기에, (적어도 우가리트의 신앙에 따르면) 우가리트에 있는 바알 신전은 "차판"(ṣapan)에 있는 자기 신전의 복사판이며 소우주였다.…따라서 새로운 왕은 소우주인 신전의 소유자이며, 이 신전의 배치는 우주의 창조와 닮은꼴로 되어 있다.[289]

이런 개념들은 고대 근동의 인지 환경에서 꾸준히 나타난다. 여기서는 이에 대한 탐구를 진행하고자 한다.

신전 건축은 우주적 용어로 묘사된다

신전 건축 이야기에 묘사된 것처럼, 신전의 우주적 역할은 그것이 우주에서 차지하는 위치에 의해 일관성 있게 확인된다. 신전은 하늘에 머리를 두고 지하 세계에 뿌리를 두는 우주적 산을 나타낸다. 후로비츠(V. Hurowitz)는 이런 설명의 사례를 수집했는데, 이 모티프가 모든 시대에

---

[289] Fisher, "Creation at Ugarit and in the Old Testament," 318에서 인용함.

걸쳐 두루 나타난다는 점을 구체적으로 보여준 바 있다.[290] 현재 남아 있는 가장 초기의 사례는 이제까지 알려진 가장 오래된 작품 중 하나인 「케쉬 신전 찬가」에 나타난다.[291]

> 케쉬 신전은 땅의 발판이며, 사납지만 중요한 황소의 집이로다!
> 언덕처럼 높이 솟아 있으며, 하늘을 둘러싸고 있고
> 에-쿠르처럼 높이 솟아 있으며, 자신의 머리를 산 중에 쳐들고 있도다!
> 그것이 아프수에 뿌리를 내리고 있으며, 산처럼 초목이 무성하도다!

고대 세계에 알려진 가장 방대한 신전 건축 문헌은 기원전 이천 년대 초로 여겨지는 구데아 원기둥 문서 두 개에 포함되어 있다. 이 문서의 이야기에 따르면 우주 안에서 신전의 위치는, 이를테면 원기둥 A XXI 19-23에 분명하게 드러나 있다.

> 그들은 그 집을 산맥처럼 자라게 만든다.
> 그것으로 하여금 하늘 한가운데 구름처럼 솟아오르게 하라.
> 그들은 (그것의) 뿔들을 황소처럼 들어 올린다.
> 그것으로 하여금 아프수의 기쉬가나(gišgana) 나무처럼 온 땅 위에 (그것의) 머리를 쳐들게 하라.[292]

---

290 V, Hurowitz, *I Have Built You an Exalted House: Temple Building in the Bible in Light of Mesopotamia and Northwest Semitic Writings* (JSOTSup 115; Sheffield: Sheffield Academic Press, 1992), 335-37.

291 J. Black et al., *The Literature of Ancient Sumer* (Oxford: Oxford University Press, 2004), 325-30; 이곳에 인용된 것은 13-16행이지만, 그 개념들은 이 작품 전체에 걸쳐 반복된다.

292 D. O. Edzard, *Gudea and His Dynasty* (RIME 3/1; Toronto: University of

이와 동일한 개념을 드러내는 고바빌로니아 시대의 한 사례는 함무라비 법전의 맺음말 부분에서 발견된다. 그 부분에서 바빌로니아의 마르두크 신전인 에사길라(Esagila)는 하늘과 땅처럼 견고한 기초를 가진 곳으로 묘사된다. 천 년 후인 신바빌로니아 시대에는 에사르하돈이 아수르(Assur) 신전에 관한 설명에서 똑같은 전통적 묘사를 적용한다.

> 나는 나의 주 아수르의 처소인 에샤라의 머리를 하늘로 들어 올렸다.
> 위로 하늘을 향해, 나는 그것의 머리를 들어 올렸다.
> 아래로 지하 세계를 향해, 나는 그 기초를 군건하게 다졌다.[293]

몇 백 년이 지난 후에 이 전통은 바빌론에 있는 마르두크의 신전인 에테메난키의 재건에 관한 나보폴라사르의 신바빌로니아 시대 이야기에서 계속된다.

> 지하 세계의 한복판에
> 그것의 기초를 세우기 위해
> 그리고 그것의 머리를 경쟁자인 하늘로 들어 올리기 위해[294]

마지막으로 후로비츠는 「에누마 엘리쉬」에서 건축된 신전들과 다양한 우주의 영역 사이의 관계를 다음과 같이 설명한다.

Toronto Press, 1997), 82. 수많은 다른 우주적 언급이 이 작품 전체에 걸쳐 나타난다. *COS* 2.155를 보라.
293 Hurowitz, *I Have Built*, 245.
294 Hurowitz, *I Have Built*, 336.

「에누마 엘리쉬」는 에아가 어떻게 자신의 (우주적) 신전인 아프수를 건축했는지(I 71-78), 마르두크가 어떻게 에샤라를 건축했는지(IV 141-146), 어떻게 모든 신이 마르두크를 위해 바벨론과 에사길라를 건축했는지를 설명한다. 이 구절들이 언급하는 신전들은 지상의 신전인 동시에 다양한 신과 관련되어 있는 우주의 영역이기도 하다.[295]

신전은 우주의 공간 한가운데에 있다. 신전은 우주의 시간에서 다른 어떤 것보다도 앞선다. 레벤슨은 신전을 "시원론적인"(protological) 것으로 칭한다.[296] 이 시원론적인 역할은 신전과 관련된 기능에서 추가로 입증된다.

신전은 우주적 기능을 가진다고 묘사된다

신전의 우주적 기능은 주어진 이름 안에 가장 많이 암시되어 있다. 우주 안에서 위치의 문제와 관련해, (마지막 부분에서 구체적으로 입증되었듯이) 신전은 위로 하늘에 닿고 아래로 지하 세계에 닿도록 건축될 뿐만 아니라, 우주의 기초 역할을 하거나 심지어 우주를 하나로 묶는 끈 역할을 하기도 한다. 이런 개념은 구데아 원기둥 문서 B의 첫 번째 행에 표현되어 있다. 이 행의 설명에 따르면, 구데아가 닌기르수를 위해 라가쉬에 지은 신전은 "땅의 정박 기둥"으로 간주된다.[297] 원기둥 문서 B의 끝부분에 가면 구데아에게 말하는 닌기르수는 하늘과 땅을 분리하는 것이 바로 신전임을 암시한다. 따라서 그는 신전을 태고의 가장 중요한 창조 행동과 관련

---

295 Hurowitz, *I Have Built*, 333.
296 J. Levenson, "The Temple and the World," *JR* 64(1984): 275-98; 283을 보라.
297 Edzard, *Gudea and His Dynasty*, 89.

시킨다.

> [구]데아여, 그대는 나를 위해 [내] 집을 건축했도다.
> 그리고 [나를 위해] [그 직무들이] 완전하게 수행되게 했도다.
> 그대는 나를 위해 [내 집을] 빛나게 했도다.
> 그것은 [하늘 한복판에] 있는 우투처럼,
> 그리고 높은 산기슭 지대처럼,
> 하늘과 땅을 분리시켰도다.[298]

신전의 다양한 우주적 기능은 여러 신전/지구라트의 이름에 잘 표현되어 있다. 다음 목록이 이를 잘 보여준다.[299]

에.아.랄.리(É.a.ra.li) "집, 지하 세계"(13)

에.압.샤.갈.라(É.ab.ša.ga.la) "바다 한가운데로 뻗어 있는 집"(28)

에.아프수(É.abzu) "아프수의 집"(30)

에.안.키(É.an.ki) "하늘과 지하 세계의 집"(69; 71을 보라)

에.딤.안.키(É.dim.an.ki) "집, 하늘과 지하 세계를 잇는 끈/기둥"(158)

에.딤.갈.안.나(É.dim.gal.an.na) "하늘에 있는 거대한 끈의 집"(161; 166을 보라)

에.두$_6$.[칼람?].마(É.du$_6$.[kalam?].ma) "집, 땅의 언덕(?)"(176)

에.두르.안.키(É.dur.an.ki) "집, 하늘과 지하 세계를 잇는 끈"(218)

---

298 Gudea B xx 8-11. 이 문서의 번역은 T. Jacobsen, *The Harps That Once...* (New haven, CT: Yale University Press, 1987), 441-42을 보라.

299 이는 George, *House Most High*에서 발췌했다. 조지의 목록에 나오는 신전 이름의 번호는 괄호 안에 표기되어 있다.

에.기쉬.후르.안.키(É.giš.hur.an.ki) "하늘과 지하 세계의 법령들의 집"(409)

에.기쉬.람.샤르.샤르(É.giš.lam.šar.šar) "하늘과 지하 세계가 섞이는 집"(417)

에.후르.삭.안.키.아(É.hur.sag.an.ki.a) "집, 하늘과 지하 세계의 산"(475)

에.기쉬키리$_6$.마(É.giš.kiri$_6$.mah) "집, 거대한 정원"(649)

에.쿤$_4$.안.쿠.가(É.kun$_4$.an.kù.ga) "집, 하늘의 순전한 계단"(672)

에.쿠르(É.kur) "집, 산"(677)

에.쿠르.메.시킬(É.kur.me.sikil) "집, 순전한 '메'들의 산"(686; 687의 "모든 '메'"를 보라)

에.람.마(É.lam.ma) "지하 세계의 집"(702)

에.메.안.나(É.me.an.na) "하늘에 있는 '메'들의 집"(747)

에.메.후쉬,갈.안.키(É.me.huš.gal.an.ki) "하늘과 지하 세계의 크고 두려운 '메'들의 집"(755; 753-60을 보라)

에.메.우르$_4$.안.나(É.me.ur$_4$.an.na) "하늘의 '메'들을 모으는 집"(789)

에.삭.아프수.타.안.우스(É.sag.abzu.ta.an.ús) "아프수로부터 하늘을 지탱하는 가장 중요한 집"(955; 973의 "땅으로부터 지탱하는"을 보라)

에.샤르.라(É.šár.ra) "우주의 집"(1034)

에.테.메.엔.안.키(É.te.me.en.an.ki) "집, 하늘과 지하 세계의 기초 발판"(1088)

에.우르$_4$.(메).이민.안.키(É.ur$_4$.(me).imin.an.ki) "하늘과 지하 세계의 일곱 ('메'를) 모으는 집"(1193)

우주 지리학에서의 역할뿐만 아니라, 신전은 땅을 위한 풍요와 식량의 근원인 우주적 역할을 수행하기도 한다. 다양한 신전의 이름이 이를 암시한다. 신전들이 곡물과 염소젖, 보리, 양의 우리의 집으로 간주된다는 사실이 그렇다. 다음과 같은 세 가지 이미지가 사람들이 우주 안에서의 생명 유지를 경험하던 방식으로 신전의 중심 역할을 확증해준다.

- 신전은 우주적 물들로부터 생겨난 맨 처음 땅과 관련되어 있다.
- 신전은 비옥한 물들이 흐르는 장소로 간주된다.
- 신전은 태양이 떠오르는 장소로 간주된다.

신전을 우주적 물들로부터 맨 처음에 생겨난 마른 땅과 관련짓는 것은 이집트 문헌에 가장 분명하게 표현되어 있다.

신전은 한 신화적 장소, 즉 태고의 언덕을 생각나게 했다. 이는 태고의 물들로부터 생겨난 맨 처음 흙 위에 있었다. 그 물들은 창조신이 자신의 창조 활동을 시작하기 위해 서 있던 자리였다. 연속적인 갱신 작업을 통해 현재의 신전은 창조주 자신이 태고의 언덕 위에 세웠던 원래 성소의 직접적인 후예가 되었다. 신전의 구조를 창조와 연결시키는 기원 신화는 후대의 더 큰 개별 신전과 관련되어 있다.[300]

둘째로 신전이 때때로 사실상 샘물 위에 건축되기도 했지만, 다른 경우에는 단순히 생명을 주는 흐르는 물들의 근원이라는 주제를 받아들였다.

---

300 Assmann, *Search for God*, 38; Clifford, *Creation Accounts*, 105-6과 비교하라. 아울러 John Lundquist, "What Is a Temple? A Preliminary Typology," in *The Quest for the Kingdom of God* (ed. H. B. Huffmon, F. A. Spina, and A. R. W. Green; Winona Lake, IN: Eisenbrauns, 1983), 206-19, 특히 208을 보라. Keel(*Symbolism*, 113)은 이것이 이집트와 메소포타미아 모두에게 똑같이 적용된다는 점을 구체적으로 보여준다.

신전은 종종 건물 자체 안에 있는 샘으로부터 흘러나오는 생명의 물들과 관련된다. 아니면 오히려 신전 자체가 샘을 포함하거나 그런 샘 위에 건축된다고 여겨지기도 했다. 그런 샘이 신전 안에 존재하는 이유는 그것이 창조 때의 태고의 물들로 인식되기 때문이다. 이집트의 눈이나 메소포타미아의 아프수가 그렇다. 이렇듯 신전은 태고의 물들 위에 세워지며 그 물들과 접촉하고 있다.[301]

이런 이데올로기는 수메르의 「엔키와 닌후르사가」 신화에 구체적으로 표현되어 있다.

그때, 그날에, 그리고 태양 아래서 우투가 하늘로 걸음을 옮겼을 때, 에젠(?) 해변에 서 있는 배들(?)로부터, 난나의 빛나고 높은 신전으로부터, 지하를 흐르는 물들의 입구로부터, 담수가 그녀를 위해 땅에서 흘러나왔다.[302]

우가리트 문헌에서는 엘의 거처가 물들의 근원에 자리하는 것으로 묘사된다. 이런 위치는 그에게 땅의 풍요에 대한 지배력을 부여한다.

우주 질서의 유지에 있어 엘의 중요성 역시 그의 거처에 대한 묘사에 잘 드러나 있다. 엘은 우가리트 문헌에서 우주의 중심부에 거주한다고 묘사되는데, 그곳은 물들이 모여 있었고, 권위가 지배했으며 질서가 유지되던 곳이었다. 엘의 집에 대한 애매한 위치 설정과 설명은 우주의 중심부에 대한 설명의 특징을 이루는데, 상징적인 차원에서 그곳을 땅의 존재가 의존하고 있

301　Lundquist, "What Is a Temple?," 208.
302　http://etcsl.orinst.ox.ac.uk, *Enki and Ninḫursaĝa* 1.1.1.

던 질서의 중심부로 따로 떼어놓는다.³⁰³

따라서 우리는 이런 우주적 관련성이 단순히 피상적이거나 은유적인 것이 아님을 알 수 있다. 도리어 그런 관련성은, 우주의 핵심 기능들이 우주의 질서를 유지하는 우주의 조종실이라 할 신전에서 실행에 옮겨진다는 점을 전달한다. 이를테면 비옥함이 이런 우주적인 중심부에서 흘러나와 주변 지역으로 흘러들어간다.³⁰⁴ 이런 개념은 물이 흘러나오는 항아리를 들고 있는 신에 대한 묘사가 담긴 그림으로 자주 표현된다.³⁰⁵

마지막으로 신전은 때때로 태양이 떠오르는 곳으로 간주된다. 수메르의 신전 찬가에 있는 다음 사례에서 보듯이 말이다.

> 오 태초의 장소여, 정교하게 세워진 깊은 산이여, 성소여, 초원에 누워 있는 무서운 장소여, 누구도 측량할 수 없는 높은 길들을 가진 두려움이여, 기슈반다여, 목 받침이여, 메셰드의 그물이여, 누구도 도망칠 수 없는 거대한 지하 세계의 쇠고랑이여, 너의 외부가 올가미처럼 우뚝 솟아 있으며, 너의 내부는 태양이 떠오르는 곳, 널리 퍼지는 풍성함으로 가득 차 있도다.³⁰⁶

이 개념은 이집트 문헌에서 한층 더 분명하게 나타나는데, 이집트 문헌에서는 태양이 메소포타미아 문헌에서보다 더 중심적인 역할을 한다.

---

303 Handy, *Among the Host of Heaven*, 90. Handy는 우가리트 문헌 KTU 1.4 IV 20-22를 인용하고 있다.
304 Hurowitz, *I Have Built You an Exalted House*, 322-23.
305 T. Ornan, *The Triumph of Symbol* (OBO 213; Fribourg: Academic Press/Göttingen: Vandenhoeck & Ruprecht, 2005), ##1, 10, 17, 18, 82, 102.
306 http://etcsl.orinst.ox.ac.uk, Temple Hymns, 4.80.1.

제의 조상(彫像)이 안치된 나오스(naos)는 하늘의 가장 외딴 곳으로, 신들과 여신들이 거하는 곳이다. 성소의 문은 태양신이 아침에 지나가는 하늘의 문이다.[307]

이상의 사례들이 분명하게 밝혀주듯이, 우주의 중심적 기능들은 신전과 관련되어 있다.[308]

우주적 상징성을 가진 우주의 모델인 신전

우주와 신전 사이의 본질적인 관계를 나타내는 가장 중요한 증거 중 하나는 신전이 우주의 모델로 설계되었다는 사실이다. 신전이 우주 안에서 핵심 역할을 하며 우주적 기능을 담당한다는 점을 염두에 둔다면, 이는 놀라운 일이 아니다.[309] 그러므로 마이어스는, 이를테면 "모든 성소가 우주를 전형적인 모델로 하여 세상의 이미지(imago mundi)로 만들어져 있음은 자명하다"라고 설명했다.[310]

거룩함을 항구적으로 경험하게 하기 위해, 성소는 건축학적으로 우주와 상

---

307 Assmann, *Search for God*, 36.
308 우가리트에 있는 바알 신전의 경우에도 이런 개념이 적용된다는 데 주목하라. "바알의 신전과 왕권은 풍요와 우주적 조화를 가져다줄 것이다. 만일 이것이 하늘 신전의 기능이라면, 이는 하늘 영역을 대표하는 지상 성소의 기능이기도 하다"(Clifford, *Cosmic Mountain*, 106).
309 G. W. Ahlström, "Heaven on Earth—At Hazor and Arad," in *Religious Syncretism in Antiquity* (ed. B. A. Pearson; Missoula, MT: Scholars Press, 1975), 67-69; Clifford, *Cosmic Mountain*, 27.
310 C. L. Meyers, *The Tabernacle Menorah* (ASOR Diss 2; Missoula, MT: Scholars Press, 1976), 171.

동(homology)을 이루도록 특징지어진 구조물이다. 그리하여 이 구조물이 둘러싼 공간은 태고의 세계 구조물과 똑같이 거룩한 실재를 공유하고 있다.311

동일한 상징성이 이집트에서도 분명하게 나타난다. 아스만은 이집트 신전, 특히 후대 이집트 신전의 우주론적 의미가 "그것들이 지닌 모든 다양한 측면과 기능 가운데 가장 많이 알려진 것"이라고 단언한다.312

본질적으로, 이처럼 후대에 속한 신전들의 바닥은 땅을 나타냈고, 천장은 창공을 나타냈다. 기둥은 땅에서 솟아나는 초목의 형태였고, 아래쪽 벽은 늪지대 식물 혹은 예물을 든 채로 항상 신전 내부를 향하고 있는 "풍요를 상징하는 인물들"—이들은 지상의 풍성함을 의인화한 것이다—의 행렬로 장식되어 있었다. 그리고 창공을 상징하는 천장은 별이나 천체를 나타내는 것으로 장식되어 있었다. 바닥과 천장 사이, 즉 땅과 창공 사이에는 벽에 새겨진 온갖 장식이 돌로 만들어진 이 우주를 행동과 생명을 가진 **초상 형태로** 가득 채우고 있는 무수한 제의 장면과 함께 펼쳐져 있었다.313

아스만은 신전이 "편재하는 신이 끝까지 가득 채웠던 세계**였다**"라고 결론짓는다.314 참으로 신전은 온갖 의도와 목적을 가진 우주 자체다.315 이런 상호 관계는 신전이 우주의 질서를 유지하도록 돕는 우주의 중심이

---

311 Meyers, *The Tabernacle Menorah*, 171.
312 Assmann, *Search for God*, 35. 그는 신적인 것과 신전의 우주론적인 연결이 람세스 시대에 처음으로 분명하게 드러나게 되었다고 주장한다(p. 37).
313 Assmann, *Search for God*, 35.
314 Assmann, *Search for God*, 37.
315 Assmann, *Search for God*, 35-36.

되는 것을 가능하게 한다.[316]

우주의 기원들은 신전 건축과 관련되어 있다

우주와 신전 사이의 이 상호 관계는 기원들에 관한 설명이 신전 건축에 관한 설명을 포함하고 있다는 사실에 의해서도 입증된다. 신전 건축이 때때로 기원 이야기의 정점을 이루고 있거나 창조의 목적에 이바지하는 것이기 때문이다. 아스만은 다음과 같이 주장하기까지 한다. "각각의 신전은 세계의 중심이었을 뿐만 아니라 세계의 기원이기도 했다."[317] 마찬가지로 클리포드는 신전이 "창조의 궁극성을 구체적으로 표현"한다고 분명하게 밝히고 있다.[318] 아울러 쿠트(R. Coote)와 오어드(D. Ord)는 신전과 우주 사이의 관련성이 고대인들의 현실관에 기초한다고 주장한다.

> "세계"를 창조한다는 개념 전체는 인간이 인식하는 세계의 범위에 의존한다. 고대 근동 지역에서 창조는 특별한 제의적 배경하에서 이해된다. 그러므로 가장 보편적인 창조 개념은 세계를, 세계의 중심에 있으면서 그것의 가장 중요한 요소인 도시의 신전과 함께 창조한다는 데 있다. 신전은 현재 우리에게 남아 있는 거의 모든 이야기에서 창조의 중심으로 이해된다.[319]

---

316 Fisher, "Creation at Ugarit and in the Old Testament," 320.
317 Assmann, *Search for God*, 39. 신전 건축은 우주의 발생을 다루는 이집트 문헌에는 대개 속하지 않기는 하지만, Assmann의 일반화는 타당성을 지니고 있다. 「메리카레의 교훈」은 성소의 건축을 창조와 관련시켜 언급하지만(135행), 상이한 강조점을 드러내고 있다.
318 Clifford, *Creation Accounts*, 61.
319 Coote and Ord, *In the Beginning*, 6. 마지막 문장이 과장된 진술이기는 하지만, 신전과 창조 사이의 관련성은 공통적인 것이다. 또한 우리는 Coote와 Ord가 창 1장의 설명을 구체적으로 페르시아의 바빌론과 예루살렘에서 진행되던 기원전 6세기 후반

초기의 증거는 수메르의 「에-엔구라 찬가」에서 찾아볼 수 있을 것이다. 여기서 말하는 에-엔구라는 에리두에 있는 엔키의 신전으로, 우르 3왕조 시대에 속한 것으로 추정된다.

> (안[An])에 의해 나온 모든 것을 위해 운명이 결정되었을 때,
> 안이 풍년을 일으켰을 때,
> 사람들이 땅의 표면을 초목처럼 뚫고 나왔을 때,
> 그때 아프수의 주이신 왕 엔키,
> 운명들을 결정하는 주이신 엔키께서
> 은과 청금석으로 된 그의 집을 지으셨도다.[320]

여기서 신전 건축은 창조 활동과 일치한다. 신전의 부재는 때때로 창조 이전 상태에 대한 묘사로 언급된다. 이 점은 에리두의 신전 건축에 관심을 기울이는 한 기도문의 서문에 분명하게 표현되어 있다.[321]

> 어떤 거룩한 집도, 어떤 신들의 집도 순전한 곳에 건축되지 않았다.
> 어떤 갈대도 나지 않았고, 어떤 나무도 창조되지 않았다.
> 어떤 벽돌도 놓이지 않았고, 어떤 벽돌 주형(鑄型)도 창조되지 않았다.
> 어떤 집도 건축되지 않았고, 어떤 도시도 창조되지 않았다.

아론 계열의 제의에 귀속시키고 있다는 사실을 주목해야 한다(p. 49; 그러나 이런 결론은 여기서 우리의 논의에 거의 영향을 주지 않는 문학 비평적인 분석에서 비롯된다. 아무튼 나는 이처럼 구체적인 결론이 특별하게 설득력을 지닌다고 보지 않는다).

320 Clifford, *Creation Accounts*, 29-30.
321 이 기도문의 연대 추정은 쉬운 일이 아니다. 우리가 가진 사본은 셀레우코스 시대에 속한다(Clifford, *Creation Accounts*, 62). 그러나 Horowitz는 그것이 수메르 원본에서 비롯되었다고 생각한다(*Mesopotamian Cosmic Geography*, 129-31). 따라서 이 작품은 현재의 사본보다 훨씬 더 오래된 것일 듯하다.

어떤 도시도 건축되지 않았고, 어떤 정착지도 세워지지 않았다.
니푸르도 건축되지 않았고, 에쿠르도 창조되지 않았다.
우루크도 건축되지 않았고, 에안나도 창조되지 않았다.
깊은 곳들이 세워지지 않았고, 에리두도 창조되지 않았다.
어떤 거룩한 집도, 어떤 신들의 집도, 그들의 어떤 거처도 창조되지 않았다.
온 세계가 바다였으며,
바다 한복판에 있던 샘은 단지 수로일 뿐이었다.
그때 에리두가 건축되었고, 에사길라가 창조되었다.[322]

계속해서 이 시는 마르두크가 신들을 그들의 각 거처로 안내한 후에 인간과 짐승을 창조하고 티그리스와 유프라테스의 물길을 창조했다고 묘사한다. 이런 묘사가 단지 후대의 발전된 형태에 해당한다고 생각하지 않으려면, 「에누마 엘리쉬」만을 참고해도 충분하다. 이 작품에 의하면, 신전 건축은 창조의 정점이 분명하며, 아마도 창조의 목적이기도 할 것이다.[323] 여기서도 마르두크 신전의 건축이 소우주를 구성하는 작업과 창조 행동의 나머지 사이에 삽입되어 있다.[324]

또 다른 문헌, 즉 신전 건축을 기념하는 기초석에 새겨진 한 기도문에 의하면, 우주와 신전이 단일한 하나의 전체에서 서로 떨어질 수 없는 부분으로 여겨졌고, 사실상 동시에 생겼음을 알려주는 기원을 가지고 있음이 분명하다.

322　Foster, *Before the Muses*, 488.
323　Hurowitz, *I Have Built*, 94; Hurowitz는 창조와 신전 건축의 관련성이 이집트 문헌에서도 발견된다고 말한다.
324　Clifford, *Creation Accounts*, 64.

아누와 엔릴 및 에아가 하늘과 땅에 관한 (첫 번째) 생각을 품었을 때,
그들은 신들의 후원을 마련하는 데 필요한 지혜로운 수단을 찾았다.
그들은 그 땅에 즐거운 처소를 준비했다.
그리고 신들은 이 처소에 임명되었다(?).
그들의 주요 신전으로.[325]

이처럼 우주의 발생과 신전 건축은 긴밀히 연관되며 고대 근동 전역에서 발견된다. 신전은 태초부터 있었다고 여겨졌으며, 우주의 기원에 관한 이야기들은 자주 신전 건축에 관한 설명이나 언급을 포함했다.

신전인 우주

지금까지 우리는 신전이 고대 세계에서 다양한 방식으로 우주와 동일시된다는 사실을 발견했다. 그다음에 고찰해야 할 문제는 그 반대 역시 참인가 하는 것이다. 과연 우주 전체가 신전으로 묘사된 적이 있을까? 레벤슨은 창세기 1장에 반영되어 있는 제사장 계열 신학, 즉 성전을 세계로 보는 신학과 제3이사야서의 시각, 즉 세계를 성소로 보는 시각 사이의 차이에 주목했다.[326] 창조된 세계를 성소로 보는 후자의 개념은 고대 세계에서 보편적으로 발견되는 것일까? 레벤슨은 우주와 신전이 고대 세계에서 동종(congeneric)이자 상동(homologous)이라고 주장했다. 그의 결론은 앞선 논의에서 살핀 대로 고대 근동 지역에서 참임이 드러났다. 우주와 신전은 서로의 기원이 연결되어 있다는 점에서 동종에 속한다(예컨대 마르

---

325 Clifford, *Creation Accounts*, 61.
326 Levenson, "Temple and the World," 296.

두크는 세계를 창조한 후에 자신의 신전을 건축한다). 또한 이 둘은 신전이 소우주로 여겨지거나 우주적 상징체계를 통해 묘사되는 모델로 여겨질 수 있다는 데서, 그리고 그 결과 우주 안에 있는 신의 임재와 활동이 신전 안에 있는 신의 임재와 활동에 상응하는 결과를 낳는다는 점에서 상동[327]이다.

그러므로 신전은 우주의 구조와 기원의 중심을 이루는 것이라 할 수 있으며, 우주가 창조될 때 건축되었다고 할 수 있다. 그러나 이런 자료는 우주 자체가, 그 전체가 신전**이라고** 주장하기에는 부족하다. 다양한 신전은 우주의 상이한 부분을 나타내며(에-아프수, 에샤라), 따라서 우주적 신전으로 불릴 수도 있다. 그렇지만 이런 사실이 우주가 고대 세계에서 신전으로 여겨졌다는 결론을 확고하게 해주는 것은 아니다.

하지만 이집트의 경우라면, 우리는 이집트 온 땅이 어떤 의미에서는 신전으로 여겨졌다고까지 주장할 수 있다.

> 도시의 군주이자 거대한 땅의 소유자로서 신들은 "태고의 언덕" 위에 있는 성채에 거주했으며, 이집트를 하나의 거대한 신전, 곧 "온 세상의 신전"으로 여길 수 있을 정도로 땅이 배타적으로 나타나게 했다.[328]

그러나 이런 설명은 온 세상을 포괄하기보다는 단지 이집트를 위한

---

[327] 상동(homology)과 은유(metaphor)의 차이는 중요하다. 은유는 흔히 한 방향으로만 움직이는 임의의 비교 양상에 기초한다. 사랑은 비교 양상을 무엇으로 결정하느냐에 따라 강일 수도 있고 바위일 수도 있으며 무지개일 수도 있다. 그러나 강은 사랑이 아니다. 상동은 임의적이기보다는 본질적인 어떤 한 가지 요소를 확인하는데, 그 확인 작업은 양방향으로 이루어진다. 우주는 신전**이며**, 신전은 우주**다**. 이처럼 중요한 차이에 대해 E. N. Ortlund, *Theophany and Chaoskampf: The Interpretation of Theophanic Imagery in the Baal Epic, Isaiah, and the Twelve* (Piscataway, NJ: Gorgias Press, 2010), 29-30을 보라.

[328] Assmann, *Search for God*, 27.

신전인 땅의 중심성과 중요성만을 언급하고 있을 뿐이다. 고대 근동 지역에서 보편 신전 개념은 몇 가지 이유로 그럴듯한 시나리오가 아닌 것 같다. 첫째, 우주 전체를 자신의 신전으로 주장한 신은 그가 누구든 다른 신을 위한 신전을 전혀 남겨두지 않았을 것이다. 신들 사이에 있던 이처럼 극단적인 차원의 제국주의는 받아들이기 어려웠을 것이다. 「에누마 엘리쉬」에서 마르두크의 신전은 중심적인 것일 수는 있었겠지만, 우주적인 것일 수는 없었다. 둘째, 고대 근동 지역에서 신전은 신들의 세계로 이해되었으며, 인간은 항상 신들을 인간의 영역인 바깥에서 섬기도록 의도되었다. 이런 이해는 "바깥"이 있다는 사실을 전제한다.

이런 반대에도 불구하고 창조 문헌들이 신전 건축 문헌의 모델을 따르고 있으며, 적어도 이런 방식으로 우주가 신전으로 인식되고 있음을 함축한다고 단언할 수 있다.[329]

우주 발생론에 나타나는 신들의 안식과 신전

신들의 안식은 고대 근동의 우주 발생론에서 다수의 상이한 상황 속에서 이루어지는 것으로 묘사된다.[330] 휴식을 비활동적인 무감각으로 언급하는 텍스트가 이따금 나타난다는 점을 고려하지 않는다면,[331] 신의 안식은 일반적으로 어떤 특정 행동을 통해 성취된 상태를 나타낸다. 이때의 특정 행동이란 신의 행동 이전에는 흔히 받아들일 수 없는 것으로 여겨지던

329　Hurowitz, *I Have Built*, 242.
330　B. F. Batto, "The Sleeping God: An Ancient Near Eastern Motif of Divine Sovereignty," *Bib* 68 (1987): 153-77. 참조. A. Mrozek, "The Motif of the Sleeping Divinity," *Bib* 80 (1999): 415-19.
331　예컨대 에아가 아프수와 뭄무를 무감각하게 만드는 것이 그렇다. 「에누마 엘리쉬」 I 63-72을 보라.

조건이나 상황에 대한 반응으로 부과된 것을 말한다. 각각의 경우에 주어지는 상황은 안식을 방해하는 어떤 것을 나타낸다. 신의 행동은 어떻게 안식이 이루어지는지를 암시하며, 그 후의 상태는 신이 기대했거나 누리는 휴식의 유형에 대해 묘사한다. 이런 사례 대부분에서 발견되는 공통분모는 신의 안식이 일종의 안정감을 제공한다는 데 있다. 신들이 처한 상황이나 더 큰 우주 안의 상황이 안전해질 때 신은 안식을 취할 수 있을 것이다. 그 안식이 그/그녀가 아무것도 하지 않아도 되고, 사교적인 모임에 참여하거나 삶을 즐길 수 있으며, 아니면 방해받지 않은 채로 우주를 운행할 수 있는 것을 뜻하는지 여부와는 무관하게 말이다. 물론 이런 휴식을 경험하는 장소는 신이 여가와 사회활동 및 통치권을 누릴 수 있는 신전, 즉 신의 집인 궁전이다.[332] 각 상황과 메커니즘 및 상태가 전형적으로 결합된 형태는 표 3.2.로 정리해볼 수 있다.[333] 각 범주를 논하기 전에, 먼저 「에누마 엘리쉬」가 말하는 휴식을 전체적으로 살펴봐야 한다. 이 작품이야말로 이런 범주를 폭넓게 보여주기 때문이다.

	상황	메커니즘	상태
1	일반적인 행동	잠자리에 듦	수면
2	정착 못하는 유배 생활	신전 건축	집
3	우주의 무질서	우주의 조직화	신전 중심의 우주적 통치
4	중노동; 사회적 무질서	인간 창조 또는 징계	평화, 여가, 쉬는 시간
5	전쟁	전투와 승리	신전 중심의 사회적 통치

표 3.2.

332 아마도 오늘날의 유비로 하면 미국의 백악관이 그에 해당할 것이다. 백악관은 주거 지역과 사무실 공간을 함께 가지고 있지만, 무엇보다도 중요한 것은 미국 정부의 행정 기능을 수행하는 자리인 대통령 집무실(메소포타미아의 용어를 빌어 표현하자면, 운명이 선포되는 자리를 뜻함)이 그곳에 있다는 점이다.
333 일부 문헌은 이 범주에 속하는 몇 가지 특징을 보여주며, 때로는 그것들을 뒤섞기도 한다. 예컨대 「에누마 엘리쉬」는 다섯 또는 여섯 개의 범주를 분명하게 보여준다.

이미 안식을 취하던 신들(범주 1)이 방해를 받게 되다.
- 티아마트(I 19-28)가 다른 신들의 소란으로 수면에 방해를 받는다.
- 아프수와 뭄무(I 37-38, 50)는 수면을 방해하는 다른 신들의 소란으로 언짢아한다.
- 티아마트와 그녀의 무리(I 108-10, 116, 120, 122)는 다른 신들의 소란으로 수면에 방해를 받는다.

신들이 중노동으로부터 안식을 얻는다(범주 4).
- 인간 창조를 통하여(VI 8, 12-14, 34-36; VI 133-34)

(죽음이나 투옥으로) 안식을 얻게 된 신들.
- 아프수와 뭄무(I 63-72), 에아에 의해
- 티아마트(II 150에서 예견됨), 에아의 도움을 받은 마르두크에 의해

승리, 우주의 조직 정비, 마르두크의 왕권 확립이 가져온 결과로서 신들은 안식을 기대하며 신전에 있는 마르두크에게 안식을 베푼다(3과 4의 결합).
- V 138 중단 지점
- VI 51-54 중단 지점 방문
- VI 57-64 마르두크의 성소 건축
- VI 64-65 마르두크가 장엄한 모습으로 거주하다
- VI 68 아눈나 신들의 성소들
- VII 10 성소들의 정화

신들이 분쟁을 통하여 휴식을 추구하다(범주 3 및/또는 5).
- 에아가 아프수와 뭄무를 물리치고(I 67-70, 72-74) 신전을 건축하

다(I 71, 75-78).
- 신들의 모임을 위해 마르두크가 티아마트와 킹구를 물리치고(IV 95-140) 엔릴을 위해 에샤라 신전을(IV 142-46), 자신을 위해 에사길라를 건축한 후(V 122), 그곳에서 통치하고(V 124), 다른 신들은 그곳을 방문하여 쉬면서 친교를 나눈다(V 125-30).

이제 각각의 범주와 그것을 보여주는 「에누마 엘리쉬」 외의 문헌을 고찰해보자.

일반적인 행동 → 수면. 이집트 문헌에서 신들의 수면은 그들의 일과 중 하나로, 주로 내러티브의 맥락보다는 제의의 맥락에서 입증된다.[334] 메소포타미아 내러티브의 여러 맥락에서는 휴식에 관한 이 범주가 해방의 초기 상태로 여겨지는데, 그 초기 상태란 불평으로부터 노골적인 반역에 이르기까지 모종의 불안에 의해 방해받는 상태를 말한다. 이런 초기 상황에서는 신들이 부주의하거나 둔감한 상태로 묘사될 수 있으며, 최악의 경우에는 게으르거나 인사불성 상태에 빠진 상태로 묘사될 수도 있다.

---

334 이 단원의 초점은 메소포타미아에 맞추어질 것이다. 이집트 문헌에서는 이 주제가 거의 발견되지 않기 때문이다. 이집트 신들은 아침마다 잠에서 일어나며, 이런 과정을 위한 예전이 존재한다. 「카르나크에 있는 아문-레 신전의 일상 의례」(COS 1.34를 보라)와 같은 작품이 그렇다. 일반적으로 신전에서 이루어지는 신들의 안식이라는 이집트의 주제가 널리 인식되고 있다는 사실에도 주목하라. 이에 대해서는 M. Weinfeld, "Sabbath, Temple and the Enthronement of the Lord: The Problem of the Sitz im Leben of Genesis 1:1-2:3," in *Mélanges bibliques et orientaux en l'honneur de M. Henri Cazelles* [ed. A. Caquot and M. Decor; Neukirchen-Vluyn: Neukirchener Verlag / Kevelaer: Butzon & Bercker, 1981], 501-12, 특히 502을 보라.

- **「엔키와 닌마흐」** 이 수메르 신화에서는 엔키가 **아프수**에 있는 자신의 신전에서 너무 깊은 잠에 빠져든 결과, 신들의 시끄러운 불평에도 방해받지 않을 뿐만 아니라, 그 상황을 타개하도록 잠에서 깨지도 못한다.
- **「아트라하시스」** 이 서사시의 앞부분에 따르면, 중노동에 시달리던 신들이 반역을 꾀하려고 한밤중에 엔릴을 찾아간다. 그가 자고 있다는 사실이 전혀 놀라운 일이 아닌 그 시각에 말이다.[335] 이 잠은 부주의함도 아니며 게으름도 아니다. 그 시각은 정상적인 수면 시간이기 때문이다.

정착 못하는 유배생활 → 집. 일부 문헌에 따르면, 어떤 신은 신전이 없는 까닭에(그것이 폐허가 되었거나 파괴되었거나 건축되지 않은 탓에) 피조물의 위로를 받지 못한다. 그러나 더욱 중요한 것은, 자신의 지위를 확인해주고 그의 통치를 입증해줄 궁전이 그에게 없다는 사실이다.[336] 신전 건축은 안식 장소를 제공하는데, 이는 종종 찬가 같은 문학에서 언급된다. 가장 유명한 신전 건축 문헌 중 일부, 곧 우가리트의 「바알 서사시」나 닌기르수를 위한 구데아의 신전 건축과 같은 문헌은 정확하게 이런 종류의 신의 안식에 초점을 맞추고 있다.

우주의 무질서 → 질서정연한 운행, 우주적 통치. 우주의 질서가 세

---

335 Lambert and Millard, *Atra-Hasis*, I ii 70-73(p. 47).
336 신이 집을 전혀 가지고 있지 않은지 아니면 단순히 자신의 지위에 걸맞은 집을 가지고 있지 않은지를 구분한다는 것은 종종 쉬운 일이 아니다. M. Tsevat, "A Window for Baal's House: The Maturing of a God," in *Studies in the Bible and the Ancient Near East: Presented to Samuel E. Loewenstamm on His Seventieth Birthday* (ed. Y. Avishur and J. Blau; Jerusalem: Rubenstein, 1978), 151-61의 논의를 보라.

워진 후, 자연스러운 다음 단계는 이 질서를 유지하는 데 필요한 장소인 신전을 건축하는 일이다. 안드레아슨(N.-E. Andreasen)은 신전과 우주적 안정의 관련성을 다음과 같이 요약한다.

> 따라서 우리는 신들이 안식을 추구하며, 그들의 안식이 세계 질서의 안정을 암시한다고 말할 수 있다. 신들이 안식하는 이유는 그들이 질서 있는 세계를 보기 원하기 때문이다. 혼란스러운 세계는 모든 신에게 혼란을 가져오며 혹은 그 역이 성립하기도 하다.[337]

신전은 지배적인 신분을 획득한 신에게 부수적으로 따르는 것이다. 마르두크가 티아마트를 물리친 후에 자신의 신전을 건축한 일은 앞서 「에누마 엘리쉬」를 논의할 때 언급되었는데, 이런 주제를 드러내는 가장 훌륭한 사례에 해당한다. 하지만 이 주제에 대한 암시는 고대 근동 문헌 전반에 걸쳐 찾아볼 수 있다. 이를테면 바알을 위해 신전을 건축하라는 엘의 명령에 대한 아티라트(Athirat)의 답가에서, 그녀는 바알이 신전에서 질서를 부여하는 일을 계속할 것이라고 말한다. 이는 바알이 자신의 대적들을 물리침으로써 시작되었다.[338]

이 범주에 속하는 것으로, (앞서 언급했듯이 신들의 제의적인 깨어남과는 별도로) 이집트 문헌에는 단지 신의 안식에 대해 암시하는 내용이 있는데,

---

337 N.-E. Andreasen, *The Old Testament Sabbath: A Tradition-Historical Investigation* (SBLDS; Missoula, MT: Society of Biblical Literature, 1972), 182.

338 CAT 4 V 6-9. S. B. Parker, *Ugaritic Narrative Poetry* (SBLWAW 9; Atlanta: Scholars Press, 1997), 129; R. Clifford, "The Temple in the Ugaritic Myth of Baal," in *Symposia Celebrating the 75th Anniversary of the American Schools of Oriental Research* (ed. F. M. Cross; Cambridge: American Schools of Oriental Research, 1979), 137-45.

「멤피스 신학」이 이를 포함하고 있다.

> 그리하여 프타는 모든 것을 만들고 모든 신적 발언까지 마친 후에
> 신들을 태어나게 한 후에
> 그들의 마을을 만든 후에
> 그들의 호칭을 만든 후에
> 신들을 그들의 제의 장소에 둔 후에
> 그들에게 봉헌될 음식을 확인한 후에
> 그들의 성소를 건축한 후에
> 그들의 몸을 그들이 만족스러워하는 것과 비슷하게 만든 후에
> 안식을 취하기에 이른다.[339]

수메르 문헌에서는 「케쉬(Kesh) 신전 찬가」에서 이런 개념이 발견된다.

> 큰 두려움을 불러일으키고 안(An)에 의해 위대한 이름으로 불리게 된…집, 위대한 산 엔릴에 의해 장엄하게 자신의 운명이 결정된…집! 인간에게 지혜를 주는 위대한 힘을 가진 아누나 신들의 집, 위대한 신들의 평온한 거처인 집! 하늘과 땅의 계획과 더불어…순전한 신적 힘을 통해 계획된 집, 땅을 지탱하고 성소를 뒷받침하는 집![340]

이런 종류의 안식은 각각의 신이 반드시 행해야만 하는 중요한 일로

---

[339] Allen, *Genesis in Egypt*, 44. 참조. *COS* 1.15; column 59.
[340] http://etcsl.orinst.ox.ac.uk, 4.80.2, D.58A-F.

부터의 해방이 아니라 도리어 그 일에 관여하는 것과 관련되어 있다.

중노동, 사회적 무질서 → 여가, 쉼의 시간, 평화. 신전을 신을 위해 마련된 거처라고 생각한다면, 신의 안식을 여가 시간, 개인 시간(예. 신이 배우자와 함께 보내는 시간), 사회적 시간(자신을 찾아온 다른 신들과 함께 보내는 시간), 수면 시간 등으로 이해할 수 있다. 이는 신들에게 종속된 자들이 방해하기를 꺼리는 신들의 사적인 활동을 가리킨다. 이런 종류의 안식은 "쉬는 시간"의 형태를 띤 해방이라는 특징을 지니는데, 신이 하는 주요 업무에 포함되지 않는 시간을 가리킨다. 몇몇 신화에서는 이런 안식이 다른 신들의 불평이나 반역 때문에 방해를 받거나 신의 중노동으로 인해 경험할 수 없는 것으로 나타난다. 그래서인지 「아트라하시스」에 따르면, 일하는 신들은 이전에 자기에게 지워진 중노동 때문에 어떤 안식도 경험하지 못한다. 그들의 안식은 이전에 신들이 떠맡던 짐을 대신 지게 된 인간이 창조된 후에야 비로소 이루어진다. 「아트라하시스」에서는 나중에 사회적 무질서가 신들 가운데서가 아니라 도리어 사람들 가운데 있게 되며, 결국에는 홍수로 귀결된다.

> 그 [땅이] [황소처럼] 큰소리로 울고 있었으며
> 신들은 [그들의 소란] 때문에 방해를 받았다.
> [엔릴은] 그들의 소음을 [듣고서]
> 위대한 신들에게 [말했다].
> "인류의 소음이 [내가 견딜 수 없을 정도로 심해졌으며]
> [그들의 소란 때문에] 내가 잠을 잘 수 없다."[341]

341　Lambert and Millard, *Atra-Hasis*, 67, 73 (I vii 354-59와 II I 3-8).

「에라와 이슘의 시」 역시 인류의 소음이 신들의 휴식을 방해한다고 묘사한다.

> 침묵을 사랑하는 아눈나키에게 자비를 베푸소서!
> 사람들의 소음 때문에 아눈나키에게 더는 잠이 쏟아지지 않습니다.
> 소 떼가 이 나라의 생명인 목초지를 짓밟습니다.
> 농부는 자신의 [수확물]로 인해 서글프게 웁니다.
> 사자와 이리가 샤칸의 소 떼를 잡아먹습니다.
> 목자는 자기 양 떼를 위해 당신께 기도합니다. 그는 낮에도 밤에도 잠을 자지 못합니다.[342]

싸움 → 승리, 사회적 통치. 마지막 범주는 신들 사이에 있던 사회적 무질서가 사실상 무력 분쟁으로 옮겨가는 경우를 다루고 있다. 「에누마 엘리쉬」를 제외하면, 신전 안에서의 안식과 전쟁을 서로 관련시키는 고대 근동의 유일한 현존 문헌은 우가리트 「바알 서사시」다.

범주 1, 2, 4는 신들이 대체적으로 인간처럼 살고 있으며 사람과 똑같은 욕구를 가지고 있다고 전제한다. 범주 4와 5는 서로 관계를 맺으면서도 때로는 직무에 대해, 때로는 신들 중 누가 우두머리인지를 두고 서로 충돌하는 다수의 신을 포함하는 체제를 전제한다. 범주 3과 5는 때때로 우주의 발생과 관련되지만, 범주 4는 주로 인류의 발생과 관련된다.

우리는 이런 여러 사례로부터 신들이 신전에서 안식을 취하며 신전이 우주의 관제실로 간주된다는 것을 알 수 있다. 안식은 우주의 통제에 관여하는 것이 **아니라**, 도리어 신들의 삶에 필요한 것을 제공함으로써 그

---

342 Dalley, *Myths from Mesopotamia* (288쪽의 *I 81-86).

들로 하여금 이미 확립된 질서를 유지할 수 있게 해준다. 이렇듯 "안식"은 다양한 측면을 지니고 있다. 이는 노동이나 활동으로부터의 해방을 위한 기회를 제공하고, 아울러 의례 및 통치와 관련된 활동에 참여하는 기회까지도 모두 제공한다. 안식은 신의 개인적인 방 안에서, 또는 그의 권좌나 보좌 위에서 이루어질 수 있다.[343] 권좌/보좌에 앉아 있는 동안의 안식은 다음의 찬가에 잘 설명되어 있다.

> 당신의 관할 구역과 성소인 이브갈 안에서 당신이 안(An)의 신적인 힘과도 같은 신의 법령을 규정할 때, 당신이 엔키의 신적인 힘과도 같은 하늘의 법령을 규정할 때, 그리고 당신이 당신에 대한 경외를 하늘에까지 닿게 할 때, 당신의 자리가…위에 있고 권좌가 네 개의 얼굴을 가진 당신의 문 곁 테라스 위에 있는 단 위에 있습니다.[344]

신들은 신전 안에 있는 바로 이 보좌로부터 법령과 판결을 공포한다.

> 안(An)이 당신을 위해 건축한 에-타르-시르시르에서 당신은 모든 나라의 운명을 결정합니다. 나의 여주인이시여, 당신은 평결을 작성하고 판결을 공포합니다. 안이 당신을 위해 건축한 에-타르-시르시르에서 바우(Bau)여, 당신은 모든 나라의 운명을 결정합니다. 바우여, 당신은 평결을 작성하고 판결을 공포합니다.[345]

---

343 Hurowitz, *I Have Built*, 330. 건축 의례 기간 동안에 사용되는 칼루(*kalu*) 제사장들의 기도문을 Hurowitz가 인용하고 있음에 주목하라. 이 기간은 "아누가 그들의 마음이 휴식을 취할 수 있는 권좌를 그 땅에 건축하던 때"를 가리킨다.
344 http://etcsl.orinst.ox.ac.uk: A Hymn to Inana as Ninegala (Inana D) (4.07.4), line 48.
345 http://etcsl.orinst.ox.ac.uk: 라가쉬에서 발견된 것으로, 루마를 위해 바우에게

이 두 작품과 같은 문헌들은 고대 근동의 인지 환경에서 안식이 우주적 통치와 결합될 수 있다는 사실을 구체적으로 보여준다. 현대의 정치 공직 후보자가 야심차게 도지사의 관저나 청와대(또는 다른 정치 체제에서 그것에 상응하는 건물)에 거주하기를 기대할 때, 그/그녀는 그곳에서 잠자고 그곳에 거주하며 잔치를 주관하고 중요한 손님들을 영접하는 일에 관해 생각할 수 있을 것이다. 이 모든 것은 통치권을 과시하는 것이며 그것에 수반되는 특권인데, 이와 같은 것이 고대 세계의 신전에도 똑같이 적용된다. 거기서 잠을 자고 즐기기 위해 그 자리를 맡은 것은 아니다. 그런 특권은 단지 직무에 부수적으로 따르는 것이다.

마지막 주의 사항: 역사적 맥락이나 신화적 맥락 모두에서 신전 건축의 핵심은 신전이 일정한 기능을 하게 되는 순간에 있다. 몇몇 핵심 맥락에서는 7이라는 숫자가 신전 건축에서 두드러지게 나타난다. 「바알 서사시」에서는 신전이 7일 동안 점차 기능을 갖추게 되는데, 그 기간에 신전이 건축된다. 그리고 6일 동안 바알의 집을 건축하는 데 불이 사용된다.

[신속하게] 그는 자신의 집을 건축한다.
[신속하게] 그는 자신의 궁전을 세운다.
그는 목재를 구하기 위해 레바논으로 [보]낸다.
가장 좋은 백향목을 구하기 위해 [시]론으로 보낸다.
집에 불이 붙는다.
궁전에 화[염]이 붙는다.
바로 그곳에! 첫날과 둘째 날에
불이 집을 태운다.

바치는 아다브(*adab*; Luma A).

화염이 궁전을 태운다.

셋째 날과 넷째 날에

[불]이 집을 태운다.

화염이 궁전을 태운다.

다섯째 날과 여[섯]째 날에

불이 집[을] 태운다.

화염이 궁[전 안]을 태운다.

이어서 일곱째 [날]에

불이 집을 떠난다.

화[염]이 궁전을 떠난다.

은이 접시들로 돌아왔다.

금이 벽돌로 돌아왔다.

가장 위대한 바알이 이렇게 기뻐한다.

"내가 내 집을 은으로 건축했고

내 궁전을 금으로 건축했다."³⁴⁶

이어서 건축 완료를 경축하기 위해 호화스러운 연회가 준비된다. 오늘날 일부 해석자들은 「바알 서사시」가 우주 발생론을 함축하고 있다고 결론짓는데, 이는 그 문헌이 신전 건축 장면을 포함하기 때문이다.³⁴⁷ 이런 결론은 논쟁거리로 남아 있지만, 이 문제에 대한 어떤 결론이 여기서 우리의 논의에 크게 영향을 주는 것은 아니다. 그러나 신전 기능의 시작이 우주의 발생과 관련이 있느냐는 문제와는 무관하게, 7일이라는 기간

---

346 CAT 1.4 VI 16-38; M. Smith가 다음의 책에서 번역했다. Parker, *Ugaritic Narrative Poetry*, 133-34을 보라.
347 Fisher, "Creation at Ugarit," 319.

은 신전 건축이나 준공식에 적절한 기간이다.[348]

대부분의 신전 건축 문헌에서는 봉헌 의식을 통해 신전이 일정한 기능을 하게 된다. 봉헌식 이전에 신전은 단지 장인들이 준비한 목재와 석조 부분 및 의복과 귀금속 등에 지나지 않는다. 신전은 봉헌식 때 비로소 작용하기 시작한다. 각 부분의 기능이 명명되고(따라서 각 기능이 존재하게 됨), 그 장식품(일정한 기능을 가진 비품과 과시용 물품)이 제자리에 놓이게 되며, 제사장들이 옷을 입고 임무를 수행할 뿐만 아니라(의례를 시작하도록 위임받음), 특히 중요한 것은 절정의 순간에 신이 중앙 안치소에 있는 자신의 거처로 옮겨진다는 점이다. 그다음으로 신전은 자기 기능을 하게 된다. 그 후에 신전은 실재가 된다. 그러고 나서야 비로소 신전이 된다. 바로 이 지점에서 신은 자신의 새로운 집에 정착할 수 있게 되고 우주를 통치하고 질서를 유지하는 직무를 시작할 수 있게 된다.[349] 후로비츠는 고대 세계의 신전 봉헌식에 관한 모든 정보를 사용하기 좋은 방식으로 수집했다. 따라서 그가 제공한 상세한 내용을 여기서 되풀이할 필요는 없다.[350] 여기서는 그가 발견한 내용 중 가장 중요한 것을 요약하고, 특히 이 책과 적절히 관련되는 것을 취급하는 것으로 만족하려고 한다.

---

348 Hurowitz는 다른 신전 봉헌식들을 나열해주는데, 다양한 변형이 있기는 해도(예. 에사르하돈의 아시리아 신전 봉헌식은 사흘 동안 진행되었으며, 아슈르바니팔의 칼루 신전 봉헌은 열흘 동안 진행되었다) **일곱**이라는 숫자가 지배적이다. 이에 대해서는 *I Have Built*, 275-76을 보라. 280-82에 있는 부록은 40개 이상의 봉헌식 목록 전체를 제공한다. 또 다른 인상적인 7일 축제는 라르사에서 거행되었던 고바빌로니아의 한 의식이다. 이에 대해서는 E. C. Kingsbury, "A Seven Day Ritual in the Old Babylonian Cult at Larsa," *HUCA* 34 (1963): 1-34을 보라. 이것이 신전 봉헌 의식이라는 증거는 어디에도 없다. 사실 각 날은 서로 다른 신에게 초점을 맞추고 있다. 흥미롭게도 각각의 새로운 날을 위한 의식 역시 저녁에 시작된다(p. 26). 27쪽에서 Kingsbury는 몇 가지의 다른 7일 의식을 나열하고 있다.
349 Hurowitz, *I Have Built*, 267.
350 이 단원은 Hurowitz가 자신의 연구 전체에 걸쳐 제시한 자료를 전제하고 있다.

이제껏 고대 문헌에서 신전 건축에 대한 가장 광범위한 설명은 두 개로 된 구데아 원기둥 문서에 새겨져 있다. 이 작품은 구데아가 라가쉬에 있는 닌기르수의 신전 에닌누를 건축하는 과정 전체를 구상 단계에서부터 봉헌식에 이르기까지 묘사하고 있다.[351] 구데아가 책임지고 진행한 7일간의 봉헌 의식[352]은 주로 의례와 기도를 특징으로 하지만, 여기서 중요한 지점은 신전이 신의 안식처이자 우주를 관리하는 장소로 바뀐다는 사실을 이 문헌이 자세히 설명하고 있다는 것이다. 이 비문은 (주로 서두의 찬가인 B I 1-11에서) 신전의 우주적 기능에 관해 언급한다. 신전 기능을 담당하는 자들의 임명에 대해서는 더 많은 시간이 할애된다. 바로 그들이 존재할 때 신전이 가동되기 때문이다(이 부분의 관심사는 제의의 차원에 있다).[353]

> 그[닌기르수]는 거대한 집무실에서 자랑스럽게 머리를 쳐들었으며
> 신들과 관리인 및 (재산을 돌볼) 담당자들을 배치했다.
> 그의 궁정 사람과 식솔이
> 한 명씩 에닌누를 위해 한데 모였다.[354]

이 목록은 핵심 참모로 시작하며(B vi 11-xii 25), 이어서 옷차림과 비

---

351 R. Averbeck, *COS* 2.155; D. O. Edzard, *Gudea and His Dynasty* (RIME 2/1; Toronto: University of Toronto Press, 1997), 69-101; Jacobsen, *The Harp That Once...*, 386-444; 옥스퍼드 대학교의 수메르 문헌 웹사이트 http://etcsl.orinst.ox.ac.uk, 2.1.7을 보라. 더 자세한 연구는 Hurowitz, *I Have Built*, 33-57에서 찾아볼 수 있다.
352 B xviii 19; Hurowitz, *I Have Built*, 271.
353 봉헌식을 다루는 문헌들이 신전의 기능과 그 담당자에 대해 언급하는 유일한 문헌이 아니라는 데 주목해야 한다. 수메르의 「케쉬 신전 찬가」도 신전의 기능을 언급하면서 시작하고(넷째 단락을 통해), 이어서 담당자에 대한 언급으로 옮겨간다(이 경우는 신전을 섬기는 다양한 담당자를 가리킨다).
354 B vi 7-10; Jacobsen, *The Harp That Once...*, 430.

품에 대한 언급으로 옮겨간다(B xiii 11-xiv 24). 그다음 단락은 강과 호수를 채우고 있는 물고기(B xiv 25-xv 3)와 땅을 채우고 있는 짐승(B xv 5-12)에 대해 언급하며, 군주 구데아의 등장으로 끝을 맺는다(B xvi 1). 그다음에는 알현실에 있는 닌기르수에게로 관심의 방향을 돌린다.

> 그 보좌는 행정관들의 모임 가운데에 세워져 있었고
> 별들 가운데 놓여 있는 안(An)의 거룩한 보좌와도 (같)았다(B xvi 18).

이렇듯 7일간의 봉헌 의식은 신전의 다양한 기능을 선포하고, 담당자들을 취임시키며, 비품을 설치하고, 인간 통치자를 들어오게 하여 신과 만나게 하는 것 등으로 구성된다. 마지막으로 해당 인간 통치자는 신전을 중심으로 통치하기 위해 권좌에 자리를 잡는다.

결론

우리는 이제까지 고대 근동의 신전이 수행했던 역할 중 하나가 기능적 측면에서 우주론에 참여하는 데 있었음을 살펴보았다. 개별 신전은 우주의 모델로 계획되었지만, 이에 더하여 그리고 더 중요하게, 신전은 우주의 중심으로 간주되었다. 신전은 우주 창조와 관련하여 건축되었다. 신들은 다양한 이유로 신전에서 휴식을 취했다. 그 이유 중 하나는 그들이 이미 확립되어 있던 질서를 계속해서 유지하고 운명에 대한 통치권을 행사하기 위해서였다.

신전, 신전에 신을 세우는 일, 그리고 신이 신전을 중심으로 우주를 통치하는 일 등의 상호 관련성을 가장 극적으로 보여주는 사례는 아키투 축제다. 이 축제는 신전에 신을 재임명하는 의식을 통해 통치권과 질서의

갱신을 경축하려는 목적이 있었다.³⁵⁵

바빌로니아의 아키투는 우주의 발생과 관련된 신년 축제의 훌륭한 예에 해당한다. 그 의식들을 통해 에사길라 신전이 상징적인 측면에서 제거되고 정화되며 재창조된다. 따라서 세계도 마찬가지다. 왕권과 우주 질서가 파괴된 후에 갱신된다. 그러므로 아키투 축제는 창조의 때로 되돌아간다는 뜻이며, 마르두크가 최고신의 자리에 오르고 신들이 바벨론에 마르두크의 신전 에사길라를 건축하는 데서 그 절정에 달했다.³⁵⁶

그러므로 아키투는 신전의 중심성과 신이 신전에서 안식한다는 점을 뒷받침하는 증거가 된다. 그리고 신의 안식은 처음에 신에 의해 우주 안에 확립된 질서가 정기적으로 갱신되고 꾸준히 유지된다는 것을 상징한다.

---

355 아키투 축제는 11일의 활동 기간이 규정되어 있었지만, 처음 사흘이 실질적인 축제를 예비하는 날이고 나흘째 되는 날이 실제로 축제가 시작되기에, 몇몇 학자는 아키투 축제가 실제로는 8일 동안 진행되었다고 주장한다. 이에 대해서는 K. van der Toorn, "The Babylonian New Year Festival: New Insights from the Cuneiform Texts and Their Bearing on the Old Testament Study," in *Congress Volume: Leuven, 1989* (VTSup 43; Leiden: Brill, 1991): 332 n. 7을 보라.

356 B. Sommer, "The Babylonian Akitu Festival: Rectifying the King or Renewing the Cosmos?" *JANES* 27 (2000): 81-95; 85에서 인용함. 모든 사람이 아키투에 대한 이런 판단에 동의하는 것은 아니라는 데 주목하라. 이에 대해서는 van der Toorn, "The Babylonian New Year Festival," 331-44을 보라. van der Toorn은 아키투가 주로 우주적 전쟁이라는 주제를 재현한다는 주장에 반대한다. 하지만 우주의 질서에 대해 언급하기 위해 그런 주장을 가정할 필요는 없다.

고대 근동의 우주론적 인지 환경 요약

- 우주 발생 이전의 세계는 물질이 없는 세계가 아니라 기능, 질서, 다양성, 정체성 등이 없는 세계로 이해되었다.
- 고대 근동의 여러 문헌은 기능과 질서의 기원에 초점을 맞춰 창조 전후(창조 행위는 창조 이전과 이후 사이에서 전환의 역할을 한다) 만물의 상태를 묘사하고 있으며, 창조를 묘사하는 데 사용되는 동사들은 동일한 의미 영역을 지닌다.
- 우주와 문화가 서로 관련되어 있는 영역에서 창조된 것은 물체가 아니라 **기능**이다.
- 창조의 맥락에서 볼 때, 원인은 전적으로 신들의 영역에 속한다. 원인은 물질계와 물리계 및 자연계를 초월할 뿐만 아니라 실제로 그것들과 아무런 관련성이 없는 목적론적 시각을 그 특징으로 한다.
- 고대의 인지 환경에서 실재와 존재는 물질과 물체가 아니라 기능과 질서를 구성한다고 묘사하는 것이 가장 적절하다.
- 창조 행위는 이름을 짓고 분리하며 신전을 건축하는 일을 뜻했다.
- 고대 세계에서는 무언가가 창조될 때 일정한 기능을 부여받았다.
- 우주와 문화의 기능은 모두 인간과 관련되어 있다.
- 질서 잡힌 우주의 기능은 무엇보다 "메"에 의해 규정되었는데, 이 "메"는 우주적 물들과는 달리 신들의 창조 활동 이전에는 존재하지 않았다. 다른 한편으로 이런 기능은 신들에 의해 만들어지지 않았다.
- 작동 중인 이분법은 정적인 것("메")과 동적인 것(운명)의 대립을 의미한다.

- 운명을 선포하는 일은 본질상 기능적 행동이면서도 창조와 통치의 행동이기도 했다.
- 운명을 지배하고 세상을 통치하는 일은 신들뿐만 아니라 결국 인간까지 포함하며 신전에서 기원한다. 신전은 우주의 관제실로 지정되어 있다.
- 주로 시간, 날씨, 풍요와 같은 기능적 우주에 대해 설명하는 "메"는 일반적으로 신들에 의해 조직되고 위임된다고 묘사된다.
- 신들은 우주 밖에 있는 것이 아니라 우주 안에 있었다.
- 신들은 우주의 기능과 관련된 우주의 기원과 연관되어 있는데, 이는 우주의 발생/신들의 출생 모델과 정치적/관료적 모델 둘 다에서 나타난다.
- 신들의 싸움은 우주의 발생에 대해 부수적인 현상이며, 고대 근동 문헌에서는 단지 특이한 방식으로만 나타난다.
- 인간의 기원에 관한 이야기들은 인간의 지위에 관해서든 그 기능에 관해서든 그들이 우주에서 수행하는 역할에 초점을 맞춘다.
- 인간의 창조에서 언급되는 물질은 물질적인 의미가 아니라 원형적인 의미를 가지고 있다.
- 신의 형상은 신의 역할과 관련되어 있으며, 대부분 정치적/관료적 모델의 왕실 이데올로기 안에서 발견되는데, 이 모델에서 신의 형상은 왕을 신적인 기능을 가진 자로 확증한다.
- 인간과 신들은 질서의 보전과 우주의 순조로운 운행을 확실하게 하기 위해 함께 일한다(위대한 공생).
- 우주 지리학은 물리적 배열, 건축 설계, 다양한 영역에 대한 지배권과 관련된다.
- 우주 건축물의 기원에 관한 설명은 (하늘과 땅을 만들어내는 것이 아

니라) 하늘이 땅으로부터 분리되고 땅이 우주적 물들로부터 생겨나는 현상에 초점을 맞추고 있다.
- 개별 신전은 우주의 모델로 계획되었다.
- 신전은 우주의 중심으로 여겨진다.
- 신전은 우주의 창조와 관련하여, 아울러 우주의 창조와 병행하여 건축된다.
- 신들은 다양한 이유로 신전에서 휴식을 취한다. 그 이유 중 하나는 그들이 이미 확립된 질서를 계속 유지하고 운명에 대한 지배권을 계속 행사하면서 우주에 대한 통치권을 허용하는 데 있다.

4장

창세기 1장

고대 근동 전반에 걸쳐 고대의 우주론과 창조에 대한 개념의 맥락을 제공하는 우주론적 인지 환경이 공통으로 존재했다고 분명하게 입증했기에, 이제는 우리의 관심을 창세기 1장으로 돌려 얼마나 많은 고대 근동의 인지 환경을 이스라엘의 이 핵심 본문에서 찾아볼 수 있는지를 고찰하고자 한다. 나는 창세기 1장 본문을 체계적으로 연구하면서, 그것이 다른 고대 근동 문헌과 공유하는 견해뿐만 아니라 차이점까지 확인할 것이다.

하이델(A. Heidel)은 창세기와 바빌로니아 문헌의 관계에 대한 선구적인 비교 분석 작업에서 두 문헌의 뚜렷한 차이에 대해 언급한다. 그는 성서의 창조 이야기가 사실상 물질 창조에 관한 설명을 제공하는 반면에, 바벨론의 창조 이야기는 조직화와 관련된 상세한 내용만을 제공한다고 지적한다.

그뿐 아니라 하이델은 바빌로니아의 창조 이야기와 창세기 1장을 비교하면 후자의 탁월성을 한층 뚜렷하게 알게 된다고 말한다. 「에누마 엘리쉬」는 기초적인 세계 물질로부터 생겨난 다수의 신에 대해서 언급한다. 우주는 자연계에 있는 우주적 영역이나 힘을 의인화하는 무수한 남신과 여신의 출생에 그 기원을 두고 있으며, 선재(先在)하는 물질의 질서 정연하고 목적 지향적인 배열에 그 기원을 둔다. 세계는 성서적인 의미에서 **창조된** 것이 아니라 인간 장인들의 작풍(作風)에 따라 **만들어졌다**.[1]

---

1 A. Heidel, *The Babylonian Genesis* (Chicago: University of Chicago Press, 1951), 139.

물질의 기원이라고 부를 만한 것과 기능의 기원이라고 부를 만한 것 사이의 이런 차이는, 하이델의 연구 이후 60년이 넘는 세월이 흐르는 동안 각종 논문에서 수없이 반복해서 진술되었다. 비록 하이델이 (위의 인용문에서 언급된 것 중 일부를 포함해) "창세기 내러티브의 탁월성"이라 칭했던 것에 관한 많은 증거가 계속 발견되고 있기는 하지만, "성서적인 의미의 창조"와 "만들어짐" 사이의 차이가 그중 하나라는 주장에는 논란의 여지가 있다는 데 주목해야 한다. 하이델은 성서 기사가 근본적으로 물질 존재론적인 특징을 보였고 이와 함께 우주의 물질적 기원에 관심을 가졌다는 전제를 자신의 분석 작업에 끌어들였다(이 전제는 후기 계몽주의의 산물이다). 뒤따르는 내용에서 나는 이 전제가 공인되지 않았으며, 이스라엘의 정신 구조도 바빌로니아 문헌과 마찬가지로 "질서 정연하고 목적 지향적인 배열"(이와는 다른 용어를 선택하기는 하겠지만 말이다)에 초점을 맞췄다는 점을 논증할 것이다. 비록 성서 저자가 바빌로니아의 우주 발생론에 담겨 있는 신들의 출생을 거부했다고 할지라도 말이다.

창세기 1:1

창세기 1:1이 제공하는 배경을 재검토하기 위한 작업의 하나로 필요한 몇 가지 특정 쟁점을 언급하려고 한다. 이 쟁점들은 종종 주해의 핵심이었기에, 관련된 주제들이 우리에게는 낯익을 수밖에 없다. 그렇다 해도 이를 새롭게 연구할 가치가 있다. 처음 두 가지, 즉 1:1의 문학적 기능과 히브리어 "베레쉬트"(*bĕrēʾšît*)의 의미는 함께 다루려고 한다. 그 후에 히브리어 동사 "바라"(*bārāʾ*)에 대한 연구에 한 단락을 별도로 할애할 것이다.

창세기 1:1의 문학적 기능과 "베레쉬트"의 의미

19세기에 「에누마 엘리쉬」에 대한 최초의 현대적 분석 작업이 이루어진 후로, 창세기 1:1 구문이 바빌로니아 우주 발생론의 첫 행과 비교할 만하다는 주장은 일반적인 양상이었다.[2] 이 문장에 있는 동사의 모음 표기를 약간 바꿔서 정형 동사에서 부정사로 바꾸면, 1절이 시간을 나타내는 종속절로 읽힐 수도 있다("하나님이 우주를 창조하기 시작하셨을 때…"). 2절이나 3절에서 주절이 시작되는 방식으로 말이다. 이런 해석에 대한 반대 견해는 한편으로는 문법적/구문적인 논의에 초점을 맞추거나, 다른 한편으로는 신학적 관심사에 초점을 맞췄다.

1절을 종속절로 읽기를 선호하는 이들은, 본문의 경우 시간을 나타내는 부사가 부정사 연계형을 수반하는 것이 논리적이라고 주장했지만, 다른 이들은 시간 관련 부사의 경우 성서 히브리어 구문이 뒤이어 나타나는 동사의 부정사 형태를 요구하지 않고 정관사를 요구하지도 않으며, 따라서 맨 처음 절이 시간을 나타내는 독립절로 다뤄지도록 허용한다는 점을 지적했다. 다수의 학술적인 주석[3]은 전문적인 내용을 철저하게 다루고 있다. 그리고 이 특별한 문법적 특징에 대한 광범위한 연구는, 부사적 표현이 시간을 가리킬 때 정관사를 요구하지 않는다는 점을 추가로 보여

---

2 「에누마 엘리쉬」는 "높은 곳에서…할 때"라고 시작한다. 1절이 종속절이라는 주장은 일찍이 중세의 유대인 주석가 Rashi에 의해 이루어졌다는 사실을 지적할 필요가 있다.
3 G. Wenham, *Genesis 1-15* (WBC; Dallas: Word, 1987), 11-13; V. Hamilton, *Genesis 1-17* (NICOT; Grand Rapids, MI: Eerdmans, 1990), 103-8; K. Mathews, *Genesis 1-11* (NAC; Nashville: Broadman/Holman, 1996), 136-44; J. Sailhamer, "Genesis," in the *Expositor's Bible Commentary* (ed. F. E. Gaebelein; Grand Rapids, MI: Zondervan, 1990), 21-23; A. Ross, *Creation and Blessing* (Grand Rapids, MI: Baker, 1987), 18-23; C. Westermann, *Genesis 1-11* (Continental; Minneapolis: Fortress, 1984), 93-98.

주었다.[4] 따라서 구문과 어법 규칙은 창세기 1:1이 반드시 "하나님이 ~을 시작하셨을 때"로 번역되어야 할 필요성을 제기하지 않는다.

(특히 보수적인) 일부 학자는 신학적 시각에서 「에누마 엘리쉬」와의 비교를 통해 번역을 수정하는 것은 전적으로 범바빌로니아주의(pan-Babylonianism)의 영향으로, 본문을 바빌로니아 문헌의 판본과 일치시킴으로써 성서의 독특성을 감소시키고 창세기를 신화로 축소시키려는 과도한 열심에서 비롯된 것이라고 믿었다. 수정된 번역을 주장하는 이들 중 일부는 성서 본문의 전통적인 명성을 감소시키려는 자발성 또는 심지어 그런 욕구의 자극을 받았을 수도 있겠지만, 본문을 이렇게 이해한다고 해서 반드시 그런 결론으로 귀결되는 것은 아니다. (1:1을 종속절로 보는) 수정된 번역에 대한 반대는 창세기 1:1에 대한 전통적인 번역이 **무로부터의** 창조, 즉 물질 존재론을 가정하는 절대적인 시작점이 있다고 보는 개념을 지지하는 학자들에 의해 주로 제기되었다. 그렇지만 내가 앞서 보여준 바와 같이, 우리의 현대적 존재론을 고대 세계의 정신 구조에 강요하는 것은 부적절하다. 그럼에도 수정된 번역의 배후에 있는 방법론은 의심스럽다. 이 현대적 해석은 바빌로니아 우주론을 다루는 한 텍스트의 비슷한 구문에 주로 영향을 받은 것 같기 때문이다. 그 텍스트 자체는 사실 고대 세계의 여러 차원을 고려해볼 때 이질적인 문헌이다. 따라서 나는 마소라 본문의 모음 표기를 바꿔야 할 만한 적절한 이유가 존재한다고 믿지 않으며, 현재의 모음 표기와 창세기 1:1을 독립절로 보는 전통적인 번역("태초에 하나님이 ~을 창조하셨다")을 그대로 유지하는 데 몇 가지 유익이 있다고 생각한다.

전통적인 이해를 유지하는 데서 생기는 첫 번째 유익은 창세기 자체에서 발견된다. 창세기의 잘 알려진 구조는 열한 개의 단락 구분을 그 특

---

[4] G. Hasel, "Recent Translations of Genesis 1:1," *The Bible Translator* 22 (1971): 156-7.

징으로 하는데, 각 단락은 "엘레 하톨레도트"('elleh battôlĕdôt, "이것은 ~에 대한 이야기다")라는 어구로 시작된다. 이 구절은 첫 번째로 창세기 2:4에 나온다. 이를 통해 7일간의 우주 발생을 "이야기" 구조의 바깥에 두며, 창세기 1:1-2:3을 서문과 비슷한 것으로 취급한다. 그렇지만 "톨레도트" 구절이 창세기에서 앞에 나온 내용과 그다음에 나올 내용을 연결시킨다는 점에서 전환 단계라는 데 주목해야 한다. 그다음에 나오는 내용이 족보 관련 정보인지 아니면 추가 내러티브인지와는 무관하게, 도입부의 "톨레도트"는 그것이 가리키는 사람으로부터 파생된 내용을 보여주기도 한다(예컨대 "데라의 아들은 어떻게 되었는가?" 또는 "에서는 어떻게 되었는가?" 같은 경우). 따라서 창세기를 이 구절로 시작하는 것은 가능하지 않다. 그것이 가리키는 대상이 그 앞에는 전혀 존재하지 않기 때문이다.

이와는 달리 "베레쉬트"는 "톨레도트" 전이 단락에 의해 수행될 후속 내용을 소개하는 데 놀랍도록 적절한 용어다. 이는 후속되는 각 시기를 소개하는 "톨레도트" 구절들과 함께 맨 처음 시기를 분명하게 보여준다. 만일 이것이 옳다면, 창세기는 이제 공식적인 특징을 가진 열두 개의 단락을 갖는 셈이다(11보다는 훨씬 더 논리적인 숫자다). 만일에 "베레쉬트" 구절이 "톨레도트" 구절들에 비견될 만한 표지라고 한다면, 이는 "톨레도트" 구절들과 마찬가지로 독립절 안에서 제 구실을 한다고 여기기가 훨씬 수월할 것이다. 그렇다면 1:1은 독립절로서 7일 창조 이야기를 이끄는 문학적 표지라고 결론 내릴 수 있다.[5] "톨레도트" 구절이 그 뒤에 이어지는 본문을 이끄는 문학적 표지인 것과 마찬가지로 말이다.

마소라 본문의 모음 표기와 "베레쉬트"를 독립절로 보는 전통적인

---

5 창 1:1을 "톨레도트" 구절들과 관련짓지 않은 채 창 1:1에 대한 같은 해석을 제공하는 E. van Wolde, *Reframing Biblical Studies: When Language and Text Meet Culture, Cognition, and Context* (Winona Lake, IN: Eisenbrauns, 2009), 185에 주목하라.

독법을 유지하려는 두 번째 이유는 이 구절의 어법이 「에누마 엘리쉬」보다는 이집트의 표현법과 훨씬 더 유사성을 보여준다는 관찰 때문이다. 이집트의 "처음 시간"(*sp tpy*)이라는 개념은 고려할 필요가 있다. 이는 다음과 같은 모렌츠(S. Morenz)의 설명처럼 후속 내용과 구별되는 맨 처음 시기를 가리킨다.

> 이것이 단순히 맨 처음을 뜻하는 것은 아니다. 이는 단지 어떤 사건의 시작을 의미할 뿐이다. 왜냐하면 "시간"(time)은 어떤 한 사건을 의미하기 때문이다. 우리는 1왕조 자료에서 눈에 띄는 한 사건에 대해 묘사하는 "동쪽의 첫 번째(first time) 패배"라는 글귀를 읽을 수 있다. 다른 한편으로 "시간"은 그 사건 이후의 시기를 배제하지 않는다. 대조적으로 이는 다른 "시간들"이 원칙적으로 무수한 시간을 뒤따랐음을 의미한다. 실제로 이집트인들은 정기적으로 되풀이되는 사건, 특히 인구 조사 같은 경우를 통해 시간의 흐름을 처음으로 측량했다. 달리 말해 "시간"이 주기성을 나타내는 하나의 전형이었다는 뜻이다.[6]

---

6 S. Morenz, *Egyptian Religion* (Ithaca, NY: Cornell University Press, 1973), 166. 이집트의 사유에서 "처음 시간"(first time)은 "존재의 양식이 확립되기도 하고 맨 처음 규정되기도 했던" 기간을 뜻했다(Allen, *Genesis in Egypt*, 57). 이 "처음 시간"은 자연과 역사 안에서 계속 되풀이된다(Morenz, *Egyptian Religion*, 168; Assmann, *Mind of Egypt*, 206). 이런 유형의 반복은 이스라엘이나 메소포타미아의 시각에 반영되어 있지 않다. 이런 주기성에도 불구하고 이집트의 이데올로기는 역동적 창조와 종말론적 시간에 대한 관점을 강조하는 Moltmann의 개념과 비슷한 고대 개념이 아니다(J. Moltmann, *God in Creation: An Ecological Doctrine of Creation* [London: SCM, 1985]; Moltmann에 대한 평가는 F. Watson, *Text and Truth* [Grand Rapids, MI: Eerdmans, 1997], 225-75)을 보라. 왜냐하면 이집트의 사유 안에는 시작과 중간 및 끝이 있기 때문이다. 계속적인 창조의 반복이 있기는 하지만 말이다(Morenz, *Egyptian Religion*, 169). 동시에 창조는 현학적인 측면에서만 이집트의 사유 안에서 일회적인 사건으로 제한될 수도 있다. 우주 안에 존재하는 질서는 끊임없이 해체의 위협을 받는다. 그 위협이 우주적 물들로부터 비롯되는지 아니면 우리가 "자연스러운" 사건들이라 부르

이집트의 개념은 성서 히브리어의 의미와 다소 구별된다. 그 용례가 반복되는 창조라는 개념과 긴밀하게 연결되어 있다는 점에서 그렇다. 달리 말해 "처음 때"에 발생한 일이 날마다 반복된다는 뜻이다. 어떤 의미에서는 창조가 항상 이루어지는 것처럼 보인다. 히브리어 성서에서 야웨는 계속 창조주 역할을 하는데, 이는 맨 처음에 창세기 1장에서 확립된 질서를 계속 유지시키시는 그의 모습에서 분명하게 드러난다. 이는 이집트의 우주론에 따라 이루어지는 창조의 일상적인 반복과는 크게 다르다. 그럼에도 우주가 창조된 맨 처음 기간이 있었다는 개념은 창세기와 이집트의 강한 연결 고리를 이루며, 창세기와 「에누마 엘리쉬」의 유사성을 비교할 수 없을 정도로 약하게 만든다. 이집트 우주론의 가장 중요한 사례들은 레이던 파피루스 I 350에서 발견된다.[7]

> 당신은 무(無)를 가지고 점진적 변화를 시작하셨습니다. 처음 때에 당신 없는 세계도 존재하지 않던 상태에서 말입니다(80장).

는 것으로부터 비롯되는지, 또는 초자연적 존재들로부터 비롯되는지, 아니면 인간의 행동에서 비롯되는지, 그것도 아니면 단순히 매일 밤의 어두움에서 비롯되는지 알 수는 없으나, 이와는 별도로 신들은 매일, 매순간 질서를 재확립해야 할 책임이 있다.

[7] COS 1.16. 우주론 문헌에 나오는 이 구절의 추가 용례는 COS 1.1, 누트의 책을 보라: "이어서 이 신의 화신(化身)이 다시금 지상에 그 모습을 드러내며 젊은 모습으로 세계 안으로 들어선다. 그의 신체적인 힘은 원래 상태를 나타냈던 처음 때와 마찬가지로 다시금 점차 강해진다." COS 1.1, 누트의 책: "이어서 그는 처음 때에 세계 안에서 서서히 발전했던 본래 모습과 마찬가지로 서서히 발전한다." COS 1.13, 람세스 기념비: "처음 때의 고귀한 신, 사람들을 만들고 신들을 낳은 자, 모든 사람을 살 수 있게 한 최초의 존재, 자신의 마음속에서 그 말을 한 자, 그들이 서서히 발전하는 모습을 본 자." 아문-레 찬가(J. Foster, *Hymns, Prayers, and Songs* [SBLWAW 8; Atlanta: Society of Bilical Literature, 1995], 65, text 32): "태초에 존재했던 빛나는 영혼, 진리 안에 거하는 위대한 신, 처음 신들을 낳은 태고의 신, 모든 신을 존재하게 한 자, 가장 특별한 자, 존재하는 모든 것을 만든 자, 처음으로 되돌아가 세상을 시작한 자."

빛은 그를 경외하여 고요히 있었던 존재하는 모든 것과 함께 처음 때에 그가 발전된 형태였다(90장).

그는 처음 때에 점진적으로 발전하기 시작하신 분이다. 아문은 태초에 스스로 발전을 이루신 분이요, 그 출처를 알 수 없는 분이다(100장).

세일해머(J. Sailhamer)는 히브리어 "베레쉬트"의 독특한 기능을 지적한 바 있다. 그는 이 용어가 특정 시점을 가리키기보다는 맨 처음의 일정한 기간 또는 일정한 시간의 지속을 가리킨다고 주장한다.[8] 욥의 생애 초기에 대해 언급하는 욥기 8:7이나 시드기야의 통치 초기에 대해 언급하는 예레미야 28:1 같은 본문은 그의 주장을 설득력 있게 뒷받침한다. 히브리어에서 왕의 즉위년은 그의 통치의 "레쉬트"로 불리는데, 이는 특정 시점이 아니라 (이를테면 그의 즉위식과 같은) 맨 처음 시기를 가리킨다. 따라서 "레쉬트"라는 용어의 의미론적 분석은 "태초"에 대한 또 다른 이해 방식을 제공한다. 여기서 인용한 본문 중 어느 것도 구문론적으로 정확하게 창세기 1:1과 일치하지 않는다고 하더라도 말이다.[9]

창세기에서 "태초"(레쉬트)는 맨 처음 시점보다는 사전 준비 기간을

---

8 J. Sailhamer, *Genesis Unbound: A Provocative New Look at the Creation Account* (Sisters, OR: Multnomah, 1996), 38. 상세한 논의는 Sailhamer가 쓴 "Genesis"의 창 2:20-23 부분에서 찾아볼 수 있을 것이다. 요약된 내용은 B. Arnold가 쓴 *NIDOTTE* 3:1025-26의 *re'shith* 항목에 담겨 있다.

9 창 1:1을 이런 다른 본문들로부터 구별 짓는 뚜렷한 구문론적인 특징으로는 전치사가 정관사 없이 사용된다는 점이 있다. 아울러 "레쉬트"에 이어서 명사 구문보다는 동사 구문 형태가 연속으로 나오는 점이나, 이 첫 단어를 1:1의 다른 단어로부터 구별하기 위한 마소라 본문의 분리 낭송법도 포함된다. 이처럼 전문적인 사항에 대한 논의는 Wenham(pp. 13-14); Hamilton(pp. 106-7) 같은 전문 주석을 보라. W. Wifall, "God's Accession Year according to P," *Bib* 62 (1981): 527-34과도 비교해보라.

가리킨다.[10] 이는 "첫 번째 부분"이나 "첫 번째 임명"[11]을 뜻하는 아카드어 "레쉬투"(reštu) 또는 앞서 우주론 문헌에서 중요한 역할을 하는 용어로 소개한 이집트어 구문(229-30쪽을 보라)[12]과 비교할 만하다. 이 문헌들에서 이집트어 구절은 "존재의 양식이 확립되고 맨 처음 규정되었을 때"라는 표현을 담고 있다.[13] 한국어의 경우에는 이런 맨 처음 기간을 태고의 기간이라 칭할 수 있을 것이다.[14] 이상의 모든 정보는 우리에게 "태초"가 7일 기간 이전의 어느 한 **시점**을 칭한다기보다는 창세기 1장의 나머지에서 묘사되는 7일의 창조 **기간**을 칭하는 한 가지 방식이라고 결론 내릴 수 있게 해준다. 창세기 1:1은 독립절로서 창조 행위에 대한 어떤 정보도 제공하지 않으며, 오히려 창조 활동의 기간에 대한 문학적 도입부를 제공한다. 이를 통해 창조 활동이 일어난 기간은 창세기 나머지 부분의 특징인 "톨레도트" 단락들로 자연스럽게 연결된다. 이제 다음 과제는 이런 창조 활동의 본질을 이해하는 것이다.

창조 활동: "바라"

고대 근동의 인지 환경에 관한 논의는 현대의 우주론적 존재론을 고대 세계에 강요하는 위험에 빠지지 않도록 주의를 환기시킨다. 이런 경고를 염두에 둔 채 우리는 "바라" 동사의 의미 영역을 재검토해야 한다. 이 용어가

---

10 다음 글은 "레쉬트"와 "테힐라"의 이런 차이에 주목한다. S. Rattray and J. Milgrom, "rē'šît," *TDOT* 13:269-70을 보라.
11 *CAD* R 272.
12 Morenz, *Egyptian Religion*, 168-71.
13 Allen, *Genesis in Egypt*, 57.
14 이는 "종말"이나 "마지막 날들"의 반의어로서, 히브리어 "아하리트"(*'aḥărît*)에 해당한다.

실제로 어떤 종류의 창조 활동을 전달하는지를 발견하기 위해 우리에게 있는 현대의 보편적인 물질 존재론적 이해에 휘둘리지 않으면서 말이다.

기초적인 어휘 분석 요약

일반적으로는 히브리어 성서에서 대략 50회 정도 사용되는 이 동사가 오직 하나님만을 주어로 (또는 이 동사가 니팔 형태로 나올 때는, 하나님을 암묵적인 행위자로) 하여 나타난다고 보았다. 이것은 중요한 관찰이다. 이런 관찰은 "바라"가 뜻하는 활동이 하나님만의 특권이며, 사람이 취할 수 없고 참여할 수도 없는 활동이라는 공통의 결론을 가능하게 했기 때문이다.

그렇지만 이 연구에서 가장 중요한 것은 "바라" 동사가 어떤 직접 목적어를 취할 수 있는지를 관찰하는 데 있다. 표 4.1.은 이를 보여주는 포괄적인 목록을 담고 있다.[15]

참조 본문	목적어	설명
창세기 1:1	하늘과 땅	
창세기 1:21	바다의 피조물	
창세기 1:27	사람	남자와 여자
창세기 1:27(2)	사람	그의 형상대로
창세기 2:3	X	
창세기 2:4	하늘과 땅	하나님의 모양
창세기 5:1	사람	남자와 여자
창세기 5:2	사람	
창세기 5:2	사람	
창세기 6:7	사람	
출애굽기 34:10	이적들	// "아사"('āśāh, 만들었다/행했다)

---

15 사해 사본에 나타나는 직접 목적어로는 둥근 천장, 빛, 아침, 저녁, 나이, 영, 양념, 보물, 성소, 사람, 행동, 의로운 자, 악한 자, 고기, 악, 수치가 있다. 전체 인용 자료는 *DCH* 2:258-59와 H. Ringgren, "ברא *Bārā*'," *TDOT* 2:249을 보라.

민수기 16:30	새 일(논란의 여지가 있음)	땅이 반역자들을 삼킴
신명기 4:32	사람	
시편 102:18	아직 창조되지 않은 백성	야웨를 찬양함
시편 104:30	피조물들	지면을 새롭게 하심
시편 148:5	하늘에 거하는 것들	야웨를 찬양함
시편 51:10	정한 마음	
시편 89:12	북쪽과 남쪽	
시편 89:47	사람	허무하게
전도서 12:1	너	
이사야 4:5	구름과 연기	
이사야 40:26	별들의 무리	이름을 부르심, 하나도 빠짐이 없음
이사야 40:28	땅의 끝	
이사야 41:20	사막에 흐르는 강	사람들의 필요를 채워주심
이사야 42:5	하늘	펼치심
이사야 43:1	야곱	=이스라엘
이사야 43:15	이스라엘	
이사야 43:7	내 이름으로 불리는 모든 자	내 영광을 위하여
이사야 45:12	사람	
이사야 45:18	땅	"토후"(tōhû)로 창조하지 않으심
이사야 45:18	하늘	거주하게 하심
이사야 45:7	어둠	// 빛을 만드심
이사야 45:7	환난	// 평안을 지으심
이사야 45:8	하늘과 땅	구원과 의를 만드심
이사야 48:7	새 일, 감춰진 일	
이사야 54:16	장인	무기를 제조함
이사야 54:16	진멸하는 자	진멸시킴
이사야 57:19	찬미	
이사야 65:17	새 하늘과 새 땅	
이사야 65:18	새 하늘과 새 땅	
이사야 65:18	예루살렘	즐거움이 되게 함
예레미야 31:22	새 일	여자가 남자를 둘러쌈
에스겔 21:30	암몬 족속	
에스겔 28:13	두로 왕	
에스겔 28:15	두로 왕	
아모스 4:13	바람	
말라기 2:10	언약 백성	

표 4.1. "바라" 동사의 목적어

문법적으로 이 동사의 목적어는 다음의 범주로 요약될 수 있다.

- 우주(10, 새로운 우주를 포함)
- 일반적인 사람(10)
- 특정한 무리의 사람(6)
- 특정 개인이나 개인의 형태(5)
- 피조물(2)
- 자연 현상(10)
- 우주 지리학의 구성 요소(3)
- 상태(1: 정한 마음)

이 목록에서 분명하게 드러나는 것은 "바라" 동사의 문법상 목적어들이 물질적인 항목으로 쉽게 동일시되지 않는다는 점이다. 설령 그것들이 쉽게 동일시된다 할지라도, 해당 문맥이 이들을 물질적인 대상으로 여기는지는 의심스럽다.[16]

바라의 의미론적 영역에 대한 논의

통시적인 시각에서 볼 때, 우리의 자료는 확고한 어원적 결론에 도달하기에는 너무 제한되어 있다. "바라"는 당대의 다른 셈족 언어에서 보편적으로 인식되던 동족어를 전혀 가지고 있지 않으며, 어근의 의미를 확실하게 밝혀줄 만한 파생어 형태도 충분히 존재하지 않는다. 하지만 이 동사의

---

16 J. Stck, "What Says the Scripture?" in *Portraits of Creation: Biblical and Scientific Perspectives on the World's Formation* (ed. H. J. Van Till; Grand Rapids, MI: Eerdmans, 1990), 203-65(특히 208)을 보라.

어원을 제안할 때, 대개는 "바라" 동사 중 용례가 소수만 나타나는 피엘 형태(표 4.1.에는 포함되지 않음)로부터 추론된 의미일 때가 많은데, 이는 흥미로운 사실이다. 오늘날의 사전들은 보통 "바라"의 피엘 형태를 동음이의어로 여겨 따로 수록한다. 이는 "바라"의 피엘 용례와, 이미 논한 바 있는 칼 및 니팔 형태 사이의 관계를 재고해야 함을 암시한다.

피엘 형태는 아래와 같이 다섯 번에 걸쳐서 나온다.

- 여호수아 17:15, 18 – 에브라임 지파와 므낫세 지파가 자기 스스로 땅을 분배하는 것에 대해 언급함
- 에스겔 21:19[24] 2× – 두 개의 여행 경로 사이를 구별하는 것에 대해 언급함
- 에스겔 23:47 – 그들[오홀라와 오홀리바]을 칼로 가르는 행동을 가리킴

여호수아서에 있는 용례들은 마치 "바라" 동사가 "숲이 우거진 땅을 개간하는 행위"를 뜻하는 것처럼 일정하게 번역되어 있다. 그러나 이 결론이 단순히 에브라임과 므낫세의 소유지 확장에 대해 언급할 뿐인 여호수아서 문맥에 딱 들어맞는 것은 아니다. 사실 여호수아는 그들에게 숲이 우거진 산지를 장악할 행동을 취하도록 조언하는 것일 수도 있다. 그들이 그곳을 자기 것으로 **구분하도록**(distinguish) 말이다. 이런 의미는 에스겔서 본문 두 곳에 있는 피엘 용례와 논리적으로 훨씬 더 잘 들어맞는다. 학자들은 일반적으로 피엘의 이런 의미를 기초로 "바라" 동사 어근의 의미가 "분리하다"(separate)라는 어원을 가지고 있다고 결론짓는다.[17] 이런 결

---

17 C. Westermann은 "바라" 동사의 어근의 어원이 자르거나 분리시키는 개념에서 발견된다고 주장한다(*Genesis 1-11*, 99); R. van Leeuwen, "ברא," in *NIDOTTE* 1:731; Ringgren, "ברא," 245; W. H. Schmidt, "ברא," *TLOT* 1:253. 이런 주장은 일반적으로 E.

론은 "바라"의 피엘 형태를 동음이의어로 구분하려는 일반 사전들의 결정과 배치되지만, 이처럼 같은 의미를 가지는 칼 형태의 용례 중 하나에 의해 지지받는다. 비록 확증되지는 않더라도 말이다. 민수기 16:30은 땅이 입을 열어 반역자인 고라와 다단, 아비람 및 그들의 가족 전부를 삼키는 모습을 설명하기 위해 "바라"의 칼 형태를 동족목적어(동사의 목적어가 동사 어근에서 파생한 명사인 경우)와 함께 사용한다. NIV는 전형적인 방식으로 다음과 같이 번역하고 있다.

> NIV: 그러나 만일 주께서 완전히 새로운 어떤 것(브리아[bĕri'a])을 만들어내시고(바라), 땅이 자기 입을 열어 그들과 그들에게 속한 모든 것을 삼킨다면, 그리고 그들이 산 채로 무덤으로 내려가게 된다면, 너희는 이 사람들이 주를 멸시했다는 사실을 알게 될 것이다.
> NRSV: 그러나 만일 주께서 새로운 어떤 것을 창조하신다면….
> NJPSV: 그러나 만일 주께서 알려지지 않은 어떤 것을 만들어내신다면….

그렇지만 이 명사를 "새로운 어떤 것"으로 번역해야 한다는 주장에는 논쟁의 여지가 있다. 밀그롬(J. Milgrom)은 일반적으로 제안되는 이 동사 어근의 어원에 주목하면서, 동일한 의미상의 흐름을 따라 동족목적어의 뜻을 한정하여 다음과 같은 번역에 도달하고 있다. "거대한 틈새를 만들다"(즉 이 경우에는 땅과 땅을 분리시키는 일을 가리킨다).[18] 그 결과 본문의 문

---

van Wolde, *Reframing*, 185-200에 의해 확증된다. 비록 그녀가 이를 히브딜 형태의 동사로부터 구분하기 위해 "구별하다"라는 번역을 선택하기는 하지만 말이다. 또한 그녀가 피엘 형태에 대한 분석을 통해 이런 결론에 도달한 것이 아니라는 사실에 주목해야 한다(그녀는 피엘 형태에 대해 언급하지 않는다).

18 J. Milgrom, *Numbers* (JPS Torah Commentary; Philadelphia: Jewish Publication Society, 1990), 137. 이상의 주석가 중 누구도 **창조** 개념에 관한 고대 근동

맥에 더 잘 어울리는 번역이 생겨난다. 만일 이 본문의 칼 동사 형태를 해석하는 데 이 결론을 받아들인다면(나는 그렇게 하지 않을 이유가 없다고 본다), 우리로서는 피엘 형태의 용례가 다른 어근에서 비롯됐다고 계속 주장할 이유가 없다. 이런 결론으로부터 생겨나는 결과 중 하나는 인간을 주어로 하는 동사의 용례가 (적어도 피엘 형태로는) 존재한다는 점이다.

월키(B. Waltke)와 오코너(M. O'Connor)의 히브리어 동사 체계 분석에 따를 때 상태 변화 동사(이곳의 동사와도 같은)에서 칼(G)과 피엘(D)의 차이는, 후자가 수동의 의미를 갖는 하위 주어를 가지는 반면에 전자는 하위 주어를 전혀 가지지 않는다는 데 있다.[19] D 어간 형태의 동사에서 주어의 행위는 실제로 동사에 준하는 행위를 실제 일어난 일로 확립하는 것이거나, 단순히 그 행위가 실제라는 선언 혹은 견해를 반영하는 것일 수도 있다. 그러므로 에브라임 지파와 므낫세 지파는 숲이 우거진 땅이 자기에게 속한 것으로 구별되었음을 확실히 알 수 있었거나, 아니면 이를 그렇게 간주하고서 하나의 현실로 만들기 위한 노력을 시작했을 수도 있다. 마찬가지로 에스겔 21:19[24]에서 예언자는 길들이 서로 구별되고 있음(나누어지고 있음)에 주목하라는 지시를 받는다. 그는 실제로 그 길들을 만든 자가 아니다. 그 길들은 이미 존재하고 있었기 때문이다.

마지막으로 에스겔 23:47에서는 이 동사를 *btq* 동사의 D 어간 형태와 관련해 분석해야 하는데, 이 동사는 에스겔 16:40의 거의 동일한 구에서 "바라" 대신 사용되고 있다. *btq*는 성서 히브리어에서 한 번밖에 안 나오는 단어지만, 동족어인 아카드어 "바타쿠"(*batāqu*)에 잘 표현되어 있

의 배경이 "분리하다"로부터 "창조하다"로 옮겨간다고 간주하는 것이 논리적이라는 점을 인정하지 않는다.
19 *IBHS* §21.2.2; 참조. §24.2f-g.

다.²⁰ 이 동사의 아카드어 D 어간 형태는 전쟁 중 포로가 된 백성의 몸을 쪼개는 모습을 표현하는 데 사용되는데, 이는 에스겔서의 문맥에 잘 들어맞는다. 흥미롭게도 이는 마르두크가 티아마트의 몸을 둘로 쪼갤 때 사용되기도 하는 동사다(「에누마 엘리쉬」 IV 102). 같은 어원을 가진 단어들의 증거 대부분을 염두에 둔다면, 에스겔 16:40의 *btq*(D)와 에스겔 23:47의 "바라"(D)는 똑같이 해체하거나 난도질하는 행동을 뜻하기보다는, 신체의 특정 부위/부속 기관을 "분리하거나 쪼개는" 행동을 뜻하는 것 같다. 이렇듯 "바라" 동사가 분리(여기서는 잘라서 분리하는 행위)를 암시한다는 개념은 에스겔서의 사례를 통해 뒷받침된다.

공시적으로 볼 때, 이 동사의 칼 형태는 일반적으로 우주론과 관련된 전문 용어로 다루어졌는데, 이 경우에는 대체로 어원이 이 단어의 용례와는 아무 상관이 없다. 그럼에도, 비록 전문 용어일지라도 그 의미를 어원으로부터 완전히 분리시킬 수는 없는 것 같다. 그러나 주석가들과 사전들은 통시적인 분석이 특히 앞서 우리가 논의한 것처럼 고대 세계의 창조 개념과 관련된 어근과 얼마나 가까운지에 주목하지 않는다.²¹ 창세기와 고대 근동의 우주 발생론에서 무엇보다 창조가 분리하는 행위를 포함한다는 사실을 무시하기란 불가능한 일이다. 동시에 우주론적 분리는 반 볼데(E. van Wolde)가 암시하듯²² 단순히 공간이나 시간을 구분하는 것이 아니다. 도리어 이는 우주에 질서를 가져오는 일에 관여하는 주요 활동 중 하나다.²³

---

20 *CAD* B 161-65.
21 한 가지 예외는 É. Dantinne, "Création et Séparation," *Muséon* 74 (1961): 441-51을 보라.
22 van Wolde, *Reframing*, 199.
23 단일자 아툼이란 개념에 표현된 이집트의 개념을 생각해보라(예. *COS* 1.8). 태초에는 두 가지 것이 존재하지 않았고, 아툼은 창조 행위를 통해 자신을 수백만의 존재로 나

이상의 모든 정보를 종합하면, 바라 동사가 "무언가를 존재하게 하다"를 뜻한다고 보는 견해가 아직까지는 가장 적절하다.[24] 그러나 조금 더 다듬는 작업이 필요하다.

　　1. 이런 분석은 어떻게 **존재**가 규정되는가 하는 문제를 해결되지 않은 채로 남겨둔다. 만약 우리가 존재하게 된 것들의 범위를 이 단어를 사용하는 문맥 안에서 살펴보면, 이는 크게 **물질적인** 존재를 염두에 두고 있는 것 같지 않다. 그 대신에 이 동사와 관련된다고 여겨지는 다양한 대상을 쉽게 포괄할 수 있는, 존재에 대한 정의가 바로 우리가 고대 근동의 인지 환경을 지배하는 것으로 간주하는 정의다. 만약 이스라엘의 존재론이 물질적인 것이 아니라 기능적인 것이라면, 무언가를 존재하게 하는 일은 질서 있는 체계 안에서 그것에 일정한 기능과 구별되는 역할을 부여하는 것을 의미한다. 이스라엘의 존재론에 대한 이런 이해는 의미론적 자료들을 가장 잘 설명해준다.

　　2. 고대의 우주 발생론에서 무언가를 존재하게 하는 주요 수단 중 하나가 분리시키는 행위라는 사실로부터, 우리는 히브리어 "바라"가 이런 과정을 묘사하는 데 선택할 수 있는 놀랍도록 적절한 용어였다는 결론을 내릴 수 있다. 그렇다고 해서 "바라"를 "분리하다, 구분하다"로 번역해야 한다는 뜻은 아니다. 단지 이 동사가 때때로 자체 내에 잠재적으로나마 분리를 의미했을 것이라는 점을 암시할 뿐이다. 분리라는 의미가 이 동사를 독특하게 우주론 맥락에 적합하게 만들어준다는 뜻이다.[25]

누웠다. 이에 대해 E. Hornung, *Conceptions of God in Ancient Egypt* (Ithaca, NY: Cornell University Press, 1982), 170, 176을 보라.

24　이 개념은 J. Stek의 다음과 같은 결론에 반영되어 있다. "'바라'는 **하나님이 계획하시고 뜻하시고 성취하신 것만을** 일종의 현존하는 실재로 확증한다"("What Says the Scripture? 213; Stek 강조).

25　동시에 나는 한 단어의 어원사(語源史)를 시대가 바뀔 때마다 그 용례 안에서 짜 맞

따라서 우리가 가진 자료에 가장 적합한 "바라"의 미묘한 의미는 "무언가를 (기능적) 존재로 만드는 것"이다. 이는 종종 구별하는 작업을 통해 성취되는 질서의 확립을 암시한다. 이를테면 역할과 지위와 정체성 등이 구별되는 경우가 그렇다. 그 잠재적인 어원의 일부를 간직하고 있을 수 있는 맥락에서, "바라" 동사는 무언가를 (기능적) 존재로 구분하는 일에 관심을 가질 수도 있을 것이다. 이 동사가 물질적인 무언가를 만들어내는 행동으로 간주되어야 한다고 암시하는 내용은 전혀 없다. 따라서 창세기 1:1은 "맨 처음 시기에, 하나님이 우주적 기능들을 존재하게 하셨다"로 해석되는 것이다.

이스라엘의 존재론이 기능적이었다는 결론은 "바라"의 어원과 관련해 이루어진 것이 아니다. 이런 결론의 주된 증거는 다음에 이어지는 장들에서 제시될 것이다. 그렇지만 이스라엘의 존재론이라는 요인을 탐구 대상으로 삼을 때, "바라" 동사에 대한 공시적 분석이 훨씬 더 단순하게 된다는 점만큼은 분명한 사실이다.

"아사"에 대한 추가 고찰

"아사"라는 단어는 특히 우주론을 다루는 맥락 안에서 과연 물질 제조 과정 외에 다른 어떤 것을 가리킬 수 있을까? 만약 우리가 "아사"의 목적어

추려는 의미론상의 오류를 피할 필요를 느낀다. 이 오류는 D. A. Carson, *Exegetical Fallacies* (Grand Rapids, MI: Baker, 1996), 35-37에 의해 "의미상의 퇴화"로 불린다. 만약 "분리" 개념이 이 단어의 역사 안에 오랫동안 남아 있다고 한다면, 그 이유는 아마도 창세기 저자가 1:7에서 독자에게 둘로 나누어진 티아마트의 시신—티아마트의 시신은 「에누마 엘리쉬」에서 땅 위의 물과 땅 아래의 물로 바뀐다—을 연상시키는 동사를 사용하려는 모험을 감행하기보다는 "아사"('*aśāh*) 동사를 사용하기로 선택했기 때문일 것이다.

로 다양한 기능이나 행동이 충분히 입증되고 있음을 보여줄 수 있다면, 이 일반적인 동사가 다양한 의미를 취할 가능성이 그 모습을 드러낼 수도 있다. 그 가능성이란 이 단어가 "만들다"를 뜻하며, 따라서 분명히 물질 제조 행동을 가리킨다는 단순한 결론을 넘어서는 경우를 뜻한다. 그렇다면 예컨대 어떤 이스라엘인이 야웨를 "천지를 만드신 분"으로 칭할 때 그/그녀는 무엇을 생각하고 있었을까?

이와 관련된 자료는 "바라"의 경우보다 훨씬 복잡하다. 이 동사의 용례가 매우 많고(2,600회 이상), 이 동사가 현대어로 번역되는 방식이 매우 다양하기 때문이다. 이 동사는 다양한 측면을 가진다고 인식되며 흔히 사용되는 동사이기에, 단순히 문맥이 지시하는 온갖 유형의 활동을 가리키는 데 사용된다.[26]

1. 의미 영역 안에 있는 범주들. 전통적으로 히브리어 사전들은 "하다"(doing) 또는 "만들다"(making)라는 뜻을 제시하며, 이어서 상이한 맥락과 배열로부터 생겨나는 서로 다른 모든 변이를 나열한다. "하다"와 "만들다"의 사례는 결코 부족하지 않지만, 영어권에서는 이 둘이 매우 다른 두 가지 유형의 활동을 가리킨다. "하다"는 활동과 행동을 가리키는 것으로, 주로 기능적 범주에 해당한다. 반면에 "만들다"는 일반적으로 생산 지향적이며, 제조 과정이나 건축 과정을 포함할 가능성이 더 높은 편이다.[27] "아사" 동사가 영어의 "행하다"와 "만들다"의 영역을 넘어서서 확대되는 이유는, 이 두 활동이 고대인들의 사유 안에서 훨씬 더 긴밀하게 서로 연

---

26 Carpenter, "עשה," *NICOTTE* 3:547: "이 단어는 가능한 모든 문맥에서 그것이 가리킬 수 있는 의미에 부과되는 본질적 제약을 거의 가지고 있지 않은 하나의 표지에 해당한다."
27 나는 이런 범주들이 거의 무의미할 정도로 환원주의적인 일반화에 해당한다는 점을 기꺼이 인정한다. 여기서 내 의도는 경직된 의미 범주를 확립하는 데 있는 것이 아니라, 도리어 의미가 발생하는 일반적인 방향을 확인하는 데 있다.

결되어 있기 때문일 수도 있다.[28]

　　영어 번역이 "만들다" 쪽으로 기울어지는 몇몇 문맥이 존재한다는 사실 역시 흥미로운 일이 아닐 수 없다. "행하다"가 더 나은 선택임을 암시하는 문맥상의 증거가 있는데도 말이다. 아마도 이 점과 관련하여 가장 주목할 만한 것은 출애굽기 20:8-11의 중요한 진술일 것이다. 이 본문은 종종 하나님께서 우주를 만드시는 일("아사")이 문자적인 7일 동안 이루어졌다고 보는 개념을 뒷받침하는 데 사용된다. 그렇지만 문맥 전체를 통해 이 동사가 쓰인 문맥과 용례를 살펴보면, 다소 상이한 이해가 도출된다. 9절은 이스라엘 백성이 엿새 동안에는 일할 수 있으나 일곱째 날에는(10절) 누구든지 어떤 일이라도 **행하면**("아사") 안 된다고 진술한다. 이 문맥에서는 11절을 자신의 일을 **행하시는** 하나님에 관해 이야기한다고 이해하는 것이 완전히 타당할 것이다. 이 절들에서 "일하다"를 칭하는 데 사용되는 동일한 히브리어 단어는 사실상 창세기 2:2에서 하나님의 창조 활동을 가리키는 데 사용된다. "하나님이 그가 **하시던** 일을 일곱째 날에 마치시니." 창세기 2:2은 출애굽기 20:11이 언급되는 구절이다. 따라서 엿새 동안의 창조 활동을 "무언가를 만드는" 것보다는 "어떤 일을 행하는" 것으로 분류하는 것이 더 낫다고 결론을 내리는 편이 정확할 것이다. 그 자체로는 모호해 보일 수도 있는 창세기 1:31은 2:2을 통해 그 의미가 명확해지므로, "하나님은 자신이 행하신 모든 것을 보셨다"로 번역해야 한다.

　　아카드어 "에페슈"(*epešu*)는 히브리어 "아사"에 크게 비견될 만한 의

28　이집트에 관한 H. Te Velde의 관찰에 주목하라. "제의 안에서 실행되거나 수행된 창조 신학은 단순히 신들의 위대한 신화적 행동을 기념하거나 창조된 세계의 통일성과 발전 과정을 표현하는 데 있지 않았다. 그것은 사실상 창조 자체였다. 제의를 행하는 것을 지칭하는 이집트 용어는 '일들을 행하다'이다. 제사장은 우주의 질서가 유지되고 우주와 국가 및 개인이 그들의 질서 있는 실존을 계속하도록 확고히 하기 위해 '일들을 행해'야 했다"(*CANE* 1744).

미 영역을 가지고 있다. "에페슈"가 타동사로 사용되는 많은 용례는 무언가를 "만드는" 행위와 관련되어 있으며, 다음과 같은 경우에 사용되는 것 같다. (1) 건축물이나 벽, 배, 다리, 운하 등과 같은 구조물을 건축하는 일, (2) 설비나 의복을 만드는 일, (3) 형상을 만드는 일.[29] 이 동사는 우주론을 포함하는 문맥 안에서 단지 세 차례만 사용된다. 첫 번째 사례 「에누마 엘리쉬」 I 126은 티아마트와 그녀의 무리가 "폭풍"[30]을 만들어낸다고 묘사한다. 아울러 「에누마 엘리쉬」 VII 89-90에서 이 동사는 마르두크가 세계의 여러 지역을 만들고, 이어서 신들의 몸으로 인간을 만드는 것을 묘사하는 그의 35번째 이름을 해석하는 데 사용된다.

2. "아사"와 "바라"의 비교. 같은 문맥에서 사용될 경우에 이 두 동사는 똑같이 기능적인 요소를 가지는 것일까, 아니면 물질적인 요소를 가지는 것일까? 창세기 1:26-27은 이 두 동사가 모두 같은 행동을 표현하는 데 사용될 수 있음을 보여준다. 또한 이 둘은 창세기 2:3에서 결합된 채 사용되기도 한다.

3. 물질적 맥락과 기능적 맥락. "아사"가 하나님의 창조 활동을 가리킬 경우에는, 이 동사의 목적어들이 "바라"의 경우와 마찬가지로 물질적인 생성물을 넘어서서 다양한 기능까지도 포함한다. 그 목적어로 여겨지는 것들로는 땅, 바다, 마른 땅, 하늘, 궁창, 천체, 해와 달, 동물, 사람이 있다. 그러나 이 목록에는 하늘의 창들(왕하 7:2, 19), 모세와 아론(삼상 12:6),

---

[29] CAD E 197-201. G. Pettinato, *Das altorientalische Menschenbild und die sumerischen und akkadischen Schöpfungsmythen* (Heidelberg: Carl Winter, 1971), 59도 보라.

[30] 우$_4$-무(u_4-mu)는 몇 가지 다른 방식으로 읽힌다. Foster(*Before the Muses*, 443 n.3)는 127행의 의미와 맞추기 위해서는 아마도 이를 "괴물"로 번역해야 할 것이라고 주장한다.

모든 민족(신 26:19; 시 86:9) 등이 포함되기도 한다.[31] "[당신이] 생명과 은혜를 내게 주시고"(ḥayyîm wāḥesed 'āśîtā 'immādî)[32]라고 확언하는 욥기 10:12의 결합된 목적어에서 분명하게 드러나는 기능적인 특성과 비교해보라. "아사"와 함께 사용되는 다양한 직접 목적어는 이 동사의 의미가 갖는 물질적 측면과 기능적 측면 사이에 뚜렷한 차이가 없음을 암시한다.

하나님이 이 동사의 주어로 나오는 경우에는 대략 80회의 용례에서 창조 질서에 속하는 직접 목적어가 함께 나타난다. 그것들이 물질적 강조점을 반영하는지 아니면 기능적 강조점을 반영하는지와 관련해 애매한 지점이 있으므로 현재로서는 이를 잠시 제쳐두고자 한다. 당면한 관심사는 하나님이 이 동사의 주어로 나오는 다른 용례가 대략 370회 정도 된다는 점인데, 이 사례 중 단지 두 경우만이 물질의 발전 과정이나 물질계에 속하는 목적어를 암시한다는 점이다.

> 창세기 3:21: 여호와 하나님이 아담과 그의 아내를 위하여 가죽옷을 **지어**("아사") 입히시니라.
>
> 이사야 25:6: 만군의 여호와께서…만민을 위하여 기름진 것…으로 연회를 **베푸시리니**("아사").

나머지 사례는 자신의 본성을 따르는 방식으로(바르게, 의롭게 등등. 이런 사례들은 우리가 영어에서 추상 명사로 간주하는 목적어를 포함하고 있다) 행동하고 또 표적과 이적을 행하며 자연의 순리대로 무언가를 행하거나 자신의 약속/말/이름에 걸맞은 방식으로 행동하는 사람들을 다루는 데

31　광범위하면서도 부분적인 목록은 H. Ringgren, "עשה," *TDOT* 11:392; Vollmer, "עשה," *TLOT* 2:949-50을 보라.

32　여기서 유일하게 한 번 나오는 동사는 "아사"다.

관심을 기울인다. 따라서 우리는 많은 경우에 "아사" 동사가 물질과 관련된 하나님의 계획보다는 그의 행동에 초점을 맞춘다고 결론지을 수 있을 것이다.[33]

앞서 언급했지만, 영어에서는 일반적으로 "행하다" 동사와 "만들다" 동사를 구분하고 있다. 전자는 주어가 수행하는 **활동**을 직접 목적어로 취하는 반면에, 후자는 대체로 물질적인 **대상**을 주어의 문법적인 직접 목적어로 취한다. 그 결과 "아사"가 우주론 관련 직접 목적어와 함께 나타나는 히브리어 본문을 만날 때, 그리고 우리가 속한 현대의 기본적인 존재론이 물질적이라는 점을 염두에 둔다면, 우리는 **수행된 활동**이 아니라 **만들어진 물질적인 것**이 "아사"의 목적어라고 생각할 수밖에 없다. 따라서 우리는 이 동사를 "행하다"로 번역하기보다는 "만들다"로 번역하지 않을 수 없다. 그러나 만일 우주의 창조가 조직화하거나 질서를 부여하는 활동이라고 한다면, "아사" 동사와 동일시되는 업무는 그 기능을 확립하는 것과 관련되어 있음이 틀림없다.

이 동사의 주어에 해당하는 사람들이 물질적인 대상을 생산하는 데 관여하는 것으로 묘사되는 많은 맥락이 존재하는 것은 사실이다(대략 365회의 용례가 있다).[34] 그러나 상당히 많은 경우(대략 25% 정도)에 이 동사의 주어로 나오는 개인이 실제로 어떤 일을 자기 손으로 행하는 자보다는 그 일을 감독하거나 대표하거나 지시하는 자라는 점 역시 흥미롭다.[35]

---

33 TLOT 949; Keel, *Symbolism*, 204-5을 보라.
34 만들어진 것은 의류, 노아의 방주와 상선(商船), 종교적이거나 그렇지 않은 건물, 종교적이거나 그렇지 않은 비품, 제의 물품, 식사와 음식물, 벽돌, 예물, 저수지 등을 포함한다.
35 이런 관찰은 내 제자인 Alyssa Walker가 제시한 것이다. 또한 그는 사전적인 정보를 수집하고 분류하는 데도 많은 도움을 주었다. 창 37:3; 왕상 12:28; 렘 52:20; 전 2:5-6; 대하 20:36; 32:29 등과 같은 사례를 보라. 창 12:5은 아브람을 "아사" 동사의 주어로 묘

4. 명사 형태 "마아세"(ma'ăśeh)**의 용례.** 명사의 236회 용례 중 장인의 작품(보통은 우상이나 성전 비품, 상품 등)과 같이 만들어진 것을 칭하는 것은 거의 없는 편이다. 하나님의 작품이 언급되는 경우(욥 14:15; 37:7; 시 145:9-17[4x]; 사 29:16), 그것은 항상 우주가 아니라 인간을 가리킨다. 잠언 16:11 역시 주목하라. "주머니 속의 저울추도 다 그가[하나님이] 지으신 것이니라."[36] 이 용어는 흔히 행해지거나 성취된, 또는 완성된 활동을 가리킨다.

5. 분사의 사용. "창조주"를 뜻하는 분사는 20회 이상 나온다. 욥기 37:2-13(NIV)의 확장된 문맥은 야웨께서 행하신/만드신("아사") 일들("마아세")의 분명한 사례를 제공한다.

참조 본문	목적어	설명
욥기 4:17	사람	
욥기 31:15	태중에 있는 사람	
욥기 35:10	압제당하는 사람	밤에 노래/힘을 주시는 자
시편 95:6	경배하는 사람	
시편 115:15	하늘과 땅	
시편 121:2	하늘과 땅	도움의 근원
시편 124:8	하늘과 땅	도움의 근원
시편 134:3	하늘과 땅	
시편 136:4	기이한 일들	
시편 136:5	하늘	지혜로

사람과 아울러 사람("네페쉬")을 직접 목적어로 취급한다는 점에서 특히 흥미로운 본문이 아닐 수 없다. 확실히 이것은 물질 제조가 아닌 다른 활동을 뜻한다.

36 이 본문이 하나님을 저울추를 만드신 분이 아니라 어떤 의미에서는 저울추를 결정하시는 분으로 칭하고 있다는 데 주목하라. 이런 것은 우주 지리학의 구성 요소가 아니다.

시편 136:7	큰 빛들	해로 낮을 주관하게 하시고 달과 별들로 밤을 주관하게 하심
시편 146:6	천지와 바다와 그중의 만물	도움의 근원
시편 149:2	이스라엘	// (신성한) 왕
잠언 14:31	가난한 사람	
잠언 17:5	가난한 사람	
잠언 22:2	가난한 자와 부한 자	
이사야 17:7	사람	자기를 지으신 이를 바라보겠으며
이사야 27:11	사람	// yrṣ
이사야 29:16	지음을 받은 물건	여기, 이스라엘
이사야 44:2	사람	모태에서부터 지어낸
이사야 51:13	사람	하늘을 펴고 땅의 기초를 정한 분
이사야 54:5	이스라엘	네 남편
호세아 8:14	이스라엘	
아모스 4:13	새벽을 어둡게	
아모스 5:8	묘성과 삼성	

표 4.2. 분사 "창조주"의 용례

들어라! 그의 우렁찬 음성을,

그의 입에서 나오는 큰 소리를 들으라.

그는 온 하늘 아래에 그의 번개를 풀어놓으시며

그것을 땅끝까지 보내신다.

그 후에 그의 우렁찬 음성이 나오며

그는 자신의 위엄 찬 소리를 천둥같이 발하신다.

그의 음성이 울려 퍼질 때

그는 어떤 것도 물러나지 못하게 하신다.

하나님의 음성이 경이로운 방식으로 천둥처럼 울린다.

그는 우리가 헤아릴 수 없는 큰일을 행하신다("아사").

그는 눈을 향해 "땅에 내리라"라고 말씀하시며

소나기를 향해 "크게 쏟아 부어라"라고 말씀하신다.

그러므로 그가 만드신 모든 사람이 그가 하신 일("마아세")을 알게 될 것이다.

그는 모든 사람이 자기 일을 중단하게 하신다.

짐승은 피할 곳을 찾으며

자기들의 처소에 머문다.

폭풍우가 그의 방에서 나오고

추위는 휘몰아치는 바람으로부터 나온다.

하나님의 입김이 얼음을 만들어내고

광대한 물이 얼음으로 변한다.

그는 구름에 습기를 실으시고

그의 번개로 구름을 흩으신다.

그의 명령에 구름은

그가 자기에게 명하시는 일을 행하기 위해

온 땅의 표면 위에서 소용돌이친다.

위의 분석은 "아사"와 그 동족 명사인 "마아세"가 하나님을 주어로 할 경우에는, 흔히 하나님 자신이 적절한 일을 행하시는 상황, 즉 우주를 운영하시는 일을 묘사하고 있음을 암시한다. 이 본문은 대체로 하나님이 만물을 현재 그대로 만드시고 사람도 현재 그대로 만드셨다고 추정한다. 한 가지 가능성은 하나님이 이 동사의 주어일 때(참조. 시 103:6; 잠 14:31; 17:5; 22:2; 겔 5:10), 그 의미가 메소포타미아에서의 신들의 활동, 즉 결정을 내리거나 운명을 선포하는 일(=온갖 것을 지금 있는 그대로 만드는 일)을 하는 것과 겹칠 수 있다는 점이다. 만약 그렇다면, 다시 한 번 우리는 본문이 실재의 물질적 측면이 아니라 기능적 측면에 초점을 맞추고 있음을 알 수 있다. 이런 강조점이 물질에 대한 관심사를 배제하지는 않지만, 이는 고대인들의 마음속에 있는 주요 관심사가 기능적인 것이라는 사실을 드러낸다. 적어도 이상의 자료는 단순히 "아사" 동사가 존재한다는 사실 자체가 물질적 과정을 드러내는 것으로 여겨질 수 없음을 구체적으로 보여준다.

하늘과 땅

창세기가 위의 물과 아래의 물이 "라키아"에 의해 나뉜다고 이야기하고 있기는 하지만, 본문은 하늘과 땅이 원래는 나누어져야 했던 한 덩어리였다고 말하지 않는다. 1절이 그런 원래 상태에 대해 언급하고 있지 않는 한 말이다. 앞서 나는 1절을 창조 활동을 언급하는 이야기가 아니라 문학적 도입부 또는 1장의 표제로 이해해야 한다고 주장했다. 하지만 만약 창세기 1:1이 창조 행동을 묘사하는 구절이라면, 사실상 그것은 하늘과 땅의 본래적인 분리를 언급하는 것일 수도 있다. 이 경우에는 "바라"의 어원(앞서 논의한 "분리" 개념)이 이런 본문 읽기를 지지한다. 그러나 나는 1절을 문학적 도입부로 보는 견해가 더 설득력 있다고 믿는다. 만약 본문이 하늘과 땅의 분리를 언급한다면, 1장의 나머지에서 사용되는 분리 용어(*byn…bbdyl*)가 여기서도 사용되었어야 하기 때문이다.

결론

어휘와 의미 영역에 관한 이런 포괄적인 논의에서 우리는 창세기 1장이 어떤 기능 지향성을 보인다는 증거를 발견했다. 기능 지향성이란 "무언가를 창조하기 위해" 거기에 어떤 기능을 부여한다는 뜻이다. 이런 지향성은 "바라" 동사의 직접 목적어를 개관해볼 때 특히 분명하게 드러난다. 만약 우리가 창세기 1장이 물질계를 존재하게 하는 일에 초점을 맞추고 있다는 선입견을 가지고 이 본문을 대하지 않는다면, 본문의 문맥 자체는 우리로 하여금 현저하게 물질적인 용어를 통해 생각하도록 만들지 않을 것이다. 맨 처음 시기에 하나님은 우주를 존재하게 하셨다(질서 있는 체계를 세우시고 그 체계 안에서 만물에 각자의 역할을 부여하심으로써 말이다). 이 제안을 따른다면, 본문은 물질의 기원에 대해 아무런 설명도 하지 않는다. 이는 인간이 하나님의 형상으로 기능할 수 있도록 하나님이 우주를 세우셨다는 데 더 많은 관심을 기울인다. 이런 기능이야말로 존재 개념을 규정한다. 고대인들은 물질 자체에 거의 관심을 보이지 않았다.[37]

창세기 1:2과 우주 발생 이전의 상황

고대 근동의 인지 환경을 반영하는 고대 근동 문헌에 묘사된 우주 발생 이전의 상태를 조사해본 결과, 우리는 그것이 물질 없는 우주가 아니라 기능, 질서, 다양성, 정체성이 없는 세계라는 특징을 보인다는 것을 알았다. 긍정적인 측면으로 볼 때, 우주 발생 "이전의" 그림은 어둠, 물, 분리되지 않은 하늘과 땅 등으로 이루어져 있었으며, 부정적인 측면에서 볼 경우에는 생산성, 신들, 제의 집례 등이 없었다.

---

37 고대인이 밤중에 창공을 올려다보고 달을 보았을 때 지구로부터 대단히 멀리 떨어진 채 공중에 떠다니면서 태양빛을 반사하는 암석에 관해 생각하지는 못했다는 사실에 주의하라. 우리는 그들이 어떤 다른 식으로 물질을 묘사하려 했는지를 물을 수도 있다. 그러나 그렇게 하는 것은 무의미한 일일 것이다. 그들은 물질적 묘사를 전혀 염두에 두지 않았다. 우주의 물질적 측면이란 그들이 보기에는 대체로 하찮은 것이었기 때문이다.

창세기 1:2은 우주 발생 이전의 상태를 이스라엘인들이 사유했던 형태 그대로 묘사하는 성서 본문이다. 고대 세계의 다른 지역에서처럼 우주는 물질이 없는 상태지만, 태고의 물들이 이미 존재하고 있다. 고대 근동의 다른 문헌과 마찬가지로 우주 발생 "이전" 모습을 보여주는 이런 그림은 어둠을 그 특징으로 한다. 더 상세한 분석이 필요한 본문 안의 다른 요소는 중언법(hendiadys)으로 표현되는 "토후"(*tōhû*)와 "보후"(*bōhû*), "루아흐"(*rûaḥ*, "영" 또는 "바람")의 역할 등이다.

"토후"와 "보후"

몇몇 학자는 최근에 이 단어 중 어느 것도 "혼돈"을 가리키지 않으며, 중언법(큰 전체를 가리키기 위해 한데 묶여 사용되는 두 단어)으로 쓰인 이 두 단어 역시 마찬가지라는 주장을 설득력 있게 제시했다. 그것이 일종의 의인화된 존재이든 아니면 활동적인 속성이든 간에 말이다. 이런 주장은 지난 100여 년 동안 종종 제시되었던 해석이다.[38] 대부분의 영어 번역본은 "토후"를 형태가 없는 것으로, 또는 (예외적이기는 하지만) 양자택일 개념으로, 아니면 다소 부정적인 의미가 강한 황무지(REB)로 번역한다. 그렇지만 이 모든 번역은 이미 물질 존재론을 매개로 사유하는 현대 문화로부터 비롯됐다. 이보다 훨씬 초기의 번역 중에는 아우구스티누스의 번역이 있다. "땅은 눈에 보이지 않았고 아직 조직되지 않은 상태였다."[39] 초기의 그

---

[38] R. S. Watson, *Chaos Uncreated* (Berlin: de Gruyter, 2005), 16-17; D. Tsumura, *Creation and Destruction: A Reappraisal of the* Chaoskampf *Theory in the Old Testament* (Winona Lake, IN: Eisenbrauns, 2005), 22-35.

[39] Augustine, *Confessions* 12.22. 이 번역과 이곳에 소개한 다른 사례는 Tsumura, *Creation and Destruction*, 9-10; A. Louth, *Genesis 1-11* (Ancient Christian Commentary on Scripture; Downers Grove, IL: InverVarsity Press, 2001), 4을 보

리스어 역본들은 혼합된 관점을 드러내고 있다. 70인역 번역자들은 "형태가 없는"(ἀκατασκεύαστος)이란 단어를 선택했지만, 아퀼라(Aquila)와 테오도티온(Theodotion) 및 심마쿠스(Symmachus)는 무(無)나 가공되지 않은 물질 또는 구별할 수 없는 것 등을 반영하는 단어를 선택했다.[40] 이상의 모든 번역은 물질에 초점을 맞추는 모습을 여전히 암시한다. 여기서 결정해야 할 문제는 과연 공시성에 기초한 사전류나 오늘날 현대인이 기본적으로 지닌 존재론이 본문을 해석하는 이들을 물질적 해석으로 이끌었느냐는 것이다.

우리는 주로 명사 "토후"에 초점을 맞춰야 한다. 왜냐하면 "보후"는 단지 세 번밖에 나오지 않으며(창 1:2과 사 34:11 및 렘 4:23에만 나온다), 오로지 "토후"와 결합된 형태로만 나타날 뿐 단독으로 나오지 않기 때문이다. 반면에 토후는 20회에 걸쳐 나타난다(절반 이상이 이사야서에 나오고[대부분 40-49장에 나옴][41] 나머지는 욥기[3번][42]와 렘 4:23; 삼상 12:21; 신 32:10; 시 107:40 등에 흩어져서 나온다).

> 신명기 32:10, // "부르짖음"(yll)이 특징인 "광야"
> 사무엘상 12:21, 아무 일도 성취하지 못하는 우상에게로 돌이킴
> 욥기 6:18, 와디로부터 멀리 떨어진 황무지, 대상(隊商)들이 물이 없어 죽는 곳

라. Augustine은 자신의 주석에 이렇게 번역했음에도 그 단어들이 형태 없음을 뜻한다고 주장한다.

40 Aquila: κένωμα καὶ οὐθέν; Theodotion: Θὲν καὶ οὐθέν; Symmachus: ἀργὸν καὶ ἀδιάκριτον.

41 사 24:10; 29:21; 34:11; 40:17; 40:23; 41:29; 44:9; 45:18; 45:19; 49:4; 59:4. 다음 책에 있는 목록을 보라: A. Even-Shoshan, *A New Concordance of the Old Testament* (2nd ed.; Grand Rapids, MI: Baker, 1997), 1219.

42 욥 6:18; 12:24; 26:7.

욥기 12:24, 사람들이 방황하는 길 없는 거친 들

욥기 26:7, 북쪽이 그 위에 펼쳐져 있는 곳

시편 107:40, 사람이 방황하는 길 없는 거친 들

예레미야 4:23, "토후"와 "보후"에 관한 구체적 묘사. 빛이 없음, 산들이 진동함, 사람과 새들이 없음, 좋은 땅이 황무지로 바뀜, 성읍이 폐허가 됨.

이사야 본문은 다음을 포함한다.

이사야 24:10, "토후" 정착지가 황폐한 곳으로 묘사됨

이사야 29:21, 그들이 "토후"로 의인을 억울하게 함(사 59:4과 비슷함)

이사야 34:11, "토후"의 측량줄과 "보후"의 측량추

이사야 40:17, 열방의 무가치함//"아인"('yn, 없음)과 "에페스"('ps, 끝[?])

이사야 40:23, 세상 통치자들을 "토후"//"아인"으로 만드심("아사")

이사야 41:29, 우상은 바람이고 그 행동은 "토후"//"에페스"임

이사야 44:9, 우상을 만드는 자는 모두 "토후"다//"허망하다"

이사야 45:18, 하나님은 땅을 "토후"로 존재하지 않게 하셨고, 도리어 그것을 거주할 수 있는 곳으로 조성하심(예정된 기능)

이사야 45:19, 이스라엘인들은 황폐한 곳//어둠의 땅에서 하나님을 찾도록 배우지 않음

이사야 49:4, 헛되게("토후")//"리크"(ryq)와 "헤벨"(hbl)로 수고함

이사야 59:4, 공허한 주장이나 무가치한 말(즉 속이는 말들)//"샤브"(šw')로 묘사함

이상의 참조 본문 중 어느 것도 어떤 형태나 형태 없음을 암시하지 않는다. 그 소재가 지리적 영역에 관한 것이든, 아니면 국가나 도시, 사람, 또는 우상에 관한 것이든 관계없이 "토후"는 비생산적이고 비기능적이며 무익한 것을 가리킨다. 이런 결론은 "토후"가 사용되는 문맥과 "토후"와

나란히 사용되는 용어들을 통해 충분히 뒷받침된다.

관련된 우가리트어의 용례는 길 없는 거친 들을 언급하는 히브리어 성서 본문에 나오는 용례와 매우 비슷하지만, 이 용어가 "바다"(ym)와 병행을 이루는 문맥에서만 나온다는 점이 중요하다. 이 모든 사례는 "길 없는"이든 "거친 들"이든 어떤 것도 히브리어 단어와 근접한 뜻을 가지지 않음을 암시한다. 반면에 이집트의 비존재(nonexistent) 개념은 히브리어 용어의 의미에 더 근접한 것으로 보인다. 이런 관련성은 특히 욥기 26:7에서 분명하게 드러나는 것 같다.

> BHS: nōṭeh ṣāpôn ʿal-tōhû tōleh ʾereṣ ʿal-bĕlî-mâ
> NIV: 그는 북쪽 창공을 빈 공간에 펼치시며, 땅을 아무것도 없는 곳 위에 매다신다.

여기서 "토후"는 독특한 구절인 "벨리-마"(bĕlî-mâ)[43]와 병행을 이룬다. 하늘과 땅이 만나고 신들이 만나는 장소인 "차폰"(NIV, "북쪽 창공")은 땅의 중심일 뿐만 아니라 신들의 거처인 하늘로 여겨질 수도 있다. 따라서 "차폰"이 "에레츠"와 동의어인지 혹은 반의어로서 병행을 이루어 하늘을 가리키는 표현인지를 결정하기 어렵게 한다. 이 문장에서 사용된 동사 "노테"(nōṭeh)는 "차폰"이 하늘을 의도하고 있음을 암시한다. 왜냐하면 하늘에 해당하는 단어가 히브리어 성서의 우주론 맥락에서 흔히 이 동사의 주어로 나오기 때문이다. 그렇다면 "토후"는 아마도 그 위로 하늘이 펼쳐져 있던 우주적 물들을 가리킬 것이다(참조. 시 104:2-3).

---

43 Even-Shoshan, *Concordance*는 이를 마케프 없이 한 단어로 소개한다. 또한 이 단어는 *HALOT*에서 변형된 형태로 소개되기도 한다.

대부분의 주석가는 "토후"와 병행인 "벨리-마"가 공허함을 가리킨다고 본다. 이는 곧 땅이 아무 물질도 없는 빈 공간 위에 매달려 있음을 의미한다(이는 물질 존재론을 주장하는 주석가들에게서만 비롯될 수 있는 해석이다). 그러나 성서의 진술은 (기능의 부재가 존재의 부재를 의미한다는) 이집트의 비존재 개념에 기반을 둔 우주론의 맥락 안에서 읽을 때 더욱 잘 이해된다. 기능 존재론에서 땅은 기능이 없는 우주적인 아랫물들 위에 매달려 있으며(참조. 시 24:1; 136:6), 따라서 위쪽의 우주적 물들 위에 펼쳐져 있는 하늘과 나란히 존재한다고 간주된다. 이런 시각은 물질 존재론이 아직 확고하게 확립되지 않던 때에 나온 성서의 초기 판본들이 뒷받침해준다. 그래서인지 타르굼(Targum)은 이렇게 말한다. "물 위로는 그것을 지탱하는 것이 하나도 없었다."[44]

그렇지만 이보다 더 구체적일 가능성이 있다. 두 번째 구절에 있는 동사 "매달다"(*tlh*)는 자주 일종의 사형 집행을 가리킨다("매달다", 창 40:19, 22; 41:13; 신 21:22-23; 수 8:29; 10:26; 삼하 4:12; 18:10; 에스더서에서도 종종 나옴). 이 본문 중 다수에서 *tlh*는 (욥 26장에서처럼) 전치사 "알"(*'al*)과 연결되어 나타나며, 거의 항상 "에츠"(*'ēṣ* "나무"를 의미하며, 가능성이 더 높은 것은 "나무 기둥/미늘창"이다. 고대 관습에서는 공개적인 전시의 수단이자 올바른 매장을 거부하는 표시로 시신을 말뚝에 꿰는 일이 있었기 때문이다)와 결부되어 나타난다. 이런 사례들은 ("~위로"[over]가 아니라) "~에[on] 매달았다"로 번역하는 편이 더 나을 것이다. 서로 다른 네 문맥은 *tlh 'al*의 결합 형태를 사용한다(삼하 4:12, "~옆에 매달고"; 아 4:4, "방패들을 벽에 고정하고"; 사 22:24, "가족의 영광이 걸리다"; 겔 15:3, "못에 걸다").

만일 "차폰"이 하늘들을 가리킨다면, 우리는 그와 병행을 이루는 단

---

44 Dhorme, *Job*, 371에서 인용함.

어 "에레츠"가 무엇을 가리키는지를 고찰해야 한다. 이 단어가 수많은 본문에서 "땅"을 뜻하기는 하지만, 지하 세계를 가리키는 데 사용되기도 한다(히브리어 성서와 고대 근동의 동족어 문헌 둘 다에서 마찬가지다).[45] 나는 여기서 "땅"이라는 번역 대신에 "지하 세계"라는 번역을 선호한다. 무엇보다도 이 시가 10절에 가서야 비로소 땅에 관한 논의를 시작하기 때문이다. 더 나아가 지하 세계는 "차폰"의 정반대쪽 끝으로 보는 것이 더 적절할 것이다.

그렇다고 해서 "토후"나 "벨리-마"가 실제로 위의 물들과 아래의 물들을 칭하는 호칭인 것은 아니다. 오히려 그것들은 비존재를 설명하는 단어이며, 위와 아래의 우주적 물들은 비존재의 범주에 속한다. 욥기 본문은 이처럼 이집트의 비존재 개념과 분명하게 연결되어 있을 뿐만 아니라, 하나님의 일에 대한 욥기 26:7의 주장과 「에누마 엘리쉬」에 수록된 마르두크의 32번째 이름 사이에는 흥미로운 병행 관계가 있다. 그의 이름 아길림마(Agilimma)는 "물들 위에 땅을 창조하신 분, 산들을 세우신 분"[46]을 뜻한다.

그러므로 형용사 "토후"는 우주 발생 이전의 상태, 기능이 없는 우주적 물들, 혹은 질서 있는 창조 세계 안에서 아직 질서를 부여받지 못한 곳들, 광야와 질서 있는 우주를 둘러싸고 있는 위아래의 우주적 물들을 가리킬 수도 있다. 이 견해는 "토후"가 비생산적인 것을 가리킨다는

---

45 출 15:12; 삼상 28:13; 욥 10:21-22; 전 3:21; 사 26:19; 욘 2:6. 아카드어: "에르체투"; 우가리트어: "아르츠"; J. Sasson, *Jonah* (AB 24B; New York: Doubleday, 1990), 188-89; Tromp는 더 많은 사례들을 찾았는데, 그중 다수는 아무리 좋게 봐도 그 뜻이 분명하지 않다. N. Tromp, *Primitive Conceptions of Death and the Nether World in the Old Testament* (Rome: Pontifical Biblical Institute, 1963), 23-46을 보라.

46 *banu erseti eliš me mukin elati*, 「에누마 엘리쉬」 VII line 83.

추무라(D. Tsumura)의 판단과 겹치면서도 그것을 확대시킨 것이다.[47] 또한 "토후"를 "창조에 반대하며, 아울러 창조에 앞서는 상태"로 여겨야 한다는 베스터만(C. Westermann)의 결론과도 일치한다.[48] 그렇지만 "반대하는"(opposed)은 적절한 표현이 아닐 수도 있다. 왜냐하면 그것이 혼돈 상태를 의인화할 뿐 아니라 혼돈 개념의 도입을 암시하기 때문이다. 아마도 "상반되는"(antithetical)이라는 표현이 더 낫겠지만, "질서 없는"(unordered)이나 "기능하지 않는"(nonfunctional)이라는 표현이 질서 있는 우주에 속하지 않은 것을 칭하는 단순 호칭으로서 덜 편파적이고 더 바람직해 보인다. 이런 분석은 이스라엘의 존재 개념과 우주의 발생 이전의 상태 및 우주 안에 있는 비존재의 계속적인 현존 등이 고대 세계에서 발견되는 시각과 병행을 이룬다는 점을 암시한다. 고대 근동 문헌 중 어느 것에서도 우주 이전의 상태는 의인화되지 않는다.

기능 존재론 안에서는 "토후"의 모든 용례가 하나로 묶인다. 이집트 문헌에서 사막이 (기능하지 않는) 비존재로 묘사되듯이, "토후" 역시 히브리어 성서에서 광야를 묘사하는 데 사용된다. 이집트의 파라오들이 자기가 파괴한 것들의 종말을 묘사하기 위해 비존재 개념을 사용했듯이, 성서 히브리어도 질서와 문명의 파괴를 가리키는 데 "토후"를 사용한다. 이런 "토후"의 용례는 예레미야 4:23에서 두드러지게 나타나는데, 해당 본문에는 우주가 부분적으로 기능하지 않는 상태로 돌아갈 것이라는 신탁이 나타난다.[49] 욥기 26:7은 "토후"가 기능하지 않는 우주의 영역을 가리킨다는

---

47 Tsumura, *Creation and Destruction*, 35.
48 Westermann, *Genesis 1-11*, 103.
49 이 문맥에서 우주의 모든 측면이 항상 기능하지 않는 상태로 변하는 것은 아니라는 데 주목하라. 특히 창 8:22에서 하나님이 다시는 붕괴되지 않을 것이라고 보증하신 다양한 기능은 그 상태를 계속 유지한다. 파멸의 힘은 주로 기능에 영향을 주는 것이 아니라 해당 기능을 수행하는 대상에게 영향을 준다. 빛을 발하는 것들이 다시는 그들의 직무를

점을 보여주는 최고의 사례에 해당한다.

"토후"가 추상 명사에 적용되는 경우, 즉 목적이나 결과가 없는 단어나 개념 또는 행동을 가리키는 경우에는 이런 비기능성의 측면이 훌륭하게 들어맞는다. 그리고 마지막으로 예언자들은 하나님의 형상들에 관해 표현할 때, 그것들이 기능하지 않으며, 따라서 결국 존재하지 않는다고 말하는데, 그들의 이런 수사야말로 이사야의 예언 메시지의 본질적인 구성 요소에 해당한다.[50]

추무라는 자신의 책 앞부분에서 2절이 "벌거벗은" 상태, 곧 "초목도 짐승도 사람도 없는" 상태를 묘사하고 있다고 주장하는 것 같다.[51] 하지만 이는 불가능한 일이다. 창세기 1:2은 텅 빈 황무지를 묘사하지 않으며, 창조 내러티브의 이 시점에서는 아직 마른 땅이 나타나지 않았기 때문이다. 이 본문이 묘사하는 것은 물이 있는 상태다. 하지만 뒷부분에서 추무라는 "비생산적이고 거주하는 이 없는"이라는 한층 애매한 용어를 사용해 자신의 이전 설명을 수정했다.[52] 그러나 엄밀히 말하면, 그 표현은 앞서 다뤘던 의미론적인 분석이 암시하는 내용과 고대 근동의 인지 환경에 관한 우리의 이해에 미치지 못한다. "토후"라는 용어를 황무지에 적용하는 모든 문맥은, 단지 기능하지 않는 우주의 어떤 한 부분이나 (이집트의 용어를 빌어 말하자면) 비존재를 칭하는 이 단어의 의미를 구축하는 데 도움을 줄 뿐이다.

하지 못하며, 새도 사람도 더는 존재하지 않게 된다. 사람이 없다는 것은 성읍이 텅 비고 땅이 열매를 맺지 못한다는 뜻이다(아마도 이는 똑같이 비기능성에 관해 설명하는 창 2:5-6과 더 긴밀하게 관련되어 있을 것이다).
50 신들의 존재에 관한 기능 존재론의 논의에 대해서는 내 책 *Ancient Near Eastern Thought and the Old Testament* (Grand Rapids, MI: Baker, 2006), 87-92을 보라.
51 Tsumura, *Creation and Destruction*, 33.
52 Tsumura, *Creation and Destruction*, 35.

나아가 "토후"가 혼돈(Chaos)을 가리킨다고 보는 일반 견해는 유지되기 어렵다. 고대 근동 자료에 관한 앞선 논의에서 내가 주장했듯이(신들의 싸움에 관한 139-42쪽의 논의를 보라), **혼돈**(chaos)은 어떤 고대 근동 문헌에서라도 발견되는 창조 이전의 상태를 가리키기에는 너무 강렬한 용어이므로, 창세기 1장의 논의에 끌어들여서는 안 되는 잘못된 개념이다.

테홈(*Těhôm*)

태초의 물들은 자연계의 다른 많은 요소와 마찬가지로 아카드 문헌과 이집트 문헌에서 똑같이 의인화되어 있다(아카드 문헌에서는 티아마트, 이집트 문헌에서는 눈). 이스라엘인은 이 용어들을 비의인화할 필요성을 느끼지 못했다. 그들은 신들이 우주의 구성 요소를 대표한다는 고대 근동의 견해를 단순히 공유하지 않았을 뿐이다.

"테홈"에 대한 추무라의 철저한 분석에 추가할 수 있는 것은 그렇게 많지 않다.[53] 그는 "테홈"이 아카드어 "탐툼"(*tamtum*) 및 이와 관련된 신의 이름인 티아마트와 동족어이기는 하지만, 그것이 비신화화되었든 그렇지 않았든 이 히브리어 단어를 외래어로 볼 이유가 전혀 없음을 구체적으로 입증한다.[54] "테홈"은 싸워야 할 적도, 물리쳐야 할 대적도 아니다. 이 단어는 우주적 물들을 가리키는 용어로, 우주 발생 이전의 맥락이나 질서 잡힌 우주의 경계를 설정하는 물들에 적용된다. 다시 말해 "테홈"은 우주 지리학의 구성 요소 중 하나로, 고대 근동 전역의 인지 환경에서 발견되는 요소와 병행을 이룬다. 창조 이전의 시기에는 "테홈"이 모든 것을 뒤덮

---

53 철저한 연구를 살펴보려면 Tsumura, *Creation and Destruction*, 46-57을 보라. Horowitz, *Mesopotamian Cosmic Geography*, 301-6도 보라.
54 Tsumura, *Creation and Destruction*, 36-37.

고 있었다. 창조의 과정에서 이는 우주의 가장자리로 밀려났으며, 그곳에서 하나님의 권능으로 억제되었다. 현재 "테홈"은 그 역할이 필요하다면 언제든지 하나님에 의해 되돌아올 수 있는 우주적 물들로 밝혀진다. 이 용어는 광범위하게 적용되는데, 단순히 염수나 담수에만 적용되는 것이 아니라 지하의 물들이나 바다와 같이 눈에 보이는 물들에 적용되기도 한다. 아카드 문헌에서는 이 용어가 페르시아 만과 인도양, 그리고 지중해를 가리키는 데 사용될 뿐만 아니라, 반(Van) 호수와 우르미아(Urmia) 호수를 가리키는 데도 사용된다.[55] 이 단어가 어떤 형태로 발견되든지 그것은 우주적 물들을 가리키는 용어로 이해하는 것이 최선일 것이다.[56] 이집트의 사유에서는 이 물들이 아무 기능도 하지 않는다는 점에서 부정적인 의미를 지니지만, 그것 안에 창조의 온갖 잠재력을 보유하고 있었다는 점에서는 긍정적인 의미도 아울러 가지고 있었다.[57] 이스라엘의 묘사 방식은 창조 이전의 상태를 부정적이거나 인격적인/의인화된 것으로 표현하지 않으며, 도리어 중립적이고 아무 기능도 가지지 않은 모호성으로 표현한다.[58]

그러므로 고대 근동의 인지 환경이 다시 한 번 이스라엘에 반영되어 있음을 알 수 있다. 우주적 물들이 창조 이전의 상태를 지배하거나, 그것이 우주 지리학에서 같은 장소를 차지한다는 점이 그렇다. 그러나 고대 근동의 다른 지역과는 대조적으로, 이스라엘은 이를 의인화하지도 않고

---

55 Horowitz, *Mesopotamian Cosmic Geography*, 303.
56 길가메시는 세계의 끝에 있는 죽음의 물들에 이르렀을 때 "탐투"(*tamtu*)를 건넌다. 후대 문헌에서는 바빌로니아 단어인 "마라투"(*marratu*)가 "탐투"와 함께 동의어로 나타나며, 바빌로니아 세계 지도에 나타나는 우주적 물들을 대표한다. Horowitz, *Mesopotamian Cosmic Geography*, 304-5, 332-33을 보라.
57 Tobin, "Myths: Creation Myths," *OEAE* 2:469.
58 C. Hyers, *The Meaning of Creation* (Atlanta: John Knox, 1984), 67.

적대시하지도 않는다.

하나님의 영

많은 이들은 「에누마 엘리쉬」에 자주 등장하는 바람들이, 히브리어 표현인 "루아흐 엘로힘"(rûaḥ ʾĕlōhîm)을 "하나님의 영"으로 번역하기보다는 "강한 바람"으로 번역하도록 하는 근거를 제공한다고 보았다. 만일 이런 견해가 옳다면, 바람은 창조 이전의 상황에 속한다고 할 수 있다. 하지만 바람은 고대 근동의 다른 우주론 문헌 중 그 어떤 데서도 창조 이전의 상태를 구성하지 **않는다**. 그리고 비록 "루아흐"가 히브리어로 "바람"을 뜻할 수도 있지만,[59] "엘로힘"의 수식을 받을 때는 결코 "바람"으로 번역되지 않는다. 따라서 이 구절을 여기서 "강한 바람"으로 번역하는 것은 바람직하지 않다. 그러나 이런 논쟁이 어떤 방식으로 해결되든지, 이 구절을 번역하는 방식과 무관하게 우리는 고대 근동의 인지 환경에 이와 병행을 이루는 것들이 있는지 물어야 한다. 창세기 1장의 "루아흐"와 고대 근동 문헌에 등장하는 "바람"의 세 가지 차이에 주목해야 할 것이다. 첫째, 고대 근동의 우주론 문헌에서 바람은 창조 이전의 상태에 속하지 않는다. 둘째, 고대 근동 지역에서는 바람이 신격화/의인화되지 않는다. 셋째, 창세기 1장에서 "루아흐"는 공격적인 방식으로 물들을 휘젓지 않는다.

우주를 구성하는 대부분의 요소는 고대 근동의 다른 지역 문헌에서 의인화되지만, 창세기에서는 의인화되지 않는다. 하지만 "루아흐"는 그 반대다. 메소포타미아의 우주론 문헌에서는 바다를 휘젓는 바람을 찾아

---

59 같은 어원의 우가리트 단어는 "영"이 아니라 단지 "바람"으로만 사용되며, "일"(il)이나 "일름"(ilm)의 수식을 받아 최상급으로 사용되지도 않는다.

볼 수 있다.[60] 비록 바람이 신들 중 하나에 의해 조종되기는 하지만, 메소포타미아 문헌의 바람은 의인화되지 않는다.[61] 대조적으로 창세기 1장에서 바람/영은 의인화되며, 수식어 "엘로힘"이 덧붙여져 분명하게 신격화되고 있다. 이런 특징을 염두에 둔다면, 고대 근동의 인지 환경에서 창세기 1장의 "바람"과 병행을 이루는 자료는 메소포타미아보다는 이집트에서 발견된다.

이집트 자료는 한마디로 후기 민용(民用) 문자 시대(기원후 2세기)의 우주 발생론에 나타난다고 할 수 있는데, 이때의 우주 발생론은 다양한 이전 자료에 크게 의존한다.[62] 헤르모폴리스의 여덟 신이 프타로부터 생겨난 후에, 그 여덟 신은 **아문**이라 불리는 한 신으로 통합된다. 스미스(M. Smith)가 해석한 이 파피루스의 네 번째 조각은 네 바람이 아문의 현현(顯現)인 한 바람으로 합쳐지고 있음을 보여준다. 스미스는 그 바람이 태양신의 발원지인 알(egg)의 형태를 만들어주거나 그것을 수정시키는 역할을 하며, 그 알에서 태양신이 나타나 창조주가 된다고 주장한다. 이 이야기에서 바람은 아문과 연관되는데, 그 관계가 바로 창세기 1장에서 영이 "엘로힘"과 맺는 관계와 비슷하다. 또한 바람은 가장 근본적인 창조 행위를 시작하는 데도 연관되는데, 이는 창세기 문맥에 낯설지는 않지만 창세기에서 언급되지 않는 개념이다.

---

60 「에누마 엘리쉬」 I 105-10.
61 「에누마 엘리쉬」 IV 42에서는 네 바람이 개별적으로 나열되며, 마르두크에 의해 무기로 사용된다. 그러나 이 목록은 신적인 한정사를 사용하지 않는다. 아다파에서는 자신의 날개가 부러진 남풍이 막연하게나마 의인화되지만(다른 바람들은 "네 형제들"로 간주된다) 신격화되지는 않는다. 바람에 대한 논의는 Horowitz, *Mesopotamian Cosmic Geography*, 196-204을 보라.
62 M. Smith, *On the Primeval Ocean* (Carlsberg papyri 5; Carsten Niebuhr Institute 26; Copenhagen: Museum Tusculanum Press, University of Copenhagen, 2002), 194.

이 필사본이 매우 늦은 연대에 속한다는 점에서, 흔히 그것은 비교 연구를 위해 고려해야 할 자료로는 부적합하다고 간주된다. 이 난감한 상황을 타개하려면, 그것이 단지 상대적으로 이른 시기의 원본을 가진 전승들의 후대 사본일 뿐이라고 납득시킬 만한 증거를 수집해야 한다. 스미스는 이에 대해 다음과 같이 설명한다. "다수의 이집트 자료는 이런 분리[태고에 창공의 신 누트가 땅의 신 게브로부터 분리된 것을 가리킴]를 바람의 역할로, 혹은 바람이라는 요소와 관련된 신(슈일 가능성이 가장 높다)의 역할로 귀속시킨다.[63] 에드푸(Edfu)의 우주 발생론(프톨레마이오스 시대에 속하는데, 물론 이것 역시 상대적으로 늦은 시기에 속한다)은 바람의 창조 권능을 갈대숲을 휘젓는 것으로 묘사한다.[64]

몇몇 자료는 바람의 창조 능력이나 알들을 수정시키는 능력에 대해 분명하게 언급한다. 그리하여 카르나크에 있는 몬투 신전의 기념문 위에 새겨진 비문에서 테베 주(州)의 이름은 *swhd.t pr m swhd*, 즉 "바람으로부터 나온 알(egg)"로 불린다.[65]

초기의 관 문서는 슈(Shu)의 "바"(ba)[66]가 슈의 코로부터 내뿜어진 자

---

[63] Smith, *Primeval Ocean*, 59. 그는 D. Kurth, *Den Himmel Stützen* (Brussels: Foundation Égyptologique Reine Élisabeth, 1973), 70-76, 78-80을 인용한다. Smith는 이집트 문헌 중 몇몇을 발췌하는데, 이를테면 카르나크에 있는 콘수 신전 기념문의 비문이 그렇다. 이 비문은 콘수-슈(Khonsu-Shu)를 "자기 입에서 나온 돌풍으로 창공을 높이 들어 올린 자"로 묘사한다.
[64] Smith, *Primeval Ocean*, 60.
[65] Smith, *Primeval Ocean*, 61. 또한 그는 바람의 이런 측면에 대한 Morenz의 광범위한 연구를 참고한다. S. Morenz, *Religion und Geschichte des alten Ägypten* (Weimar: hermann Böhlaus Nachfolger, 1974), 469-76을 보라.
[66] 이는 "루아흐"에 비견될 만하다. 왜냐하면 "바"는 "물질적인 형태를 덜 가진 실재의 총합"으로 이해되기 때문이다(*COS* 1.5, 8 n. 1).

로서 1인칭 시점으로 말하며, "호흡과도 같은 형태"를 가진 존재이고, "내 옷은 생명의 바람이다"라고 말하는 자로 간주되는 헬리오폴리스의 전통을 이야기한다. "바"는 자신이 슈를 위해 창공을 고요하게 하고 땅을 고요하게 하는 자라고 주장한다(이는 창조를 위한 준비 행동을 가리킨다).[67] 바람/공기의 준비 역할은 태고의 언덕을 존재하게 하는 역할과 관련되어 표현되기도 한다.

처음에 그것[공기]은 고요하고 움직임이 없으며, 완만한 태고의 대양인 눈(Nun) 위를 떠다녔다. 그것은 무(無)로서 보이지 않았으며, 정해진 순간에 분명히 스스로 움직이게 되어 있었다. 눈[Nun]을 휘저어 그것의 깊은 곳들로 나아감으로써, 거기 놓여 있던 진흙이 단단하게 농축되어 홍수의 물들로부터 솟아나올 수 있었으며, 처음부터 "높은 언덕"으로 또는 헤르모폴리스 부근에 있는 "화염의 섬"으로 솟아나올 수 있었다.[68]

스미스는 칼스버그 파피루스 5의 우주 발생론에 나오는 "바람"의 요소들을 다음과 같이 요약한다.

창공의 네 바람은 한 개의 높은 바람으로 합쳐졌으며, 그 바람은 창공을 땅으로부터 분리시키고 태양(=Pshai)이 나온 알의 형태를 만들어주거나 수정을 가능하게 함으로써 우주를 존재하게 했다. 바람은 어떤 존재로 의인화되는데, 그 존재의 이름은 어디에도 보존되어 있지 않다.[69]

---

67 CT 75 (*COS* 1.5).
68 Morenz, *Egyptian Religion*, 176, Sethe, *Amun*을 인용한 것임.
69 Smith, *Primeval Ocean*, 62.

스미스는 이처럼 의인화된 신을 아문으로 규정하는데, 그는 땅과 창공을 나누는 자로 불릴 뿐만 아니라 일찍이 신왕국 시대부터 바람, 혹은 태양이 나온 알의 상대방으로 언급된다.[70]

이런 이집트 문헌의 맥락은, 창세기에서 "루아흐 엘로힘"의 활동을 묘사하는 데 사용되는 동사가 다른 곳에서는 둥지 위에 있는 새의 어떤 움직임을 가리키는 데 사용된다(신 32:11)는 사실을 흥미롭게 만들어준다. NIV의 "맴돌다"(hovering)라는 번역은 상당히 일반적인 것이다. 그것이 지지할 만한 충분한 근거가 있기 때문이 아니라, 가능한 다른 대안을 제시할 만한 증거가 불충분하기 때문이다. 그래서 해석자들은 단어의 의미에 관한 도움을 얻기 위해 히브리어 밖에서 관련된 (동족) 언어를 찾았다. 이곳에서 히브리어 본문이 사용하는 어근의 동족어들을 조사해보면, 시리아어가 새끼를 보호하기 위해 둥지 위로 맴돌거나 알을 품는 행동을 가리키는 데 동일한 어근을 사용하고 있음을 발견할 수 있다.[71] 우가리트어는 남은 시체를 먹어치우기 위해 기다리고 있는 것이 분명한, 머리 위를 선회하는 독수리에 관해 말할 때 같은 어근을 사용한다.[72] 히브리어의

---

70 Smith, *Primeval Ocean*, 63. 바람(들)을 의인화/신격화하는 또 다른 사례는 이집트 「사자의 서」 주문 161번을 보라. 이곳에서는 네 바람이 각각 특정 신과 동일시된다. 그렇지만 이 바람은 창조에 포함되지 않으나, 죽은 자들의 코 안으로 들어가 그를 소생시키는 역할을 한다. "그의 관을 대상으로 이 의례를 행하는 어떤 죽은 귀족에 대해서든, 그를 위해 창공의 네 구멍이 열려야 한다. 그 하나는 북풍 즉 오시리스(Osiris)를 위한 것이며, 다른 하나는 남풍 즉 레(Re)를 위한 것이며, 또 다른 하나는 서풍 즉 이시스(Isis)를 위한 것이며, 마지막 하나는 동풍 즉 네프티스(Nephthys)를 위한 것이다"(R. Faulkner, *The Egyptian Book of the Dead: The Going Forth by Day* [San Francisco: Chronicle, 1998], 125).
71 *HALOT* 3:1219-20.
72 「아카트 이야기」, *ANET* 152 (iv 20-21)을 보라. 우가리트어가 시리아어보다 더 많은 도움을 줄 것으로 보인다. 우가리트 언어와 문헌이 모두 성서 내러티브의 시대와 더 가깝기 때문이다. 이 어근이 우가리트어에서 새의 행동을 묘사하는 데 사용되기도 하므로, 우가리트어의 용례와 히브리어의 용례가 다른 방식으로 발전하지 않았다는 것은 훌륭

용례와 우가리트어의 용례를 모두 설명해줄 수 있고 두 개의 성서 본문을 모두 충족시킬 수 있는 번역을 고찰해보면, 모든 문맥에서 사용되는 이 동사가 준비된 어떤 상태를 표현하고 있다는 데 주목할 수 있을 것이다. 알을 품거나 둥지 위를 맴도는 새들의 행동은 그다음에 이뤄질 일을 준비하는 것이라고 할 수 있다. 중요한 것은, 반대로 이 동사 안에 있는 어떤 것도 혼돈과 관련되어 있다고 보기는 어렵다는 점이다.[73]

둥지와 알들에 대한 언급은 의심할 여지 없이 이집트의 배경을 생각나게 한다. 하지만 아무래도 창세기 본문은 너무 간결하다. 이는 이집트의 사유에서 태양신(또는 그 대신에 여덟 신)을 품고 있던 알에 대해, 혹은 "루아흐"에 의한 하늘과 땅의 분리에 대해 언급하지 않는다. 그러나 나는 창세기가 단순히 간결한 것도 아니며, 이집트의 문맥에서 발견되는 항목이 창세기에 없다는 점도 우발적인 것이나 논쟁적인 것으로 간주해서도 안 된다고 생각한다. 분명한 것은, 이스라엘의 인지 환경과 이집트의 인지 환경이 공유하는 논의가 있기는 하지만, 세부 내용은 각각의 전승에 따라 독특한 방식으로 형성된 것이 분명하다는 점이다. 바람이 일정한 역할을 하는 것으로 보거나, 새가 알을 품는 모습을 창조 활동의 준비로 보는 은유는 흔한 것이다. 이스라엘의 사유에서 이런 바람의 역할이 불가피하게 영의 정체성을 취하고 있다거나 하나님과 직접 관련될 수 있다는 점은 놀라운 일이 아니다.

구약성서와 고대 근동 둘 다에서 비롯되는 더 많은 정보가 확증하는

한 지적이 아닐 수 없다. 그럼에도 우가리트어의 용례조차도 정확한 의미를 밝히기에는 너무 적고 불분명하다.

73 이 두 단락은 내가 쓴 다음 글에서 발췌했다. "Ancient Near Eastern Background of the Spirit of the Lord in the Old Testament," in *Power and Promise* (ed. D. Firth and P. Wegner; Leicester, UK: Inter-Varsity Press, 2011), 38-67을 보라.

것은, "루아흐"가 창조에의 참여를 준비하는 하나님의 임재와 관련된다는 점이다. 창세기 1:2 이후에는 영이 더 이상 언급되지 않지만, 우리는 영이 1장 전체에 걸쳐 계속 활동한다고 다른 구절들이 암시하고 있음을 알 수 있다. 스미스는 최근에 이 점에 대해 상세하게 설명한 바 있다.[74] 힐데브란트(W. Hilderbrandt) 같은 이전의 학자들 역시 그런 자료를 제시하기는 했지만 말이다. 힐데브란트는 다음과 같이 말하면서 자신의 연구를 마무리한다.

"루아흐 엘로힘"이 창조 사역을 감독할 뿐만 아니라 사실상 말씀을 통해 창조가 이루어지게 하는 것이 분명하다. 이 본문은 그 영에 의해 말씀을 현실로 만드시는 하나님의 실질적인 권능의 임재를 강조하고 있다. 그러므로 그 영과 말씀은 함께 일함으로써 한 분이신 하나님이 물질계에서 발견되는 모든 것에 대해 책임을 지고 계신다는 사실을 분명하게 보여준다.[75]

이 결론을 뒷받침하는 증거를 요약하면 다음과 같다.

시편 33:6. "주의 말씀(다바르[*dabar*])으로 하늘이 지음이 되었으며 그 만상이 그의 입 기운(루아흐)으로 이루어졌습니다"(NIV). (창 1장 전체에 걸쳐서 분명하게 드러나는) 하나님의 창조 발화는 여기서 "말씀"(다바르)으로 묘사된다.[76] "루아흐"를 병행으로 사용해 하나님이 "루아흐"를 통해 말씀하신다는 것을 암시한다. 우리는 동일한 연결 고리를 고대 근동의 두 개

---

74 M. Smith, *The Priestly Vision of Genesis 1* (Minneapolis: Fortress, 2010); Wilf Hilderbrandt, *An Old Testament Theology of the Spirit of God* (Peabody, MA: Hendrickson, 1995).

75 Hilderbrandt, *An Old Testament Theology of the Spirit of God*, 35.

76 Smith, *Priestly Vision*, 54-55; 참조. Hilderbrandt, *An Old Testament Theology of the Spirit of God*, 41.

의 언어가 병렬되어 나오는 한 찬가에서 찾아볼 수 있다. "당신의 말씀은 달콤한 호흡이요, 땅들의 생명입니다."[77]

시편 104:30. "당신이 당신의 영(루아흐)을 보내시면, 그들이 창조되고, 당신은 지면을 새롭게 하십니다"(NIV). 여기서 "루아흐"는 창조의 힘을 일컫는다.

시편 147:18. "그의 말씀(다바르)을 보내사 그것을 녹이시고 바람(루아흐; 히브리어가 단수라는 데 주목하라)을 불게 하신즉 물이 흐릅니다"(NIV). 이 절은 자연의 맨 처음 창조보다는 자연에 대한 지배권을 가리킨다. 그럼에도 본절은 "루아흐"가 하나님의 발언을 실행에 옮기는 모습을 구체적으로 보여준다.[78]

욥기 26:13. "그의 입김(루아흐)으로 하늘을 맑게 하시고, 손으로 날렵한 뱀을 무찌르시나니." 본절에서는 "루아흐"가 하나님의 발언보다는 하나님의 권능(야드[yād])과 평행을 이루지만, 여전히 창조 활동과 연관된다.

이사야 40:13. "누가 주의 영(루아흐)을 이해했는가? 아니면 그의 모사가 되어 그를 가르쳤는가?"(NIV). 본절은 바닷물을 헤아리고 하늘을 재는 하나님의 창조 활동에 대한 묘사에 이어 나타나는데, "루아흐"를 활동적인 존재로 묘사한다. 힐데브란트는 본문의 저자가 이 창조 관련 문맥에서 창조의 때에 "루아흐"에게 조언을 했던 이가 전혀 없었다고 주장한다는 점을 지적한다(조언자들이 신들의 회의에서 마르두크와 함께 일했던 방식과 달랐다는 뜻이다).[79] 이런 관찰은 "루아흐"가 창조 시에 있었던 하나님의 임재임을 확증한다.

---

77 *CAD* Š/2 138b.
78 잠 1:23과 같이 창조와 관련 없는 다른 본문의 관련성을 주목하라.
79 Hilderbrandt, *An Old Testament Theology of the Spirit of God*, 40.

따라서 우리는 스미스가 지적한 대로 창세기 1장의 "루아흐"를 1장 전체에 걸쳐 진술되는 하나님의 창조 관련 화행(speech-act)과 동일시해야 한다.[80] 창세기 1장의 "루아흐"는 창조주 하나님의 내재하시는 현현을 뜻한다. 그분은 피조물이 존재하라고 말씀하시고, 그 말씀을 수행하는 것이 바로 바람/영이다. 동사 "메라헤페트"(mĕraḥepet)는 적절한 때를 기다리며 행동할 준비가 되어 있음을 반영하는 단어다.[81] 창세기 1장의 바람들은 고대 근동 세계에서 일반적으로 혼돈과 관련되어 있기는 하지만, 전통적으로 (이를테면 "탄닌"[tannin]과 같이) 혼돈을 뜻하는 특징과 함께 질서 있는 우주를 구성하는 요소로 묘사된다.[82]

따라서 내가 보기에 "루아흐"는 하나님의 "영"으로 번역되어야 하지만, 고대 근동의 우주론에서 알려진 바람(들)의 일부 역할을 받아들인 것으로 이해해야 한다. 또한 본절에서 "루아흐 엘로힘"의 활동은 창조 이전 상태에 본래부터 있었던 가능태(potentiality)와 관련하여 고려될 수도 있다. 이 가능태는 태고의 물들과 관련된 이집트 문헌에서도 발견되는데,[83] 재생 개념과 관련된 창조신의 "카"(ka, 생명력)를 통해 실현된다.[84] 믹스(D. Meeks)와 파버드-믹스(C. Favard-Meeks)는 이런 믿음을 다음과 같이 요약

---

80 Smith, *Priestly Vision*, 54-55.
81 이는 둥지 위에서 움직이는 신 32:11의 어미 새에게 해당되는 단어이며, 잔치에서 남은 음식을 덮치려 기다리는, 우가리트 문헌의 새들에게도 해당된다. 창 1장에서 "루아흐"는 생명을 창조하도록 하나님께서 신속하게 보내주실 때를 기다린다.
82 내 글 "Ancient Near Eastern Background of the Spirit of the Lord in the Old Testament"에서 발췌했다.
83 Allen, *Genesis in Egypt*, 57. Allen은 프톨레마이오스 시대에 이르러 비존재와 가능성의 변증법적인 상호 관계가 발전되었다고 지적한다.
84 인간의 카에 있는 이런 요소에 대해서는 A. Bolshakov, "Ka," *OEAE* 2:215-17을 보라. 신들의 카에 대해서는 D. Meeks and C. Favard-Meeks, *Daily Life of the Egyptian Gods* (Ithaca, NY: Cornell Univ. Press, 1996), 71을 보라.

한다. "창조의 총체성은…창조신에게 있는 생명력의 총합을 구성했다."[85]

창세기 1장의 모든 요소는 고대 근동의 인지 환경과 연결되어 있지만, 창세기 본문에 나타나는 그런 고대 근동의 뿌리가 직접 모방도 아니고 서로 완전한 단절인 것도 아니다. 광범위한 동일 문화 환경의 구성원으로서 이스라엘인들은 자기 주변 민족과 같은 맥락에 속하는 쟁점에 관해 생각했다. 각 문화권의 세부 시각이 독특성을 드러내기는 하지만 말이다.

창세기 1장의 첫 두 절은 메소포타미아 전승보다는 이집트 전승과 훨씬 더 밀접하게 일치하는 것으로 보인다.

이스라엘	이집트
태초에	처음 때에
"토후"와 "보후"	비존재
깊음	태고의 물들
"루아흐 엘로힘"	바람, 슈의 "바", 창조신의 "카", 가능태

따라서 이스라엘의 기사가 다른 측면에서 이집트 문헌과 비슷하다는 것은 놀랍지 않다. 예컨대 그것이 신들의 싸움에 대한 암시를 전혀 포함하지 않는다는 점에서 그렇다. 이집트의 우주 발생론이 대체로 한쪽으로 치우친 관심사를 보여주면서, 창조신들이 아무 반대 없이 고요함 속에서 마음대로 자기의 직무를 수행했다고 보는 것처럼, 성서의 창조 기사도 유사한 모습을 보인다. 하나님도 아무 반대 없이 자신의 속도에 맞춰 창세기 1장의 창조를 수행하신다는 점이 그렇다. 이런 그림은 고대 근동의 인지 환경으로부터 결별한 것이 아니다. 사실 이런 구도는 전형적인 것이

---

85 Meeks and Favard-Meeks, *Daily Life*, 71.

다. 앞서 언급했듯이 신들의 싸움은 우주 발생론에서보다는 신들의 통치와 관련된 신화에서 더 보편적으로 나타나기 때문이다. 심지어 메소포타미아에서도 그렇다.

1-3일(창 1:3-13)

고대 세계에서 빛은 어둠과 마찬가지로 사람들이 경험하는 현상이었을 뿐, 현대 물리학이 말하듯 파장/입자의 특성을 띤 물체가 아니었다. 고대인에게 어둠은 빛이 창조된 것과 같은 방식으로 창조되었다. 모든 현상이 우주의 질서에 속한 일부로 창조되었기 때문이다. 하지만 첫째 날의 이야기를 자세히 읽어보면, 창세기 1장이 물질보다는 기능에 더 초점을 맞추고 있다는 주장을 뒷받침하는 추가 정보를 얻을 수 있다. 이 두드러진 주장은 먼저 5절에 있는 첫째 날의 결론에서 쉽게 드러날 것이다. "하나님이 빛을 '낮'이라고 부르시고, 어둠을 '밤'이라고 부르셨다."

여기서 핵심적인 관찰은 단순하지만 근본적인 것이다. 하나님이 붙이신 그 이름들은 첫째 날에 창조된 것들이 사물이 아니며, 심지어 현상도 아니고 기간임을 의미한다. "낮"과 "밤"이라는 이름은 시간의 길이를 대표하는 것이기 때문이다. 이로써 우리는 이 진술이 환유법을 포함하고 있다고 생각할 수 있으며, 본절이 다음과 같이 말하고 있다고 이해할 수 있다. "하나님은 빛[의 기간]을 '낮'이라 칭하시고, 어둠[의 기간]을 '밤'이라 칭하셨다." 동일한 관찰은 4절에 대한 연구에도 그대로 적용된다. 4절에서 "하나님은 빛과 어둠을 나누셨다." 5절에서처럼 빛과 어둠은 사물이 아니라 일정한 기간을 가리킨다. 사물은 이런 방식으로 나뉠 수 없기 때문이다. 오늘날 사람들은 그 누구도 어둠을 사물로 생각하지 않는다. 빛과 어둠은 서로 나뉠 수 있도록 결합될 수 있는 사물이 아니다.[86] 5절과 마찬가지로 4절도 환유법을 포함하고 있다고 이해해야 한다. "하나님은 빛[의 기간]과 어둠[의 기간]을 나누셨다." 이렇듯 5절은 4절의 자연스러운 연장선상에 있다. 빛과 어둠의 기간을 나누신 하나님께서 그것들에게 적절한 이름을 주신다는 점이 그렇다.

다음으로, 4절은 3절의 결과에 해당한다. 하나님은 어떻게 빛의 기간과 어둠의 기간을 나누신 것일까? 창조 이야기가 시작될 때는 어둠 밖에 없었고(2절), 따라서 어둠의 **기간**도 없었다. 그러나 3절에 의하면, 하나님은 빛을 창조하셨다. 빛이라는 하나의 사물이 아니라 어둠을 중단시킬 빛의 **기간**을 창조하셨다는 말이다. 그렇다고 해서 이전에 항구적인 어둠이 있었듯이 항구적인 빛이 존재하게 되었다는 뜻은 아니다. 오히려 이는 어둠의 기간과 번갈아가면서 나타나게 될 빛의 기간을 뜻했다. 이렇게 나누어진 둘은 "낮"과 "밤"이라는 이름을 얻었다. 이로써 낮과 밤이 첫째 날에 창조되었다. 아니면 낮과 밤의 교대에 주목한다면, **시간**이 창조된 것이나 마찬가지다. 첫째 날에 하나님은 우리의 세계와 우리의 존재에 질서를 부여하는 위대한 기능 중 첫 번째인 시간을 창조하셨다.[87]

고대 근동 세계를 고찰할 때 우리는 시간 및 시간과 창조의 관계에

---

86 나는 이런 점을 강조함으로써 본문을 억지로 순전히 현대적인 용어로 바꾸려고 하는 것이 아니다. 도리어 나는 그런 용어에 친숙한 사람들이 자신의 현대성을 드러낸다는 점을 구체적으로 밝히려고 노력하고 있다.
87 학자들은 종종 창 1:5이 다른 날과 다르게 서수가 아니라 기수 "에하드"('eḥād, "한" 날)를 사용한다는 데 주목한다. 여기서 내가 제안한 본문 이해 방식에 비추어본다면, 5절은 첫째 날을 명시하는 것이 **아니라**, "한" 날(a single day)을 구성하는 것을 설명한다고 할 수 있다. 빛의 기간이 태고의 어둠 속으로 침투해 들어왔고, 그 결과 저녁이 두 기간 사이의 첫 전환으로 자리 잡게 되었다. 이어서 그다음 전환(아침)이 오면서 빛의 기간을 가져왔고, 이는 "한" 날(one day)을 구성하기에 이르렀다. 각 기간(빛과 어둠)은 제각기 자신과 관련된 전환기를 가지고 있다.

대한 시각들이 존재함을 발견한다. 그런데 그 시각들은 앞서 창세기 1장에 나타난다고 우리가 개관한 바 있는 시각과 매우 비슷하다. 호르눙은 이집트인들이 우주의 발생 이전을 낮과 밤의 교대가 없는 상태로 이해했다고 말하는데, 이 둘은 존재하는 것들 가운데 일부였다.[88] 모렌츠 역시 시간이 창조된 것이라고 여기는데, 따라서 우주 발생 이전의 상태를 창조된 질서로부터 분리하는 것이다. 그는 헤르모폴리스 전승을 인용하는데, 이 전승에 따르면 기본적인 신들이 태고의 언덕에 발을 들인 후 우주에 질서를 부여하는 첫 단계로 빛을 창조했고, 따라서 빛의 아버지와 어머니로 불리게 되었다.[89]

> 무엇보다 신화에서 발견되는 시간 개념은 시간을 절대적인 것으로 이해한다는 특징이 있다. 시간은 궁극적으로 시간이 존재하기 전에 사람이 지나갈 수 없는 곳을 초월하는 태고의 능력 있는 행동으로부터 비롯된 것이다. 존재의 세계를 비존재의 세계로부터 나누는 이런 구분은 시간의 시작을 나타낸다.…비록 시간의 기원이 과거 안으로 투사되어 태고의 창조 행위로 거슬러 올라감에도 불구하고, 이는 단지 본질적으로 무시간적인 실재에 옷을 입히는 하나의 형식에 지나지 않는다. 시간은 항상 현재에 속하면서도 장차 오는 것이기도 하다. 신화의 시간은 현대인의 경험적 시간이라는 범주를 초월한다.[90]

---

88 Hornung, *Conception of God*, 175-76.
89 Morenz, *Egyptian Religion*, 176. 그는 테베의 신전들 145b, 35c를 K. Sethe, *Amun und die acht Urgötter von Hermopolis: Eine Untersuchung über Ursprung und Wesen des ägyptischen Götterkönigs* (Abhandlungen der Preussische Akademie der Wissenschaften 29; Berlin: Akademie der Wissenschaften, 1929), §96에 있는 텍스트 및 그 번역과 함께 인용한다.
90 B. S. Childs, *Myth and Reality in the Old Testament* (London: SCM Press,

대기의 신 슈는 하늘과 땅을 나누고 창공을 지탱한다. 이집트 문헌에서 그는 빛과 시간 둘 다와 관련되어 있다.

> 나의 옷은 생명의 공기다.
> 그것은 내 주변에서 자신을 위해 아툼의 입으로부터 나오며
> 자신을 위해 내 길에 바람들을 열어둔다.
> 나는 어둠 이후에 창공이 빛나게 하는 자다.[91]
> 나는 생명이며 세월의 주고
> 영원히 순환하는 생명이며 영원토록 동일한 주다.[92]

수메르의 찬가 문헌에서는 신들(대부분 태양신, 달의 신, 그리고 이난나[비너스])이 종종 빛과 관련되지만, 빛의 창조는 좀처럼 언급되지 않는다. 단지 다음 사례와 같은 몇몇 예외가 있을 뿐이다.

「곡괭이의 노래」

자신이 결정한 운명을 결코 바꾸지 않는 주께서는 세계가 올바른 형태로 나타나게 하셨다. 그는 땅에 있는 사람의 씨를 흙으로부터 나오게 하실 엔릴이시다. 그분은 서둘러 땅으로부터 하늘을 나누셨고, 서둘러 하늘로부터 땅을 나누셨다. 그뿐 아니라 처음에 그는 인간이 "육체의 근원지"에서 자라게 하기 위해 세계의 축을 두르-안-키에 매다셨다. 그는 곡괭이의 도움으로 이

1960), 72-73. Stek("What Says the Scripture?" 238)의 다음과 같은 관찰 역시 주목하라. "빛의 창조, 그리고 빛과 어둠을 낮과 밤의 교대로 나눈 것은 그런 교대를 우주적 시간의 기본 구조로 보는 고대인의 인식과 일치한다."

91 CT 80 (*COS* 1.8).
92 CT 80 (*COS* 1.8); 참조. CT 78 (*COS* 1.7): "나는 영원히 순환하는 존재다."

일을 행하셨다. 이로써 일광(日光)이 나오기에 이르렀다.[93]

시간이나 시간과 관련된 순환 구조의 창조에 대한 언급은 더 자주, 하지만 비교적 덜 흔하게 다음과 같은 사례에서 발견된다.

「탁월한 점성술 연구」
안, 엔릴, 엔키, 위대한 신들은
그들의 확실한 의논을 위해 모였을 때
하늘과 땅의 위대한 법칙("메") 가운데
달의 초승달 형태를 정했다.
그것은 날을 생겨나게 했고 달들을 확립시켰으며
하늘과 땅으로부터 이끌어낸
징조들을 제공했다.
이 초승달은 하늘에서 빛을 발했으며
인간은 가장 높은 하늘에서 별들이 빛나는 것을 보았다![94]

마찬가지로 아카드 문헌도 빛의 창조에 거의 관심을 보이지 않으며, 단지 시간의 창조에 관해서만 드물게 언급할 뿐이다. 「에누마 엘리쉬」의 훼손된 부분의 내용은 마르두크가 시간을 창조한다고 언급하는 것이 분명하다. 날과 해에 대한 이 작품의 언급에 이어 밤 시간의 감시에 대한 언

---

93 http://etcsl.orinst.ox.ac.uk, 5.5.4, lines 1-8.
94 Clifford, *Creation Accounts*, 67. 아카드어 판본에서는 이름이 밝혀진 세 신이 위대한 별의 신들로 하여금 낮을 생산하도록("바누"), 그리고 점성술에 따른 관찰을 위해 달들의 정기적인 변화를 확고히 하도록 지시했다.

급이 나오기 때문이다.[95]

우리는 창세기에서 첫째 날의 주제가 한 가지 기능, 즉 시간의 창조라고 결론지을 수 있다. 또한 시간이 고대 근동의 창조 이야기들에서 (비록 드물게 언급되기는 하지만) 주요 기능으로 여겨지고 있다는 데 주목할 수도 있다. 아카드 문헌에서는 빛이 드물게 언급되며, 흔히 천체의 기능 중 하나로 간주되거나 시간의 확립에 속하는 일부로 여겨지기도 한다.

둘째 날: 우주 지리학과 "라키아"

창세기 1장의 이야기는 시간의 배열뿐만 아니라 공간의 배열에 대해서도 언급한다. "공간"이라는 범주는 우주 지리학(둘째 날)과 지구 지리학(셋째 날) 및 거룩한 공간 등을 포함하며, 그것들을 결합시킨다. 우주 지리학은 우주적 성전의 거룩한 공간을 규정하기 때문이다.

둘째 날의 창조 행위에 대한 묘사는 우주 지리학의 보편적 영역을 다루지 않고, 도리어 한 가지 측면, 즉 위에 있는 우주적 물들을 아래에 있는 우주적 물들로부터 나누는 어떤 것이라고 할 수 있는 "라키아"(*rāqîʻa*, "넓은 하늘, 궁창")의 배치에 초점을 맞춘다. 이 명사의 정확한 의미를 용례에 비추어 확정하기란 어려운 일이다. 이 단어는 단지 17회만 나오는데,[96] 그

---

95 「에누마 엘리쉬」 V 39-40, 46. 이에 대해서는 Foster, *Before the Muses*, 464; Horowitz, *Mesopotamian Cosmic Geography*, 117-18. 바벨론의 신들의 목록 중 하나에서 가장 먼저 존재하게 되는 신이 시간을 가리키는 두리(Duri, "항상")라는 사실 역시 주목할 가치가 있다. 이에 대해서는 Lambert, "The Cosmology of Sumer and Babylon," 53을 보라.
96 그 용례 중 9회는 창 1장에 나오며, 5회는 겔 1장과 10장에서, 시 19:2; 150:1; 단 12:3 등에서 각각 한 번씩 나온다.

문맥들이 거의 아무런 도움도 주지 못하기 때문이다.[97] 그중 야웨의 움직이는 보좌에 관한 에스겔의 환상이 가장 유용한 정보를 제공한다(겔 1:22, 23, 25, 26; 10:1). 이 환상에서 보좌는 "라키아" 위에 자리한다. 그리고 "라키아"는, 보좌 운반자의 역할을 수행하며 아마도 "창공 운반자"의 우주적 역할을 완수한다고 여겨지는 피조물들 위에 자리한다. 이처럼 특별한 우주적 이미지는 고대 근동 전역에서 폭넓게 알려져 있었다.[98] 보좌 아래의 "라키아"는 우주적 "라키아"와 병행을 이룬다.[99]

이 명사는 동사 "라카"에서 파생됐는데, 이 동사는 네 가지 상이한 형태로 성서에 11회 나타난다. 칼형(사 42:5; 44:24; 시 136:6; 겔 6:11; 25:6; 삼하 22:43)은 발로 밟거나, 특히 우주적 맥락(이사야서와 시편)에서 물들 위에 땅을 펼치는 행동을 가리키는 관용구로 사용된다. 우주에 관한 이런 언급이 창세기 1장과는 다른 견해를 보인다는 데 주목하라. 창세기 1장은 하나님이 물들 위에 마른 땅을 펼치시기보다는 마른 땅이 스스로 나타났다고 묘사한다. 피엘형의 용례(출 39:3; 민 17:4[16:39]; 사 40:19; 렘 10:9)는 금속 가공, 특히 도금을 위해 금이나 은 조각을 망치로 두들기는 것과 관련된다.[100] 한 번 나오는 히필 용례(욥 37:18)는 금속 가공 은유와 함께 우주적

---

[97] 이 단어의 셈어 동족어들은 역사상 후기에 나타나기 시작할 뿐이다. 아카드어 단어 "부루무"(*burumu*, CAD B 344-45, 표준적인 바빌로니아어와 신바빌로니아어뿐이다)와 같이 의미상 같은 단어들이 폭넓게 사용된 것은 아니지만, 그것들은 분명히 견고한 창공을 가리킨다. "부루무"는 흔히 밝은 것으로 묘사되며, 신들이 거주하고 별들이 머무는 장소로 불린다.

[98] Görg, "רקיע [*rāqîʿa*," *TDOT* 13:649.

[99] F. Hartenstein, "Wolkendunkel und Himmelsfeste: Zur Genese und Kosmologie der Vorstellung des himmlischen Heiligtums HJHWHs," in *Das biblische Weltbild und seine altorientalischen Kontexte* (ed. B. Janowski and B. Ego; FAT 32; Tübingen: Mohr-Siebeck, 2001), 140 n. 60.

[100] 이 히브리어 동사의 사용이 암시하는 금속과의 관련성은 "궁창"을 가리키는 이집트어 *bỉȝ*의 사용과 긴밀하게 관련되어 있다. 이에 대해 Görg, "*rāqîʿa*," 651을 보라.

맥락을 포함하고 있다. "너는 그와 함께 부어 만든 놋 거울처럼 단단한 창공들을 펼칠 수 있겠느냐?"(NIV) 이 동사 어근은 모든 변화 형태에서 평평하게 만드는 행동을 표현한다. 그럼에도 이 동사가 하늘에서 나타나는 우주적 활동을 묘사하는 데 단 한 번 사용될 때(욥 37:18), "라키아"가 펼쳐지는 것이 아니라 "쉐하킴"(šĕḥāqîm)이 펼쳐진다는 사실에 주목하는 것은 중요하다.[101]

명사가 자신의 뿌리가 되는 동사 어근과는 의미상 다른 방향으로 발전할 수도 있으므로(특히 명사가 전문적인 용례로 고정될 때가 그렇다), 동사와 명사의 의미상 유사성을 당연하다고 여길 수는 없다. 그러므로 우리는 "라키아"의 의미를 특히 욥기 37:18에 비추어 다시 고찰해야 한다. 첫 번째 행에서 엘리후는 욥에게 과연 그가 "창공들을 펼치는 일"을 하나님과 협력할 수 있다고 생각하는지를 묻는다. "라카"의 이 용례는 그 동사 형태(유일한 히필 형태)든 직접 목적어(땅 대신에 "창공들"과 관련된) 형태든 한결같이 다른 용례와 구별되는 특성이 있다. "창공들"("쉐하킴", 복수형)로 번역된 단어는 종종 21회 용례에서 "구름들"로 번역되기도 한다.[102] 그럼에도 우리는 이 문맥에서 욥기 37:21(여기서도 NIV는 "창공들"로 번역함)이 아마도 구름들을 가리킬 수 없을 것이라는 데 주목해야 한다. 이는 구름 없는 창공을 분명하게 가리키기 때문이다. 그뿐 아니라 사무엘하 22:12은 "'쉐하킴'의 구름들"에 관해 언급하는데, "쉐하킴"이 구름들이 아니라 구름들이 "쉐하킴"의 일부임을 암시한다. 아울러 우리는 다른 우주론 맥락에서 "쉐하킴"을 굳게 세우는 것이 하나님께서 때때로 행하시는 어떤 일을 가리키기보다는 창조 행위를 가리키고 있음이 분명하다는 데 주목해야 한다(잠 8:28).

---

101 히브리어의 표현법이 망설이지 않고 어떤 한 동사와 동일 어근의 직접 목적어를 사용하므로, 이런 사실은 중요한 의미를 가진다.
102 3회만 단수형이며(사 40:15; 시 89:7, 38), 나머지는 모두 복수형으로 나온다.

이상의 자료에 비춰볼 때, "쉐하킴"을 새롭게 검토해야 한다.[103] 그 역할에 비추어 생각해본다면, 우리는 그것들이 (구름들이 흔히 그렇듯이) 비의 근원으로 전혀 간주되지 않고, 도리어 다른 수분 형태의 근원으로 간주된다는 점을 확인할 수 있다. 이것을 표현하는 데 사용되는 동사들(*nzl*, 욥 36:28; 사 45:8; *r'p*, 욥 36:28; 잠 3:20)은 이슬과 관련되어 있다.

구조적인 측면에서 "쉐하킴"은 하늘(샤마임)의 일부이며, 하늘과 병행을 이루어 나타난다(신 33:26; 욥 35:5, "라키아"도 그럴 수 있다). 그것은 만나가 내려오는 통로인 하늘의 문들을 포함한다고 알려져 있다(시 78:23). 그 모습은 "부어 만든 놋 거울처럼 단단"하다고 묘사된다(욥 37:18). 이런 구조적인 관찰을 기초로, 나는 "쉐하킴"이 고대 근동 우주론의 보편적 구성 요소인 견고한 창공에 속한다고 제안하고자 한다. 이스라엘인들 역시 견고한 창공을 믿었다는 사실이 보편적으로 받아들여지고 있다. 그러나 학자들은 대체로 이 견고한 창공을 "라키아"로 본다.

쉐하킴에 관한 이상의 새로운 분석을 전제로 나는 "라키아"가 "쉐하킴"이 제자리에 놓일 때 창조된 거룩한 공간을 가리킨다고 제안하려 한다. 이것은 왜 새들과 해와 달이 "라키아" **안에서** 보였는지를 설명해줄 것이다. "쉐하킴"과 "라키아"는 모두 "샤마임"과 병행해 사용될 수 있으며, 아마도 복수형인 "샤마임"을 구성하는 요소인 듯하다. 다른 한편으로, 오히려 메소포타미아의 일부 우주론 문헌은 견고한 창공이 3층 구조로 된 돌로 만들어져 있다고 믿었다. 그리고 그 문헌들은 각각의 구조가 어떤 돌로 만들어져 있는지, 그리고 어떤 신들이 각각의 구조와 관련되어 있는지를 자세히 설명한다.[104] 항상 복수형으로 나오는 "쉐하킴"의 용례는 이

---

103 이런 연구는 내 욥기 주석 *Job* (NIVAC; Grand Rapids, MI: Zondervan, 2012)에서 발췌했다.
104 Horowitz, *Mesopotamian Cosmic Geography*, 243-67.

스라엘인들도 비슷한 방식으로 생각했다는 점을 암시할 수 있다.

이런 제안은 어떤 것이든 잠재적인 문제까지도 다뤄야 한다. 만약 이 가설이 엄격한 조사를 통과해야 한다고 하면, 이를 위해 설명이 필요한 세 본문이 있다. 욥기 38:37의 관례적인 번역은 "쉐하킴"이 셀 수 있다고 암시한다("사파르"[spr]의 피엘형). "세다"라는 뜻은 분명히 이 동사의 가능한 의미 중 하나다(전형적으로 칼형으로 사용되지만 이 절에서는 피엘형이다). 그리고 만약 쉐하킴을 셀 수 있다면, 우리는 그것이 하늘의 층을 세는 행동을 가리키는지를 고찰해볼 수도 있을 것이다. "사파르"의 피엘형과 푸알형은 주로 보고나 선포를 통해 설명하는 것을 가리킨다. 이런 용례의 경우에는 전후 문맥이 거의 항상 그 보고문이나 설명을 받게 될 누군가를 암시한다. 다행히도 욥기 28:27은 이런 유형의 구문과 문맥을 제공하는데, 거기서 지혜는 이 동사의 목적어다(NIV, "평가하셨고").[105] 따라서 나는 욥기 38:37이 "구름들을 세는 행동"을 가리키는 것이 아니라 "창공의 (견고한) 특성을 평가하는 행동"을 가리킨다는 결론을 내리고자 한다.

단수 "샤하크"(šaḥaq)를 사용하는 두 본문의 의미를 이해하고자 할 때 그다음 문제가 발생한다. 시편 89:6-7은 "샤하크"를 하나님과 그의 천군이 있는 장소로 묘사한다. 만약 복수형이 메소포타미아에서처럼 하늘의 여러 층을 가리킨다고 보는 우리의 견해가 옳다면, 바빌로니아인들과 마찬가지로 이스라엘인들 역시 하늘의 특정 층을 하나님께서 거주하시는 하늘 처소가 있는 곳으로 여겼다고 볼 수 있다. 따라서 복수형은 우주의 구성 요소인 모든 층을 가리키는 데 사용되었지만, 한 개의 특별한 층은 하나님이 거주하시는 곳이었다. 마찬가지로 시편 89:37은 신실한 증언

---

105 이와 비슷한 용례는 시 26:7에서 찾아볼 수 있으며, 시 50:16에서도 찾아볼 수 있는 것 같다.

이 세워진 특별한 한 층을 언급한다고 볼 수 있을 것이다.

마지막으로, 그리고 단연코 가장 중요한 본문은 이사야 40:15이다. 모든 번역자가 이 본문과 씨름했다. 확실히 이 본문은 민족들의 무가치함에 대해 언급하면서 저울 위에 있는 "티끌"과도 같은 어떤 것을 상정하기 때문이다. 이런 인식은 앞 행에 묘사된 물동이 안의 물방울과 이어지는 행에 있는 "작은 티끌"의 병행 구조로 강화된다. 하지만 다른 경우에는 우주의 거시적 요소로 언급될 법한 단어를 여기서 "티끌"로 번역했다는 점은 특이하다고 할 만하다.

내가 제안할 수 있는 해결책은 이 본문의 맥락이 요청하는 해석 방식을 내가 앞서 언급했던 개념, 즉 "쉐하킴"을 이슬의 근원으로 봐야 한다는 주장과 결합하는 것이다. 고대 근동 문헌에서는 별들이 이슬의 근원으로 언급되는데,[106] 이 별들은 견고한 창공의 가장 낮은 층 아래쪽에 새겨져 있다고 여겨진다.[107] 이는 고대 근동 세계에서 이슬, 별, 견고한 창공이 서로 연결되어 있었음을 구체적으로 보여주는 증거에 해당할 것이다. 일단 별들이 이런 식으로 인식된다면, 또 다른 아카드어 용어가 이 논의를 위해 어떤 중요성을 띠게 된다. 하늘에 관해 말하는 아카드 용어 중 하나는 바로 "부루무"인데, 이 단어는 밤중의 별을 붙드는 창공들의 층을 가리키며, 특히 그 안에서 별이 작은 점처럼 나타나게 된다.[108] 이사야 40:15의 맥락에서 보면, 이 주장에 따를 때 민족들은 저울 위에 놓인 창공(별이 총총한 "샤하크"를 말하는데, 모든 층이 아니라 이 한 층만을 가리킨다)의 밤중 모습과도 같을 것이다. 결국 별들은 저울 위의 작은 점처럼 여겨질 것이다. 이

---

106 Horowitz, *Mesopotamian Cosmic Geography*, 243-44.
107 Horowitz, *Mesopotamian Cosmic Geography*, 13-15.
108 Horowitz, *Mesopotamian Cosmic Geography*, 226. Horowitz는 이 명사가 *baramn* 동사("작은 반점이 있는")로부터 파생한 것이라는 점을 지적한다.

구절에 대한 해석이 바뀐 것은 아니지만, 이전의 해석 방식과는 달리 이 해석이야말로 본문에 담긴 은유에 충실하다. 이사야서는 전체를 구성하는 (물동이 안의 물방울과 같이) 굉장히 많은 부분을 언급하며, 이에 상응해 각 부분의 무가치함을 언급한다. 그는 민족들을 달아보고 측량하고 판단하고 평가하기 위해 창공의 별들 자체를 언급하기보다는 저울 은유를 사용한다.

만약 "쉐하킴"이 견고한 창공을 가리킨다면, "라키아"는 뭔가 다른 것을 가리키는 것이 틀림없다. 그것이 사용되는 문맥을 주의 깊게 살펴본 결과, 나는 "라키아"가 하늘과 땅 사이의 공간(NIV, "광활한 공간"[expanse])을 가리킨다는 일반적인 견해에 동의한다. 이와 관련하여 우리는 창세기 1장이 "라키아"를 위의 물들과 대기를 나누는 것이 아니라 위의 물들과 아래의 물들을 나누는 무언가로 보고 있다는 사실에 주목해야 한다(이 개념이야말로 견고한 장벽에 관한 한층 정확한 묘사일 것이다). 만약 그렇다면, "라키아"는 이집트 우주론으로 볼 때 누트(견고한 장벽과 별이 총총한 광활한 공간을 대표하는 창공의 신)보다는 슈(땅과 하늘 사이에 자리하면서 하늘을 지탱하는 공기의 신)의 역할에 비견할 만하다. 슈는 사실상 우주론 문헌에서 누트보다 더 탁월한 신으로 소개되곤 한다. 그는 아툼이 누트와 게브(창공과 땅)를 나눌 때 아툼에 의해 출생된 신으로 묘사된다.[109] 수메르 문헌과 아카드 문헌이 하늘과 땅 사이의 공간에 관해 거의 아무 말도 하지 않은 까닭에, 이스라엘의 개념은 다시금 이집트의 시각을 더 많이 반영하고 있다. 앨런의 다음과 같은 설명에 주목하라. "이집트인들에게 경험 세계는 무한정한 어둠의 광활한 공간, 즉 형태가 없는 물들 안에 한정되어 있는 빛

---

109 관 문서 주문 80번, *COS* 1.8, 13(CT 2 39b-40b에서 가져옴). 슈의 중요성을 보여주는 다른 사례로는 COS 1.6과 1.7; 관 문서 주문 76번과 78번을 보라.

의 '상자'이며 공간이고 질서였다. 이 공간의 경계는 아래로는 땅, 위로는 바깥 물들의 표면에 의해 규정되었으며, 땅은 대기권에 의해 격리되었다."[110] 창세기 1장 역시 이런 "상자"의 시각을 반영하고 있으며, "라키아"는 이를테면 거품 같은 물들 사이의 공간을 창조하는 것으로 이해된다.

"쉐하킴"과 함께 작용해 "라키아"가 위의 물들을 아래의 물들로부터 나눈다는 사실은 이를 고대 세계의 우주 발생론들로부터 알려진 우주 지리학의 한 특징으로 보게 해준다. 고대 세계에서는 견고한 창공을 구성하는 물질을 표현할 때 다양한 이미지를 사용한다. 이스라엘인들도 이와 비슷하게 다양한 그림을 가지고 있었겠지만, 고대 근동 전역에 걸쳐 "라키아"는 견고한 것으로 여겨졌다. 그것이 위쪽의 우주적 물들을 지탱하고 있었기 때문이다. 물질 자체는 관련성이 없다. 라키아가 금속으로 만들어진 둥근 천장이나 장막이든, 석제 도로이든, 아니면 산이나 기둥 혹은 밧줄이나 신의 팔에 의해 지탱되든 중요하지 않다.[111] 무언가가 위쪽에 있는 물들을 지탱한다는 개념이 고대 세계에서는 흔한 것이었지만, 고대의 우주 발생론은 대부분 물들 자체의 분리에 대해서는 상세하게 설명하지 않는다(이 개념은 하늘과 땅의 분리와는 구별돼야 한다). 사실 창세기 1장과 「에누마 엘리쉬」만이 각종 기원을 연속으로 다루는 가운데 이 특별한 사건, 즉 위쪽에 있는 물들을 아래쪽에 있는 물들로부터 분리시키는 일을 포함한다.[112]

---

110 Allen, *Genesis in Egypt*, 56.
111 고대의 견해(반드시 고대 근동만을 가리키는 것은 아님)를 잘 요약한 글은 P. Seely, "The Firmament and the Water Above," *WTJ* 53 (1991): 227-40을 보라. Seely는 초기 유대교 자료와 랍비 자료 및 초기 교부들을 자신의 개관 연구에 포함시켰다. 236쪽을 보라. 견고한 창공을 지지하면서 다양한 관련 도상(圖像) 표현을 언급하는 자료로는 Keel, *Symbolism*, 24-47을 보라.
112 티아마트의 시체는 「에누마 엘리쉬」 IV 138에서 하늘(šamami)의 덮개(ṣullulu)로

만약 이런 분석이 제안하듯 "라키아"가 위쪽에 있는 물들을 지탱하기 위해 "쉐하킴"을 "펼친"(라카, 욥 37:18) 것이며 땅을 물들 위에 "펼친"(라카, 예. 사 42:5) 열린 공간이라고 한다면, 이는 우리의 과학적 기준에 부합하는 물질이 아니다. "라키아"와 "쉐하킴"은 현대 우주 지리학에 의해 폐기된 고대 우주 지리학의 단편이다. 왜냐하면 우리는 과학을 통해 증발/응축 순환에 관해 배우기 때문이다. 고대 세계에 속했던 다른 이들 모두와 마찬가지로, 이스라엘인들에게도 견고한 창공은 우주를 구성하는 한 조각의 물질이었다. 이를 신(누트)으로 묘사하는 이집트인들의 표현 방식이나, 티아마트의 나누어진 몸의 한 부분으로 묘사하는 바빌로니아인들의 표현 방식이 지나치게 물질적 견해를 취하지 못하도록 우리에게 경고하기는 하지만 말이다. 물을 지탱했던 이 장벽을 물질로 대상화하기보다는 그것이 수행하는 중요한 두 가지 우주적 기능에 초점을 맞춰야 한다. "라키아"의 첫 번째 역할은 인간이 살 수 있는 공간을 창조하는 데 있었다. 아울러 창세기 1장의 맥락에 더 적합한 두 번째 기능은 비나 눈을 통제할 장치가 되는 데 있었다. 비와 강우량을 조절하는 수단 말이다.[113] (특히 인간을 위한) 우주 내 질서는 비나 눈의 적절한 양에 의존했다. 너무 적으면 기근이 초래되었고, 너무 많으면 파괴적인 홍수가 발생했다. 우주적 물들은 끊임없는 위협으로 다가왔고 그래서 "라키아"가 우주적 질서를 확립하기 위해 창조되었다.

창세기 1장은 이스라엘이 고대 세계 내 다른 지역의 인식 내지는 신념 체계와 반대되는 개정된 우주 지리학을 받아들이라고 제안하지 않는

사용되며, V 62에서는 덮개(ṣullulu)로 펼쳐져 있다(*CAD* ṣ 239의 표제어를 보라). 이런 ṣullulu의 용례는 히브리어 "라카" 동사의 용례와 의미상으로 비슷하다.

113 「에누마 엘리쉬」 V 50-52에서 티아마트의 시체(견고한 창공)가 비나 눈의 근원으로 여겨진다는 점에 주목하라.

다. 오히려 고대 우주 지리학의 잘 알려진 요소들이 이 본문(과 다른 성서 본문들)에 잘 제시되어 있으며, 철저하게 그 안에 통합되어 있다. 성서의 묘사에 약간의 변화가 있기는 하지만, 그 변화는 과학적으로든 신학적으로든 혁신적인 것이 아니다. 하늘과 땅의 모든 요소는 동일한 장소에 자리하고 있으며, 고대 세계 전반에 걸쳐 수행하는 것과 동일한 기능을 하고 있다. 신의 역할이나 신과 우주의 관계에서 양자의 차이가 발견된다. 그뿐 아니라 둘째 날은 본래 구성보다는 건축으로 치면 설계에 관심을 두고 있다. 그러므로 창세기 1장은 기존 물질계의 관측 가능한 기능들이 하나님의 손에 달려 있음을 보여주기 위해 우주 지리학을 사용한다. 이 경우에는 그들이 보기에 하늘의 구조에 의해 통제되는 날씨의 기능이 그러할 것이다.

셋째 날: 비옥함의 창조

셋째 날은 나누는 행위보다는 모으는 행위로 시작하지만, 마른 땅이 나타나게 하려고 물들을 모으는 일이 먼저 이루어진다. 물과 마른 땅은 서로 구별될 필요가 없다. 왜냐하면 그것들은 통일된 것으로 여겨지지 않기 때문이다. 마찬가지로 고대 근동 자료에서도 마른 땅은 물로부터 분리되는 것으로 나타나지 않는다.

둘째 날과 마찬가지로 셋째 날도 공간과 관련되어 있다. 그러나 이 경우에는 우주적 공간보다는 지상 공간에 초점이 맞춰져 있다. 주석가들은 창세기 1장의 문학적 구조를 연구할 때 종종 셋째 날에 두 개의 분리된 창조 행동(물/마른 땅, 초목)이 나타난다는 점을 관찰했다. 그들은 흔히 여섯째 날에도 마찬가지로 두 개의 분리된 창조(동물, 사람)가 있다고 주장한다. 이런 관찰이 문학적인 시각으로는 이해가 되지만, 이런 이중 구조란 단지 그것들을 물질적 시각에서 고찰할 때 서로 구별되는 단위로 나타날 뿐이라는 점을 인식해야 한다. 기능적 시각에서 고찰한다면, 흙과 물과 씨앗 발아의 원리 등은 모두 밀접하게 관련되어 있다. 이 모든 것이 식량 생산에 필수이기 때문이다. 이집트에서는 마른 땅이 태고 언덕의 형태로 그 모습을 드러낸다. 이 이미지는 해마다 홍수가 잠잠해지면서 나일의 물로부터 비옥한 흙이 드러나는 상황을 반영한다. 이 이미지는 마른 땅의 출현이 풍요와 관련되어 있음을 분명하게 밝혀준다.

또한 학자들은 "창조하다"를 뜻하는 동사 중 어느 것도 셋째 날 내러티브에서 사용되지 않는다는 점에 주목했다. 바로 이 때문에 일부 주석가는 하나님이 셋째 날에 무엇을 만드셨는지에 관해 구체적인 질문을 던졌다.[114] 그러나 이런 질문을 던지는 것은 단지 우리의 물질 존재론이 얼마나 널리 퍼져 있는지를 구체적으로 보여줄 뿐이며, 이를 본문에 강제할 때 초래되는 혼란을 잘 설명해줄 따름이다. 본문은 하나님이 참으로 다른 모든 날과 마찬가지로 셋째 날의 창조에도 많이 관여하고 계심을 암시한다. 일단 본문을 본문 자체의 고대 맥락으로 이해할 때 그렇다는 말이다. 창조는 무언가를 만들어내는 활동이 아니라, 질서를 부여하는 행동을 뜻한다. 셋째 날에 하나님은 비옥함과 풍요와 초목과 농업 등의 기초를 창조하셨다. 요컨대 그분은 땅을 식량의 근원으로 만드는 데 필요한 것을 준비하셨다.

기능적 언어와 물질적 언어

창세기 1장에서 사용되는 일부 핵심 동사("바라"와 "아사")에 관한 앞의 논의에서, 나는 그것들이 물질 제조보다는 다양한 기능의 확립에 관련된 활

---

114 Wenham의 다음 설명에 주목하라. "셋째 날의 사역은 새로운 창조를 전혀 포함하지 않았고, 오히려 기존 물질계를 체계적으로 정리하는 데 더 가까웠다"(*Genesis 1-15*, 20).

동을 표현하고 있음을 보여주려고 노력했다. 셋째 날에는 단지 기능적 측면만을 가진 두 개의 동사가 추가로 나타나는데, "분리"와 "이름 짓기"가 그것이다. 고대 세계에서는 이 동사들을 다양한 역할이 배정되고 다양한 기능이 시작되는 방식을 표현하는 데 사용했다. 기능 존재론에서는 이런 동사들이 사실상 창조를 뜻하는 동사다.

분리와 이름 짓기

분리. 분리(1:4, 6-7, 14, 18; 첫째, 둘째, 넷째 날)와 이름 짓기(1:5, 8, 10; 첫째, 둘째, 셋째 날)가 처음 세 날에 나타난다는 것은 흥미로운 일이 아닐 수 없다. 비록 분리 작업이 넷째 날에도 언급되기는 하지만, 넷째 날 이야기는 단순히 첫째 날에 이미 분리된 기간을 추가로 구별하고 있을 뿐이다. 빛의 기간과 어둠의 기간 말이다. 이 점에서 볼 때, 넷째 날에는 분리 작업이 추가로 일어나지 않는다.

분리와 이름 짓기가 처음 세 날에서 두드러지게 나타난다는 사실은 창세기 1장의 처음 세 날을 두 번째 세 날과 구별해주며, 창세기가 고대 근동 우주론의 인지 환경에 얼마나 친숙했는지를 다시 한 번 구체적으로 보여준다. 분리와 이름 짓기가 이집트 문헌과 메소포타미아 문헌에 널리 퍼져 있기 때문이다.

메소포타미아에서는 맨 처음에 하늘과 땅이 분리된다. 그렇지만 메소포타미아의 문헌이 "모든 땅이 바다였을"[115] 때의 상황을 말하고 있다는 사실은 창조의 과정에서 정밀한 분리 작업이 추가로 필요했음을 보여

---

115 이 표현은 셀레우코스 시대의 한 작품 「우주 발생론과 에리두의 건설」에 나오는 말이다. Clifford, *Creation Accounts*, 63이 이를 인용한다.

준다. 이집트에서는 모든 것을 단독으로 구현하고 있었던 맨 처음의 단일 신에 의해 만물이 적절한 단계에 서로 분리되어 존재하게 되었다. "창조는 단일 존재가 다수로 변하는 과정이다."[116] 이는 창세기에서 이뤄지는 분리와는 전혀 같지 않지만, 이집트 문헌은 분리가 창조 행위로 간주됐다고 분명하게 말한다.

이름 짓기. 이집트 문헌은 창조신을 모든 것의 이름을 선포한 자로 규정했다.[117] 무언가가 존재하도록 불러내는 작업이 바로 이 이름 짓는 행위였다. 왜냐하면 이름과 함께 어떤 본질과 역할 및 기능이 생겨났기 때문이다.

> 살아 있는 존재나 사물의 이름은 사람들 사이에 있는 개념의 교환을 편리하게 만들기 위한 단순하거나 실질적인 호칭이 아니라 규정되는 어떤 것의 본질 자체를 뜻하며, 실제로 이름을 부르는 일은 언급된 대상의 창조를 뜻한다고 믿어졌다.[118]

마찬가지로 「에누마 엘리쉬」는 하늘과 땅이 아직 이름 지어지지 않은 상태로 시작한다. 그때는 신들조차도 아직 이름을 받지 못했던 때였다. 바로 이어서 라흐무와 라하무가 생겨나고 그들의 이름이 선포된다.

그렇다면 창세기가 분리와 이름 짓기를 맨 처음 창조 행위로 간주한다는 점에서 고대 세계의 다른 지역에서 발견되는 것과 같은 사고방식을 반영하는 것이 분명하다. 그렇다면 왜 이 행위는 창세기 1장의 처음 세

---

116 Allen, *Genesis in Egypt*, 57.
117 「멤피스 신학」, line 55.
118 J. M. Plumley, "The Cosmology of Ancient Egypt," in *Ancient Cosmologies* (ed. C. Blacker and M. Loewe; London: Allen and Unwin, 1975), 38.

날에 한정되는 것일까? 이곳에 제시된 처음 세 날의 사건을 검토해보면, 이날들에 시간과 날씨와 식량 생산의 기초를 확립하는 일이 이루어졌음을 알 수 있다. 이 세 가지 주요 기능은 고대 근동의 다른 문헌에서도 한데 어우러져 나타난다.

우리는 창세기의 처음 세 날이 메소포타미아의 주요 세 신과 병행을 이루리라는 점을 관찰할 수 있다. 아누는 달력과 계절을 주관하는 신이며, 엔릴은 창공과 날씨를 주관하고, 에아는 아프수와 개울 및 그것이 땅을 적셔 생겨나는 비옥함을 관장하는 신이라는 점이 그렇다. 물론 이는 결코 정확한 일대일 상응 관계가 아니다. 예컨대 아누와 엔릴은 모두 초목에 대한 책임도 지고 있으며, 아누는 "씨앗이 자라나게 하는" 자로도 언급되기 때문이다.[119] 마찬가지로 창세기의 세 날과 이집트 태고의 신들 사이에서 상응 관계를 이끌어낼 수도 있을 것이다. 이집트에서는 태양신이 시간을 대표하고, 대기의 신 슈가 날씨를 대표하며, 프타가 비옥함을 대표한다는 점이 그렇다.[120] 설령 우리가 이런 상관관계를 인위적인 것으로 간주한다고 할지라도, 문헌 자체는 동일한 세 부분의 기능을 분명하게 보여준다.

겨울과 여름의 논쟁을 다루는 수메르 문헌

안(An)은 의기양양하게 자기 머리를 쳐들고서 좋은 날을 만들어냈다. 그는…을 위한 계획을 세웠으며, 사람들이 멀리 퍼져나가게 했다. 엔릴은 거대한 황소처럼 자신의 발을 땅 위에 두었다. 온 땅의 왕인 엔릴은 풍요로운 좋은 날을 늘리고 축제 중에…밤을 찬란하게 만들고, 아마(flax)가 자라게

---

119 Jacobsen, *Treasures of Darkness*, 96.
120 Allen, *Genesis in Egypt*, 41.

하고, 보리가 급증하게 하고, 부두에서 봄철의 큰 홍수가 일어나게 보장하고…가/이 그들의 날들을 풍요로움 속에서 길게(?)…하고, 여름으로 하여금 하늘의 수문을 닫게 하고, 겨울로 하여금 부두에 있는 풍성한 물을 보장하게 하는 데 마음을 두었다.[121]

이 작품은 세 가지 기능을 강조한다. 낮과 밤, 풍요, 날씨(여름/겨울, 하늘의 수문)가 그렇다. 비슷한 강조점은 「에누마 엘리쉬」다섯 번째 토판의 파편 단락에서도 찾아볼 수 있다. 이 토판의 39-40행은 날과 해에 대해 언급하며, 46행은 밤 시간의 감시에 대해 언급한다. 47-52행에 따르면, 마르두크는 비와 눈을 창조하며, 뒤이어 구름과 바람 및 안개를 창조한다. 이어서 53-58행에서는 땅 위의 물 근원이 확립되고 티끌이 쌓아올려진다.[122] 이런 연속 사건 속에서 시간과 날씨 및 초목이 순서대로 기능적 용어를 통해 언급된다.[123] 메소포타미아의 창조 이야기는 하늘과 땅의 분리 이후에 시작되는데, 이를 간단히 제시한 한 아시리아학 학자의 다음과 같은 글이 얼마나 친숙한지를 비교해보라.

엔릴과 더불어 오늘날 우주의 기초가 세워진다. 그는 정의로운 통치를 확립하며 다른 아눈나 신들과 함께 거룩한 언덕 위에서 운명을 결정한다. 어둠이 빛으로 바뀌며, 달과 해, 곧 난나와 우투가 태어나며, 엔릴과 후르사그에 의해 여름과 겨울이 출현한다. 규정되지 않은 시간이 날과 달 및 계절과 해

---

121 http://etcsl.orinst.ox.ac.uk, 5.3.3.2.
122 Horowitz, *Mesopotamian Cosmic Geography*, 117-18.
123 W. G. Lambert("Kosmogonie," *RlA*, 6:218-22)는 고대 메소포타미아 문헌에 등장하는 우주의 세 가지 주요 구성 요소를 땅과 물, 시간으로 규정한다. 상상력을 조금만 동원해도 이 세 가지와 창조의 처음 세 날 사이의 관계를 역순으로 살피는 일이 가능하다.

로 바뀐다.[124]

이 모든 요소는 창세기 1장을 읽을 때도 알아챌 수 있다. 창세기에서 우리는 1장이 세 가지의 주요 기능에 대한 이런 강조를 분명하게 보여주는 유일한 본문이 아니라는 점을 확인할 수 있다. 학자들은 홍수 기사가 질서 있는 우주의 붕괴와 그 후의 재창조를 다루는 이야기로 소개된다는 점을 오래전부터 알고 있었다. 창세기 1장의 반향인 이 재창조가 결론부에 이르면, 이런 재창조의 안전성에 관한 하나님의 약속이 식량, 날씨, 시간의 재확립이라는 역순으로 분명하게 언급된다(창 8:22).

> 땅이 있을 동안에는
> 심음과 거둠과
> 추위와 더위와
> 여름과 겨울과
> 낮과 밤이
> 쉬지 아니하리라.

따라서 창세기 1장의 처음 세 날은 세 가지 기능이 인간의 삶에서 가장 중요하다고 여긴다는 점에서 기능 지향성을 보인다고 생각된다. 물론 그 세 가지 기능은 고대 세계뿐만 아니라 시간과 공간을 초월해 모든 문화권, 심지어 오늘날에 이르기까지도 기술적인 성취나 과학 이론과는 무관하게 중요한 의미를 가지고 있다. 다음 장에서 살펴보게 되겠지만, 4-6일은 여전히 기능 존재론 안에서 작동하기는 해도 우주의 중요한 기능보

124　Wiggermann, "Mythological Foundations," 286.

다는 다양한 기능 주체(와 그들의 기능)에 초점을 맞춘다. 이런 초점의 이동 역시 왜 분리와 이름 짓기가 주로 1-3일과 연결되는지를 설명해줄 것이다. 왜냐하면 분리와 이름 짓기는 기능을 확립하는 일과 관련되어 있기 때문이다. 4-6일은 주로 기능 주체들을 그들의 적절한 영역에 임명하는 데 관심을 기울인다.

여기서 잠시 멈추고 창세기 1장에 대한 분석이 이 책의 처음 절반 부분에서 설명한 인지 환경과 어떻게 관련되는지를 평가하는 것이 유익할 것이다. 창조 활동을 묘사하는 데 사용되는 동사들을 분석하고, (특히 "토후"와 관련하여) 창조 이전의 상태를 분석하며, 1-3일 창조 기사를 주의 깊게 읽되 본문의 관심사가 물질보다는 기능에 있음을 구체적으로 보여주고자 노력한 결과, 고대 근동 전역에 널리 퍼져 있다고 알려진 기능 존재론이 창세기 1장에도 있으며 그 안에서 작동하고 있다는 점이 확증되었다. 또한 그런 분석은 고대 세계의 우주 지리학이 창세기에서도 충분히 입증되고 있음을 보여주었다. 이제는 우주적 지배 원리들을 고찰해 보도록 하자.

우주적 지배 원리들

앞 장에서 나는 우주적 지배 원리들이 각각 정적인 것과 동적인 것을 대표하는 본질적인 원형("메"/"파르추")과 운명("남"/"쉼투")으로 이뤄져 있다고 주장했다. 이런 지배 원리들은 질서 있는 우주에 속해 있었고, 따라서 선재(先在)했던 조건의 일부가 아니었다. "메"는 정적이며 우주 및 신들과 함께 존재하게 됐을 뿐, 신들이 창조한 것이 아니었다. 오히려 이는 신들이 활성화하고 관리하고 대리하는 것들이었다. 운명은 동적이며 다양한 역할을 기능 주체들에게 배정하는 것을 포함했다. 운명을 선포할 권한을 대표하는 운명의 토판은 통치권을 상징했다.

그렇다면 우주적 지배 원리는 창세기 1장에 어떻게 묘사되어 있는 것일까? 삭스(H. W. F. Saggs)는 "히브리어에는 수메르어 남.타르(nam.tar)와 메(me)에 근접할 만한 용어가 없다"라고 말한다.[125] 그런데도 계속해서 그는 히브리어 성서에 야웨께서 운명을 결정하시는 사례들이 있다고 주장한다. 여기서 우리의 관심사를 위해 중요한 지점은, 바로 앞에서 언급된 이런 유형의 본문 목록에 삭스가 창세기 8:22을 포함시켰다는 것이다. 그뿐 아니라 이와 관련하여 창조 세계의 다양한 거주자에게 야웨를 찬양하라고 요청하는 시편 148편도 고찰할 만한 가치가 있다(다음은 NIV의 번역임).

주를 찬양하라.
하늘에서 주를 찬양하며
  높은 데서 그를 찬양할지어다.
그의 모든 천사여, 찬양하며
  하늘의 모든 군대여, 그를 찬양할지어다.
해와 달아, 그를 찬양하며
  밝은 별들아, 다 그를 찬양할지어다.
가장 높은 하늘도 그를 찬양하며
  창공 위의 물도 그를 찬양할지어다.
그것들이 주의 이름을 찬양함은
  그가 명령하시므로 창조되었음이로다.

---

125 H. W. Saggs, *Encounter with the Divine in Mesopotamia and Israel* (London: Athlone, 1978), 73.

그가 또 그것들을 영원히 제자리에 두시고
　결코 폐하지 않을 명령을 정하셨도다.

땅에서 주를 찬양하라.
　거대한 바다 피조물들과 모든 깊은 대양이여
번개와 우박과 눈과 구름과
　그의 명령을 행하는 광풍이여
산들과 모든 작은 산과
　과실과 모든 백향목이여
짐승과 모든 가축과
　작은 피조물과 나는 새들이여
땅의 왕들과 모든 백성과
　고관들과 땅의 모든 통치자들이여
젊은이와 처녀와
　노인과 아이들이여!
주의 이름을 찬양할지어다.
　그의 이름이 홀로 높으시며
　그의 영광이 땅과 하늘 위에 뛰어나심이로다.
그가 자기 백성을 위해 뿔을 높이셨으니
　그는 모든 성도 곧 그를 가까이 하는 백성
　이스라엘 자손의 찬양을 받을 이시로다.
주를 찬양하라.

5-6절은 특히 중요하다. 이 두 절은 야웨를 이런 우주 거주민의 창조(br')를 명하시고 그들의 운명을 선포하신(ḥq ntn) 분으로 묘사하기 때문

이다.[126]

이런 표현들은 창세기 1장이 "메"/"쉼투" 복합의 배후에 있는 개념에 비추어 이해될 가능성이 있음을 암시한다. 만약 그렇다면, 하나님의 창조 활동은 질서를 확립하고 유지하는 행위로 여겨질 수 있을 것이다. "메"가 그렇듯이 말이다. 아마도 1-3일은 우주의 "메"와 관련되어 있겠지만, 이미 우주에 속해 있던 무언가를 활성화하는 날이 아니라 이를 우주 안으로 도입하는 날로 여겨졌을 것이다. 이어서 4-6일은 우주 안에 있는 기능 주체들의 운명을 결정하는 (따라서 또다시 분리하고 이름 짓기에는 관심이 없는) 날들로 여겨졌을 수도 있다. 고대 근동에서 신들의 운명이 결정될 때에는 권력과 책임이 그들에게 위임되었다. 그 결과 다른 신들은 "메"가 자기에게 주어질 때 "일하는 엔릴"이 되었다.[127] 이런 과정은 인간이 하나님의 형상으로 창조되었고 어떤 차원에서는 엘로힘과 같은 역할을 수행하는 존재가 되었다는 성서의 개념과 비슷하다.

하지만 창세기 1장은, 설령 그것이 "메"에 관한 개념과 병행을 이루고 있다 할지라도, 메소포타미아의 신념 체계와는 뚜렷이 다른 방식으로 이를 이해한다. 신을 우주적 "메"의 관리자로 보는 메소포타미아와는 달리 (메소포타미아의 사유에서는 신들에 의해 메가 창조되지 않는다), 창세기는 하나님이 우주적 "메"를 시작하신다고 묘사한다. 이런 견해는 이 책 123-6쪽에서 제시했던 관찰, 즉 고대 근동에서는 신들이 우주의 체계 안에 있다고 여기지만, 창세기에서는 야웨가 우주의 체계 바깥에 계신다고 묘사했다는 관찰과 일치한다. 따라서 메소포타미아의 신들이 "메"에 예속된 반면에, 야웨는 이를 통제하신다. 이는 이스라엘에서는 야웨가 율법의 **근원**이지만,

---

126 Clifford, *Creation Accounts*, 68 n. 24 역시 이 점을 인식하고 있다.
127 Rosengarten, *Sumer et le Sacré*, 120, "엔릴루티"(l'Enlillité).

4장 창세기 1장

메소포타미아에서는 샤마쉬가 율법의 **수호자**라는 개념과 비슷하다.

유사한 차이가 "쉬마티"(šimati)와 관련해서도 발견된다. 야웨는 다른 누군가에 의해 선포되어야 할 자신의 "쉬마티"를 필요로 하지 않으시는 분이며, 다른 신들의 "쉬마티"를 선언하시는 분도 아니다. 우리의 예상대로, 이스라엘의 하나님은 권력을 다른 신들에게 위임하시지 않고, 우주에 속한 거주자들의 운명을 결정하심으로써 우주에 질서를 부여하신다. 마찬가지로 창세기에는 운명의 토판 같은 것은 없다. 야웨는 어떤 표상도 필요로 하지 않으신다. 안주나 킹구와 같은 다른 신의 침탈로부터 자신의 권력을 지킬 필요가 없기 때문이다.

논의를 계속하기 전에, 잠시 멈춰 메소포타미아의 사유 안에서 강조점이 "메"에서 운명으로 옮겨지는 발전이 있었다는 비거만의 다음과 같은 제안을 고찰할 필요가 있다.[128]

이런 갈등[다른 신들을 향한 엔메샤라의 도전]이 우주 발생론에 대해 지니는 의미는 본질들, 즉 "메"와 신들의 통치, 다시 말해 남-타르("운명을 선포하는 일") 사이의 긴장이다. 본질들은 본래부터 존재를 구성하는 것이며 창조된 것들과 함께 생겨났지만, 그것 자체가 창조된 것은 아니다. 엔릴과 안과 엔키는 활동상의 통치권을 대표하며, 신들에게 본질을 배분하고, 각각의 신에게 그의 직무, 즉 남-타르를 배정한다. 본질은 정의로운 통치의 목적에 굴복하는 것으로 만들어진다. 본질의 우둔한 옛 우주는 사라져야 했지만, 아무런 갈등 없이 사라지지는 않았으며, 도리어 반역을 일으켰다. "모든 본질의 주"인 엔메샤라(Enmešara)가 남타르를 알고자 노력했고 엔릴처럼 통치하려고 노력했으나 패배하고 말았다는 사실 말이다. 이제 남은 것은 선을

---

128 Wiggermann, "Mythological Foundations," 279-306.

도모하기 위해 신들의 통치에 굴복하는 일이었다.[129]

어떤 이들은 창세기 1장이 전적으로 패권주의적인 우주 발생론을 철저하게 보여준다는 점에서 같은 과업에 관심을 보였다고 주장할지도 모른다.[130] 그럼에도 야웨의 통치권은 강조점을 이동해 생겨난 결과로 묘사되지 않고, 오히려 그를 우주 밖에 계신 분으로 간주해 창조주이자 모든 지배 원리의 주권자, 다양한 기능과 그 주체들을 지배하시는 분으로 격상시키는 신학적 위치 설정에 의한 것으로 묘사된다.

이제 우리는 창세기에서 두드러지게 나타나는 두 가지 마지막 쟁점을 창세기 1장과 "메"/"쉼투"의 복합체 사이에 있다고 여겨지는 관계에 비춰 새롭게 고찰할 수 있다. 이 두 가지는 창세기 1장의 특징을 형성하는 공식을 구성하는데, 그 공식이란 말씀에 의한 창조와 "그것이 (보시기에) 좋았다"라는 평가를 가리킨다.

말씀에 의한 창조

종종 학자들은 말씀에 의한 창조가 이집트 문헌에서 흔히 발견되는 주제라고 생각했다.

구약학자들은 창세기보다 앞선 문헌으로 명령에 의한 창조 개념을 담은 「멤피스 신학」을 잘 알고 있다. 그렇지만 이 개념은 다른 이집트 문헌에서도 발견된다. CT II, 23에서 생명은 "누(Nu)와 헤후(Hehu)와 *tnmw*와 케쿠

---

129 Wiggermann, "Mythological Foundations," 288.
130 오경의 나머지 부분에서는 주술의 사용 역시 주변 지역 인지 환경의 받아들일 수 없는 측면에 속한 것으로 여겨지기에 받아들일 수 있는 행동에서 배제된다.

(Keku)에서 눈(Nun)의 말씀(*hft mdw*)을 따라" 창조된다. CT II, 42-43에서 아툼의 명령(*wd*)은 동물의 생명을 창조했다. 잘 알려져 있지 않지만 프타와 세크메트(Sekhmet)의 석비에 따르면, 「멤피스 신학」에는 프타의 로고스 창조와 비슷한 개념이 나타난다. 18왕조 후기 내지는 19왕조 초기 왕조에 속하는 이 문헌은 프타에 관해 다음과 같이 말한다. "그는 자신의 정신(문자적으로는 '마음') 속에서 '보라, 그것들이 존재하기를 바라노라'라고 말한다."[131]

일반적으로 학자들은 이집트 문헌과는 대조적으로 메소포타미아의 우주론이 말씀에 의한 창조를 분명하게 드러내지 않는다고 주장한다. 그러나 이 판단은 그들이 "창조"라고 이해하는 것에 따른 평가다. 만약 기능 존재론의 시각에서 이해한다면, 창조는 신이 물질계에 속한 것들을 말씀으로 존재하게 한다는 개념을 수반하기보다는, 명령을 통해 다양한 기능을 확립하고 그것들을 배정하는 행동을 가리킬 것이다. 만약 우리가 이런 창조 개념을 받아들인다면, 메소포타미아 문헌은 말씀에 의한 창조로 가득 차 있게 된다. 운명의 선포가 항상 이런 방식으로 수행되기 때문이다. 다음에 인용된 이쉬메-다간을 위한 엔키 찬가를 고려해보라.

당신은 신들 가운데 현명한 결정을 내리는 주시며, 남쪽에서 산지에 이르기까지 그들 가운데 가장 뛰어난 분이십니다. 아누나 신들이 자신에게 나아올 때 자기 손에 지팡이를 들고 그들의 운명을 결정하는 분이십니다. 모든 신적인 권력을 소유하고 있기에 유일하게 탁월한 분이시며, 살아 있는 것들을…하시는 위대한 주이시고, 유일하게 그들의 신으로 선포되는 분이십니

---

131 Hoffmeier, "Thoughts on Genesis 1 and 2," 45.

다. 당신은 그들의…이십니다. 당신의 말씀은 정의를 번성하게 만들고 하늘과 땅의 신적인 권력을 강하게 만듭니다. 당신은 법령을 살피시고, 그것을 올바로 실행하시며, 그들의 위대한 군주로 선포되시는 분입니다.[132]

비슷한 방식으로 창세기 1장은 하나님을 말씀으로 법령을 공포하시는 분으로 묘사한다. 법령을 공포함으로써 우주의 다양한 기능을 확립하고 (그것들의 운명을 선포함으로써) 기능 주체들을 적절한 영역에 위치시킨다. 이런 비교를 통해 내릴 수 있는 결론이 있다면, 이는 창세기 1장에 나타나는 언급된 말씀의 역할이 새로운 차원의 비교를 분명히 가능케 한다는 점일 것이다. 왜냐하면 "메" 역시 언급된 말씀으로 확립되었기 때문이다.[133]

보시기에 좋았더라

게다가 "메"는 "좋은" 것으로 여겨졌다. 이는 세계의 질서에 대해 할 수 있는 최상의 표현이었다.[134] 창세기 1장에서 반복되는 형태인 "그것이 (보시기에) 좋았다"는 우주에 질서를 가져다준 창조 행동에 대해 같은 평가를 내린다. 다시 말해 우주가 이제 제 기능을 잘 유지하게 되었다는 뜻이다. 이것이 히브리어 단어 "토브"(*ṭôb*, 분명히 광범위한 의미 영역을 가지고 있다)의 의미임을 보여주는 증거는 문맥에서 확인된다. 전후 문맥에 비추어 어떤 것이 좋지 **않다**는 말이 무슨 의미인지를 물음으로써 이 단어가 가진 의미를 고찰하는 것이 유용하다. 다행히도 전후 문맥은 좋지 않은 것이 무엇인

---

132 http://etcsl.orinst.ox.ac.uk (이쉬메-다간 X) 2.5.4.24, lines 1-6.
133 Rosengarten, *Sumer et le Sacré*, 219-20.
134 Rosengarten, *Sumer et le Sacré*, 12, 74.

지를 암시한다. "사람이 혼자 사는 것이 좋지 아니하니"(창 2:18). 이 문맥에서 "토브"라는 단어는 적절한 기능 수행과 관련되어 있다. 이는 장인의 기술이나 도덕적 순결함에 대한 부정적 평가를 뜻하지 않는다. 따라서 우리는 모든 것이 좋았다는 창세기 1장의 반복된 평가가 부패나 결함이 없는 상태를 뜻하지 않는다고 추론할 수 있다. 그것은 다양한 기능이 본래의 계획에 따라 작동하기 시작했음을 확언하는 것이다.[135] 이는 고대 근동의 찬미 문헌들에 나타나는 것과 같은 종류의 진술이다. 거기서 메소포타미아의 신들은 그들의 완전한 계획과 유효한 발화로 인해 칭송받는다.

창세기가 기여하는 또 하나의 중요한 자료가 창세기 2:18에서 발견된다. 이 본문은 고안된 기능의 초점이 하나님이 아니라 인간에게 맞추어져 있음을 분명하게 보여준다. 성서 본문은 우주의 다양한 부분이 지닌, 과학적으로 탐구 가능한 기능에 관심을 두지 않는다. 말하자면 빛과 어둠의 교대 기간에 의해 확립된 시간의 기능이 인간을 배제한다면 아무런 의미나 중요성도 가지지 않는다는 뜻이다. 이런 기능은 신들의 영역이나 "자연"의 영역 어디에도 기여하지 않는다. 창세기에서 태양은 하나님의 현현이 아닐 뿐만 아니라, 하나님을 위한 역할을 하는 것도 아니며, 단순히 기체로 된 불타는 구도 아니다.[136] 1:14이 말하는 것처럼, 빛들의 기능은 징조와 절기,[137] 날과 해들을 표시하는 데 있다. 정확하게 말해서 인간

---

135 이런 해석은 Coote and Ord, *In the Beginning*, 56에서도 나타난다.
136 루이스의 책(C. S. Lewis, *Voyage of the Dawn Treader*)에 나오는 자녀 중 한 명과 "은퇴한" 인기 배우의 대화에 주목하라. "'우리의 세계에서는 별이 불타는 거대한 기체 구입니다'라고 유스터스가 말하자 노인이 대답했다. '내 아들아, 너의 세계에서도 별은 그런 것이 아니다. 그것은 단지 무언가로 만들어진 것일 뿐이란다.'"
137 이곳의 *mô'ădîm*이 "계절들"보다는 "절기들"을 가리킨다는 사실을 뒷받침하는 증거를 위해서는 W. Vogels, "The Cultic and Civil Calendars of the Fourth Day of Creation (Gen 1,14b)," *SJOT* 11 (1997): 178-79; D. J. Rudolph, "Festivals in Genesis 1:14," *TynBul* 54/2 (2003): 23-40을 보라.

이 이런 기능 주체들을 사용하는 방식을 말한다.

결론: 삼중적인 기능

창세기 1:1-2이 창세기 1장에 대한 기능적 이해를 뒷받침하는 요소를 포함하기는 하지만, 1-3일은 이것이 참으로 본문의 기초를 이루는 시각임을 나타내는 중요한 증거를 제공한다. 세 가지 기능, 즉 시간, 날씨, 식량 생산은 하나님의 말씀에 의해 존재하며, 분리와 이름 짓는 행위를 통해 그들 나름의 기능을 부여받는다. 그런데 그 기능들 자체와 그것들을 작동시키는 행동은 고대 근동의 인지 환경 안에서 선례들을 확인해볼 수 있다. 이는 인간계를 위해 완전히 기능적인 것들로 평가받으며 또한 그런 것들로 확인된다("좋았더라"). 이 기능들은 메소포타미아 문헌의 두드러진 특징을 이루는 핵심 원형("메")에 비견될 만하다. 그와 관련된 하나님의 위치가 창세기에서는 다르다는 점을 제외한다면 말이다. 따라서 하나님의 창조 활동은 이런 기능들을 인간 중심의 질서 체계 안에서 활성화시키는 행위를 포함한다. 반스티파우트(H. L. J. Vanstiphout) 역시 「엔키와 세계 질서」에 관한 자신의 관찰에서 이런 개념을 다음과 같이 인식한 바 있다.

> 관심사는 어쨌든 그렇게 존재하는 물질 자체에 있다기보다는 가능성을 실현할 수 있는 그것의 능력이었다. 물질 자체는 이미 존재하던 것이었다. 정작 필요한 것은 이를 효율적으로 사용되도록 하는 어떤 체계였다.[138]

---

138 Vanstiphout, "Why did Enki Organize the World?" 122.

메소포타미아의 용어로 표현하자면, 이 장면은 기능 주체들이 구비되고 그것들의 운명이 선포되는 4-6일로 계속 이어지도록 정해져 있다.

4-6일(창 1:14-31)

앞 장에서 나타나듯이 4-6일의 창조 이야기가 기능 지향성을 유지하기는 해도, 이제는 기능 주체들을 각각 적절한 책임 영역에 세우고, 각각의 개별 영역 안에서 각자에게 일정한 역할을 부여하는 것과 관련된다. 이런 창조 행위는 메소포타미아 문헌에 있는 운명들의 선포와 비슷하며, 1-3일의 행동과 마찬가지로 하나님의 통치 행위를 구성한다.

넷째 날

모든 천체가 "라키아" 안에 자리한다는 사실은 창세기 1장이 고대 세계의 우주 지리학을 반영한다는 점을 보여준다. 만약 창세기 1장의 창조가 물질적인 강조점보다는 기능적인 강조점에 의미를 둔다면, 넷째 날에 가서야 태양이 창조되는데 어떻게 첫째 날에 빛이 존재할 수 있는가 하는 오랜 질문이 답을 얻을 수 있게 된다. 창세기 1장의 창조 이야기는 물질의 기원에 관해 서술하고 있지 않다. (시간과 같은) 기능들에 먼저 자리가 주어진다. 그런 기능들은 시간 안에 거주하면서 인류를 위해 자신의 직무를 수행하는 (천체와 같은) 단순한 기능 주체들이 위임 명령을 받기 전에 먼저 소개된다.

"빛들"이라는 용어의 선택을 논쟁을 위한 것으로 볼 필요는 없다. 사실 이 호칭은 분명히 기능적인 용어다. 하지만 성서의 저자는 자신이 이 문맥에서 지위가 낮은 신들을 위해 운명을 선포하는 경우(메소포타미아의 이야기가 종종 그러하듯이)를 의도하지 않고 있음을 분명하게 밝히고 싶어 했을 것이다. 이것은 특히 중요하다. 빛들에게 부여된 기능은 통치 행위와 관련되어 있기 때문이다.[139]

빛들이 수행하는 기능은 분리하고[140] 달력에 쓰이는 기간이나 특정 시기를 나타내며,[141] 빛을 비추고 다스리는 것 등이 있다. 이 모든 개념은 인간 중심적 시각으로부터 의미가 주어진 것들이며, 첫째 날에 확립된 시간과 관련되어 있다. 천체와 관련된 이와 비슷한 기능의 목록은 「탁월한 점성술 연구」에서도 발견된다.

> 위대한 신들인 안, 엔릴, 엔키는
> 그들의 확실한 의논을 하려고 모였을 때
> 하늘과 땅의 위대한 법칙("메") 중
> 달의 초승달 형태를 정했다.
> 그것은 낮을 생겨나게 했고 달들을 확립시켰으며
> 하늘과 땅으로부터 이끌어낸
> 징조들을 제공했다.
> 이 초승달은 하늘에서 빛을 발했으며

---

139 질서를 유지하는 태양(신)의 일반적인 역할이 없다는 데 주목하라. 창세기가 언급하는 통치 기능은 인류를 위해 정의를 제공하는 통치자가 아니라, 단지 빛을 제공하는 역할과 관련되어 있을 뿐이다.

140 하나님의 분리 작업이 창조 행동이 아니라 천체를 통해 첫째 날에 맨 처음 이루어진 분리 상태를 유지하는 것임에 주목하라.

141 "징조들"('ōtōt)라는 단어가 주저나 논쟁 없이 사용된다는 사실에 주목하라. 그것이 점성술 배후의 개념들을 얼마나 유효하게 하는지와는 무관하게 말이다. 고대에 절기들을 확립하는 일은 KAR 4, line 63 같은 문헌에 묘사되어 있다(Clifford, *Creation Accounts*, 51, line 46에 인용됨).

사람들은 가장 높은 하늘에서 별이 빛나는 것을 보았다!¹⁴²

다섯째 날

발화된 말씀은 살아 있는 피조물이 둘째 날에 확립된 영역에 배치되는 다섯째 날에도 두드러지게 나타난다. 새들이 "라키아"의 표면을 가로질러 날며, 물고기는 아래의 물에서 헤엄친다. 위의 물에는 거주하는 대상이 전혀 없다.

창세기 1:21이 "탄니님"(*tannînim*)을 특별히 언급한다는 사실은 중요하다. 다섯째 날 내러티브는 다시 "바라" 동사를 사용하는데, 이를 통해 바다 피조물들이 "존재" 안에 있는 질서에 맞서는 무질서나 위협(앞서 설명했던 대로 이는 아포피스의 역할이었다)을 대표하는 것이 아니라 질서 잡힌 존재의 세계에 속한다는 것을 보여준다.¹⁴³ 그뿐 아니라 "탄닌"(*tannîn*)은 「에누마 엘리쉬」에서 티아마트를 돕는 열한 마리의 혼합 피조물과 비교되어서는 안 된다.¹⁴⁴ 창세기 1장 전체에 걸쳐 신들의 싸움이 나타나지 않는다는 점은 주목할 만하다.

히브리어 성서는 우주의 다양한 바다 피조물에 대해 언급한다(사

---

142 Clifford, *Creation Accounts*, 67. 아카드 판본에서는 이름이 밝혀진 세 신이 위대한 별의 신들로 하여금 낮을 생산하도록("바누"), 그리고 점성술 관찰을 위해 달들의 정기적인 변화를 보증하도록 지시했다.

143 이 모든 짐승에 대한 유용한 소개는 J. Westenholz, *Dragons, Monsters and Fabulous Beasts* (Jerusalem: Bible Lands Museum, 2004)를 보라.

144 「에누마 엘리쉬」 I 133-43. 관련 논의는 W. G. Lambert, "Ninurta Mythology in the Babylonian Epic of Creation," *Keilschriftliche Literaturen: Ausgewälte Vorträge der XXXII. Rencontre assyriologique internationale* (ed. K. Hecker and W. Sommerfeld; Berliner Beiträge zum Vorderen Orient 6; Berlin: Reimer, 1986), 56-58을 보라.

27:1과 시 74:13-15을 보라). "탄닌"은 히브리어 성서에서 모두 14회 나오며[145] 흔히 우가리트어의 명사 "툰나누"(*tunnanu*)[146]와 관련된다고 여겨지는데, 이 짐승은 라스 샤므라(Ras Shamra) 문헌에서 아나트(Anat)와 바알에 의해 패배당하는 거대한 바다 괴물을 가리킨다. 웨이크먼(M. Wakeman)은 "'탄닌'이 사람의 이름을 뜻하기보다는, '라하브'나 '리브야탄'과는 달리 신화적 괴물을 칭하는 일반 명칭이라고 보는 것이 더 옳다"라고 주장한다.[147] 히브리어 성서의 14회 용례 가운데 8회는 적어도 어떤 문맥에서는 (추측건대 악어와 같이) 동물인 피조물을 가리킨다.[148] 나머지 5회의 용례는 창세기 1장에서와 같이 우주적 피조물을 가리킨다. 욥기 7:12에서는 "탄닌"이 "얌"(일반적으로 바다를 가리키거나, 병행 구조 때문에 우가리트 문헌에서처럼 바다인 얌[Yamm]을 대표하는 피조물을 가리킨다)과 병행을 이루어 나타난다.[149] 시편 74:13-14에서는 "탄닌"이 많은 머리를 가진 피조물로 묘사되며, 야웨께서 정복하신 리워야단과 시적인 병행을 이루며 등장한다. 이사야 51:9에도 전쟁의 배경이 암시되는데, 이 본문에서는 우주적 피조물인 "탄닌"과 "라하브"가 격퇴당하는 모습이 나타난다. 이사야

---

145 M. Wakeman, *God's Battle with the Monster* (Leiden: Brill, 1973), 68-82의 논의를 보라.

146 우가리트 문헌에서 이 명사는 모두 여덟 번 나온다. 두 번은 인간의 이름으로 나오며, 세 번은 아나트에게 패배당하는 괴물로 나오고, 세 번은 적절히 분석하기 어려운 파편의 문맥에서 나온다. DDD^2, 835; S. B. Parker, *Ugaritic Narrative Poetry* (SBLWAW 9; Atlanta: Society of Biblical Literature, 1997), 111, line 40을 보라.

147 Wakeman, *God's Battle*, 79.

148 출 7:9-12과 시 91:13에서는 "탄닌"이 아마도 악어를 가리킬 것이며, 파라오를 나타내는 은유로 사용되는 겔 29:3과 32:2에서도 마찬가지일 것이다. 신 32:33에서는 "탄닌"이 동물 계통의 피조물을 가리키는 것으로 보이지만, 이 경우에는 그것이 독을 가지고 있으므로 악어일 수는 없다.

149 "탄닌"과 "얌"을 혼돈의 피조물로 이해하는 견해는 Watson, *Chaos Uncreated*, 282-89에 의해 설득력 있게 논박된 바 있다.

27:1에서는 "탄닌"이 우주적 피조물 중에서 격퇴되어야 할 역사적 대적으로 언급된다. 마지막으로 "탄닌"을 창세기 1:21의 이미지와 가장 닮은 모습으로 소개하는 시편 148:7에서는 "탄닌"이 단순히 야웨를 찬양하도록 요청받는 또 다른 피조물로 나타난다.[150] 이 본문에서 이는 아마도 대적을 가리키기보다는 우주적 피조물을 가리킬 것이다.

창세기 1:22에서 주어지는 복은 운명 선포의 일부이며, 이 피조물들의 기능을 추가로 묘사한다. 그 기능이란, 그들이 땅 위에서 번성해야 하는 것을 말한다.

여섯째 날

육상동물은 셋째 날에 생겨난 마른 땅에 거하는 피조물로 묘사된다. 고대 세계에서는 동물의 창조를 상세하게 설명하는 문헌이 상대적으로 적다. 많은 경우에 동물은 단지 잠깐 언급될 뿐이다. 그중 일부를 여기에 소개하고자 한다.

「두 마리의 곤충」이라는 제목의 바빌로니아 문헌은 신들이 하늘과 땅을 창조한 후에 갖는 모임을 이렇게 묘사한다. "그들은 동물…거대한 야생 동물, 야생 동물, 작은 야생 동물…을 생겨나게 했다. 그들은 자기의 개별 영역을 소 떼와 작은 가축에게 할당했다."[151] 이 문헌에서 창조는 동물을 그들의 적절한 서식지에 배정하는 행위를 포함한다.[152]

---

150 Watson은 시 148:7에서 이 용어가 모든 해양 피조물을 "포괄한다"라고 결론짓는다. Watson, *Chaos Uncreated*, 210을 보라.
151 Clifford, *Creation Accounts*, 65.
152 이른바 「에리두 창세기」, COS 1.158, line 14도 보라. Jacobsen의 번역은 동물이 창세기에서처럼 땅에서 생겨났다고 암시한다. 그러나 옥스퍼드 수메르 문헌 관련 사이트의 번역은 이와 다르다. http://etcsl.orinst.ox.ac.uk, 1.7.4, 14을 보라.

「엔키와 세계 질서」

그는 이 좋은 장소를 풍성한 푸른 나무들로 완전하게 만들었다. 그는 높은 평원 지대의 동물을 적절한 규모로 번성하게 했으며, 야생 염소와 목초지의 거친 염소를 번성하게 했으며, 그것들이 교미하게 했다.[153]

「니누르타의 공적들」

그것의 풀밭으로 하여금 너를 위해 풀을 생산하게 하라. 그것의 비탈로 하여금 너를 위해 꿀과 포도주를 생산하게 하라. 그것의 언덕으로 하여금 너를 위해 백향목, 삼나무, 노간주나무, 회양목 등을 자라나게 하라. 그것으로 하여금 너를 위해 익은 과일을 풍부하게 만들게 하라. 정원처럼 되게 하라. 산들로 하여금 너에게 거룩한 향품을 넉넉하게 공급하게 하라.…산들로 하여금 너를 위해 야생 동물을 길들이게 하라. 산들로 하여금 너를 위해 네발 짐승을 넉넉히 번성하게 하라.[154]

이런 두 작품의 경우는 모두 동물의 번성을 중요하게 취급하는데 이는 창세기에서 주어진 복과 병행을 이룬다. 또한 동물은 푸른 숲의 맥락에서 언급되는데, 이는 창세기의 첫째 날과 여섯째 날 사이의 상관관계와 비슷하다. 마지막으로 「니누르타의 공적들」에서는 산들이 동물을 번성하게 하는데, 이는 창세기의 마른 땅이 가진 기능과 병행을 이룬다.

---

153   http://etcsl.orinst.ox.ac.uk, 1.1.3.
154   http://etcsl.orinst.ox.ac.uk, 1.6.2.

인간

본 연구에서 행한 비교 분석 작업에서 거듭 주의를 기울였듯이, 창조 이야기는 고대 근동의 인지 환경을 분명히 공유하고 있다. 세부 내용에서는 현저한 차이가 종종 발견된다고 하더라도 말이다. 고대 근동 문헌과 마찬가지로, 창세기 1장은 역할 지향적이다. 우주 안에서 인간의 위치와 그들에게 수행하도록 배정된 기능에 초점을 맞추는 것이다. 그러나 창세기는 인간의 위치와 기능에 관해 고대 근동 문헌과는 상이한 평가를 내린다. 고대 근동 문헌의 기초를 이루는 문제에 대해 그들과는 다른 방식으로 대답한다.

첫째, 비록 창세기 2장이 특정 부부에게로 관심의 방향을 돌리기는 하지만, 창세기 1장은 오직 인류 전체의 역할과 기능에만 관심을 기울이는데, 이는 고대 근동의 다른 지역에 속한 이야기들과 병행을 이루는 관심사다. 만약 창세기 1장 본문이 메소포타미아의 시각을 충분히 대변한다면, 온 인류의 운명은 창세기의 이 이야기에서 선포되는 것이나 다름없을 것이다. 그리고 고대의 인지 환경에 상응하는 창세기의 강조점은 그 내러티브상으로 원형적인 특징을 여전히 유지하고 있다. 인류 전체에 대한 창세기 1장의 논의와 창세기 2장이 아담과 하와를 개개인으로 다루는 방식을 보면, 인류 전체의 특징을 지속적으로 확인한다.[155] 그리하여 물질계에 속한 것을 언급할 때조차도, 이는 단지 원형적 목적을 위한 것이지 화학 성분이나 물리 구조에 관한 설명이 아니다. 그러나 창세

---

155 이를테면 모든 인간은 땅의 티끌로 만들어진다. "너는 흙이니 흙으로 돌아갈 것"이기 때문이다. 여자는 원형의 차원에서 남자의 갈빗대에서 만들어진다. "이러므로 남자가 부모를 떠나 그의 아내와 합하여 둘이 한 몸을 이루는" 것이 보편적으로 눈에 띄는 현상이기 때문이다. 이는 원형적인 설명에 해당한다.

기 본문에 **신적인** 구성 요소가 전혀 언급되지 않기에(수사적으로 볼 때 신과는 "생물학적" 연결 고리가 없기에), 우리는 브라운(W. Brown)의 다음과 같은 말에 동의할 수 있다. "**하나님의 형상**인 인간이 하나님과 관련성을 지닌다는 점은 하나의 기능이나 형식에 관한 것이지 본질에 관한 것이 아니다."[156]

142-62쪽에서 설명했듯이, 고대 세계의 다른 지역에서는 신의 형상이 인류 전체에 적용되는 일이 거의 없었다(「메리카레의 교훈」에 중요한 예외가 나타난다). 신의 형상이 아시리아나 이집트에서 특수한 개인에게 배속될 때는(변함없이 그 대상은 왕이었다), 그가 신의 형상이라는 사실이 왕에게 신의 아들로서의 자격을 부여했으며, 왕으로 하여금 신을 대신해 기능을 수행하게 했다. 다시 말해 "신의 형상" 개념이 정치적/관료적 모델로 작동했다는 뜻이다. 이 경우 신의 통치 기능은 이 모델 안에서 왕에 의해 지상에서 수행되었다. 창세기에서 인간에게 배정된 기능 역시 통치 행위와 관련되어 있지만, 다른 차원에서 그렇다.

고대 근동 지역에서 왕을 신의 형상으로 묘사하는 방식은, 그것이 이집트 그리고/혹은 메소포타미아 왕실 이데올로기의 본질적인 구성 요소로 이해될 경우, 창세기 1장에 등장하는 **하나님의 형상** 개념을 해석하는 데 가장 유력한 병행 자료를 제공한다. 만약 그런 문헌이나 그 배후의 이데올로기가

---

[156] W. Brown, *The Ethos of the Cosmos* (Grand Rapids, MI: Eerdmans, 1999), 44; P. Bird, "'Male and Female He Created Them': Gen 1:27b in the Context of the Priestly Account of Creation," *HTR* 74 (1981): 138-40; J. Barr, "The Image of God in the Book of Genesis: A Study in Terminology," *BJRL* 51 (1968): 11-26; S. D. McBride, "Divine Protocol: Genesis 1:1-2:3 as Prologue to the Pentateuch," in *God Who Creates: Essays in Honor of W. Sibley Towner* (Grand Rapids, MI: Eerdmans, 2000), 3-41.

성서에 있는 **하나님의 형상** 개념에 영향을 주었다면, 이는 인간이 인간 외의 다른 피조물과 비교되는 지위와 역할을 부여받음으로써 고귀한 존재가 되었음을 암시한다.[157]

아시리아와 이집트의 경우처럼 자기 백성과 나라를 다스리는 것이 아니라, 창세기 본문에 등장하는 모든 인간은 자신에게 맡겨진 우주의 한 부분을 다스린다. 인간은 거주하는 세계를 정복하고 다스림으로써 그렇게 한다. 이 점에서 인간은 자신의 형상으로 자기를 창조하신 하나님을 위해 일하는 것이나 마찬가지다. 그러므로 하나님의 형상이 지닌 왕실 이데올로기의 측면이 유지되지만, 이는 다른 영역에 위치한다.

한층 더 주목할 만한 차이는 창조 기사 안에서, 그리고 창세기가 묘사하는 우주 안에서 인간이 중심을 차지한다는 점을 들 수 있다. 이 중심성은 창세기 1장의 7일 구조 안에서 모든 기능이 어떤 한 신이나 신들을 위한 환경을 만들어주는 것이 아니라 인간과 관련해 확립되고 있다는 사실에서 분명하게 드러난다. 이 점은 메소포타미아와 뚜렷한 대조를 이룬다. 메소포타미아에서는 우주가 신들을 위해 존재하는 세계로 기능하며, 세계에 대한 인간의 역할은 부수적이기 때문이다. 인간은 자기 세계 안에서 신들을 섬겨야 한다는 점이 그렇다. 전자의 개념이 분명하게 드러나는 고대의 유일한 다른 문헌은 「메리카레의 교훈」이다. 이 문헌에 따르면, 모든 피조물(창공, 땅, 태양, 일광)은 인간을 위해 기능하도록 형성되며, 인간은 신에게 양식을 제공받는다. 「메리카레의 교훈」은 고대 근동의 많은 다른 문헌보다도 창세기에 훨씬 더 가깝다. 그러나 창세기는 인간의 모습을 한층 격상시키며, 그들을 신을 위한 가축 정도가 아니라 통치자로 간주한

---

157 Middleton, *Liberating Image*, 121.

다. 이렇듯 창세기는 고대 근동의 인지 환경의 양극단에서 비롯된 개념들을 융합시키고 있다. 모든 인간이 하나님의 형상을 가지고 있으며 공동으로 통치 능력을 행사한다는 점이 그렇다. 인간은 창세기 1장 이야기에서 중심을 차지하며(모든 기능이 인간을 향하고 있다), 하나님의 형상을 가진 통치자로 기능함으로써 우주에서도 중심을 차지한다.

따라서 창세기 1장에 묘사된, 우주 안에서 인간의 위치는 인간을 신들의 종으로 묘사할 뿐만 아니라 신들의 일을 돕는 일에 관여한다고 묘사하는 메소포타미아 문헌과 거의 정확하게 반대편에 서 있다. 창세기에서 인간은 통치 활동의 동반자다. 그뿐 아니라 인간이 동반자 역할을 부여받은 이유는, 인간의 기능적 본성이 동일하게 하나님의 형상을 지닌 남성과 여성으로 규정되기 때문이다. 여성을 남성의 동반자로 본다는 점은 고대 근동과는 근본적으로 다르며, 복의 첫 번째 측면인 생육하고 번성하는 복의 본질을 이루는 것이다.

복 자체("생육하고 번성하라")는 때때로 인구 과잉을 신들이 통제되지 않으면 안 되는 문제점으로 여기는 고대 문헌의 개념과는 구별된다. 이 문제점은 특히 「아트라하시스 서사시」에서 두드러지게 나타난다. 이 서사시에서는, 홍수를 최종 해결책으로 결정하기 전에 인구를 감소시키려는 다양한 전략이 시도된다.[158] 창세기에서는 인구 증가가 복의 다른 측면(정복과 다스림)을 실천하도록 돕는 수단으로 권장된다.

이상의 관찰은 창세기 1장이 우주라는 무대에 참여하는 대상의 위치와 역할을 완전히 재구성하고 있음을 분명하게 보여준다. 예컨대 창세기에서 인간은 메소포타미아 문헌에 등장하는 일부 신을 생각나게 하는 역

158　A. D. Kilmer, "The Mesopotamian Concept of Overpopulation," *Or* 41 (1972): 160-77.

할을 부여받는다. 「엔키와 세계 질서」에서 이난나는 자신이 집행할 지배권을 전혀 부여받지 못했다고 불평한다. 「이난나와 엔키」에서는 그녀에게 지배권의 일부가 주어진다. 이를 창세기 이야기와 비교해보라. 창세기에 따르면, 하나님은 자신의 형상과 복을 주셔서 아담과 하와에게 지배권 중 일부를 주시며, 이 지배권의 범위 안에서 그들에게 운명을 선포하도록 허용하신다. 이를테면 동물의 이름을 지어주는 일이 그렇다(이것이 일종의 운명을 선포하는 일이었을까?). 인간은 메소포타미아에서 고위층 신들이 하급 신에게 위임한 지위와 비슷한 종속적인 통치 책임을 부여받는다. 결국 이것은 왕에게 위임된 역할이기도 하다. 이렇듯 창세기 1장은 고대 근동의 다른 지역에서는 입증되지 않는 존엄을 인간에게 부여한다. 창세기에서 하나님은 우주 밖에 계신 분이지, 우주 안에 계신 분이 아니다. 우주의 일부도 아니며, 기원이 없는 분이다. 또한 그는 모든 지배 원리의 근원이 되는 분이다. 인간은 우주 안에서 통치자의 위치를 부여받으며, 우주의 모든 기능은 인간을 위해 체계화된다.

결론

넷째 날부터 여섯째 날은 기능 주체들을 배치하고 그것들이 인간 중심의 우주 안에서 작동하도록 이 주체들의 운명을 선포하는 일에 관심을 둔다. 해당 본문에 제시된 구조는 어느 정도 정치적/관료적 관심사를 반영하되, 근동 지역에서 흔히 발견되는 중간층 신들을 소개하지는 않는다. 우주의 형성이 고대 근동 문헌과 비슷한 용어들로 설명되기는 하지만, 우주의 구성 요소에는 그에 상응하는 신이 있지 않으며, 우주의 구조 역시 현저하게 다르다. 창세기 1장은 고대 근동의 인지 환경을 공유할 때 사용하는 방식을 통해 고대의 모든 다른 우주론의 배후에 놓인 동일한 질문을 던지며, 동일한 형이상학적 기준에 따라 움직이지만, 이스라엘의 독특한 세계관과 신학을 반영하는 매우 다른 답변을 제시한다.

7일(창 2:1-3): 창세기의 성전과 안식

본서 185-216쪽에서 나는 고대 세계에서 발견되는 신전과 우주의 긴밀한 상호 관계를 설명하고, 이 둘과 관련해 신의 안식에 부여된 역할에 대해서도 언급했다. 그 장에서 우리는 신전의 건축이 우주적 용어로 묘사되었고 따라서 신전이 우주적 기능을 한다고 묘사되었으며, 신전이 우주의 축소판 모델로 이해되었고 우주 관련 상징체계로 가득 차 있었음을 살핀 바 있다. 또한 우주의 다양한 기원이 때로는 신전 건축과 관련되었고, 신전이 때로는 세계를 대표한다고 여겨졌으며, 신들이 자기들의 안식을 목적으로 건축된 신전 안에서 안식을 취했다는 점 등도 보았다. 레벤슨의 용어로 표현하면, 신전과 우주는 동종이며 상동으로 서로 연결되어 있었다. 신전은 우주의 중심축이었으며, 신전에서 이뤄지는 신의 안식은 그의 우주 통치를 위해 필수적이었다.

우리가 창세기를 읽기 위해 이런 개념들의 도입을 고려할 때, 그것들이 이스라엘의 인지 환경 안에 어느 정도까지 반영되었는지를 평가하고자 한다면, 다음과 같은 질문을 던지는 것이 적절할 것이다. "신전 은유가 창세기의 우주론에 어떤 형태로든 존재한다고 생각할 만한 이유가 과연 있는 것일까?" 만약 이스라엘의 인지 환경 안에서 성전과 우주 사이에 긴밀한 관계가 참으로 있다면, 또한 우주론과 성전 건축이 때때로 서로 관계가 있다면, 창세기 1장에서 이런 종류의 관련성을 발견한다는 것은 놀랍지 않다. 그뿐 아니라 히브리어 성서의 다른 많은 곳에서 성전과 우주의 관계가 분명하게 드러나고 있다. 따라서 이 개념은 이스라엘의 사유에 생소한 것이 아니었다고 봐도 무방하다. 이와 관련해 특히 주목할 만한 본문은 이사야 66:1인데, 이 본문은 우주 크기의 성전에 대해, 성전과 안식의 관계에 대해, 창조와 성전 사이의 관계에 대해 언급한다.

> 이사야 66:1-2
> 여호와께서 이와 같이 말씀하시되
> "하늘은 나의 보좌요
> 땅은 나의 발판이니
> 너희가 나를 위하여 무슨 집을 지으랴?
> 내가 안식할 처소가 어디랴?
> 나 여호와가 말하노라.
> 내 손이 이 모든 것을 지었으므로
> 그들이 생겼느니라."

창세기 이야기에 성전 자체에 대한 분명한 언급이 없기는 하지만, 특별하게 언급되는 두 가지, 즉 일곱째 날의 안식과 에덴동산이 고대 근동의 맥락과 성서의 맥락에 있는 성전 개념을 연결시키는 데 도움을 준다.

일곱째 날의 안식

이스라엘의 사유에서 성전과 휴식의 관계는 이사야 66:1의 예를 통해 앞에서 설명했다. 시편 132편의 시인은 이와 관련해 광범위한 설명을 추가로 보여준다.

> 시편 132:7-8, 13-14
> 우리가 그의 계신 곳으로 들어가서
> 그의 발등상 앞에서 엎드려 예배하리로다.
> "여호와여, 일어나사 주의 권능의 궤와 함께
> 평안한 곳으로 들어가소서."
>
> 여호와께서 시온을 택하시고
> 자기 거처를 삼고자 하여 이르시기를
> "이는 내가 영원히 쉴 곳이라.
> 내가 여기 거주할 것은 이를 원하였음이로다."

히브리어 성서에서 하나님이 쉬셨다는 표현의 본질은 무엇일까? 고대 근동 문헌에서 우리는 휴식과 관련된 다양한 활동(과 비활동)에 주목했다. 평화로운 잠에서 오락과 잔치를 위한 여가를 거쳐 주권적인 통치에 이르기까지 말이다. 어떤 이들은 창세기 1장의 안식이 해방과 휴양의 즐거움을 표현한다고 해석했다. 레벤슨은 이를 다음과 같이 설명한다. 본문은 "우리에게 하나님이 달콤한 행복의 상태에 있는 듯한 느낌을 준다. 자애롭게도 그는 자신이 [창조 활동을] 마치시고 '매우 좋다'고 선언하신 그 세계로부터 자취를 감추셨다."[159] 그렇지만 우리는 고대 근동의 다른 지역에서 나타나는 "해방" 형태의 안식이 시종일관 다신교(예. 다른 신들과

---

[159] J. Levenson, *Creation and the Persistence of Evil* (Princeton: Princeton University Press, 1988), 109.

함께 누리는 사회적 활동과 오락)에 기초하거나 신들이 사람과 같은 필요와 욕구(예. 잠이나 성적 활동)를 가지고 있었다는 믿음에 기초했다는 점에 주목해야 한다.

이와는 달리 안드레아슨은 창세기에 나타나는 하나님의 안식이 지닌 "참여적" 측면을 인식했다. 하나님의 안식과 세계의 안정성 사이의 관계를 보면, 그 안정성이 비활성보다는 활동성에 의해 보증된다는 것을 알 수 있다.

> 그러나 정확하게 구약성서가 야웨를 안식을 취하시는 분으로, 심지어 자신의 창조 사역 후에 기운을 회복하시는 분으로 묘사한다는 점은 기이한 일이 아닐 수 없다. 왜냐하면 야웨는 새롭고도 굉장히 힘든 활동에 직면하거나 호전적인 다른 세력 앞에서 피곤함을 느끼거나 뒤로 물러서는 분이 아니기 때문이다. 아울러 세계의 안정성이 그의 비활성에 의해 보증되는 것이 아니라, 반대로 피조 세계 안에 개입하시는 그의 활동에 의해 보증되기 때문이기도 하다.[160]

사실 고대 근동이 말하는 신의 안식 개념이 퇴역을 하나의 가능성으로 포함하기는 하지만, 앞서 살핀 다른 문헌들을 보면 안식이 자유로운 통치를 뜻하기도 한다는 점을 보여준다. 히브리어 성서에서는 시편 132편이 핵심 구절을 제공한다. 그 구절에 따르면, 성전이 야웨의 안식처로 여겨질 뿐만 아니라 안식이 통치와 동일시된다는 것을 알 수 있다. 그가 성전 안에서 보좌에 앉아 계시기 때문이다. 이 점에 비추어볼 때, 하나님

---

160 N.-E. Andreason, *The Old Testament Sabbath: A Tradition-Historical Investigation* (SBLDS 7; Missoula, MT: Scholars Press, 1972), 183.

의 휴식은 무엇보다도 해방의 행동이 아니라 관여의 행동을 뜻한다. 히브리어 성서에서는 하나님의 성전 임재와 관련된 안식 외에는 다른 휴식이 언급되지 않는다.[161] 신전에서 이뤄지는 신의 안식에 관한 고대 근동의 자료들과 결합된 이런 정보는, 창세기 1장의 일곱째 날에 이뤄지는 것과 같은 신의 안식 개념이 독자에게 신전 은유가 신의 지위에 관한 이해의 기초를 이룬다는 점을 분명하게 보여준다.[162]

이런 상관관계는 안식이 일곱째 날에 나타난다는 사실을 볼 때 추가로 입증된다. 신전 봉헌식을 다루는 고대 근동 문헌의 몇몇 사례를 앞서 인용했지만, 그런 의식들이 7일 연속으로 이뤄졌으며, 일곱째 날은 신이 안식을 취하기 위해 신전으로 들어갔음을 보여준다.[163] 스미스는

---

161 히브리어 용어에 관한 포괄적인 연구는 J. Laansma, "*I Will Give You Rest*" (Tübingen: Mohr Siebeck, 1997), 17-76을 보라.

162 창조 이후의 안식이 신전 안에서의 안식과 같다는 필연적인 결론에 대해서는 Laansma, "*I Will Give You Rest*," 72을 보라. "안식"을 뜻하는 동사들과 "안식처"를 뜻하는 명사들은 야훼를 주어로 하여 드물게 나온다. 오히려 그는 자기 백성에게 휴식을 주는(또는 휴식을 빼앗는) 분으로 자주 묘사된다. 창 2장 앞부분에서는 *šbt*의 칼형이 오직 하나님을 주어로 나타난다. *nwḥ*의 칼형은 출 20:11에서 오직 하나님을 주어로 등장한다(이는 출 20:11과 창 2장이 상대방의 관점에서 해석되어야 함을 암시한다). 히브리어 성서에서 하나님의 휴식에 관해 언급하는 유일한 다른 사례는 예루살렘 성전을 가리키는 데 사용된 명사 *mnḥwt*다(시 95:11; 132:8; 사 66:1).

163 학자들은 오랫동안 창 1장과 아키투 축제의 상호 관련성의 가능성에 대해 호기심을 표해왔다. 아키투가 마르두크의 통치하에 우주에 질서가 확립되는 모습을 다루는 바빌로니아의 위대한 문학 작품 「에누마 엘리쉬」의 낭송을 포함하기 때문이다. 그렇지만 뚜렷한 상호관계가 확립된 적은 없다. 아키투 축제와 창 1장은 둘 다 신이 안식으로 들어서는 데서 절정에 달하는 우주의 질서 확립을 다룬다. 이를 넘어서는 병행 관계가 존재한다고 해도 매우 불완전한 편이다. 만약 아키투 의례가 사실상 넷째 날에 시작된다는 van der Toorn의 관찰("The Babylonian New Year Festival: New Insights from the Cuneiform Texts and Their Bearing on the Old Testament Study," in *Congress Volume: Leuven, 1989* [VTSup 43; Leiden: Brill, 1991]: 332 n. 7)을 염두에 둔다면, 12일 축제는 창세기의 7일과 한층 밀접하게 병행을 이룰 가능성이 있다. 이 구도 속에서 아키투의 열한 번째 날은 하나님의 해방일인 창세기의 일곱째 날에 상

창세기 1장의 7일 모티프를 다루면서 후로비츠와 마찬가지로 "창세기 1장의 창조는 성전 건축과 관련된 언어를 사용한다"라고 결론 내린다.[164] 창세기 1장이 (바알 신전의 7일 건축과 같이) 신전 건축 이야기를 반영하든, 아니면 (구데아 원기둥 B의 신전 봉헌식과 같이) 신전 봉헌식 이야기를 반영하든 관계없이, 창세기 1장과 성전 이미지 사이의 상호 관련성은 확실한 편이다.

7일 성전 봉헌식은 성서에 있는 성전 건축 이야기의 표준에 해당한다. 솔로몬의 성전 건축 이야기에 따르면, 7일 봉헌식에 이어 7일 축제/잔치가 추가됨으로써(대하 7:9; 왕상 8:65) 성전 건축이 마무리된다. 레벤슨은 성전 건축 이야기에서 숫자 7이 반복해서 사용되는 데 주목하면서, 이 이야기가 창조의 7일을 모델로 삼은 것이라고 결론짓는다.

응하는 날일 것이다. 아키투의 네 번째 날은 다음에 이어질 7일의 무대를 마련하는 준비 단계에 해당하는데, 이날에는 우주적 물들 외에 다른 어떤 것도 존재하지 않던 때에 아누와 엔릴의 신상을 덮는 일―하늘과 땅을 가리는 행동을 나타내는 일―이 이뤄진다. 네 번째 날은 「에누마 엘리쉬」가 낭송되던 날이었다. 따라서 다섯 번째 날은 추측건대 창세기의 첫째 날에 상응할 것이다. 그날에는 어둠을 몰아내고 빛을 대표하는 "금빛 하늘"이 나타났으며, 마르두크에게 다음과 같은 기도를 드렸다. "오, (신성한) 황소시여, 어둠을 불태우는 빛나는 광채시여, 오, 아누의 불빛이시여." 이처럼 다소 애매하고 논란의 여지가 있는 유사성을 넘어서서 아키투와 창 1장은 둘 다 운명의 선포를 포함하고 있다. 여기서 언급한 아키투와 창 1장의 가능한 유사성은 두 문헌 사이의 직접적인 관계를 주장하기에는 너무 일반적이거나 단지 부수적인 것일 뿐이다. 그럼에도 아키투가―왕위 등극을 계속 유지하고 재현하려는 의도를 가진 의례와 관련되어 있는―마르두크의 왕권과 신전 건축의 우주적 확립을 생각나게 한다는 데 주목하라. 내 제안에 따르면, 창 1장은 우주적 성전의 완성, 봉헌식, 우주 발생론을 나타내는 하나님의 왕위 등극 등을 묘사하며, 우리가 모르는 것(우주 발생론)을 개념적으로 이해할 수 있는 (유비의) 방식과 신학적 표현 방식으로 설명하기 위해 우리가 잘 아는 대상(성전)을 사용한다.

164 M. S. Smith, *The Ugaritic Baal Cycle*, vol. 1: *Introduction with Text, Translation and Commentary of KTU 1.1-1.2* (Leiden: Brill, 1994), 78. Smith는 Hurowitz, *I have Built*, 242을 참조하고 있다.

열왕기상 6:38b은 솔로몬이 자신의 성전을 건축하는 데 7년이 걸렸다고 말한다. 열왕기상 8장에 따르면, 그는 초막절(Sukkot) 때 성전을 봉헌하는데, 이 절기는 7월에 속하며(2절), 신명기 전승에서 7일 동안 계속되는 절기로 나타난다(신 16:13-15).…이처럼 성전 봉헌식에 나오는 숫자 7의 의미가 과연 우연일 수 있을까? 성전 건축과 창조가 동종이라는 주장을 뒷받침하는 다른 근거에 비춰볼 때, 이것은 우연일 수 없다. 성전 건축은 여기서 7일 간의 세계 창조와 병행을 이룬다고 묘사된다.[165]

그렇지만 숫자 7이 고대 근동의 인지 환경을 반영하는 문헌에 자주 등장하기 때문에, 양자 사이의 관계는 그 반대가 더 그럴듯해 보인다. 다시 말해 창세기 1장 이야기가 성전 봉헌식 이야기를 모델로 삼았을 것이라는 뜻이다. 실제로 맥브라이드(S. D. McBride)는 동일한 결론을 다음과 같이 직접적으로 진술한다. "이런 하나님의 조용한 안식일은 이전에 있었던 모든 일의 정점에 해당한다. 왜냐하면 이는 하나님이 우주적 성전에 거하기 시작하셨음을 알려주기 때문이다."[166]

일단 이런 가능성이 제기되면, 성전 봉헌식 이야기와의 다른 상관관계를 제안할 수도 있다. 예컨대 구데아의 신전 봉헌식의 경우, 대부분의

---

165 J. Levenson, "The Temple and the World," *JR* 64 (1984): 275-98; 특히 288-89쪽을 보라. Hurowitz, *I have Built*, 275-76도 보라. Averbeck(R. E. Averbeck, "Sumer, the Bible, and Comparative Method: Historiography and Temple Building," in *Mesopotamia and the Bible* [ed. M. W. Chavalas and K. L. Younger Jr.; Grand Rapids, MI: Baker, 2002], 119-20)은 구데아 본문과 성서의 성전 본문을 연구하면서 7일 성전 봉헌식을 포함하는 15가지 사항을 비교해준다.

166 S. D. McBride, "Divine Protocol: Genesis 1:1-2:3 as Prologue to the Pentateuch," in *God Who Creates: Essays in Honor of W. Sibley Towner* (Grand Rapids, MI: Eerdmans, 2000), 3-41; 특히 14쪽을 보라. 각주 25에서 그는 "신전을 그 군주에게 양도하는" 이집트 의식과 비교해야 한다고 제안한다.

의식이 신전이 지닌 기능을 선포하고 관련 기능의 주체들을 임명하는 형식을 취함으로써, 신이 휴식을 취하기 위해 (일곱째 날에) 신전 안으로 들어갈 수 있게 하기 때문이다. 바로 그때 신전은 일정한 기능을 가지게 된다. 만약 창세기 1장이 우주적 성전에 일정한 기능("메")을 배정하는 일과 관련된다는 데 동의한다면, 4-6일은 기능 주체들을 성전에 임명하고 하나님이 자신의 휴식을 취하기 전에 그들의 "쉬마티"([운명의] 선포들)를 선언하는 성전 봉헌식과 어느 정도 유사성을 가진다는 것을 알 수 있다.[167] 기능 존재론의 맥락에서 볼 때, 하나님이 성전에 들어서시는 그때가 곧 성전이 존재하는 시점이라고 말할 수 있다. 성전 봉헌식 이야기는 하나님의 성전 임재를 중요한 요소로 자리매김할 뿐만 아니라, 그분의 임재가 백성의 유익을 위해 기능한다는 것을 강조하기도 한다.

이상의 모든 세부 사항은 창세기의 이야기와 공명한다. 창세기 1장의 우주적 성전이 인간을 위해 기능할 방식이 선포되며(그리고 선포를 통해 그 성전이 존재하게 되며), 그 후에 다양한 활동을 수행할 기능 주체들이 임명된다. 이어서 하나님은 성전 안에서 안식을 취하시며, 성전은 기능을 갖춘 구조물이 된다. 구데아 텍스트의 신전 봉헌식과 마찬가지로 "필요 비품"과 직원이 갖춰지고, 물고기가 강을 가득 채우며, 짐승이 땅을 가득 채운다. 그다음에는 군주가 세워지고, 마지막으로 하나님이 보좌가 있는 방에서 안식을 취하신다.

신전 건축의 경우와 같이, 단순한 물질적 건축 단계의 완료가 일정한 기능을 수행하는 신전을 만들어내는 것은 아니다. 다양한 기능이 확인되고 기능 주체들이 임명되며 신이 신전에 들어설 때에야 비로소 신전은 본연의 기능을 수행하기 시작한다. **바로 이것이 고대 근동 지역의 창조 개념**

---

167 Gudea B vi-xii.

이다. 창세기 1장이 보여주는 성서의 창조 모습에서조차도 우주의 물질이 존재하게 되고 이 과정에 시간이 연관되는 방식은 거의 중요하지 않다. 시간의 양은 구체적으로 한정되어 있지 않으며, 물질이 존재하게 된 방식 역시 구체적으로 한정되어 있지 않다. 창조는 우주/성전에 하나님이 임재하셔서 인간 거주민을 위해 성전의 기능이 수행될 때 이루어진다.

성서와 고대 근동 문헌이 모두 같은 인지 환경에 의존하고 "기원들"의 과정을 비슷한 방식으로 묘사한다고 주장한다고 해서, 창세기가 구데아나 고대 근동 문헌 중 어느 한 단편으로부터 "빌려왔다"라고 암시하는 것은 아니다. 이런 유사성이 단지 빌려온 것의 결과일 수밖에 없다고 주장하는 것은 올바른 방법론에 대한 상당한 오해에서 비롯하는데, 이는 내가 본서의 서두에서부터 분명하게 밝히고자 했던 것이다. 오히려 이스라엘인들은 창세기 1장 이야기 같은 곳에 자연스럽게 반영되어 있는 성전, 안식, 우주 등에 관한 몇몇 기본 개념을 고대 세계의 다른 문화권과 공유했다. 나는 창세기 1장이 다른 신전 봉헌식 이야기의 문학적 형식을 빌려온 것이 아니라, 당대의 신전 봉헌식 이야기들에서 찾아볼 수 있는 것과 동일한 인지 환경으로부터 정보를 얻었다고 본다(인지 환경이란 용어의 광범위한 의미에서 볼 때 그렇다는 뜻이다). 많은 공통 자료를 발견할 수 있다는 사실은 당시의 인지 환경이 광범위한 영역에 걸쳐 있었음을 보여주는 증거가 아닐 수 없다.

에덴동산

창세기 이야기에서 고대 근동의 신전 이데올로기와 연결될 수 있는 두 번째 요소는 에덴동산이다(이 주제는 물론 창 1장이 아니라 창 2장에 있다). 옛 창조와 신전 이데올로기에서 에덴동산의 위치는 최근 몇십 년간 폭넓은 관심의 대상이었다.[168] 많은 이들은 예루살렘 성전이 에덴동산의 많은 요소를 반영한다는 데 주목했다. 그리하여 블로흐-스미스(E. Bloch-Smith)는 성전을 "실질적인 에덴동산"이라고 부른다.[169] 마찬가지로 후로비츠도 다음과 같은 결론을 내린다. "성전 안에 있는 장식과 그 배열에는 중요한 의미가 있었으며, 논리적이기도 했다. 마치 성전은 단순히 야웨의 거처인 것이 아니라 지상에 있는 하나님의 정원인 것처럼 여겨졌다."[170] 웬함(G. Wenham)은 그 반대의 관계, 즉 에덴동산이 성전이라는 상징을 반영한다고 주장한다.

---

168 C. L. Meyers, *The Tabernacle Menorah* (ASOR Dissertation 2; Missoula, MT: Scholars Press, 1976); Jericke(D. Jericke, "Königsgarten und Gottes Garten: Aspekte der Königsideologie in Genesis 2 und 3," in *Exegese vor Ort* [ed. C. Maier, R. Liwak, and K.-P. Jörns; Leipzig: Evangelische Verlag, 2001], 161-76)는 에덴동산과 고대 근동의 왕실 정원 사이의 유사성을 정리했다. 그는 그것들을 우주적 정원으로 간주한다. Stager(L. Stager, "Jerusalem as Eden," *BAR* 26/3 [2000]: 41)는 성전에서 흘러나오는 물에 대한 성서의 언급을 나열한다. 다른 논의는 M. Dietrich, "Das biblische Paradies und der babylonische Tempelgarten," in *Das biblische Weltbild und seine altorientalischen Kontexte* (ed. B. Janowski and B. Ego; Tübingen: Mohr Siebeck, 2001), 281-323(특히 290-93쪽); E. Bloch-Smith, "Solomon's Temple: The Politics of Ritual Space," in *Sacred Time, Sacred Place: Archaeology and the Religion of Israel* (ed. B. Gittlen; Winona Lake, IN: Eisenbrauns, 2002), 83-94; V. Hurowitz, "Yhwh's Exalted House: Aspects of the Design and Symbolism of Solomon's Temple," in *Temple and Worship in Biblical Israel* (ed. J. Day; London: Continuum/T. & T. Clark, 2005), 63-110; G. J. Wenham, "Sanctuary Symbolism in the Garden of Eden Story," in *"I Studied Inscriptions from before the Flood"* (ed. R. S. Hess and D. T. Tsumura; Sources for Biblical and Theological Study 4; Winona Lake, IN: Eisenbrauns, 1994), 399-404; M. Weinfeld, "Gen. 7:11, 8:1-2 against the Background of Ancient Near Eastern Traditions," *WO* 9 (1978): 242-48을 보라.
169 Bloch-Smith, "Solomon's Temple: The Politics of Ritual Space," 88.
170 Hurowitz, "Yhwh's Exalted House," 87.

에덴동산은 창세기 저자에 의해 단순히 메소포타미아의 경작지 일부로 여겨진 것이 아니라, 원형적 성소로 여겨지기도 한다. 달리 말해 그곳은 하나님이 거하시는 장소이자 인간이 그를 예배하는 장소이기도 하다는 뜻이다. 에덴동산의 많은 특징을 후대의 성소, 특히 성막이나 예루살렘 성전에서도 찾아볼 수 있을 것이다. 이런 병행 요소들은 동산 자체가 일종의 성소로 이해되었음을 암시한다.[171]

웬함은 다음과 같은 것을 병행하는 요소에 포함시킨다. 즉 (성전 안에 있을 때처럼) 하나님이 이리저리 산책하심, (성전이 경비를 두듯이) 그룹들이 문을 지킴, 동쪽에 출입구가 있음, 생명나무를 포함하는 다양한 나무들, 성전 안에 있는 충만한 생명 개념, 예배의 자리에 나무가 있음, 아담이 하는 일이 제사장의 의무와 매우 비슷함, 아담과 하와가 특별한 옷을 입음, 제사장도 특별한 옷을 입음, 물과 금 및 귀금속 등이 있음(모두가 성전의 특징임), 선악을 알게 하는 나무와 성막/성전의 지성소에 보존되어 있던 율법에 대한 설명이 유사함, (동산에 있는) 선악을 알게 하는 나무의 열매 같은 몇몇 제한된 물품이나 언약궤(성막과 성전)를 만지지 못하게 경고하고 그 경고를 위반했을 때에는 죽음에 이르는 형벌이 있다는 점이 그렇다.[172] 이렇듯 창세기 본문은 이국풍의 나무로 조경되고 야생 생물로 가득한 한 정원을 묘사하는데,[173] 고대 세계의 신전과 왕궁은 이런 특징을 공통으로

---

171 Wenham, "Sanctuary Symbolism," 399.
172 Wenham, "Sanctuary Symbolism," 401-3. Meyers(*Tabernacle Menorah*, 35)도 비슷한 목록을 제시하는데, 이 목록에서 그녀는 거룩한 중심을 이루는 요소를 나열한다. 그 요소로는 "우주적 산", 정원, 우주의 근원으로부터 흘러나오는 물, 중앙에 있는 거룩한 나무들, 경비 등이 포함된다. 또한 그녀는 메노라가 하나님의 임재를 대표하는 우주적 나무를 상징한다고 본다(180쪽).
173 구체적인 사례를 위해서는 아슈르바니팔 왕궁의 대리석 판벽을 보라. 이 판벽은 물

지니고 있었다.

신전 복합체의 특징은 종종 신이 공급하는 풍요를 상징하던 정원이 있었다는 것이다.[174] 신전 정원에서 생산되는 것들은 신에게 바쳐지는 예물로 사용되었다. 신전의 양 떼와 소 떼가 희생 제사를 목적으로 사용되었듯이 말이다. 정원은 신전에서 흘러나오는 풍부한 물을 공급받았다.[175] 신전이나 왕궁으로부터 흘러나오는 네 개의 물줄기가 땅의 네 지역을 적신다는 개념은 고대 근동의 도상 자료에서 흔히 발견된다. 기원전 18세기로 여겨지는 마리(Mari)의 지므리-림(Zimri-Lim) 왕궁의 한 벽면 프레스코화는 임명식 장면을 보여준다. 그 판벽 중 하나를 보면, 두 여신이 항아리를 들고 있고 그 각각의 항아리에서 네 개의 물줄기가 서로 다른 방향으로 흘러간다. 문화적 유물과 고고학적 증거는 신전의 정원보다는 왕궁의 정원에 관해 정보를 더 많이 제공한다.[176]

그렇기는 하지만, 신전의 정원에 대한 증거가 부족한 것은 아니다. 고고학자들은 아수르(Assur) 부근에서 많은 나무 구덩이가—추측건대 나무를 심었던 구덩이였을 것이다—안뜰에 여러 줄로 늘어서 있는 한 신전을 발견했다.[177] 이집트에서는 때때로 거룩한 숲이 신전과 관련되어 있었

이 흐르는 수로들과 인접한 신전 및 그 안에 있는 신을 묘사하고 있다. 이 판벽의 사진은 대영박물관의 웹사이트에서 볼 수 있다. http://www.thebritishmuseum.ac.uk/compass을 보라.

174 K. Gleason, "Gardens," *OEANE* 2:383. 이 모든 요소들은 *NIDOTTE* 1:875-78에서도 논의된 바 있다.

175 Lundquist, "What Is a Temple?" 208-9 S. Tuell, "The Rivers of Paradise: Ezekiel 47.1-12 and Genesis 2,10-14," in *God Who Creates* (ed. W. P. Brown and S. D. McBride; Grand Rapids, MI: Eerdmans, 2000), 171-89도 보라.

176 이에 대해서는 Gleason, "Gardens," 383; Keel, *Symbolism*, 135을 보라. 신전과 왕궁이 종종 인접 공간을 공유하고 있었다는 데 주목할 필요가 있다(Bloch-Smith, "Who Is the King of Glory?" 26).

177 Stager, "Jerusalem as Eden," 43.

다. 인공 연못과 이국풍의 나무와 초목, 물고기와 물새들, 신들의 식량 조달을 위해 생산된 물품은 모두 이런 신전의 정원을 구성하는 요소였다. 이 정원의 풍요로움과 질서 정연한 내부 구조는 우주 내 질서를 상징했다.[178] 신전 이데올로기는 종종 신전을 생명과 풍요를 가져다주는 물과 관련시킨다. 그 물은 건물 자체 안에 있는 한 샘에서 흘러나온다. 아니면 신전 안에 물 근원이 통합되어 있거나, 신전 자체가 샘 위에 건축되어 있다고 여겨진다. 샘은 태곳적 창조의 물들로 여겨졌기 때문에 신전과 관련되어 있다. 이집트의 눈과 메소포타미아의 아프수가 바로 그 물이다. 그 결과 신전은 태곳적 물 위에 세워졌고 그 물과 접촉을 계속 유지했다.[179] 히브리어 성서에서는 이런 개념이 에스겔의 성전 환상에 나타난다. 이 환상에서는 성소의 문지방에서 흘러나와 끊임없는 풍요를 제공하는 물이 특징으로 나타난다(겔 47:1-12).[180]

고대 근동의 신전에서와 같이 하나님의 임재는 정원의 본질을 구성하는 필수 요소다. 그리고 이것은 이를테면 메소포타미아의 신전 정원에 대해 적용되는 것과 똑같이 에덴동산에 대한 옛 이해에도 동일하게 적용될 것이다. 에덴으로 오시는 하나님의 임재는 모든 생명수의 근원으로 이해된다. "성전은 하나님의 거처일 뿐만 아니라, 그분의 임재로부터 흘러나오는 모든 창조적 힘의 근원이다. 하나님의 임재는 꾸준히, 끊임없이 흘러나오는 생명력으로 피조물을 활성화하고 그들에게 생명을 준다."[181]

---

178 R. Germer, "Gardens," *OEAE* 2:5.
179 Lundquist, "What Is a Temple?" 205-20; 참조. 208쪽.
180 이보다 더 간결한 다른 언급은 슥 14:8과 시 46:4에 나온다. 하지만 우리에게 가장 친숙한 그림은 신약성서의 계 22:1-2일 것이다. 이 본문에 따르면, 생명수의 강이 하나님의 보좌로부터 흘러나온다.
181 D. Neiman, "Gihon and Pishon: Mythological Antecedents of the Two Enigmatic Rivers of Eden," in *Proceedings of the Sixth World Congress Jewish*

따라서 결론적으로 말하자면, 에덴동산은 우주적 성전 복합체에서 지성소로 들어가는 작은 방이라고 볼 수 있다.[182]

창세기의 창조 내러티브가 마무리 단계에서 나타나는 하나님의 안식에 대해 언급하고 있으며 이 이야기에 바로 이어 에덴동산에 관한 묘사가 나오므로, 우리는 창세기 1장의 우주론이 성전 신학의 기초 위에 세워져 있다고 결론지을 수 있다. 이 두 가지 개념, 즉 안식과 정원이 모두 고대 세계의 신전 신학을 구성하는 필수 요소라는 점에서 그렇다.

세계 창조를 묘사하는 본문과 성소 건축을 묘사하는 본문이 병행을 이룬다는 사실을 발견하더라도 놀랄 필요는 없다. 성전과 세계는 긴밀하고도 본질적인 관계에 있다. 이 두 가지 과업은 궁극적으로 서로 구별되거나 분리될 수 없는 것들이다. 두 본문은 각각 하나님이 자기 "안식"을 찾으실 환경을 어떻게 조성하셨는지를 이야기해준다.[183]

    Studies (Jerusalem: Magnes, 1973), 321-28; 324을 보라.
182 창 2장은 에덴이 하나님의 임재의 장소 내지는 우주적 성전의 지성소라는 개념을 발전시키려고 애쓰지 않는다. 이 개념은 저자와 청중 모두에게 당연하다고 여겨지는 것이다. 본문은 하나님이 인간을 위해 양식을 제공하시는 수단인 정원에 가장 큰 관심을 보인다(9절). 정원의 나무들은 신을 위해서가 아니라(때때로 신전에 인접한 정원에서처럼) 신을 섬기는 인간을 위해 식량을 공급했다. 식량을 공급함으로써 정원은 창 1:29-30에 주어진 복을 통해 전달된 유익을 현실화했다.
183 Levenson, "Temple and World," 288. Smith(*The Ugaritic Baal Cycle*, 77)는 Levenson의 주장을 다음과 같이 요약한다. "창조는 성전 건축과 관련해 설명되며 그 반대도 마찬가지다." 레 19:30; 26:2의 안식일과 성소의 관계에 주목하라. 이 둘은 안식 개념을 통해 서로 연결되어 있다.

창세기 1장에 나타나는 성전으로서의 우주

만약 성전의 상동 관계[184]가 창세기 1장 이야기의 기초를 이룬다는 점을 인정한다면, 당연히 그 상동 관계의 본질과 그것이 고대 근동에서 발견되는 것과 어느 정도까지 일치하는지를 살펴야 할 것이다. 지금까지 제시된 증거 자료는 이스라엘 성전이 소우주로 여겨졌음을 확증해준다. 특히 그것을 에덴동산의 상징성과 동일시함으로써 말이다.[185] 그다음으로 우리는 우주 자체가 성전으로 여겨졌는지, 아니면 성전이 단순히 우주의 중심축으로서 전체의 일부지만 우주를 대표하는 것으로 여겨졌는지를 물어야 한다. 후자의 시각은 고대 근동에서 흔히 발견되는 것이었지만, 전자는 이사야 66:1-2에 암시되어 있다. 그렇다면 창세기 1장에는 둘 중 과연 어느 것이 반영되어 있을까?

레벤슨은 이사야 66장 본문이 성전으로서의 우주 개념을 반영하고 있다고 주장한다.[186] 또한 그는 시편 78:69에 주목한다. "그의 성소를 산의 높음같이, 영원히 두신 땅같이 지으셨도다." 이 본문은 하나님이 우주를 모델로 성전을 지으셨다고 분명하게 진술한다. 하지만 레벤슨은 성전이 세계의 중심으로 여겨졌다는 증거를 제공하기도 한다.[187] 에스겔 5:5이나 38:12 같은 성서 본문뿐만 아니라 요세푸스의 작품과 랍비 문헌의 인용

---

184 이런 상관관계가 은유적인 것이 아니라 상동에 해당하는 특징을 지닌다는 점을 살펴보려면 200쪽 각주 327을 보라.
185 그러나 에덴동산과의 동일시를 통해서만 그런 것은 아니다. 예컨대 Levenson ("Temple and World," 287)은 창조와 성막 완공이 유사한 언어로 묘사되어 있다는 점을 보여준다(창 2:1-2=출 39:32, 40:33-34; 창 1:31=출 39:43; 창 2:3=출 39:43; 창 2:3=출 40:9).
186 Levenson, "Temple and World," 296.
187 Levenson, "Temple and World," 284-85.

문을 예로 들면서 말이다.

미드라쉬 탄후마: 케도쉼 10 (Midrash Tanḥuma: Kedoshim 10)

배꼽이 사람의 중심에 있듯이 이스라엘 땅도 세계의 중심에 있다. 성서가 "세상 중앙에 거주하는 백성"(겔 38:12)이라고 말씀하신 것처럼 말이다. 그리고 이스라엘로부터 세계의 기초가 계속 진행된다.…성전은 예루살렘의 중심에 있으며, 대강당은 성전의 중심에 있고, 언약궤는 대강당의 중심에 있으며, 기초석은 언약궤 앞에 있고, 이로부터 시작해 세계의 기초가 놓이게 되었다.

필론, 「특별법에 관하여」(De Specialibus Legibus 1,66)[188]

우리가 믿지 않으면 안 되는 것처럼 하나님의 가장 높고 가장 진정한 의미에서 거룩한 성전은 우주 전체를 뜻하며, 모든 존재의 가장 신성한 부분을 자신의 성소로 삼는다. 심지어 하늘까지도….

요세푸스, 「유대 전쟁사」(Jewish War 5,213-14)[189]

[출입구 휘장을 구성하는] 이 혼합 직물 역시 신비가 아니라면 무의미하다. 그것은 우주를 상징했다. 진홍색은 불을 상징하고, 가는 아마포는 땅을 상징하며, 청색은 대기를 상징하고, 자주색은 바다를 상징했을 것이기 때문이다.…이 직물 위에는 12궁도를 제외한 하늘의 파노라마가 묘사되어 있었다.

---

188 Philo, *De Specialibus Legibus* (LCL; Cambridge: Harvard University Press, 1937), 137.

189 Josephus, *Jewish War* (LCL; Cambridge: Harvard University Press, 1928), 265. Josephus와 Philo에 관한 추가 논의는 G. K. Beale, *The Temple and the Church's Mission: A Biblical Theology of the Dwelling Place of God* (Downers Grove, IL: InterVarsity Press, 2004, 『성전 신학』[새물결플러스 역간]), 45-47을 보라.

레벤슨은 요세푸스가 확인한 상징체계의 몇 가지 요점을 추가로 논의한 후에, 성전의 역할이 이 역사가의 상징체계에 함축되어 있음을 관찰하는 것으로 결론을 내린다.

이상의 모든 헬레니즘적인 풍유법에 담긴 요세푸스의 요점은 성전이 하나의 **형상**(*eikon*), 즉 이미지이며 세계의 축소판이라는 데 있다. 성전은 세계 안에 있는 많은 물품 중 하나가 아니다. 이는 **축소된** 세계이며, 세계는 **확대된** 성전이다.[190]

그렇다면 우리는 창세기 1장이 우주를 성전으로 간주한다고 결론지어야 할까? 아니면 창세기 1장이 성전 상징과 성전 봉헌식 이미지를 사용하여 우주의 창조를 묘사한다고 결론지어야 할까? 성전은 우주의 이미지일까, 아니면 우주와 성전이 상동이기에 성전 건축이 우주 발생론을 묘사하는 하나의 유용한 방식인 것일까? 우선 창세기 1장은 성전이 우주와 구별된다고 분명하게 언급하지 않는다. 그리고 이 내러티브에 묘사된 다양한 기능과 그 주체들은 우주적이다. 따라서 우주 자체가 성전으로 묘사된다고 보는 견해가 더 그럴듯한 결론으로 보인다. 레벤슨은 이사야 66:1에서도 바로 이런 결론을 이끌어낸다.

야웨께서는 이미 자신의 성전을 건축하셨다. 그것은 곧 세계이며, "하늘"과 "땅"이다. 창조 질서의 지속은 그것의 지상 복제물이나 대형(antitype)을 불필요하게 만든다. 이는 결코 신성한 공간의 비신성화가 아니다. 도리어 이는 신성한 공간을 무한대로 확장하는 것이며, "성전 앞에"(*pro fano*) 있는 "세

---

190 Levenson, "Temple and World," 285.

속성"을 제거하는 것이다. 그 자체로 충만한 세계야말로 곧 성전이다.[191]

성서가 말하는 우주적 성전은 인간이 하나님의 임재 안에 살면서 그를 섬기도록 허용한다. 우주적 성전의 기능은 인간을 위한 것이다.[192] 이는 고대 근동의 인지 환경과는 크게 구별된다. 클리포드는 고대 근동의 인지 환경에 대해 이렇게 설명한다. "세계는 인간을 위해서가 아니라 '제의'를 위해, 그리고 신들의 주거 공간과 양식을 위해서 창조된다."[193] 그러나 창세기에서는 우주론의 핵심이 신들의 삶이 아니라 인간의 삶을 지탱하는 데 있다.

창세기에서는 우주 전체가 성전으로 묘사된다. 우주와 성전은 표 4.3.에서 보듯이 동일한 기능을 담당하기 때문이다.

	우주	성전
신중심주의	구약, 고대 근동	구약, 고대 근동
친인간적 경향성	구약, 고대 근동 (인간을 위한 "메")	구약
신, 필요/유익	고대 근동	고대 근동
인간, 필요/유익	구약	구약

표 4.3. 성전과 우주의 여러 기능

---

191 Levenson, "Temple and World," 296을 보라.
192 창 1장에서 우주적 성전의 봉헌과 관련해 인간이 자기 운명의 일부로 복을 받는 것과 마찬가지로, 성전 봉헌식에 이어 나타나는 복의 개념은 고대 근동 세계에 친숙한 것이다. 따라서 이를테면 에쿠르 신전을 재건해 봉헌한 후에 우르남무는 엔릴에게 복을 받는다. 엔릴은 그에게 다른 왕보다 탁월하게 되는 복을 선사한다. 이는 그의 운명을 선포하는 일과 동등하다. 봉헌식 문헌의 끝부분에서 이 복은 우르남무가 세계를 통치하는 기초가 된다(이 경우에는 그의 외국 대적을 가리키지만, 이를 창 1장의 "정복하고 다스리라"는 명령과 비교해보라). 참조. Klein, "Building and Dedication Hymns in Sumerian Literature," 특히 34-35을 보라.
193 Clifford, *Creation Accounts*, 65.

성서에서 성전은 고대 근동에서처럼 때때로 우주의 중심으로 여겨진다. 이는 아마도 창세기 2장의 시나리오에서도 마찬가지일 것이다. 창세기 2장에 따르면, 물과 에덴동산의 근원은 우주 안의 신성한 공간을 규정하지만, 동산의 바깥에는 신성하지 못한 공간이 존재하며, 죄를 지은 부부는 그들의 죄로 인해 동산 밖으로 추방당한다. 그러나 우주 전체가 성전으로 여겨지는 데는 또 다른 의미가 있다. 이스라엘에서 성전은 하나님의 현존 세계와 인간의 현존 세계가 섞이는 자리가 되기 위해 건축되었다(사실상 신성한 공간이라는 개념을 통해 인간은 정원 안에 놓이게 된다). 만약 이 개념을 창세기로 소급해 확대 적용한다면, 하나님의 세계와 인간의 세계는 창조 때에는 같은 시공간을 공유했을 뿐만 아니라, 이상적으로 말하면 후대에도 그럴 것이라고 볼 수 있다.

결론

창세기 1장에 대한 전통적인 해석에 따르면, 독자들은 자신이 마침내 일곱째 날에 이르렀을 때 단지 막연한 신학적 개념만을 발견한다는 느낌을 종종 받는다. 중요한 일들은 앞의 6일 동안 다 이루어졌고, 정점(인간의 창조) 역시 이미 도달해 지나갔기에, 이제 남은 것이라고는 안식일이나 한 주간의 길이에 대한 신학적 원인론 밖에 없다. 순수한 물질 존재론에서는 일곱째 날이 "창조"에 속하지 않는다. 그날에는 아무것도 만들어지지 않았기 때문이다. 단지 내밀한 후기(後記)만이 있을 뿐이다.

하지만 본문을 성전 정체성에 의존하는 기능 존재론에 비추어 읽을 경우, 우리는 일곱째 날이 후기와는 거리가 멀다는 점을 발견할 수 있다. 성전 봉헌식의 정점은 하나님이 준비된 자신의 거처로 들어가신 후 그곳에서 안식을 취하시면서, 자신의 성전-보좌에서 우주 통치를 시작하시는 때다. 이전의 행위는 단지 이 장엄한 대단원을 준비하기 위한 것에 지나지 않는다.

본 장에 제시된 분석은 창세기 1장의 7일 구조가 우주 창조를 우주적 성전의 봉헌식을 매개로 설명하고자 하는 저자의 의도를 반영한다. 신성한 공간의 창설과 그것에 상응하는 의례적인 기능을 핵심 요소로 하는 성전 봉헌식과 마찬가지로, 창조 이야기의 핵심에는 우주의 구성 요소들이 제자리에 놓인 주요 목적을 자세히 이야기할 뿐 아니라 제자리에 맞는 적절한 기능 주체들을 공식적으로 임명함으로써 우주가 제 기능을 수행하기 시작했음을 밝히는 내러티브가 있다. 이 내러티브에서 우주 전체는 인간을 위해 기능하도록 고안된 성전으로 간주된다. 그리고 하나님이 이 우주적 성전 안에서 안식을 취하실 때, 이는 그분의 임재에 힘입어 "(기능적) 현존으로 여겨지게 된다"(이는 고대인들의 사유에서 말하는 진정한 현존을 가리킨다). 그리하여 하나님이 성취하고 즐기시는 안식은 그가 질서를 세우신(현대적 용어로 표현하자면, "그가 창조하신"이라는 뜻이 되겠다) 우주를 통치하기 위해 개입할 수단을 제공함으로써 그의 우주 통치를 용이하게 해준다. 이상의 모든 요점은 이미 30여 년 전에 바인펠트(M. Weinfeld)가 언급했다.[194] 따라서 이런 견해는 결코 새롭지 않다. 비록 그것이 점진적으로 주류 성서학계로 들어서게 되었지만 말이다. 바인펠트가 언급한 7가지 요점은 다음과 같다.[195]

1. 하나님이 자신의 성소에 거주하시는 것은 "안식"으로 간주되며, 고대 근동의 성소 개념이나 창세기에 있는 일곱째 날의 안식과 병행을 이룬다.

194　Weinfeld, "Sabbath, Temple and the Enthronement of the Lord," 501-12.
195　Weinfeld, "Sabbath, Temple and the Enthronement of the Lord," 512.

2. 성막의 완성은 창세기에 있는 우주의 완성과 병행을 이룬다.
3. 완성의 날로서 일곱째 날은 성막 이야기와 창조 이야기들에 똑같이 나온다.
4. 고대 근동에서 창조와 신전 건축은 왕위 등극 개념과 관련되고 연결되어 있다.
5. 창조와 하나님의 왕위 등극은 구약성서에서 서로 관련되어 있다.
6. 안식일과 하나님의 왕위 등극은 유대교 예식에서 서로 관련되어 있다.
7. 창세기 1:1-2:3의 **삶의 자리**는 성전 예식에서 찾아야 한다.

이 주제에 담긴 요소들을 고대 근동의 인지 환경에 비추어 재검토해 보면, 히브리어 성서 전체가 전반적으로 이 요소들과 일치한다는 것을 알 수 있다. 그러나 창세기가 성전에 관해 분명하게 언급하지 않으므로, 신전과 신전 건축에 관해 고대 근동 문헌을 통해 우리가 알고 있는 것과 때때로 히브리어 성서의 다른 곳에 반영된 것을 창세기가 구체적으로 확증하고 있는지를 확인하기란 어렵다. 고대 근동의 기본적인 인지 환경은 다음과 같이 요약될 수 있다.

- 신전 건축은 우주적 용어로 묘사되었다(시 78:69)[196]
- 신전은 우주적 기능을 가진다고 묘사되었다(가장 가까운 예가 바로 겔 47:1-12이다. 이 본문에 따르면, 성전에서 흘러나온 강들이 땅이 비옥해지는 근원을 제공한다).
- 신전은 우주의 모델로 이해되었으며 우주적 상징으로 가득 차 있었다(성

---

196 이 자료들은 G. K. Beale, *The Temple and the Church's Mission: A Biblical Theology of the Dwelling Place of God* (Downers Grove, IL: InterVarsity Press, 2004), 31-38에 엮여 있다.

전 비품들을 통해 분명하게 드러나는 사실이다).[197]
- 우주의 기원들은 때때로 신전 건축과 관련되어 있었다(내가 제안했듯이 창 1장에 이런 관련성이 제시되어 있다고 보지 않는 한, 이 내용은 히브리어 성서에서 분명하게 입증되지 않는다).[198]
- 신전은 세계를 대표한다고 이해될 수 있었다(사 66:1).[199]
- 신들은 정확하게 이런 목적을 위해 건축된 신전에서 안식을 취했다(참조. 대상 28:2; 대하 6:41; 시 132편)

사실상 우리는 창세기 1장을 고대 근동의 신전 건축이라는 맥락에서 읽음으로써, 히브리어 성서나 기독교 성서 전체의 정경적인 흐름이 한층 분명하게 보인다고 주장할 수 있다.[200] 예컨대 레벤슨은 히브리어 성서에 있는 다음과 같은 수미쌍관(*inclusio*)에 주목한다.

> 히브리어 성서가 하나님의 명령에 따라 하늘과 땅의 창조에 관한 이야기로 시작하고(창 1:1) 하늘의 하나님이 "예루살렘에 성전을 건축하라"(대하 35:23[원문은 36:23])라는 명령으로 끝난다는 것은 우연의 일치가 아닐 것이다. 24권의 책은 창조(성전)에서 출발하여 성전(창조)을 향해 나아간다.[201]

창세기의 이야기는 성전 정체성을 우주 전체에 적용함으로써 고대

---

197 Beale, *Temple*, 32-50; Hurowitz, "Yhwh's Exalted House," 63-110; Levenson, "Temple and the World," 285-86).
198 그렇지만 "세계 건설과 신전 건축 사이의 상관관계"를 입증하고자 하던 레벤슨의 시도에 주목하라(Levenson, "Temple and the World," 288-91).
199 Levenson, "Temple and the World," 295을 보라.
200 Beale, *Temple*을 보라.
201 Levenson, "Temple and the World," 295.

근동의 맥락에 속한 다른 신전 신학과는 구별되는 모습을 보인다. 히브리어 성서에서 성전은 때때로 전체를 대표하는 우주의 중심축보다 훨씬 더 광범위한 것이다. 그것은 곧 우주 전체를 뜻한다. 레벤슨의 다음과 같은 관찰은 이제까지 논의한 내용의 결론으로 적절할 것이다.

> 성전이 구체적인 방식으로 구현하는 세계는 역사의 세계가 아니라 창조의 세계이며, 지금 존재하는 세계가 아니라 과거에 의도됐던 세계이고, 첫 번째 안식일에 존재했던 바로 그 세계다.[202]

---

[202] Levenson, "Temple and the World," 297.

5장

결론

본 장을 구성하는 짤막한 여섯 개 단원은 창세기 1장과 고대 우주론의 상호 교차 범위와 본질에 관해 본서가 내린 결론을 요약하고 있다. 그 여섯 단원은 다음과 같다.

1. 히브리어 성서가 광범위한 고대 근동의 인지 환경과 공유하는 방식. 여기에는 이스라엘만의 독특한 정보 적용에 대한 인식이 덧붙여짐.
2. 이스라엘이 오직 이집트와만 공유하는 방식. 여기에는 이스라엘만의 독특한 정보 적용에 대한 인식이 덧붙여짐.
3. 이스라엘이 오직 메소포타미아와만 공유하는 방식. 여기에는 이스라엘만의 독특한 정보 적용에 대한 인식이 덧붙여짐.
4. 창조와 우주론에 관한 이스라엘만의 독특한, 그러면서도 고대 근동의 주요 내용에 기초하는 사유의 측면.
5. 이스라엘이 가졌던 참신한 개념들을 보여주는 증거. 그렇다고 해서 그것들이 어떤 형태로든 고대 근동의 사유보다 앞서지도 않으며 서로 관련되지도 않음.
6. 고대 근동에서 두드러지게 나타나지만 이스라엘이 전혀 알지 못하거나 (명백하게) 무시하기로 선택했던 이데올로기.

1. 이스라엘이 공유하는 광범위한 인지 환경

가장 중요하게도, 그리고 근본적으로 이스라엘은 고대 근동의 기능 존재론에 대한 믿음을 공유했다. 어떤 대상이 존재한다고 규정할 때 그것이 질서 있는 우주 안에서 어떤 기능을 가져야 한다는 믿음은 모든 우주론 문헌에서 분명하게 드러나며, 그런 믿음이 사전적/의미적 차원이든 개념적 차원이든 모두 반영되어 있다. 마찬가지로 우주 발생 이전의 환경은 고대 세계 전반에 걸쳐 태고의 물들과 어둠을 포함한다고 묘사된다. 이는 물질이 없는 세계가 아니라 기능이 없는 세계다. 창조에 관한 고대 근동의 이야기들은 목적론적이다. 최종 목표가 명료하게 확인되지 않는다고 할지라도, 그 이야기들의 특징은 신적인 원인과 목적이다. 창조 행위인 분리와 이름 짓기는 모든 문화권의 우주 발생론에서 분명하게 드러난다. 어떤 문화권에서는 그것이 다른 문화권에서보다 덜 두드러지게 나타나기는 하지만 말이다. 일단 분리와 이름 짓기가 창조 행위라고 결론 내린다면, 말씀을 통한 창조 개념은 고대 세계 전역에서 나타나는 공통 개념으로 이해될 수 있다.

우주 안에서 가장 두드러지게 나타나는 기능은 시간(낮과 밤의 교대 주기나 달력과 관련되어 이해됨)과 날씨(창공에 의해 조절됨) 및 풍요로움(비옥한 땅, 강 및 다른 물 근원, 씨 뿌림과 수확)에 속하는 것들이다.

고대 세계에서는 우주가 단순히 물질로만 가득 차 있는 것이 아니라 기능적인 실체로 가득 차 있다. 이 점은 고대 세계 전역에서 나타나는 우주 지리학에 관한 공통적인 공식화에서 분명하게 드러난다. 그런 공식화는 이스라엘에서도 나타난다. 우주의 다양한 기능은 우주의 거주자(고대 근동에서는 신과 사람이며, 이스라엘에서는 사람에게만 해당한다)를 섬기기 위한 것으로 이해된다. 이렇게 사물보다는 존재를 강조한다는 점은 우주를 어떤 기계로 보기보다는 일종의 회사나 왕국과 비슷한 것으로 이해하는 결과를 낳는다. 모든 고대 우주론이 답변하는 가장 중요한 질문은 "누가 책임자인가?"라는 문제다. 우주 안에 있는 신의 통치야말로 그 근본적인 답변이다. 신의 통치는 신전에서 집행되며, 신전 안에서 끊임없이 이뤄지는 신의 안식이라는 맥락에서 나타난다. 이는 고대 근동 전역에 걸쳐 신전과 우주의 밀접한 관련성으로 귀결된다. 이런 관련성은 신전 이데올로기에서 항상 분명하게 드러난다. 비록 그것이 우주론들 안에서는 덜 일관적인 모습으로 나타나기는 하지만 말이다.

우주론들이 인간의 창조를 하나의 구성 요소로 포함시킬 때, 원형적 관심사가 지배하게 된다. 원형적 쟁점들은 인간을 만드는 데 사용된 물질에 관한 논의에 의해, 인간의 지위와 역할에 관한 암시에 의해 그 기본 틀이 만들어진다. 인간의 기능은 자주·인간과 신의 관계와 관련되어 있다.

이스라엘이 이처럼 광범위한 이념적 특징을 공유했다고 할지라도, 창세기 1장이 그것들을 상대하고 발전시키는 독특한 방식이 존재한다. 그 독특성은 대부분 하나님의 성품 및 인간의 성품과 관련되어 있다. 예컨대 신적 통치의 영역에서, 창세기의 유일신 신앙은 불가피하게 하나님의 위치에 관한 상이한 설명으로 귀결된다. 태고의 물들은 신격화되지도 않으며 의인화되지도 않는다. 마찬가지로 우주의 어떤 다른 요소도 신격화되거나 의인화되지 않는다. 동일하게 이스라엘의 신관은 우주 안에 있는 여러 기능에 대한 상이한 이해로 귀결된다. 창세기 1장에 묘사된 하나님은 우주가 자신을 위해 기능하도록 정하시지 않고 오직 인간을 위해 기능하도록 정하신다. 질서 있는 우주에 그가 임재하시는 것이 이 질서를 유지하는 데 중요하기는 하지만 말이다. 마지막으로 우주 안에서 인간의 역할과 위치도 다르다. 창세기의 원형적 묘사는 하나님의 형상을 통해서만 인간을 그분과 관련시키고, 하나님의 형상인 인간에게 우주 안에서 통치하는 역할을 위임한다. 더 나아가 창세기 1장은 인간이 하나님의 필요를 충족시킴으로써 그분을 섬기는 것이 아니라, 신성한 공간을 보살핌으로써 섬긴다고 묘사한다. 그러므로 이스라엘은 우주론이 인간의 원형과 관련된 질문을 다룬다는 개념을 고대 근동의 다른 지역과 공유하지만, 그들이 발전시킨 원형은 완전히 다른 모습을 보인다. 또 다른 독특성은 창세기가 고대 근동 문헌에서 관찰할 수 있는 다원(多原)발생설이라는 잘 알려진 접근 방식을 취하기보다는 부분적으로나마 일원(一元)발생설을 통해 원형 개념을 발전시킨다는 데 있다.[1]

2. 이집트와만 공유하는 것

오로지 이집트와만 공유하는 이스라엘 우주론의 요소들은 대부분 우주 발생 이전의 상태에 관해 묘사하는 창세기의 처음 두 절에 나타난다. 이 요소들은 "처음 때"(태초에)를 우주에 질서가 부여되는 기간의 맨 처음으로 규정하는 것을 포함한다. 질서를 부여하는 행위 이전에는 단지 "비존재"(히브리어로는 "토후"와 "보후"), 즉 기능이 없는 상태가 있었을 뿐이다. 바람/영이 운행하던 상태 말이다.

이스라엘의 독특성은 의인화되거나 적어도 준(準)신격화되는 "루아흐"의 본질에서 드러난다. 그 역할은 모호하게 규정될 뿐이다. 전적으로 "바람"이라는 의미를 배제한 채로, 그리고 이집트 문헌에서 발견되는 알-

---

1 **일원발생설**은 모든 인간이 단일한 인간 쌍으로부터 생겨났다는 개념으로, 외관상 히브리어 성서의 일반적인 관점을 일컫는다(참조. 대상 1-9장). 반면에 고대 근동의 다른 지역에 반영된 **다원발생설**은 인간이 집단으로 창조되었다는 견해를 가리키는데, 이는 신들이 노동력을 위해 인간을 창조했다는 그들의 관점에 비추어볼 때 논리적인 과정이다.

풍요 개념을 무시한 채로 말이다. 설령 그것이 흔히 조류의 활동과 관련된 동사를 사용하고 있다고 할지라도 말이다. 창세기 본문은 영/바람의 정체성과 역할을 모두 분명하게 밝히지 않은 채로 남겨둔다.

3. 메소포타미아와만 공유하는 것

우주론들을 비교하는 연구에서 역사적으로 「에누마 엘리쉬」에 부여된 탁월성을 염두에 둔다면, 이스라엘의 우주론에서 메소포타미아 자료나 개념을 추적할 수 있는 것이 거의 없다는 사실은 정말 놀라운 일이다. 창조와 관련된 이름 짓는 활동은 메소포타미아에서 더 두드러지게 나타났을 수도 있지만, 이집트에서는 그런 행위가 발견되지 않으며, 성전 안식에 관해서도 동일한 관찰이 가능하다. 신전 건축과 우주론의 관계는 우리가 앞서 메소포타미아에 관해 논의한 것 가운데 가장 중요한 특징에 해당할 것이다. 비록 이 요소가 창세기 본문에 분명하게 함축되어 있기는 해도 뚜렷하게 드러나지는 않는다는 점을 받아들여야 하겠지만 말이다. 성전 건축은 7일 성전 봉헌식이 성전에 일정한 기능을 부여하는 역할을 한다는 개념을 동반한다.

우주와 우주 안에 있는 만물의 기능성이 핵심 본질인 원형들("메"들)에 의해, 그리고 운명의 선포에 의해 규정된다는 개념은 메소포타미아 문헌에 두루 나타나며, 이 책에서는 창세기가 묘사하는 것을 위한 모델로 간주되었다. 이스라엘의 견해에서 차이를 드러낸다고 여겨지는 부분은, 이스라엘의 관점이 하나님의 안식에 관해(신의 안식에 관한 메소포타미아의 몇몇 개념이 궁핍을 느끼는 신들의 공동체에 기초했기 때문이다. 반면에 이스라엘에서는 하나님의 안식이 신적 궁핍과 무관하다), 그리고 하나님과 통치 속성 간

관계에 대해 한층 좁은 시각을 유지했다는 점이다.

4. 고대 근동의 주요 내용에 기초하나 이스라엘만의 독특성을 띠는 부분

하나님의 형상

적어도 어떤 이들에게는 신의 형상이 있다는 개념은 고대 세계에서 친숙한 개념이었다. 그러나 이스라엘은 이에 대해 자신만의 시각을 가지고 있다. 첫째로 이 이데올로기는 (메소포타미아와는 달리) 모든 인간에게 보편적으로 적용된다. 이집트에서는 그것이 보편적으로 적용될 때가 있기는 해도, 통치 기능과 관련되지는 않는다. 창세기에서는 하나님의 형상이 통치 기능 및 하나님과의 관계와 관련되지만, 그 통치는 정치적 양상이라기보다는 땅에 속하며, 하나님과의 관계는 다른 문화권에서 보는 하급 신들과 인간을 비슷한 모습으로 보여준다(아마도 고대 근동에서 왕족에게 적용되던 신의 형상 개념 역시 동일한 목적을 달성했다고 주장할 수도 있겠지만 말이다).

신전으로서 우주

고대 세계에서 우주와 신전 사이에는 본질적인 관계가 존재하긴 했지만, 이 개념은 결코 우주 전체를 신전으로 보는 정도로까지 확장되지는 않았던 것 같다. 창세기가 이런 그림을 포함하고 있다는 것 역시 불확실하다. 우리에게 있는 증거가 창세기가 그런 그림을 포함하고 있었던 것과 같은 방향을 가리키고 있기는 하지만 말이다.

인간의 역할

고대의 기본적인 우주론 환경은 인간이 신을 섬기기 위해 존재한다고 주장한다. 이것은 내가 "위대한 공생"이라고 부른 것을 가리킨다. 이 공생 안에서 인간은 (주거나 옷, 음식과 같은) 신들의 궁핍함을 충족시켜주리라고 기대되며, 그 대가로 신들은 인간을 지켜주고 그들에게 양식을 제공한다. 그러나 신들을 섬기는 인간의 행동은 많은 형태로 이뤄질 수 있다. 메소포타미아의 방식은 신들의 필요를 충족시키기 위해 계획된 강제 노역에 종사하는 것이었다. 이집트의 우주론 문헌은 제사장직과 의례가 신들의 필요를 충족시키는 데 중요하다고 암시한다. 창세기에서 인간은 하나님을 섬기도록 창조되지만, 인간의 섬김은 하나님이 먼저 개개인의 필요를 충족시키심으로써 형성된 관계로부터 출발한다. 이 견해에 따르면, 하나님은 무엇을 필요로 하시는 분이 아니다. 결국 이스라엘의 사유에서 위대한 공생은 언약 공생(Covenant Symbiosis)으로 대체되는데, 이 언약 공생에서 하나님은 이스라엘인들이 언약에 충실하면 그들의 필요를 충족시켜주신다. 이스라엘만의 독특한 그림이 지닌 마지막 요소는 인간에게 노역의 무거운 짐이 부과되는 대신에 복이 선포된다는 사실에 있다. 그렇지만 이 복은 고대 세계에 널리 알려진 주제들을 다루고 있다.

5. 전례 없는 이스라엘의 독특성

이스라엘 우주론의 어느 한 요소도 고대 세계에 전례가 전혀 없다고 보기는 어렵다. 비록 앞서 지적한 대로 이스라엘 우주론의 형태가 일절 독특성을 띠지 않는다고 할 수는 없지만 말이다. 그러나 고대 이스라엘의 사유 안에는 하나님의 본성과 인간의 역할에 관한 다양한 개념이 존재하기는 해도, 우주론에 관해서라면 새로운 개념은 전혀 없다. 새로운 우주론 모델이 전혀 제공된 바 없으며, 몇몇 혁신적인 답변이 제시되기는 해도 어떤 새로운 질문도 던져진 바 없다.

6. 이스라엘의 사유에는 반영되어 있지 않은 고대 근동의 독특성

고대 근동 우주론의 독특한 요소로 되돌아오면, 그런 요소의 목록이 한층 풍부하다. 우주론의 차원에서 보면, 양자의 주요한 차이는 이스라엘의 우주론에 하늘과 땅의 분리 개념이 존재하지 않는다는 데 있다. 이 개념에 가장 근접한 이스라엘 우주론의 상세한 내용은 이와 관련된 위의 물과 아래의 물의 분리에서 발견된다.

인간 자체와 관련해서 보면, 고대 근동의 주된 독특성은 문명과 사회의 다양한 측면을 창조에 관한 이야기 안에 포함시키는 태도가 고대 근동, 특히 메소포타미아에 널리 퍼져 있다는 데 있다. 브라운은 창조와 문명의 상관관계가 고대 근동 우주론의 현저한 특징이었다는 점을 다음과 같이 관찰했다.

> 고대 근동의 우주론들은 그것들과 대비되는 오늘날의 우주론과는 달리 우주와 사회 안에 이음매 없는 연결 고리가 있다고 보았다. 절대적인 차이가 없는 상황에서, 자연과 문명, 우주와 공동체는 신이 세운 창조 세계의 분리

불가능한 생성물이었다.[2]

한참 후에 창세기 4장은 두 번째 세대의 가계 발전 상황을 보여주는 과정에서 사회의 몇 가지 측면에 대해 언급함으로써, 사회의 발전 과정이 이스라엘의 우주론에 속한 것이 아님을 분명하게 밝혀준다.

내용의 정도나 나타나는 문헌 수의 측면에서 가장 큰 차이를 보이는 것은 신의 세계와 관련된 내용일 것이다. 이스라엘의 사유에는 신들의 싸움에 관한 요소가 전혀 없다. 이스라엘의 창조주 하나님은 시작이 없는 분이시며, 다른 신들이 존재하지 않으므로 그들의 존재를 설명해야 할 이유도 없기 때문이다. 더 나아가 이스라엘에서는 신적 기능이 고대 세계의 다른 지역에서처럼 우주적 기능과 서로 연결되어 있는 것도 아니다. 따라서 우주적 기능의 기원(즉 우주적 기원의 존재에 관한 기원)은 신의 존재와 전혀 무관하다.

이스라엘에는 신적 관료 정치라는 개념 자체가 전혀 존재하지 않는다.[3] 따라서 이스라엘에는 고대 근동의 다른 지역이 그렇듯이 통치를 위한 투쟁(신들의 싸움)이 있는 것도 아니고, 그렇다고 해서 신적 세계의 재건이나 신들을 위한 운명의 선포가 있는 것도 아니다.

---

2 W. Brown, *The Ethos of the Cosmos* (Grand Rapids, MI: Eerdmans, 1999), 1-2. Brown은 창 1장을 우주와 사회 질서의 본질적인 상관관계를 반영하는 문헌으로 읽는다. 본문이 이런 방향을 우리에게 가리킨다는 데 동의한다고 할지라도, 다른 고대 우주론들이 이런 상관관계를 어느 정도까지 포함하고 있는지는 창세기에 나타나지 않는다.

3 이스라엘의 사유가 참으로 신적 회의 개념을 포함하기는 하지만, 고대 근동 지역과는 다소 다르게 해석된다. 추가 논의를 위해서는 내가 쓴 *Ancient Near Eastern Thought*, 92-97; "Interpreting the Bible as an Ancient Near Eastern Document," in *Israel: Ancient Kingdom or Late Invention?* (ed. D. Block; Nashville: Broadman/Holman, 2008), 298-327; 특히 305-9쪽을 보라.

결론

우주 발생 이전의 상태에 관한 창세기의 묘사가 그런 상태에 관한 이집트 문헌의 묘사와 더 비슷한 반면에, 7일 간의 질서 확립은 메소포타미아의 개념에 더 가깝다는 데 주목하는 것은 매우 흥미롭다. 창세기 1장이 보여주는 인간의 역할은 이집트와 메소포타미아 모두와 몇 가지 접촉점을 보여주지만, 이스라엘 신학이 가장 뚜렷하게 차이를 보이는 주제이기도 하다. 만약 오래된 은유를 빌려온다면, 창세기에서는 자동차의 바퀴가 다시 만들어진 것이 아니라 다른 차축(신전 봉헌식?)이나 다른 자동차(유일신 신앙)에 부착된 것이나 마찬가지였다. 그렇게 하는 과정에서 몇 개의 바퀴살이 교체되었다.

　창세기의 해석을 위한 이 연구의 가장 중요한 결과는, 창세기 이야기가 물질 기원보다는 기능 기원에 속하며, 신전 이데올로기가 창세기 우주론의 기초를 형성한다는 점을 인식하는 데 있다. 이런 결론은 지구의 나이, 창세기와 과학의 관계, 진화와 지적 설계와 관련된 성서 본문의 해석, 공적 과학 교육의 형성에 관한 내용을 포함하는 우리 시대의 공적 논의와 논쟁에 대해 중요한 파급 효과를 낳는다. 성서 연구의 측면에서 본다면, 이 연구는 인지 환경에 관한 연구와 지식이 성서 해석학에 가져다줄 역할을 보여줄 뿐 아니라, 비교 연구가 어떻게 생산적인 방식으로 우리의 이해를 증진시킬 수 있는지를 구체적으로 보여주는 데도 기여한다. 더 나아가 나는 이 책에 제시한 몇 가지 발견이 더 중요한 주제인 성서의 창조 신학을 확립하는 데 도움을 주리라 기대하며, 이런 발견을 통해 신앙고백적인 몇몇 집단이 성서의 권위와 계시의 본질에 관한 명확한 정의에 도달하는 데 도움을 받기를 희망한다.

참고 문헌

Abusch, T. "Ghost and God: Some Observations on a Babylonian Understanding of Human Nature." Pp. 363-83 in *Self, Soul and Body in Religious Experience,* ed. A. Baumgarten, J. Assmann, and G. Stroumsa. Leiden: Brill, 1998.

Allen, J. *Genesis in Egypt.* New Haven, CT: Yale University Press, 1988.

Anderson, B. W. *Creation versus Chaos.* New York: Association Press, 1967.

Andreasen, N.-E. *The Old Testament Sabbath: A Tradition-Historical Investigation.* SBLDS. Missoula, MT: Society of Biblical Literature, 1972.

Assmann, J. *The Mind of Egypt.* New York: Metropolitan Museum of Art, 1996.

_____. *The Search for God in Ancient Egypt.* Ithaca, NY: Cornell University Press, 2001.

Averbeck, R. E. "Myth, Ritual and Order in 'Enki and the World Order.'" *JAOS* 123 (2003): 757-71.

Bahrani, Z. *The Graven Image: Representation in Babylonia and Assyria.* Philadelphia: University of Pennsylvania Press, 2003.

Barr, J. "The Image of God in the Book of Genesis: A Study in Terminology." *BJRL* 51 (1968): 11-26.

Batto, B. "Paradise Reexamined." Pp. 33-66 in *The Biblical Canon in*

Comparative Perspective: Scripture in Context IV, ed. K. L. Younger, W. W. Hallo and B. F. Batto. Lewiston, NY: Edwin Mellen, 1991.

_____. *Slaying the Dragon.* Louisville: Westminster John Knox, 1992.

_____. "The Sleeping God: An Ancient Near Eastern Motif of Divine Sovereignty." *Bib* 68 (1987): 153-77.

Beale, G. K. *The Temple and the Church's Mission.* Leicester: Apollos / Downers Grove, IL: InterVarsity Press, 2004.

Bird, P. "'Male and Female He Created Them': Gen. 1:27b in the Context of the Priestly Account of Creation." *HTR* 74 (1981): 138-40.

Blacker, C., and M. Loewe. *Ancient Cosmologies.* London: Allen and Unwin, 1975.

Bloch-Smith, E. "Solomon's Temple: The Politics of Ritual Space." Pp. 83-94 in *Sacred Time, Sacred Place: Archaeology and the Religion of Israel,* ed. B. Gittlen. Winona Lake, IN: Eisenbrauns, 2002.

_____. "'Who Is the King of Glory?' Solomon's Temple and Its Symbolism." Pp. 18-31 in *Scripture and Other Artifacts,* ed. M. Coogan, J. C. Exum, and L. E. Stager. Louisville: Westminster John Knox, 1994.

Brown, W. *The Ethos of the Cosmos.* Grand Rapids, MI: Eerdmans, 1999.

_____. and S. D. McBride Jr. *God Who Creates.* Grand Rapids, MI: Eerdmans, 2000.

Clifford, R. *The Cosmic Mountain in Canaan and the Old Testament.* HSM 4; Cambridge: Harvard University Press, 1972.

_____. "Cosmogonies in the Ugaritic Texts and in the Bible." *Or* 53 (1984): 183-201.

_____. *Creation Accounts in the Ancient Near East and the Bible.* CBQMS 26; Washington, DC: Catholic Biblical Association, 1994.

_____. and J. J. Collins. *Creation in Biblical Traditions.* Washington DC: Catholic Biblical Association, 1992.

Coote, R. B., and D. R. Ord. *In the Beginning*. Minneapolis: Fortress, 1991.

Cornelius, I. "The Visual Representation of the World in the Ancient Near East and the Hebrew Bible." *JNSL* 20 (1994): 193-218.

Curtis, E. "Man as the Image of God in Genesis in Light of Ancient Near East Parallels." Ph.D. diss., University of Pennsylvania, 1984.

Dalley, S. *Myths from Mesopotamia*. Oxford: Oxford University Press, 1991.

Day, John. *God's Conflict with the Dragon and the Sea*. Cambridge: Cambridge University Press, 1985.

Deist, F. E. "Genesis 1:1-2:4A: World Picture and World View." *Scriptura* 22 (1987): 1-17.

Farber-Flugge, G. *Der Mythos "Inanna und Enki" unter besonderer Berucksichtigung der Liste der me*. Studia Pohl, Dissertationes scientificae de rebus orientis antiqui 10. Rome: Pontifical Biblical Institute Press, 1973.

Fields, W. W. *Unformed and Unfilled*. Green Forest, AR: Master Books, 2005.

Fisher, L. R. "Creation at Ugarit and in the Old Testament." *VT* 15 (1965): 313-24.

Foster, B. *Before the Muses*. 3rd ed. Bethesda: CDL, 2005.

George, A. R. "Sennacherib and the Tablet of Destinies." *Iraq* 48 (1986): 133-46.

Gleason, K. "Gardens in Preclassical Times." P. 383 in vol. 2 of *Oxford Encyclopedia of Archaeology in the Near East,* ed. E. Meyers. New York: Oxford, 1997.

Groenback, Jakob H. "Baal's Battle with Yam: A Canaanite Creation Fight." *JSOT* 33 (1985): 27-44.

Handy, L. *Among the Host of Heaven: The Syro-Palestinian Pantheon as*

Bureaucracy. Winona Lake, IN: Eisenbrauns, 1994.

Harrelson, W. "The Significance of Cosmology in the Ancient Near East." Pp. 237-52 in *Translating and Understanding the Old Testament*, ed. H. Frank and W. Reed. Nashville: Abingdon, 1970.

Hasel, G. F. "The Significance of the Cosmology in Genesis 1 in Relation to Ancient Near Eastern Parallels." *Andrews University Seminary Studies* 10 (1972): 1-20.

Heidel, A. *The Babylonian Genesis*. Chicago: University of Chicago Press, 1951.

Hess, R. S. "Genesis 1-2 and Recent Studies of Ancient Texts." *Science and Christian Belief* 7 (1995): 141-49.

_____. "Eden—A Well-Watered Place." *BR* 7/6 (1991): 28-33.

Hoffmeier, J. K. "Some Thoughts on Genesis 1 and 2 and Egyptian Cosmology," *JANES* 15 (1983): 39-49.

Hornung, E. *Conceptions of God in Ancient Egypt*. Ithaca, NY: Cornell University Press, 1982.

Horowitz, W. *Mesopotamian Cosmic Geography*. Mesopotamian Civilizations 8. Winona Lake, IN: Eisenbrauns, 1998.

Hurowitz, V. A. *I Have Built You an Exalted House*. JSOTSup 115; Sheffield: JSOT Press, 1992.

_____. "Yhwh's Exalted House: Aspects of the Design and Symbolism of Solomon's Temple." Pp. 63-110 in *Temple and Worship in Biblical Israel,* ed. J. Day. LHBOT 422. New York: Continuum / London: T. & T. Clark, 2005.

Hyers, C. *The Meaning of Creation*. Atlanta: John Knox, 1984.

Jacobsen, T. "The Eridu Genesis." *JBL* 100 (1981): 513-29.

_____. *The Harps That Once... : Sumerian Poetry in Translation*. New Haven, CT: Yale University Press, 1987.

Janowski, B., and B. Ego. *Das biblische Weltbild und seine alt-*

orientalischen Kontexte. FAT 32; Tübingen: Mohr Siebeck, 2001.

Jericke, D. "Königsgarten und Gottes Garten." Pp. 161-76 in *Exegese vor Ort*, ed. C. Maier, R. Liwak, and K-P. Jrns. Leipzig: Evangelische Verlag, 2001.

Kapelrud, A. S. "Temple Building, a Task for Gods and Kings." *Or* 32 (1963): 56-62.

_____. "The Mythological Features in Genesis Chapter 1 and the Author's Intentions." *VT* 24 (1974): 178-86.

Keel, O. *The Symbolism of the Biblical World: Ancient Near Eastern Iconography and the Book of Psalms*, trans. Timothy J. Hallett. New York: Seabury, 1978. Reprinted Winona Lake, IN: Eisenbrauns, 1997.

Kingsbury, Edwin C. "The Seven Day Ritual in the Old Babylonian Cult at Larsa." *HUCA* 34 (1963): 1-34.

Klein, J. "Building and Dedication Hymns in Sumerian Literature." *Acta Sumerologica* 11 (1989): 27-67.

Kloos, C. *Yhwh's Combat with the Sea: A Canaanite Tradition in the Religion of Ancient Israel*. Leiden: Brill, 1986.

Kragerud, A. "The Concept of Creation in Enuma Elish." Pp. 39-49 in *Ex Orbe Religionum*. 2 vols. Studies in the History of Religions 21-22. Leiden: Brill, 1972.

Kramer, S. N., and J. Maier. *Myths of Enki, the Crafty God*. New York: Oxford University Press, 1989.

Laansma, J. *I Will Give You Rest*. Tübingen: Mohr Siebeck, 1997.

Lambert, W. G. "The Cosmology of Sumer and Babylon." Pp. 42-65 in *Ancient Cosmologies*, ed. C. Blacker and M. Loewe. London: Allen and Unwin, 1975.

_____. "Destiny and Divine Intervention in Babylon and Israel." Pp. 65-72 in *The Witness of Tradition: Papers Read at the Joint British-Dutch Old Testament Conference Held at Woudschoten, 1970*. OtSt

17. Leiden: Brill, 1972.

_____. "A New Look at the Babylonian Background of Genesis." *JTS* 16 (1965): 287-300.

_____. "Ninurta Mythology in the Babylonian Epic of Creation." Pp. 56-58 in *Keilschriftliche Literaturen: Ausgewälte Vorträge der XXXII. Rencontre assyriologique internationale,* ed. K. Hecker and W. Sommerfeld. Berliner Beitrge zum Vorderen Orient 6. Berlin: Reimer, 1986.

_____., and A. R. Millard. *Atra-Hasis: The Babylonian Story of the Flood.* Oxford: Oxford University Press, 1969. Reprinted Winona Lake, IN: Eisenbrauns, 2009.

Lawson, J. *The Concept of Fate in Ancient Mesopotamia of the First Millennium.* Wiesbaden: Harrassowitz, 1994.

Lesko, L. "Ancient Egyptian Cosmogonies and Cosmology." Pp. 88-122 in *Religion in Ancient Egypt,* ed. B. Shafer. Ithaca, NY: Cornell University Press, 1991.

Levenson, J. D. *Creation and the Persistence of Evil.* Princeton: Princeton University Press, 1988.

_____. "The Temple and the World." *JR* 64 (1984): 275-98.

_____. *Theology of the Program of Restoration of Ezekiel 40-48.* HSM 10. Missoula, MT: Scholars Press, 1976.

Loewenstamm, S. "Biblical Studies in the Light of Akkadian Texts." Pp. 256-64 in *From Babylon to Canaan.* Jerusalem: Magnes, 1992.

Lundquist, J. "What Is a Temple? A Preliminary Typology." Pp. 205-19 in *The Quest for the Kingdom of God: Studies in Honor of George E. Mendenhall,* ed. H. B. Huffmon, F. A. Spina, and A. R. W. Green. Winona Lake, IN: Eisenbrauns, 1983.

Luyster, R. "Wind and Water: Cosmic Symbolism in the Old Testament." *ZAW* 93 (1981): 1-10.

Machinist, P. "The Question of Distinctiveness in Ancient Israel." Pp. 420-42 in *Essential Papers on Israel and the Ancient Near East,* ed. F. E. Greenspahn. New York: New York University Press, 1991.

_____. "Rest and Violence in the Poem of Erra." *JAOS* 103 (1983): 221-26.

McBride, S. D. "Divine Protocol: Genesis 1:1-2:3 as Prologue to the Pentateuch." Pp. 3-41 in *God Who Creates: Essays in Honor of W. Sibley Towner,* ed. W. Brown and D. McBride. Grand Rapids, MI: Eerdmans, 2000.

Meyers, C. L. *The Tabernacle Menorah.* ASOR Dissertation 2. Missoula, MT: Scholars Press, 1976.

Middleton, J. R. *The Liberating Image.* Grand Rapids, MI: Brazos, 2005.

Millard, A. R. "A New Babylonian 'Genesis' Story." *TynBul* 18 (1967): 3-18.

Miller, P. D. "Eridu, Dunnu, and Babel: A Study in Comparative Mythology." *HAR* 9 (1985): 227-51.

Morenz, S. *Egyptian Religion.* Ithaca, NY: Cornell University Press, 1973.

Niditch, S. *Chaos to Cosmos: Studies in Biblical Patterns of Creation.* Scholars Press Studies in the Humanities 6. Chico, CA: Scholars Press, 1985.

Nigosian, S. A. "Roots of Biblical Cosmogonic Concepts." *Theological Review* 19 (1998): 91-106.

Oden, R. A. "Divine Aspirations in Atrahasis and in Genesis 1-11." *ZAW* 93 (1981): 197-216.

_____. "Transformations in Near Eastern Myths: Genesis 1-11 and the Old Babylonian Epic of Atrahasis." *Religion* 11 (1981): 21-37.

Ornan, T. *The Triumph of the Symbol.* OBO 213. Fribourg: Academic Press / Göttingen: Vandenhoeck & Ruprecht, 2005.

Ortlund, Eric Nels. *Theophany and Chaoskampf: The Interpretation of Theophanic Imagery in the Baal Epic, Isaiah, and the Twelve.* Piscataway, NJ: Gorgias, 2010.

Parpola, S. "The Assyrian Tree of Life." *JNES* 52 (1993): 161-208.

Pettinato, G. *Das altorientalische Menschenbild und die sumerischen und akkadischen Schöpfungsmythen.* Heidelberg: Carl Winter, 1971.

Renckens, H. *Israel's Concept of the Beginning.* New York: Herder & Herder, 1964.

Rosengarten, Y. *Sumer et le Sacré.* Paris: Boccard, 1977.

Rudolph, D. J. "Festivals in Genesis 1:14." *TynBul* 54/2 (2003): 23-40.

Seely, P. "The Firmament and the Water Above." *WTJ* 54 (1992): 31-46.

_____. "The Geographical Meaning of 'Earth' and 'Seas' in Genesis 1:10." *WTJ* 59 (1997): 231-55.

Simkins, R. A. *Creator and Creation.* Peabody, MA: Hendrickson, 1994.

Smith, M. *On the Primaeval Ocean.* Carlsberg Papyri 5. Carsten Niebuhr Institute 26. Copenhagen: Museum Tusculanum Press, University of Copenhagen, 2002.

Smith, M. S. "Like Deities, Like Temples (Like People)." Pp. 3-27 in *Temple and Worship in Biblical Israel,* ed. John Day. LHBOT 422. New York: Continuum / London: T. & T. Clark, 2005.

_____. *The Priestly Vision of Genesis 1.* Minneapolis: Fortress, 2010.

Sommer, B. D. "The Babylonian Akitu Festival: Rectifying the King or Renewing the Cosmos?" *JANES* 27 (2000): 81-95.

Stadelmann, L. *The Hebrew Conception of the World.* AnBib 39; Rome: Pontifical Biblical Institute, 1970.

Stager, L. "Jerusalem as Eden." *BAR* 26/3 (2003): 36-47.

Stek, J. "What Says the Scripture?" Pp. 203-65 in *Portraits of Creation: Biblical and Scientific Perspectives on the World's Formation,* ed. H. J. Van Till. Grand Rapids, MI: Eerdmans, 1990.

Toorn, K. van der. "The Babylonian New Year Festival: New Insights from the Cuneiform Texts and their Bearing on Old Testament Study." Pp. 331-44 in *Congress Volume: Leuven, 1989*. VTSup 43. Leiden: Brill, 1991.

Tsumura, D. T. *Creation and Destruction: A Reappraisal of the Chaoskampf Theory in the Old Testament*. Winona Lake, IN: Eisenbrauns, 2005.

_____. "Genesis and Ancient Near Eastern Stories of Creation and Flood: An Introduction." Pp. 27-57 in *"I Studied Inscriptions from before the Flood": Ancient Near Eastern, Literary, and Linguistic Approaches to Genesis 1-11*, ed. R. S. Hess and D. T. Tsumura. Sources for Biblical and Theological Study 4. Winona Lake, IN: Eisenbrauns, 1994.

Tuell, S. "The Rivers of Paradise: Ezekiel 47.1-12 and Genesis 2.10-14." Pp. 171-89 in *God Who Creates*, ed. W. P. Brown and S. D. McBride, Jr. Grand Rapids, MI: Eerdmans, 2000.

Vanstiphout, H. *Epics of Sumerian Kings*. SBLWAW 20. Atlanta: Society of Biblical Literature, 2003.

_____. "Why Did Enki Organize the World?" Pp. 117-34 in *Sumerian Gods and Their Representations*, ed. I. L. Finkel and M. J. Geller. Groningen: Styx, 1997.

Vogels, W. "The Cultic and Civil Calendars of the Fourth Day of Creation (Gen 1,14b)." *SJOT* 11 (1997): 163-80.

Wakeman, M. *God's Battle with the Monster*. Leiden: Brill, 1973.

Walton, J. *Ancient Near Eastern Thought and the Old Testament: Introducing the Conceptual World of the Hebrew Bible*. Grand Rapids, MI: Baker, 2007.

_____. "Genesis." Pp. 2-159 in vol. 1 of *The Zondervan Illustrated Bible Backgrounds Commentary*, ed. J. Walton. Grand Rapids, MI: Zondervan, 2009.

_____. *Genesis: From Biblical Text...to Contemporary Life.* New International Version Application Commentary. Grand Rapids, MI: Zondervan, 2001.

Wasilewska, E. *Creation Stories of the Middle East.* London: Kingsley, 2000.

Watson, R. S. *Chaos Uncreated: The Reassessment of the Theme of "Chaos" in the Hebrew Bible.* Berlin: de Gruyter, 2005.

Weinfeld, M. "Gen. 7:11, 8:1-2 against the Background of Ancient Near Eastern Tradition." *WO* 9 (1978): 242-48.

_____. "Sabbath, Temple, and the Enthronement of the Lord: The Problem of the Sitz im Leben of Genesis 1.1-2.3." Pp. 501-12 in *Mélanges bibliques et orientaux en l'honneur de M. Henri Cazelles,* ed. A. Caquot and M. Delcor. AOAT 212. Kevelaer: Butzon & Bercker / Neukirchen-Vluyn: Neukirchener Verlag, 1981.

Wenham, G. *Genesis 1-15.* WBC. Waco, TX: Word, 1987.

_____. "Sanctuary Symbolism in the Garden of Eden Story." Pp. 399-404 in *"I Studied Inscriptions from before the Flood": Ancient Near Eastern, Literary, and Linguistic Approaches to Genesis 1-11,* ed. R. S. Hess and D. T. Tsumura. Sources for Biblical and Theological Study 4. Winona Lake, IN: Eisenbrauns, 1994. Reprinted from pp. 19-25 in Proceedings of the Ninth World Congress of Jewish Studies, Division A: The Period of the Bible. Jerusalem: World Union of Jewish Studies, 1986.

Westermann, C. *Genesis 1-11: A Commentary,* trans. John J. Scullion. Minneapolis: Augsburg, 1984.

Wiggermann, F. "Mythological Foundations of Nature." Pp. 279-306 in *Natural Phenomena: Their Meaning, Depiction and Description in the Ancient Near East,* ed. D. J. W. Meijer. Amsterdam: Royal Netherlands Academy of Arts and Sciences, 1992.

Wolde, Ellen van. *Reframing Biblical Studies: When Language and Text Meet Culture, Cognition, and Context*. Winona Lake, IN: Eisenbrauns, 2009.

Woods, C. "The Sun-God Tablet of Nabu-apla-iddina Revisited." *JCS* 56 (2004): 23-103.

Wright, J. E. "Biblical versus Israelite Images of the Heavenly Realm." *JSOT* 93 (2001): 59-75.

Wyatt, N. "The Darkness of Genesis 1:2." *VT* 43 (1993): 543-54.

──────. "Killing and Cosmogony in Canaanite and Biblical Thought." *Ugarit-Forschungen* 17 (1986): 376-81.

색인

――― 저자 색인 ―――

A

Abusch, T. 67n.26, 79n.56, 98n.88, 144n.184
Ahlstrom, G. W. 194n.309
Allen, J.(앨런) 38, 38n.11, 63n.15, 64n.17, 65n.21, 67n.28, 68nn.30,31,32, 69nn.33,34,36,37,38, 71nn.43,45, 78n.54, 79n.57, 80nn.58,59, 93n.80, 121n.145, 130n.160, 131n.161, 132n.162, 145n.187, 161n.221, 162n.223, 164n.225, 166n.229, 177n.265, 180n.277, 207n.339, 228n.6, 231n.13, 269n.83, 283n.110, 288nn.116,118, 289n.120
Alster, B.(알스터) 99
Anderson, B. W. 42n.13, 65n.19, 125n.147
Andreasen, N.-E.(안드레아슨) 206
Aquila(아퀼라) 252
Aquinas(아퀴나스) 40
Aristotle(아리스토텔레스) 40
Arnold, B. 230n.8
Aruz, J. 169n.237
Assmann, J.(아스만) 36n.9, 63, 67n.29, 93n.81, 121n.145, 126nn.149,150,151, 127n.152, 140n.177, 144n.184, 149n.195, 160n.219, 191n.300, 194n.307, 195nn.312,313,314,315, 196n.317, 200n.328, 228n.6
Augustine 251n.39
Averbeck, R. E. 103n.101, 214n.351, 319n.165

B

Bahrani, Z.(바라니) 149, 150nn.198,199, 153n.208
Barr, J. 309n.156
Batto, B. F. 144n.184, 201n.330
Beale, G. K. 328n.189, 333n.196, 334nn.197,200
Bergman, J. 69n.35
Berlejung, A. 153n.209
Bidmead, J. 119n.139
Binsbergen, W. van(빈스베르겐) 98
Bird, P. 309n.156
Black, J. 186n.291
Blacker, C. 65n.21, 164n.225, 166n.229, 177n.265, 288n.118

Bloch-Smith, E.(블로흐-스미스) 322, 324n.176
Bodi, D. 177n.266
Bolshakov, A. 269n.84
Bottero, J. 110nn.114,115
Brown, W.(브라운) 309, 324n.175, 347n.2
Burnham, F. B. 60n.1

C

Calvin, J.(칼뱅) 40
Carpenter, E. 241n.26
Carson, D. A. 240n.25
Childs, B. S. 273n.90
Clifford, R. J.(클리포드) 24n.2, 65, 71n.46, 73n.47, 74n.48, 75n.50, 78n.55, 82n.67, 96n.86, 113n.121, 114n.122, 116n.128, 134n.164, 143nn.180,181, 144nn.183,184, 160n.220, 177nn.266,268,269, 178n.270, 191n.300, 194nn.308,309, 196n.318, 197nn.320,321, 198n.324, 199n.325, 206n.338, 275n.94, 287n.115, 295n.126, 303n.141, 304n.142, 306n.151, 330n.193
Cogan, M. 44n.14, 152n.205
Collins, J. J. 24n.2, 145n.184
Coote, R.(쿠트) 92n.78, 196, 300n.135
Cornelius, I. 164n.225, 165n.227, 167n.231, 173n.255
Curtis, E. M.(커티스) 149n.196, 152n.204, 153n.209, 154n.211, 155nn.212,213,214, 156

D

Dalley, S. 114, 115n.124, 117n.132, 178n.272, 180nn.279,282, 181nn.283,284, 209n.342

Dantinne, E. 238n.21
Darwin, C.(다윈, 찰스) 23
Day, J. 134n.164, 322n.168
Delitzsch, F.(델리취) 25
Dhorme, E. 255n.44
Dick, M. B. 153n.209
Dietrich, M. 322n.168
Dijk, J. van 73n.47, 130n.160

E

Edzard, D. O. 186n.292, 188n.297, 214n.351
Ego, B. 164n.225, 277n.99, 322n.168
Eliade, M.(엘리아데) 92
Even-Shoshan, A. 252n.41, 254n.43

F

Falkowitz, R. S. 177n.267
Farber-Flugge, G. 102n.95, 118n.137
Faulkner, R. 265n.70
Favard-Meeks, C.(파버드-믹스) 269, 270n.85
Finkelstein, J. J.(핑켈슈타인) 25, 110n.114
Fisher, L. R.(피셔) 134n.164, 185, 196n.316, 212n.347
Forsyth, N. 138n.173
Foster, B.(포스터) 77, 82n.66, 89n.74, 117n.132, 138nn.170,171,172, 144n.183, 145n.185, 150n.200, 198n.322, 243n.30, 276n.95
Foster, J. 229n.7

G

Garr, W. R. 149n.196
George, A. R. 116n.126, 117n.133,

121n.143, 189n.299
Germer, R. 325n.178
Glassner, J.-J. 77n.53, 97n.87
Gleason, K. 324nn.174,176,
Gorg, M. 277nn.98,100
Gunkel, H. 65n.19, 134n.164

H
Hallo, W. W. 153n.209
Hamilton, V. 225n.3, 230n.9
Handy, L.(핸디) 100n.94, 128, 129n.155, 193n.303
Harper, P. O. 92n.79, 169n.237
Hartenstein, F. 277n.99
Hasel, G. 226n.4
Heidel, A.(하이델) 12, 223,
Henze, M. 178n.271
Hesiod(헤시오도스) 65
Hilderbrandt, W.(힐데브란트) 267, 268n.79
Hoffmeier, J.(호프마이어) 137n.167, 145n.187, 147n.192, 170, 177n.265, 298n.131
Hoffner, H. 80n.61
Hollaway, S. 151n.203, 152nn.205,206,207
Hornung, E.(호르눙) 60n.2, 61, 62nn.4,5, 6,7,8,9, 63nn.10,11,12,13, 64n.16, 65n.20, 67n.27, 70nn.39,40,42, 125n.148, 139nn.174,175, 154n.210, 155n.212, 182n.286, 239n.23, 273n.88 Horowitz, W. 89nn.74,75, 117n.132, 124, 164n.225, 165n.227, 166n.229, 168nn.233,234, 169n.239, 170n.240, 171nn.245,247,248, 172nn.250,252, 173nn.256,257, 174nn.258,259, 175, 176nn.263,264, 179n275, 180n.276, 197n.321, 259n.53,

260nn.55,56, 262n.61, 276n.95, 279n.104, 281nn.106,107,108, 290n.122
Hunger, H. 151n.202, 173n.254
Hurowitz, V.(후로비츠) 30n.6, 153n.209, 185, 186n.290, 187nn.293,294, 188n.295, 193n.304, 198n.323, 201n.329, 210n.343, 213nn.348,349,350, 214nn.351,352, 318n.164, 319n.165, 322nn.168,170, 334n.197
Hyers, C. 260n.58

J
Jacobsen, T.(야콥슨) 25, 60n.2, 189n.298, 214nn.351,354, 289n.119, 306n.152
Janowski, B. 164n.225, 277n.99, 322n.168
Jericke, D. 322n.168
Josephus(요세푸스) 327, 328, 329

K
Katz, D. 182nn.287,288
Kaufmann, Y. 125n.147
Keel, O. 164n.225, 165n.226, 171nn.244,246, 173nn.255,256, 178n.270, 191n.300, 245n.33, 283n.111, 324n.176
Kilmer, A. D. 311n.158
Kingsbury, E. C. 213n.348
Klein, J. 102n.95, 330n.192
Kramer, S. N. 74n.47, 104n.101
Kupper, J.-M. 116n.130, 118n.135
Kurth, D. 263n.63

L
Laansma, J. 317nn.161,162
Lambert, W. G.(램버트) 25, 83n.68, 116nn.126,129, 124, 145n.184, 166n.229,

205n.335, 208n.341, 276n.95, 290n.123, 304n.144
Lapinkivi, P. 178n.271
Lawson, J. 116n.126, 124
Lesko, L. 38n.10, 80n.60, 137n.167, 146n.191, 167n.230, 170nn.241,242, 179n.274
Levenson, J.(레벤슨) 29n.6, 39, 188n.296, 199n.326, 315n.159, 318, 319n.165, 326n.183, 327nn.185,186,187, 329n.190, 330n.191, 334nn.197,198,199,201, 335n.202
Lewis, C. S.(루이스) 300n.136
Lewis, T. 138n.170
Lichtheim, M.(리히트하임) 15, 85, 86n.71
Livingstone, A.(리빙스턴) 98, 99n.89
Lloyd, G. E. R. 65n.21
Loewe, M. 65n.21, 164n.235, 166n.229, 177n.265, 288n.118
Louth, A. 251n.39
Lundquist, J. M. 29n.6, 191n.300, 192n.301, 324n.175, 325n.179

M

Machinist, P. 44n.14, 45n.15, 125n.147, 138n.172
Maier, J. 104n.101
Mathews, K. 225n.3
McBride, S. D. 60n.2, 309n.156, 319, 324n.175
Meeks, D.(믹스) 269, 270n.85
Mettinger, T. 153n.209
Meyers, C. L. 194n.310, 195n.311, 322n.168, 323n.172
Middleton, J. R. 154n.210, 155n.213, 157n.218, 310n.157
Milgrom, J.(밀그롬) 231n.10, 236
Millard, A. R.(밀라드) 137, 205n.335, 208n.341
Moltmann, J. 228n.6
Morenz, S.(모렌츠) 62nn.7,8 70nn.41,42, 147n.182, 228, 231n.12, 263n.65, 264n.68, 273n.89
Mrozek, A. 201n.330

N

Neiman, D. 325n.181
Niditch, S. 65n.19

O

O'Connor, M.(오코너) 17, 237
Ord, D.(오어드) 92n.78, 196, 300n.135
Ornan, T. 169n.237, 193n.305
O'Rourke, P. 147n.192
Ortlund, E. N. 200n.327

P

Parker, S. B. 206n.338, 212n.346, 306n.146
Parpola, S. 32n.7, 150n.201, 178n.271, 179n.273
Pettinato, G. 71n.46, 82n.67, 243n.29
Philo 328nn.188,189
Plumley, J. M. 177n.265, 288n.118

R

Rad, G. von(폰 라트) 41, 42
Rattray, S. 231n.10
Renckens, H. 92n.78
Ringgren, H. 71n.46, 232n.15, 235n.17, 244n.31

Roberts, J. J. M. 153n.209
Rochberg, F. 36n.8
Rosengarten, Y.(로젠가르텐) 100, 102n.95, 116, 117n.131, 120n.142, 121n.144, 295n.127, 299nn.133,134
Ross, A. 225n.3

S

Saggs, H. W. F.(삭스) 293
Sailhamer, J.(세일해머) 225n.3, 230
Sasson, J. M. 153n.209, 177n.267, 256n.45
Schmid, H. H.(슈미트) 41, 42n.13
Schmid, W. H. 235n.17
Schollmeyer, P. A. 124
Seely, P. 164n.225, 166n.228, 170n.241, 173n.256, 179nn.274,275, 283n.111
Sethe, K. 264n.68, 273n.89
Simkins, R.(심킨스) 28, 29n.5, 66n.23, 125n.147, 147n.192
Smith, M.(스미스) 212n.346, 262, 263nn.63,64,65, 264n.69, 265n.70, 267nn.74,76, 269n.80, 318n.164, 326n.183
Sollberger, E. 116n.130, 118n.135
Sommer, B. 216n.356
Speiser, E. A(슈파이저). 25
Stadelmann, L. 164n.225, 168n.232, 171n.249, 172n.253, 177n.266
Stager, L. 322n.168, 324n.177
Stek, J. 96n.85, 239n.24, 274n.90

T

Tallon, S. 169n.237
Te Velde, H. 140n.176, 242n.28
Theodotion(테오도티온) 252

Tigay, J. 26n.4, 149n.196
Tobin, V. A.(토빈) 93n.80, 94, 127n.153, 260n.57
Toorn, K. van der 17, 98n.88, 153n.209, 160n.220, 216nn.355,356, 317n.163
Tromp, N. 256n.45
Tsevat, M. 205n.336
Tsumura, D.(추무라) 29n.6, 137n.166, 140n.178, 164n.225, 179n.275, 251nn.38,39, 257, 258nn.51,52, 259nn.53,54, 322n.168
Tuell, S. 324n.175

V

Van Leeuwen, R. 235n.17
Vanstiphout, H. L. J.(반스티파우트) 99, 100n.92, 104n.101, 106n.106, 110, 111n.116, 121n.143, 177n.267, 301
Virgil(베르길리우스) 65
Vogels, W. 300n.137

W

Wakeman, M.(웨이크먼) 305
Walker, A. 245n.35
Waltke, B.(월키) 17, 237
Walton, J. 97n.87
Wasilewska, E. 145n.187
Watson, F. 228n.6
Watson, R. S. 66n.24, 140n.178, 251n.38, 305n.149, 306n.150
Weinfeld, M.(바인펠트) 29n.6, 179n.275, 204n.334, 322n.168, 332
Wenham, G. J.(웬함) 29n.6, 225n.3, 230n.9, 286n.114, 322, 323nn.171,172
Westenholz, J. 67n.26, 79n.56, 304n.143

Westermann, C.(베스터만) 225n.3, 235n.17, 257
Wifall, W. 230n.9
Wiggermann, F.(비거만) 95n.84, 98, 176n.263, 177n.267, 291n.124, 296n.128, 297n.129
Wolde, E. van(반 볼데) 227n.5, 236n.17, 238
Woods, C. 169n.236
Wright, J. E. 164n.225
Wyatt, N. 140n.178

──────── 성서 색인 ────────

구약성서

창세기

1 23-33, 59, 171, 199, 223-224, 229, 231, 249, 250, 259, 261-262, 271-326, 327-329, 331-332, 339-342, 348
1:1 224, 225, 226, 227, 230, 231, 232, 240, 249, 334
1:1-2 301
1:1-2:3 29n.6, 133n.163, 204n.334, 227, 309n.156, 319n.166, 333
1:2 32, 250, 251, 252, 258, 267
1:3 271
1:3-13 271
1:4 287
1:5 272n.87, 287
1:7 240n.25
1:10 164n.225
1:14 300
1:14-31 302
1:21 304, 306
1:22 306
1:26-27 243
1:29-30 326n.182
1:31 242, 327n.185
2 308, 317n.162, 321, 326n.182, 331
2:1-2 327n.185
2:1-3 313
2:2 242
2:3 232, 243, 327n.185
2:4 227, 232,
2:5-6 258n.49
2:15 159
2:18 300
2:20-23 230n.8
3:21 244
4 347
5:1 232
5:2 232
8:22 257n.49, 291, 293
12:5 245n.35
37:3 245n.35
40:19 255
41:13 255

출애굽기

7:9-12 305n.148
15:12 256n.45
20:8-11 242
20:11 242, 317n.162
24:10 169n.239
39:3 277
39:32 327n.185
39:43 327n.185

40:9 327n.185
40:33-34 327n.185

레위기
19:30 326n.183
26:2 326n.183

민수기
16:30 233, 236
17:4 277

신명기
16:13-15 319
21:22-23 255
26:19 244
32:10 252
32:11 265, 269n.81
32:33 305n.148
33:26 279

여호수아
8:29 255
10:26 255
17:15 235
17:18 235

사무엘상
12:6 243
12:21 252
28:13 256n.45

사무엘하
4:12 255
18:10 255
22:12 278

22:43 277

열왕기상
6:38 319
8 319
8:65 318
12:28 245n.35

열왕기하
7:2 243
7:19 243

역대상
1-9 342n.1
28:2 334

역대하
6:41 334
7:9 318
20:36 245n.35
32:29 245n.35

욥기
6:18 252
7:12 305
8:7 230
10:12 244
10:21-22 256n.45
12:24 252n.42, 253
26 255
26:7 252n.42, 253, 254, 256, 257
26:13 268
28:27 280
35:5 279
36:28 279

37:2-13 246
37:7 246
37:18 277, 278, 279, 284
37:21 278
38:37 280

시편

19:2 276n.96
24:1 255
26:7 280n.105
33:6 267
46:4 325n.180
50:16 280n.105
74:13-14 305
74:13-15 305
78:23 279
78:69 327, 333
86:9 244
89:6-7 280
89:7 278n.102
89:37 280
91:13 305n.148
95:11 317n.162
103:6 248
104:2-3 254
104:30 233, 268
107:40 252, 253
132 314, 316, 334
132:7-8 315
132:8 317n.162
136:6 255, 277
145:9-17 246
147:18 268
148 293
148:7 306

150:1 276n.96

잠언

1:23 268n.78
3:20 279
8 69n.33
8:28 278
14:31 247, 248
16:11 246
17:5 247, 248
22:2 247

전도서

2:5-6 245n.35
3:21 256n.45

아가

4:4 255

이사야

22:24 255
24:10 252n.41, 253
25:6 244
26:19 256n.45
27:1 305, 305-306
29:16 246, 247
29:21 252n.41, 253
34:11 252, 253
40-49 252
40:13 268
40:15 278n.102, 281
40:17 252n.41, 253
40:19 277
40:22 173n.256
40:23 252n.41, 253

41:29　252n.41, 253
42:5　233, 277, 284
44:9　252n.41, 253
44:24　277
45:8　233, 279
45:18　233, 252n.41, 253
45:19　252n.41, 253
49:4　252n.41, 253
51:9　305
59:4　252n.41, 253
66　317n.163, 327, 334
66:1　314, 317n.162, 329, 334
66:1-2　314, 327

예레미야

4:23　252, 257
10:9　277
28:1　230
52:20　245n.35

에스겔

1　276n.96
5:5　177n.266, 327
5:10　248
6:11　277
10　276n.96
10:1　277
15:3　255
16:40　237, 238
21:19　235, 237
23:47　235, 237, 238
25:6　277
29:3　305n.148
31　178n.271
32:2　305n.148

38:12　177n.266, 327, 328
47:1-12　325, 333

다니엘

4　178n.271
12:3　276n.96

요나

2:6　256n.45

스가랴

14:8　325n.180

신약성서

요한계시록

22:1-2　325n.180

─────── 고대 문헌 색인 ───────

아카드 문헌

NBC 11108　50, 52, 73, 81
VAT 17019　51, 53
「길가메시」(*Gilgamesh Epic*)　176n.264, 181, 182, 260n.56
「두 마리의 곤충」(*Two Insects*)　49, 51, 53, 306
「둔누의 신들의 출생」(*Dunnu Theogony*)　141
바벨론의 세계 지도　173
「벌레와 치통」(*Worm and Toothache*)　49,

51, 53
「비트 메세리 주문」(Bit Meseri Incantation) 151
샤마쉬에게 바치는 찬미(Hymn to Shamash) 124
셀레우코스 왕조 창립 기도문(Seleucid Foundation prayers) 51, 53
「아다드-슈무-우추르가 에사르하돈에게 보내는 편지」(Letter to Esarhaddon from Adad-šumu-usur) 150
「아쉬레두가 에사르하돈에게 보내는 편지」(Letter to Esarhaddon from Ašredu) 151
「아트라하시스」(Atrahasis) 51, 53, 135, 142, 144, 145n.184, 160, 180, 205, 208, 311
「안주 이야기」(Tale of Anzu) 66n.22, 124
「에누마 엘리쉬」(Enuma Elish) 30, 31, 49, 51, 53, 55, 66n.22, 75, 77, 78, 82, 89, 90, 97n.87, 101, 110, 114, 117, 118, 124, 128, 129, 130, 132, 135, 136, 137, 138, 139, 142, 145, 166n.229, 169, 171n.245, 187, 188, 198, 201, 202, 204, 206, 209, 223, 225, 226, 228, 229, 238, 240n.25, 243, 256, 261, 262nn.60,61, 275, 276n.95, 283, 284n.113, 288, 290, 304, 317n.163, 318n.163, 343
「에라와 이슘의 시」(Erra and Ishum) 178n.272, 209
「에타나 서사시」(Etana) 174
에테메난키의 재건에 관한 나보폴라사르의 신바빌로니아 시대 이야기(Nabonidus's rebuilding of Etemenanki) 187
「우주 발생론과 에리두의 건설」(Cosmogony and the Foundation of Eridu)

287n.115
「이슈타르의 몰락」(Descent of Ishtar) 182
「투쿨티-니누르타 서사시」(Epic of Tukulti-Ninurta I) 150
「함무라비 법전」(Hammurabi Laws) 187
함무라비를 위해 마르두크에게 드리는 기도(Prayer to Marduk for Hammurabi) 112n.117

수메르 문헌

KAR 4 50, 52, 82, 116, 124, 144, 145n.184, 147, 148n.194, 303n.141
「겨울과 여름의 논쟁」(Debate between Winter and Summer) 90, 289
「괭이의 노래」(Song of the Hoe) 50, 52, 81, 143
「길가메시, 엔키두 그리고 지하 세계」(Gilgamesh, Enkidu, and the Underworld) 74, 81
「난나에게 바치는 아다브」(adab to Nanna) 103
「니누르타와 바다거북」(Ninurta and the Turtle) 112
「니누르타의 공적들」(Exploits of Ninurta) 107, 307
니누르타의 에리두 여행(Ninurta's Journey to Eridu) 111n.117
「니니시나와 신들」(Ninisina and the gods) 109
「니브루로 귀환한 니누르타」(The Return of Ninurta to Nibru) 105
니브루와 이쉬메-다간에게 바치는 찬미 (Hymn to Nibru and Išme Dagan) 112
니사바에게 바치는 찬미(Hymn to Nisaba)

109
닌기르수의 신전 건축(Building of
  Ningirsu's Temple; Gudea Cylinders)
  109
루갈반다와 안주 신화(myth of "Lugalbanda
  and Anzu") 177n.267.
「루갈반다와 엔메르카르」(Lugalbanda and
  Enmerkar) 177n. 267, 179
「루마를 위해 바우에게 바치는 아다브」(adab
  to Bau for Luma) 210n.345
「산의 동굴에 있던 루갈반다」(Lugalbanda
  in the Mountain Cave) 81
「새와 물고기」(Bird and Fish) 49, 50, 52,
  53, 55
「수메르와 우림의 몰락에 대한 탄식」(Lament
  over the Fall of Sumer and Urim) 106
신-잇디남과 이쉬쿠르(Sin-iddinam and
  Iškur) 111n.117
「암양과 밀」(Ewe and Wheat) 50, 52
「에리두 창세기」(Eridu Genesis) 50, 52,
  306n.152
에-엔구라 찬가(E-engura Hymn) 50, 52,
  114, 197
「엔키와 닌마흐」(Enki and Ninmaḫ)
  50, 52, 107, 114, 124, 135, 142, 143,
  145n.184, 205
「엔키와 닌후르사그」(Enki and
  Ninḫursag) 50, 52, 74
「엔키와 세계 질서」(Enki and World
  Order) 15, 50, 52, 71, 102n. 96, 103,
  106, 124, 301, 307, 312
「우르-나누르타를 위해 이난나에게 바치는
  쉬르-남갈라」(šir namgala to Inana for
  Ur-Ninurta) 102
「우르-니누르타를 위해 엔키에게 바치는
  티기」(tigi to Enki for Ur-Ninurta 112
「은과 구리」(Silver and Copper) 82
「이난나와 엔키」(Myth of Inanna and
  Enki) 87, 105, 118, 124, 312
이쉬메-다간을 위한 엔키 찬양시(Hymn to
  Enki for Išme Dagan) 103
「이쉬메-다간을 위해 난나에게 바치는
  찬양시」(adab to Ninurta for Ishme
  Dagan) 103
「이쉬메-다간을 위해 엔릴에게 바치는
  아다브」(adab to Enlil for Ishme-
  Dagan) 112n.117
「입비-수엔을 위해 수엔에게 바치는
  아다브」(adab to Suen for Ibbi-Suen)
  111n.117
케쉬 신전 찬가(Keš Temple Hymn) 186,
  214n.353
티쉬팍과 사자-뱀(Tishpak and the Lion-
  Serpent) 138
「훌루푸 나무」(Huluppu Tree) 50, 52, 74,
  81

이집트 문헌

관 문서(Coffin Texts) 15, 68, 70n.42,
  71, 79, 131, 145, 147, 149n.195, 263,
  282n.109
누트의 책(Book of Nut) 181, 229n.7
레이던 파피루스 I(Papyrus Leiden I) 63
「메리카레의 교훈」(Instruction of
  Merikare) 50, 52, 55, 137, 146, 154-55,
  157-60, 196, 309-10
「멤피스 신학」(Memphite Theology) 50, 52,
  70n.42, 78n.54, 84, 127n.153, 130, 207,
  288n.117, 297, 298

「사자의 서」(Book of the Dead) 15,
　70n.40, 80, 123n.146, 265n.70
「아니의 교훈」(Instruction of Ani) 154
아문-레 찬가(Hymn to Amun-Re) 229n.7
「암두아트」(Amduat) 182
에드후의 우주 발생론(Edfu Cosmogony)
　263
인싱어 파피루스(Papyrus Insinger) 85
「카르나크에 있는 아무-레 신전의 일상
　의례」(Daily Ritual of the Temple of
　Amun-Re at Karnak) 204n.334
피라미드 문서(Pyramid Text) 15, 70n.42,
　147, 170

우가리트 문헌

「아카트 이야기」(Tale of Aqhat) 265n. 72

히타이트 문헌

Song of Ullikummi 80n.61
「쿠라르비 사이클」(Kumarbi Cycle) 140

그리스-로마 고전 문헌

「신통기」, 헤시오도스(Theogony, Hesiod)
　65
「아이네이스」, 베르길리우스(Aeneid, Virgil)
　65
「유대 전쟁사」, 요세푸스(Jewish Wars,
　Josephus) 328
「특별법에 대하여」, 필론(De Specialibus
　Legibus, Philo) 328

창세기 1장과 고대 근동 우주론

Copyright ⓒ 새물결플러스 2017

1쇄 발행 2017년 3월 27일
3쇄 발행 2020년 8월 1일

지은이 존 H. 월튼
옮긴이 강성열
펴낸이 김요한
펴낸곳 새물결플러스

편 집 왕희광 정인철 노재현 한바울 정혜인
 이형일 나유영 노동래 최호연
디자인 윤민주 황진주 박인미 이지윤
마케팅 박성민 이원혁
총 무 김명화 이성순
영 상 최정호 조용석 곽상원
아카데미 차상희

홈페이지 www.holywaveplus.com
이메일 hwpbooks@hwpbooks.com
출판등록 2008년 8월 21일 제2008-24호
주 소 (우) 04118 서울시 마포구 마포대로19길 33
전 화 02) 2652-3161
팩 스 02) 2652-3191

ISBN 979-11-6129-006-5 93230

책값은 뒤표지에 있습니다.

이 도서의 국립중앙도서관 출판예정도서목록(CIP)은 서지정보유통지원시스템 홈페이지(seoji.nl.go.kr)와 국가자료공동목록시스템(nl.go.kr/kolisnet)에서 이용하실 수 있습니다. CIP2017006115